독자의 1초를
아껴주는 정성을
만나보세요!

세상이 아무리 바쁘게 돌아가더라도 책까지 아무렇게나 빨리 만들 수는 없습니다.
인스턴트 식품 같은 책보다 오래 익힌 술이나 장맛이 밴 책을 만들고 싶습니다.
땀 흘리며 일하는 당신을 위해 한 권 한 권 마음을 다해 만들겠습니다.
마지막 페이지에서 만날 새로운 당신을 위해 더 나은 길을 준비하겠습니다.

아토믹 코틀린
Atomic Kotlin

초판 발행 · 2023년 3월 8일

지은이 · 브루스 에켈, 스베트라나 이사코바

옮긴이 · 오현석

발행인 · 이종원

발행처 · (주)도서출판 길벗

출판사 등록일 · 1990년 12월 24일

주소 · 서울시 마포구 월드컵로 10길 56(서교동)

대표 전화 · 02)332-0931 | **팩스** · 02)323-0586

홈페이지 · www.gilbut.co.kr | **이메일** · gilbut@gilbut.co.kr

기획 및 책임편집 · 이원휘(wh@gilbut.co.kr) | **디자인** · 장기춘 | **제작** · 이준호, 손일순, 이진혁, 김우식

마케팅 · 임태호, 전선하, 차명환, 박민영, 지운집, 박성용 | **영업관리** · 김명자 | **독자지원** · 윤정아, 최희창

교정교열 · 전도영 | **전산편집** · 김정하 | **출력·인쇄·제본** · 예림인쇄

▸ 잘못된 책은 구입한 서점에서 바꿔 드립니다.

▸ 이 책은 저작권법에 따라 보호받는 저작물이므로 무단전재와 무단복제를 금합니다. 이 책의 전부 또는 일부를 이용하려면 반드시 사전에 저작권자와 (주)도서출판 길벗의 서면 동의를 받아야 합니다.

ISBN 979-11-407-0354-8 93000

(길벗 도서번호 080301)

정가 40,000원

독자의 1초를 아껴주는 정성 길벗출판사

길벗 | IT교육서, IT단행본, 경제경영서, 어학&실용서, 인문교양서, 자녀교육서 www.gilbut.co.kr

길벗스쿨 | 국어학습, 수학학습, 어린이교양, 주니어 어학학습, 학습단행본 www.gilbutschool.co.kr

페이스북 · https://www.facebook.com/gbitbook

예제소스 · https://github.com/gilbutITbook/080301

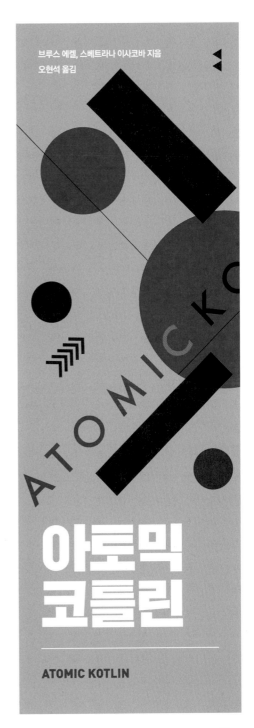

브루스 에켈, 스베트라나 이사코바 지음
오현석 옮김

아토믹
코틀린

ATOMIC KOTLIN

사랑하는 아버지

E. 웨인 에켈(E. Wayne Ekel)(1924년 4월 1일 ~ 2016년 11월 23일)에게

이 책을 바칩니다.

당신은 기계, 도구, 설계를 제게 처음 가르쳐주신 분입니다.

....

너무 일찍 돌아가셔서 항상 그리운 아버지

세르게이 르보비치 이사코프(Sergey Lvovich Isakov)에게

이 책을 바칩니다.

코틀린은 자바보다 간편한 구문과 다양한 편의를 제공하는 강력한 언어인 동시에 자바와 매끄럽게 통합될 수 있어서 자바 에코시스템을 활용할 수 있는 강점을 지닌 언어다. 코틀린은 안드로이드에서 주류 언어로 자리 잡았을 뿐 아니라 점차 서버에 코틀린을 사용하는 경우도 늘어나고 있으며, 일부 다중 플랫폼 프로젝트에서 코틀린을 사용하는 회사도 생기기 시작했다.

코틀린은 자바를 알고 있으면 쉽게 배울 수 있고 구문이 간결하므로 자바보다 쉽고 간단한 언어라고 생각하기 쉽지만, 실제로는 코틀린도 자바만큼(어쩌면 그보다 더) 복잡한 언어다. 따라서 코틀린이 제공하는 여러 가지 편의 기능을 제대로 사용하려면 우선 그 바탕이 되는 기본 언어를 깊이 이해해야 한다. 따라서 코틀린을 처음 배울 때 좀 더 제대로 기본 언어를 이해하는 게 중요하다.

브루스 에켈은 〈Thinking in C++〉, 〈Thinking in Java〉, 〈Atomic Scala〉 등의 책에서 보듯이 언어를 쉽게 설명하기로 정평이 나 있다. 스베트라나 이사코바는 코틀린 컴파일러 팀의 일원이자 〈Kotlin in Action〉의 공저자이며 다양한 콘퍼런스에서 코틀린을 소개하고 가르치는 일을 하고 있다. 따라서 이 책은 코틀린을 배우길 원하는 개발자에게 코틀린의 기초를 쉽고 정확하게 설명해줄 수 있는 저자들이 쓴 책이라 할 수 있다.

아무쪼록 독자 여러분이 이 책을 통해 코틀린을 더 잘 이해하고 향후 코틀린을 더 깊이 배우는 데 필요한 기초를 단단히 다질 수 있길 바란다.

브리즈번에서

오현석

예제 파일 내려받기

옮긴이의 번역을 거친 예제 파일은 길벗출판사 웹 사이트에서 도서 이름으로 검색해 내려받거나 길벗출판사 깃허브에서 내려받을 수 있습니다.

- 길벗출판사 웹 사이트: https://www.gilbut.co.kr
- 길벗출판사 깃허브: https://github.com/gilbutITbook/080301

지은이의 원본 예제 파일은 브루스 에켈의 깃허브에서 내려받을 수 있습니다.

- 지은이 깃허브: https://github.com/BruceEckel/AtomicKotlinExamples

예제 파일 구조 및 참고 사항

본문의 모든 코드는 파일명을 명시했습니다. 예제 파일은 아톰(atom)의 제목과 같은 디렉터리에 저장되어 있기 때문에 파일명은 '소스 코드 파일이 들어 있는 디렉터리 이름/파일 이름'으로 되어 있습니다. 즉, '아톰 3, Hello, World!'에서 사용하는 코드는 'HelloWorld'라는 디렉터리를 찾아가면 볼 수 있습니다. 디렉터리와 파일은 모두 알파벳 오름차순으로 정리되어 있으니 참고하길 바랍니다.

FoldingLists
Functions
HelloWorld
　　EmptyProgram.kt
　　HelloWorld.kt
　　Task1.kt
　　Task2.kt
　　Task3.kt
　　Task4.kt
　　Task5.kt

인덱스

각 장(아톰)은 한 가지 주제만을 담아 최대한 작은 분량으로 구성했으므로 목차가 곧 인덱스 역할
도 한다.

상호 참조

다른 아톰에 대한 참조는 '제목(아톰 X)'이나 '단어(아톰 X)' 형식을 사용한다.

서식

- 볼드체(bold): 새로운 개념 또는 용어를 소개하거나 어떤 아이디어를 강조할 때 쓰인다.
- 함수 이름 뒤에는 func( )처럼 빈 괄호를 붙여 이 이름이 함수임을 알려준다.
- 지면 관계상 코드 너비가 제한되어 표준적인 네 칸 들여쓰기 대신 두 칸 들여쓰기를 사용한
  다. 또한, 줄을 더 자주 바꿔 쓰거나, 변수 이름을 줄이거나, 일반적인 코드 형식에서는 공
  백을 사용함에도 공백을 쓰지 않는 경우가 있다.

연습 문제와 해답

아톰별로 연습 문제를 몇 개 제공한다. 해당 아톰에서 다룬 내용을 좀 더 명확히 이해하려면 아톰
을 읽자마자 연습 문제를 풀 것을 권한다. 연습 문제는 (대부분) 젯브레인즈(JetBrains) 인텔리J
(IntelliJ) IDEA 통합 개발 환경(Integrated Development Environment, IDE)에서 자동으로
검증된다. 이를 통해 학습 상황을 점검하고 어려운 부분에 대한 힌트를 얻을 수 있다.

연습 문제를 풀려면 다음 튜토리얼을 이용해 인텔리J IDEA와 교육 도구(Edu Tools)를 설치해야
한다.

1. 인텔리J IDEA와 교육 도구 플러그인 설치: https://plugins.jetbrains.com/plugin/
   10081-edutools/docs/install-edutools-plugin.html
2. '아토믹 코틀린' 과목을 열고 연습 문제 풀기: https://plugins.jetbrains.com/plugin/
   10081-edutools/docs/learner-start-guide.html

앞의 과정은 다음 링크나 부록 D에서 자세히 설명하고 있으므로 참고하길 바란다.

- https://www.atomickotlin.com/exercises

설치한 '아토믹 코틀린' 과목에서는 모든 연습 문제에 대한 해답을 볼 수 있다. 따라서 어려운 연습 문제가 있다면 힌트를 살펴보거나 해답을 참고할 수 있다. 그렇지만 가능하면 여러분이 직접 문제에 대한 답을 구현해보는 것을 권장한다.

'아토믹 코틀린' 과목을 설치하고 실행할 때 문제가 있다면 '문제 해결 방법 안내'를 찾아보자.

- https://plugins.jetbrains.com/plugin/10081-edutools/docs/troubleshooting-guide.html

위 안내를 봐도 문제를 해결할 수 없다면 해당 가이드가 안내하는 지원 팀에 연락해보자.

학습을 하다가 과목 내용에서 오류를 발견한다면(예를 들어 어떤 주제에 대한 테스트가 잘못된 결과를 내놓는 경우) 다음 이슈 추적기를 사용해 문제를 알려주길 바란다(YouTrack에 로그인해야 한다).

- https://youtrack.jetbrains.com/newIssue?project=EDC&summary=AtomicKotlin: &c=Subsystem%20Kotlin&c=

'아토믹 코틀린' 과목을 개선하기 위해 시간을 할애해준 독자 여러분에게 감사를 전한다.

세미나

http://atomickotlin.com/에서 라이브 세미나나 다른 교육 도구를 볼 수 있다.

콘퍼런스

겨울 기술 포럼(Winter Tech Forum)(https://www.wintertechforum.com) 같은 오픈 스페이스 콘퍼런스를 만들었으니 AtomicKotlin.com 메일링 리스트에 가입해 우리가 활동하는 모습을 지켜보고 우리 이야기를 들어주길 바란다.

지원 요청

〈아토믹 코틀린〉은 큰 프로젝트로, 이 책을 쓰고 관련 학습 자료를 작성하는 데 많은 시간과 노력을 쏟았다. 이 책을 즐겁게 읽었고 이와 같은 책이 더 많이 나오길 바란다면, 다음과 같은 지원이 큰 힘이 될 것이다.

- 블로그, SNS 등에서 친구들에게 책 소개: 어떤 형태로 책을 소개하든 도움이 된다.
- 전자책이나 종이책 구입
- AtomicKotlin.com에서 다른 제품이나 이벤트 검색

감사의 글

이 책에 도움을 준 다음 분들에게 감사한다.

- 코틀린 언어 설계 팀과 코틀린 언어에 기여한 모든 분
- 이 책을 출간할 수 있도록 도와준 린펍의 개발자들
- 그레이들(Gradle) 빌드를 코틀린으로 변환한 제임스 워드(James Ward)

코틀린은 새롭게 등장하는 언어들 중에서도 널리 알려져 있으며, 언어 자체의 사용법이 여타 객체 지향 언어와 비슷해 다른 객체 지향 언어를 경험해봤다면 비교적 사용하기도 쉽습니다. 이 책은 코틀린 객체 지향 프로그래밍을 카테고리별로 잘 설명하고 있다고 생각합니다. 카테고리별 주제는 깃허브를 통해 공유된 예제로 직접 실습해볼 수 있었고, 인텔리J 설치 후 예제 폴더를 불러오기만 하면 모든 것이 내부적으로 자동화되고 빌드 과정까지 완료되어 편하게 실행해볼 수 있었습니다. 제가 이 책을 읽고 예제를 실행해보며 코틀린에 한 걸음 다가설 수 있었던 것처럼, 이 책을 읽는 모든 분이 코틀린에 쉽게 입문하면 좋겠습니다.

- **실습 환경** Windows 10, 인텔리J IDEA 2022.3.2 (Community Edition), JDK 1.6

이승표_게임 서버 프로그래머

이 책은 콘셉트가 명확합니다. 각 아톰 간 의존성을 최대한 줄인 구성이므로 앞의 아톰을 건너뛰어도 뒤의 내용을 충분히 이해할 수 있습니다. 그리고 한 아톰은 단 하나의 문법 요소에 집중해 이해하기 쉬운 간결한 코드로 설명합니다. 각 아톰이 '아토믹하다'고 이 책 앞부분에서 언급했던 그대로입니다. 이런 콘셉트는 부담 없이 필요한 아톰으로 바로 건너가서 알고 싶었던 코틀린 문법을 즉시 익힐 수 있고 당장 실무에서도 빠르게 참고해 응용할 수 있다는 이점이 있습니다. 코틀린에 아직 익숙하지 않다면, 늘 옆에 두고 필요할 때마다 참고하기에 적합한 책입니다.

- **실습 환경** 인텔리J IDEA 2022.3.2 (Community Edition), Temurin JDK 11.0.17, gradle 7.5.1

김필환_네이버 클라우드

〈Kotlin in Action〉을 집필한 저자의 책이라 많은 관심을 갖게 됐으며, 책 제목의 '아토믹'이란 말은 책을 어떠한 식으로 구성하고 코틀린을 어떻게 설명할지 나타내는 저자의 의도를 담고 있습니다. '아톰 1, 소개'에서 '아토믹'이라는 용어를 선택한 이유를 자세히 설명합니다.

원서의 내용이 워낙 좋고 번역도 매우 잘되어 있으며 객체 지향, 함수형 프로그래밍에 대한 설명이 예시와 함께 잘 구성되어 있습니다. 코틀린의 기본 문법 및 원리를 시작으로 객체 지향, 함수형 프로그래밍에 관한 실습 코드를 연습하면서 자바에서 사용했던 개념을 다시 한 번 생각해보게 되고 코틀린으로 구현하는 것을 연습하는 과정이 좋았습니다. 아토믹 단위로 주제가 잘 구별되어 있어 코틀린을 학습하면서 궁금하거나 필요한 부분에 쉽게 접근하고 원리를 빠르게 습득하도록 배려한 책의 구성도 좋았습니다.

- **실습 환경** macOS Ventura

박찬웅_백엔드 개발자

이 책의 장점은 '아토믹'이라는 구성에 있습니다. 아토믹은 책 소개에도 나와 있지만 한 번에 하나의 개념만 설명하기 위한 단위입니다. 작게 나눈 개념을 군더더기 없이 집중적으로 설명하고, 코드도 설명한 바를 한눈에 나타내고 있어 말하고자 하는 개념이 정말 쉽게 이해되었습니다. 코틀린을 처음 접하거나 코틀린을 빠르게 이해하고 싶은 분에게 적극 추천합니다.

- **실습 환경** macOS 13.0.1, 인텔리J IDEA (Ultimate Edition)

박준필_파수

코틀린의 대표적인 특징은 널(null) 안정성과 불변 객체로 더 안정적으로 프로그래밍할 수 있으며 간결한 문법으로 생산성을 향상시킬 수 있다는 점입니다. 이 책은 코틀린 기본 문법과 코틀린을 잘 사용하기 위한 프로그래밍 방법을 부록을 포함해 총 91개의 아톰으로 세분화했습니다. 모든 아톰이 철저히 실습 기반으로 진행되며, 실습을 먼저 진행하고 실습 내용에 대한 설명을 보면서 이해할 수 있도록 구성되어 있습니다.

이 책은 불필요한 설명도 없고, 앞뒤 아톰의 연계 지식이 필요하지도 않으며, 아톰별로 해당 아톰 실습에 관련된 내용만 콤팩트하게 다루고 있습니다. 다른 아톰을 살펴볼 필요 없이 각 아톰에 대한 실습 내용만 설명하므로 학습 중인 아톰에만 온전히 집중할 수 있어 학습 효율이 매우 높습니다.

1부와 2부에서는 코틀린에 대한 기본 문법과 객체 지향 프로그래밍 기초를 다루며 후반부에 다시 한 번 요약해주므로 빠르게 문법을 익히고 정리할 수 있는 부분이 좋았습니다. 3부에서 7부까지는 코틀린의 장점을 극대화해 프로그래밍할 수 있는 다양한 기법과 코틀린 개발자라면 반드시 알아야 하는 중요한 내용을 다루고 있어 매우 좋았습니다. 특정 언어에 익숙한 경력 개발자라면, 1부와 2부는 요약만을 빠르게 훑어보고 3부에서 7부까지는 정독하며 학습해보길 강력히 권합니다.

이 책 한 권으로 코틀린을 활용해 널을 안전하게 관리하는 법, 객체 지향 프로그래밍, 함수형 프로그래밍, 예외 처리, 로깅, 단위 테스트 등과 같은 코틀린의 기본 문법뿐만 아니라 코틀린 개발자가 알면 좋을 만한 다양한 프로그래밍 방법까지 익힐 수 있습니다.

- **실습 환경** macOS 13.1(Ventura), 인텔리J IDEA 2022.3.1 (Ultimate Edition), openjdk version 17.0.5 LTS, Kotlin 1.8.0

권민승_백엔드 개발자

이 책은 코틀린을 처음 접하는 입문자가 개개인의 프로그래밍 레벨에 맞춰 학습할 수 있도록 구성되어 있습니다. 학습에 필요한 관련 배경지식을 언급하되 필요 이상의 과한 설명은 지양하고 때로는 과감하게 스킵할 것을 권유하기도 합니다. 프로그래밍 경험이 적은 학습자라면 코딩에 흥미를 붙이고 자신감을 키우는 것이 우선입니다. 처음에는 잘 이해되지 않던 지식들도 프로그래밍 경험이 점진적으로 쌓이다 보면 자연스럽게 체득되는 경우가 많기 때문입니다. 실습은 인텔리J를 기준으로 진행되는데, 인텔리J를 한 번도 사용해보지 않았다면 1부의 아톰 3에서 소개하는 실습을 시작하기에 앞서 부록 C, D에서 인텔리J와 관련된 내용을 먼저 확인하길 바랍니다.

저자가 안내하는 로드맵을 따라 실습 코드를 타이핑하고 책장을 넘기다 보면 어느덧 코틀린 문법에 익숙해져 있는 스스로를 발견하게 될 것입니다. 단순히 자바를 대체하는 것이 아니라, 자바를 보완하고 자바와 함께 공생하며 상호 운용이 가능한 언어라는 점에서 코틀린은 매력적입니다. 이 책으로 코틀린을 알아가며 재미있고 의미 있는 프로그래밍 경험을 하길 기원합니다.

- **실습 환경** macOS 13.1, 인텔리J IDEA 2022.3.1 (Ultimate Edition)

김연희_스몰티켓

입문자와 중급자 모두에게 적합한 구성입니다. 각 아톰이 잘게 쪼개져 있어 언어 자체의 철학과 언어에서 제공하는 기능을 전반적으로 파악하고 익혀나가는 데 큰 도움이 됩니다. 이미 코틀린을 사용하고 있는 분들도 '기존에 사용하고 있던 기능/문법에 이런 디테일이 있었어?'라고 느끼게 해주는 구성이며, 마치 '사전'을 보듯이 읽기에도 좋습니다.

- **실습 환경** MacBook M1 Pro, MacStudio

진태양_카카오페이

코틀린으로 프로그래밍 개념부터 걸음마를 시켜주는 책이며, 그 무엇 하나도 이미 알고 있다고 가정하지 않고 기초부터 차근차근 알려줍니다. 또한, 이미 알고 있는 개념도 코틀린을 통해 다시 한 번 정확히 짚고 넘어갈 수 있으며, 부족하지도 넘치지도 않게 핵심만을 모아뒀습니다. 프로그래밍을 처음 시작하는 사람, 코틀린을 처음 접하는 사람, 코틀린을 사용하는 사람 모두에게 추천합니다.

- **실습 환경** Android studio

박혜선_모바일 개발자

현재 자바로 백엔드 서비스를 개발하고 있는데, 이 책을 베타 리딩하면서 코틀린을 처음 접했습니다. 코틀린의 이론/문법을 자세히 설명하고 충실한 예제 코드를 제공하는 것이 이 책의 특징인데, 예제 코드를 하나하나 따라 하면서 책의 내용을 더 잘 익힐 수 있었습니다. 예제 코드를 책의 설명에 맞게 변형하기도 하고 같은 내용을 자바로도 작성해보면서 책에서 설명하는 코틀린의 장점을 더욱 잘 느낄 수 있었습니다. 코틀린으로 코드를 작성할 때 언제든 곁에 두고 참고할 만하며, 이 책에서 제공하는 이론을 학습하고 예제 코드를 활용하면 코틀린을 익히는 데 도움이 될 것입니다.

- **실습 환경** MacBook Air M1 / Ventura 13.0.1, 인텔리j IDEA 2022.2.3, AdoptOpenJDK-11.0.11

김준하_NHN Dooray!

사전 지식이 필요 없는 코틀린 입문서입니다. 코틀린을 쪼개서 설명해주므로 각각의 아톰이 쉽게 넘어가고, 실습하기 좋게 아톰별로 퀴즈를 제공합니다. 프로그래밍 언어에서 쓰는 용어를 깔끔하게 설명해주고, 적절한 예제 코드 기반으로 설명이 전개되므로 실습하면서 따라가기 좋았습니다. 뒤로 갈수록 더 나은 코틀린 코드를 위해 생각해봐야 할 부분을 알려주는데, 어떤 코드가 바람직한지 실습하며 배울 수 있었습니다.

또한, 코틀린에 관한 여러 이야기를 들을 수 있어서 재미있었습니다. 예를 들어, 널을 설명할 때는 널이 어떤 문제 상황을 해결하고자 어떤 언어에서 처음으로 도입됐는지 알려줍니다. 어떤 문제 상황을 해결하기 위해 등장했는지 듣고 나니 이것이 왜 더 나은 형태인지 더 잘 이해할 수 있어 좋았습니다.

무심코 오해하거나 스쳐 지나갈 수 있는 표현은 옮긴이가 각주로 부연 설명을 해주므로 오해하기 쉬운 부분도 한 번 더 생각할 수 있었습니다. 그리고 사소하게 보일 수 있는 표현도 옮긴이의 관점으로 이해해볼 수 있어서 더 좋았습니다.

예제도 풍부하고, 모든 설명이 명확한 예제에 기반합니다. 때로는 은유적인 글보다 간단한 예제가 더 명확하게 다가올 때가 있는데, 책의 중반부터는 저자가 직접 만든 유사 테스트 코드를 기반으로 예제가 제공됩니다. 적절한 예제와 설명은 자연스럽게 다음 개념으로 이어집니다.

다른 언어를 경험해봤다면 아무래도 처음부터 변수, 조건문, 반복문 등에 대한 설명을 쭉 읽어나가는 방식은 다소 지루할 수 있는데, 예제를 실행해가면서 설명을 읽으니 시원시원하게 전개되는 느낌을 받았습니다.

이 책은 실습하기에 좋으며 인텔리J와 한 쌍입니다. 인텔리J로 실습을 하면 문법적인 실수를 알려주거나 더 좋은 형태를 추천해줍니다. 책에서도 인텔리J를 기준으로 설명하고 이런 점을 짚어가면서 이야기합니다. 인텔리J IDE를 이용해 이 책과 똑같은 구조로 된 학습 코스를 제공하는데, 퀴즈는 책과 동일한 아톰 제목으로 정리되어 있어 아톰을 이해할 때 유용했습니다. 책에서 아톰을 읽은 후 바로 해당 아톰에 대한 퀴즈를 풀어보는 것을 추천합니다.

- **실습 환경** Macbook M1 Pro 13.1(Ventura), openjdk version 19

고주형_중앙대학교 대학생

코틀린을 작은 단위로 쪼개어 각개 격파하는 콘셉트가 마음에 들었습니다. 각 아톰에서 하나의 주제를 깊이 설명하고 있으므로 코틀린의 철학을 충분히 이해할 수 있으며, 코틀린을 개발 언어로 사용하는 데 큰 도움이 됩니다. 아톰들이 잘 분류되어 있어 필요한 부분만 찾아 학습하기에도 유용한데, 더 확실하게 이해하려면 부록 D를 참고해 연습 문제를 풀어볼 것을 권합니다. 중간중간에 나오는 너무나도 친절한 옮긴이 주석은 알아두면 유용한 내용을 자세히 소개하며 역자의 내공을 느끼게 해줍니다.

- **실습 환경** Windows 10, 인텔리J IDEA 2022.3.1 (Community Edition)

심주현_삼성전자 SW 엔지니어

1부

프로그래밍 기초

프로그래밍은 놀랍도록 유혹적이다.

_ 빈트 서프(Vint Cerf)

1부는 프로그래밍을 시작하는 독자를 대상으로 한다. 이미 경험이 많은 프로그래머라면 바로 1부 요약과 2부 요약을 읽고 넘어가자.

소개

이 책은 초보자를 위한 책이지만, 경험이 많은 프로그래머에게도 도움이 된다.

여기서 초보자란 프로그래밍에 대한 사전 지식이 없는 사람을 일컫는다. 이 책에서는 초보자가 프로그래밍에 대해 혼자 힘으로 알아낼 수 있을 만큼의 내용을 딱 알맞게 제공한다. 따라서 책을 다 읽고 나면 프로그래밍과 코틀린에 대한 기초를 튼튼히 세울 수 있을 것이다.

경험이 많은 숙련된 프로그래머라면 1부 요약과 2부 요약을 살펴보고 그 이후 내용부터 시작하는 걸 추천한다.

이 책 제목의 '아토믹(atomic)(원자적인)'이라는 말은 더 이상 나눌 수 없는, 물질의 최소 단위인 원자를 뜻한다. 우리는 한 장에서 하나의 개념만 소개함으로써 각 장을 더 작은 단위로 나누지 못하게 노력했다. 그래서 이 책의 각 장을 '아톰(atom)'이라고 부르겠다.

이 책의 콘셉트

프로그래밍 언어는 저마다 여러 가지 특성이 있다. 이런 특성을 적용해 우리는 원하는 결과를 얻을 수 있다. 코틀린은 강력하다. '강력하다'는 말은 제공하는 특성이 다양할 뿐 아니라, 이런 특성을 수없이 다양한 방법으로 표현할 수 있다는 뜻이다.

모든 특성을 너무 빠르게 소개하면 아마도 '코틀린은 너무 복잡하다'라고 생각하면서 도망가게 될 것이다.

이 책은 이런 식으로 압도당하지 않도록 다음과 같이 주의 깊게, 의도적으로 코틀린 언어를 가르칠 것이다.

① 걸음마를 걷듯이 작은 단계를 거치면서 작은 성취를 맛보게 한다. '장(chapter)'이라는 형태를 사용하지 않는다. 대신 각각의 작은 단계를 **원자적 개념**으로 제공하며, 이를 간단히 '아톰'이라고 부른다. 아톰에는 작고 실행 가능한 코드가 한두 개 들어 있고, 그 코드를 실행하면 나오는 출력 결과가 제공된다.

② **전방 참조가 없다.** '이 특성은 뒤에 나오는 아톰에서 설명한다'라는 식의 설명은 가능한 한 하지 않는다.

③ **다른 언어를 참조하지 않는다.** 정말 필요할 때만 다른 언어를 빌려 설명한다. 여러분이 이해할 수 없는 언어의 특성을 비유를 들어 설명하는 것은 도움이 되지 않는다.

④ **설명하지 않는다.** 그 대신에 보여준다. 어떤 특성을 말로 설명하기보다는 예제와 출력을 보여주는 쪽을 택한다. 특성을 코드로 보여주는 게 더 낫기 때문이다.

⑤ **이론보다 연습.** 실전이 먼저다. 언어가 작동하는 모습을 먼저 보여주고, 왜 이런 특성이 존재하는지는 나중에 설명한다. '전통적인' 교육 방법과는 반대 방식이지만, 더 효과가 좋은 경우가 많다.

언어 특성을 알면 그 의미도 알아낼 수 있다. 같은 기능을 하는 코드라면, 코틀린으로 작성한 코드를 이해하는 것이 다른 언어로 작성한 코드를 이해하는 것보다 더 쉽다.

왜 코틀린인가?

> 프로그램은 사람이 읽고 이해할 수 있게 작성되어야 한다. 기계가 프로그램을 실행하게 된 것은 어쩌다 보니 그렇게 된 것일 뿐이다. - 헤럴드 아벨슨(Harold Abelson)

> **NOTE ≡** 프로그래밍 언어의 발전사를 간단히 살펴보면서 코틀린이 어떤 분야에 어울리는지, 코틀린을 배워야 하는 이유는 무엇인지를 이해한다. 초보자라면 현재 단계에서 아톰 2가 약간 복잡하게 느껴질 수 있다. 그럴 경우에는 아톰 2를 건너뛰고 이 책을 좀 더 읽은 후 다시 살펴봐도 좋다.

프로그래밍 언어 설계는 기계의 요구에 맞추는 것에서 프로그래머의 요구에 맞추는 쪽으로 진화해왔다..

프로그래밍 언어는 언어 설계자에 의해 발명되고, 이 언어를 사용하기 위한 도구의 역할을 하는 (하나 이상의) 프로그램으로 구현된다. 보통 언어 설계자가 언어를 구현한다. 최소한 최초 구현은 그렇다.

초기 언어는 하드웨어의 한계에 초점을 맞췄다. 컴퓨터가 더 강력해짐에 따라 프로그래밍 언어도 신뢰성을 강조하는 복잡한 프로그래밍을 지향해왔으며, 이런 언어는 프로그래밍의 철학에 따라 특징을 선택한다.

모든 프로그래밍 언어는 실험을 집대성한 것이다. 역사적으로 프로그래밍 언어 설계는 프로그래머를 더 생산적으로 만들기 위해 필요한 기능이 무엇인지 계속 추측하고 가정하는 것이었다. 이런 실험 중 일부는 실패했고, 일부는 어느 정도 성공했으며, 일부는 아주 성공적이었다.

이렇게 각각의 새로운 언어가 실험한 결과로부터 무언가를 배울 수 있었다. 일부 언어가 다루려 했던 문제는 근본적인 문제가 아니라 한시적인 문제라는 점이 드러나기도 했고, 환경 변화(프로세서 속도 증가, 메모리 가격 하락, 프로그래밍과 언어에 대한 더 깊은 이해)에 따라 예전에는 중요했던 문제가 덜 중요해지거나 아예 하찮은 문제가 되는 경우도 있었다. 아이디어가 쓸모없는 것으로 판명되거나 언어가 진화하지 못하면 언어를 점점 사용하지 않게 된다.

최초의 프로그래머들은 프로세서의 기계 명령어를 표현하는 숫자를 직접 다뤘다. 이런 접근 방법은 오류를 야기하기 쉬웠으므로, 명령어를 표현하는 숫자를 니모닉(mnemonic) **명령 코드**(opcode)로 대신한 **어셈블리 언어**(assembly language)와 여러 가지 도구가 생겨났다. 니모닉 명령 코드는 프로그래머가 쉽게 기억하고 읽을 수 있는 단어를 뜻한다. 하지만 어셈블리 언어의 명령어와 기계 명령어 사이에는 1:1 대응 관계가 성립했고, 프로그래머는 한 줄에 명령어를 하나씩만 써야 했다. 게다가 컴퓨터 프로세서가 다르면 사용 가능한 어셈블리 언어도 달라진다.

어셈블리어로 프로그램을 개발하는 일은 아주 많은 비용이 든다. 고수준 언어는 저수준 어셈블리 언어보다 더 높은 추상화 수준을 제공함으로써 이런 문제를 해결했다.

컴파일러와 인터프리터

코틀린은 **해석**(interpret)되지 않고 **컴파일**(compile)된다. 해석되는 언어의 명령은 **인터프리터**(interpreter)라는 별도의 프로그램을 통해 직접 실행된다. 반대로 컴파일되는 언어의 소스 코드(source code)는 하드웨어 프로세서에서 직접 실행되거나 프로세서를 본 딴 **가상 머신**(virtual machine)에서 실행될 수 있는 다른 표현으로 변환된다.

C, C++, 고(Go), 러스트(Rust) 같은 언어는 **중앙 처리 장치**(Central Processing Unit, CPU)라는 하드웨어에서 직접 실행되는 기계 코드(machine code)로 컴파일된다. 자바나 코틀린 같은 언어는 **바이트코드**(bytecode)로 번역된다. 바이트코드는 하드웨어 CPU에서 직접 실행되지 못하고 바이트 코드 명령을 실행할 수 있는 프로그램인 **가상 머신**에서 실행될 수 있는 중간 수준의 형태다. 코틀린의 JVM 버전은 **자바 가상 머신**(Java Virtual Machine, JVM)에서 실행된다.

▼ 그림 2-1 JVM

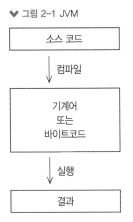

이식성(portability)은 가상 머신을 사용해 얻는 이점 중에서 가장 중요하다. 가상 머신만 설치되어 있으면 같은 바이트코드를 어느 기계에서나 실행할 수 있다. 가상 머신은 특정 하드웨어에 맞춰 최적화되어 속도 문제를 해결할 수 있다. JVM에는 수십 년 동안 개선해온 이런 최적화 기능이 포함되어 있으며, 다양한 플랫폼에 구현되어 있다.

컴파일 시점에 컴파일러는 코드를 검사해서 **컴파일 시점 오류**(compile time error)를 발견한다(인텔리J IDEA 등의 개발 환경은 코드를 입력하자마자 이런 오류를 표시하므로, 쉽게 문제를 발견하고 수정할 수 있다). 컴파일 시점 오류가 없다면 소스 코드가 바이트코드로 컴파일될 수 있다.

실행 시점(runtime) 오류는 컴파일 시점에 감지할 수 없는 오류로, 프로그램을 실행해야만 발견할 수 있는 오류다. 일반적으로 실행 시점 오류는 발견하기 더 어렵고 수정 비용도 많이 든다. 코틀린처럼 **정적으로 타입을 지정하는 언어**(statically typed language)는 컴파일 시점에 가능한 한 많은 오류를 찾아내지만, **동적 언어**(dynamic language)는 이런 안전성 검사를 실행 시점에 수행한다(일부 동적 언어는 안정성 검사를 가능한 한 적게 실행한다).

코틀린에 영향을 미친 언어

코틀린은 여러 언어에서 아이디어와 특징을 가져왔다. 그 언어들은 더 이전의 언어에서 영향을 받았다. 프로그래밍 언어의 역사를 일부 살펴보면 코틀린이 어떻게 생겨났는지를 더 잘 이해할 수 있다. 여기에서 설명하는 언어는 그 이후 언어에 얼마나 영향을 끼쳤는가를 기준으로 골랐다. 이 언어들은 모두 궁극적으로 코틀린 설계에 영감을 줬고, 일부는 코틀린이 **하지 말아야 할** 일의 예로 타산지석이 되기도 했다.

포트란(FORTRAN): 수식 변환(FORmula TRANslation, 1957)

과학자와 공학자가 사용하도록 설계된 포트란의 목표는 수식을 쉽게 코딩할 수 있도록 하는 것이었다. 잘 튜닝되고 테스트된 포트란 라이브러리는 오늘날에도 여전히 쓰이고 있다. 하지만 포트란 라이브러리들은 보통 다른 언어에서 호출이 가능하도록 '감싸진' 형태로 쓰인다.

리스프(LISP): 리스트 처리기(LISt Processor, 1958)

리스프는 특정 응용 분야를 목표로 개발되는 대신에 필수적인 프로그래밍 개념을 구현했다. 리스프는 컴퓨터 과학자의 언어이자 첫 번째 **함수형**(functional) 프로그래밍 언어다(이 책에서 함수형 프로그래밍을 배울 수 있다). 리스프는 강력함과 유연성을 얻은 대신 성능이 나빠졌다. 초기 컴퓨터에서 실행하기에는 너무 많은 자원을 소비했다. 비교적 근래라 할 수 있는 수십 년 전에 이르러서야 비로소 리스프를 다시 사용할 만큼 빠른 컴퓨터가 나타났다. 예를 들어 GNU 이맥스(Emacs) 에디터는 모두 리스프로 작성됐고, 리스프를 사용해 확장할 수 있다.

알골(ALGOL): 알고리즘적인 언어(ALGOrithmic Language, 1958)

1950년대 언어 중 가장 영향이 컸던 언어는 알골이라고 할 수 있다. 알골은 그 이후 등장한 수많은 후속 언어에서 사용하는 문법을 최초로 소개한 언어이기 때문이다. 예를 들어 C나 C에서 파생된 언어는 모두 '알골과 비슷한' 언어다.

코볼(COBOL): 일반 비즈니스 중심 언어(COmmon Business—Oriented Langauge, 1959)

코볼은 비즈니스, 재무, 관리 데이터를 처리하기 위해 개발된 언어다. 영어와 비슷한 문법을 제공하며, 그 자체로 문서 역할을 하면서 읽기 쉽도록 의도됐다. 이 의도는 일반적으로 실패한 것으로 보지만(코볼은 마침표를 잘못 위치시키면 생기는 버그로 유명했다), 미국 국방부는 메인프레임 컴퓨터에 코볼을 널리 채택했으며 오늘날에도 일부 시스템은 여전히 실행되고 있다(그리고 유지 보수도 필요하다).

베이직(BASIC): 초보자용 범용 기호 명령 코드(Beginner's All-purpose Symbolic Instruction Code, 1964)

베이직은 사람들이 프로그래밍을 쉽게 할 수 있도록 하려는 초기 노력 중 하나였다. 베이직 자체는 아주 성공적이었지만, 베이직의 특징이나 문법은 제한이 심했기 때문에 좀 더 복잡한 언어를 배워야 하는 사람들에게 약간의 도움이 됐을 뿐이다. 베이직은 주로 인터프리터에 의해 실행되는 언어였으며, 이는 곧 프로그램을 실행하기 위해서는 원본 베이직 코드가 필요하다는 뜻이다. 그럼에도 불구하고 많은 유용한 프로그램이 BASIC에 의해 작성됐으며, 특히 마이크로소프트 '오피스' 제품에서 스크립트 언어로 쓰인다. 사람들이 베이직의 변종을 수없이 많이 만들었기 때문에 베이직을 최초의 '열린(open)' 프로그래밍 언어로 생각할 수도 있다.

시뮬라(Simula) 67: 최초의 객체 지향 언어(1967)

시뮬레이션은 보통 서로 '상호 작용'하는 수많은 개체로 이뤄지며 개체마다 특성과 행동 방식이 다르다. 1967년 당시 존재하던 언어들은 시뮬레이션에 사용하기 어려웠으므로, 시뮬레이션용 개체 생성을 직접 지원하는 시뮬라 (또 다른 '알골과 비슷한' 언어로) 개발됐다. 이러한 시뮬라의 아이디어가 범용 프로그래밍에도 쓸모 있음이 밝혀지면서 객체[1] 지향(object oriented) 언어가 시작된다.

파스칼(PASCAL, 1970)

파스칼은 **단일 패스 컴파일러**(single pass compiler)로 컴파일할 수 있게 언어를 제한해서 컴파일 속도를 높였다. 이 언어는 프로그래머가 어떤 정해진 방법에 따라 코드를 구조화하게 제한했고, 이

---

1 [옮긴이] 작용의 대상이 되는 쪽을 뜻하는 '객체'보다는 독자적인 행동 양식과 정체성을 갖는 독립적인 존재를 뜻하는 '개체'라는 용어를 사용해 '개체 지향'이라고 번역했다면 더 좋았을 것이라고 생각하는 사람이 있다. 어떤 이유로든 이미 '객체 지향'이라는 용어가 굳어졌으므로 이 책에서는 '객체 지향'이라는 용어를 쓴다. 다만, 본문의 시뮬라 관련 설명에 사용된 object는 '개체'로 번역했다.

로 인해 프로그래머가 프로그램을 조직화할 때 약간 가독성이 떨어질 수 있는 이상한 제약을 지켜야만 하는 경우가 생긴다. 프로세서가 더 빨라지고 메모리가 더 저렴해지고 컴파일러 기술이 좋아짐에 따라 이런 제약은 (컴파일 속도를 얻기 위해 감수하기에는 가독성이나 코딩 편의성 등의 측면에서) 비용이 많이 드는 제약이 되어버렸다.

파스칼을 구현한 볼랜드(Borland)사가 만든 터보 파스칼(Turbo Pascal)은 처음에 CP/M 기계에서 작동했고, 초기 MS-DOS(윈도 이전 마이크로소프트가 판매하던 운영체제)로 옮겨갔으며, 나중에는 윈도 프로그래밍에 쓰일 수 있는 델파이(Delphi)라는 언어로 발전했다. 모든 것을 메모리에 저장했기 때문에 터보 파스칼은 성능이 나쁜 기계에서도 빛의 속도로 컴파일할 수 있었고, 프로그래밍 경험을 극적으로 향상시켰다. 터보 파스칼을 만든 앤더스 헤일스버그(Anders Hejlsberg)는 이후 C#과 타입스크립트(TypeScript)를 설계했다.

파스칼을 발명한 니클라스 워스(Niklaus Wirth)는 그 이후에도 모듈라(Modula), 모듈라-2, 오베론(Oberon) 같은 언어를 만들었다. 이름에서 알 수 있듯이 모듈라는 빠른 컴파일과 더 나은 구조를 위해 프로그램을 모듈로 나누는 것에 초점을 맞췄다. 대부분의 현대적 언어는 어떤 형태로든 모듈 시스템과 **분할 컴파일**(separate compilation)을 지원한다.

C(1972)

고수준 언어가 늘어남에도 불구하고, 프로그래머들은 (일부 분야에서) 여전히 어셈블리 언어를 사용해야 했다. 운영체제 수준에서 프로그램을 작성해야 하는 분야를 흔히 **시스템 프로그래밍**(system programming)이라고 한다. 또 특별한 물리적 장치 안에 내장되어 사용되는 프로그램을 위한 임베디드 프로그래밍(embedded programming)도 어셈블리 언어를 사용해야 하는 분야였다(브루스 에켈이 처음 얻었던 직업도 임베디드 시스템에 들어갈 어셈블리 언어 프로그램을 작성하는 일이었다). 하지만 이렇게 작성된 프로그램은 이식성이 없었다. 어떤 프로세서용 어셈블리 언어로 작성한 프로그램은 다른 프로세서에서 실행되지 않았다.

C는 충분히 하드웨어에 가까워서 어셈블리 언어를 쓰지 않아도 되는 '고수준 어셈블리 언어'로 설계됐다. 더 중요한 것은 C 컴파일러만 있으면 어떤 프로세서에서든 C 프로그램을 실행할 수 있다는 점이다. C는 프로그램과 프로세서를 분리했고, 이로 인해 거대하고 비용이 많이 드는 문제를 해결해줬다. 그 결과, 예전에 어셈블리 언어를 사용하던 프로그래머들은 이제 C를 통해 훨씬 더 생산성을 높일 수 있었다. C는 효과가 아주 좋았기 때문에 오늘날에도 시스템 프로그래밍에서 C의 왕좌를 넘보는 언어(특히 고(Go)와 러스트(Rust))들이 만들어질 정도다.

스몰토크(Smalltalk, 1972)

순수 객체 지향 언어로 설계된 스몰토크는 특히 신속히 애플리케이션을 개발하고 실험해볼 수 있는 플랫폼을 제공함으로써 객체 지향과 언어 이론을 발전시켰다. 하지만 프로그래밍 언어에 소유

권이 있던 시절에 개발됐고, 스몰토크 시스템을 채택하기 위한 초기 비용이 수천 달러에 달했다. 스몰토크는 인터프리터 언어이므로 프로그램을 실행하려면 스몰토크 환경이 있어야 했다. 프로그래밍 세계의 중심이 오픈 소스로 바뀌기 전까지 오픈 소스 스몰토크 구현은 생겨나지 못했다. 스몰토크 프로그래머들은 나중에 C++나 자바 같은 객체 지향 언어에 큰 도움이 되는 여러 가지 통찰을 제공했다.

C++: 객체를 제공하는 더 나은 C(1983)

비야네 스트롭스트룹(Bjarne Stroustrup)은 더 나은 C 언어를 원하면서, 자신이 시뮬라-67을 사용할 때 경험한 객체 지향 언어 기능을 지원하고 싶어 C++를 만들었다. 브루스 에켈은 C++ 표준 위원회의 초기 8년간 위원으로 활동했으며, 『Thinking in C++』를 포함해 C++와 관련된 3권의 책을 썼다.

C++ 설계의 중요 원칙은 C와의 하위 호환성이었으므로, C 코드를 사실상 아무 변경 없이 C++ 컴파일러를 사용해 컴파일할 수 있다. 이로 인해 C++ 도입이 간편해졌다. 프로그래머는 계속 C를 사용하면서 C++가 제공하는 이점을 받아들이고, C++의 기능을 실험해가는 동안에도 생산성을 유지할 수 있었다.

C++에 대한 비판은 대부분 C와의 하위 호환성으로 인한 제약 때문인 경우가 많다. C의 문제점 중 하나는 **메모리 관리**다. 프로그래머는 메모리를 획득하고, 그 메모리를 사용해 연산을 수행한 다음, 메모리를 해제해야 한다. 메모리를 해제하는 일을 잊어버리는 경우를 **메모리 누수**(memory leak)라고 부르며, 메모리 누수가 발생하면 가용 메모리가 줄어들다가 프로세스가 멈춰버린다. C++ 초기 버전에서는 제대로 메모리를 초기화하는 **생성자** 같은 혁신을 몇 가지 제공했다. 나중에 C++ 이후 버전에서는 메모리 관리가 크게 개선됐다.

파이썬(Python): 친근하면서 유연한 언어(1990)

파이썬을 설계한 귀도 반 로섬(Guido Van Rossum)은 '모든 사람을 위한 프로그래밍'이라는 영감을 바탕으로 언어를 만들었다. 그는 파이썬 커뮤니티를 잘 이끌어왔고, 프로그래밍 세계에서 파이썬 커뮤니티는 가장 친근하면서 서로 가장 잘 지원해주는 커뮤니티로 알려져 있다. 파이썬은 초기 오픈 소스 언어 중 하나로, 그 덕분에 임베디드 시스템이나 기계 학습 등을 포함한 거의 모든 플랫폼에서 구현됐다. 파이썬은 동적이고 사용하기 쉬우므로 작고 반복적인 작업을 자동화할 때 이상적이지만, 크고 복잡한 프로그램을 작성할 수 있는 기능도 제공한다.

파이썬은 진정한 '풀뿌리' 언어다. 기업에 의해 홍보된 적이 없고, 파이썬을 좋아하는 팬들은 이 언어를 사용해볼 것을 강요하지 않으면서 그냥 파이썬을 배우려는 사람을 돕고 싶어 한다. 파이썬 언어는 꾸준히 개선되고 있으며, 최근 들어 인기가 급상승하는 중이다.

파이썬은 함수형 프로그래밍과 객체 지향 프로그래밍을 조합한 최초의 주류 언어다. 파이썬은 **가비지 컬렉션**을 사용한 자동 메모리 관리와 여러 플랫폼에서 프로그램을 실행하는 능력에서 자바보다 우수하다(보통은 직접 메모리를 할당하고 해제할 필요가 없다).

하스켈(Haskell): 순수 함수형 프로그래밍 언어(1990)

미란다(Miranda)(1985)에서 영감을 얻은 하스켈은 순수 프로그래밍 연구를 위한 열린 표준(open standard)으로 만들어졌지만, 실제 제품에도 사용되어 왔다. 하스켈의 문법과 아이디어는 코틀린을 포함한 여러 언어에 영향을 끼쳤다.

자바(Java): 가상 머신과 가비지 컬렉션(1995)

제임스 고슬링(James Gosling)과 그의 팀은 TV 셋톱 박스에 쓸 코드를 작성하라는 과업을 할당받았다. C++를 좋아하지 않았던 그들은 셋톱 박스를 만드는 대신 자바 언어를 만들어버렸다. 해당 팀이 속했던 회사인 썬 마이크로시스템즈(Sun Microsystems)는 당시 한창 새롭게 떠오르던 인터넷에서 이 무료 언어(당시에는 새로운 개념이었다)가 주류 언어가 되도록 엄청나게 마케팅을 펼쳐 밀어줬다.

자바 언어가 인터넷을 장악하려면 빠른 시간 안에 구현이 끝나야 한다고 생각했기 때문에 자바 언어를 설계할 때 엄청난 압박이 가해졌다. 그로 인해 상당히 많은 단점이 생겼다(『Thinking in JAVA』(지앤선, 2007)에서는 이런 단점을 알려주면서 독자들이 이에 대비하도록 조언한다). 현재 자바 리드 개발자인 오라클(Oracle)의 브라이언 고에츠(Brian Goetz)는 자바가 가진 단점에도 불구하고 자바를 놀랍게 발전시켰다. 자바는 상당한 성공을 거뒀지만, 코틀린을 설계한 주요 목적 중 하나는 자바의 단점을 고쳐서 프로그래머의 생산성을 높이는 것이다.

자바의 성공은 **가상 머신**(Virtual Machine, VM)과 **가비지 컬렉션**(Garbage Collection, GC)이라는 두 가지 혁신적 요소에 의해 이뤄졌다. 이는 다른 언어에도 있는 개념이다. 예를 들어 리스프, 스몰토크, 파이썬에도 가비지 컬렉션이 있으며, UCSD 파스칼도 가상 머신에서 실행된다. 하지만 이런 언어들이 실용적인 주류 언어로 간주된 적은 없다.[2] 자바는 이런 편견을 버렸고, 그로 인해 프로그래머의 생산성을 엄청나게 높일 수 있었다.

가상 머신은 언어와 하드웨어 사이에 있는 중간 계층이다. 자바는 특정 프로세서에서 실행될 기계어 코드를 생성할 필요가 없다. 대신에 가상 머신에서 실행되는 중간 코드(바이트코드)를 생성한다. 가상 머신은 처리 능력을 잡아먹기 때문에 자바 이전에는 비실용적인 기술이라고 여겨져왔다. **자바 가상 머신**(Java VM, JVM)은 '한 번 작성하고, 어디에서나 실행한다'라는 자바의 슬로건을 대두시켰다. 게다가 JVM을 타깃으로 하는 다른 언어도 더 쉽게 개발될 수 있었다. 예로 자바와 비

---

2   옮긴이 파이썬은 2022년 현재 아주 인기가 높은 주류 언어가 맞지만, 자바가 한창 유명세를 높여가던 1990년대 후반까지는 현재 인기가 많이 사그라든 펄(Perl)보다 훨씬 덜 유명한 스크립트 언어였다.

숫한 스크립트 언어인 그루비(Groovy)나 리스프의 변종인 클로저(Clojure) 등이 있다.

가비지 컬렉션은 메모리 해제를 잊어버려 생기는 문제나 저장 공간의 일부분이 언제부터 사용되지 않는지 알아내기 어려운 경우를 해결해준다. 메모리 누수로 인해 프로젝트가 상당히 지연되거나 심지어 취소되는 일도 있어 왔다. 가비지 컬렉션이 자바 이전의 언어에서 쓰인 경우도 있었지만, 자바가 실용성을 증명하기 전까지 가비지 컬렉션은 채용하기에 부가 비용이 너무 많이 든다고 여겨졌다.

자바스크립트(JavaScript): 이름만 자바(1995)

최초의 웹 브라우저는 단순히 웹 서버에 있는 웹 페이지를 가져와 화면에 표시했다. 웹 브라우저는 널리 사용되기 시작했고 곧 언어 지원이 필요한 새로운 프로그래밍 플랫폼으로 떠올랐다. 자바는 웹에 쓰이는 언어가 되길 바랐지만, 브라우저에 쓰이기에는 너무 불편했다. 자바스크립트는 라이브스크립트(LiveScript)라는 언어로 시작해 초기 웹 브라우저 중 하나인 넷스케이프 내비게이터(Netscape Navigator)에 탑재됐다. 라이브스크립트는 자바와 거의 비슷한 점이 없지만, 넷스케이프는 마케팅 전략으로 언어 이름을 자바스크립트로 바꿨다.

웹이 빠르게 확산되면서 자바스크립트는 엄청나게 중요한 언어가 됐다. 하지만 자바스크립트의 동작은 예측하기가 너무 어려웠으므로 더글라스 크록포드(Duglas Crockford)는 농담조로 『JavaScript, the Good Parts』[3]라는 책을 쓰기도 했다. 이 책에서 크록포드는 프로그래머들이 곤란을 겪지 않도록 자바스크립트 언어의 모든 문제점을 보여준다. 에크마스크립트(ECMAScript) 위원회가 개선한 자바스크립트는 초기 자바스크립트만 아는 프로그래머가 보면 전혀 다른 언어처럼 보인다. 이제 자바스크립트는 안정적이고 성숙한 언어로 여겨진다.

웹 어셈블리(Web Assembly, WASM)는 자바스크립트에서 파생됐으며, 웹 브라우저에서 일종의 바이트코드 역할을 하기 위해 만들어졌다. WASM은 자바스크립트보다 훨씬 빠르게 실행되는 경우가 많고, 다른 언어에서 WASM 코드를 생성할 수도 있다. 코틀린 팀은 코틀린을 WASM으로 컴파일하기 위해 노력 중이다(2022년 번역 시점).

C#: 닷넷(.Net)을 위한 자바(2000)

C#은 닷넷(윈도) 플랫폼에서 프로그래머들이 자바 언어의 불편한 제약을 따르지 않으면서도 중요한 자바 기능을 사용하기 위해 개발된 언어다. 그 결과 자바에 대한 수많은 개선 사항을 받아들였다. 예를 들어 C#은 코틀린에서 아주 많이 활용하는 확장 함수라는 개념을 도입했다. 또한, C#은 자바보다 훨씬 더 함수형 언어처럼 발전해왔다. 상당히 많은 C#의 특징이 코틀린 설계에 영향을 끼쳤다.

---

3 옮긴이 한국어판은 『자바스크립트 핵심 가이드』(김명신 역, 한빛미디어, 2008)이다.

스칼라(Scala): 규모 변경이 가능한 언어(2003)

마틴 오더스키(Martin Odersky)는 자바 가상 머신에서 실행되도록 스칼라를 만들었다. JVM이 이룬 성과에 올라타서, 자바 프로그램과 상호 작용하면서 스칼라가 자바를 대체하게 하려는 희망이 있었다. 연구자로서 오더스키와 그의 팀은 스칼라를 언어 특징을 실험하는 플랫폼으로 사용했다. 특히 자바에 포함되어 있지 않은 특징들을 스칼라에 포함시켜 실험했다.

이런 실험은 빛을 발해 언어 특성을 이해하는 데 도움이 됐고 코틀린에도 도입됐지만, 보통은 약간 변형된 형태로 도입됐다. 예를 들어 특별한 경우에 사용하기 위해 + 같은 연산자를 재정의할 수 있는 기능을 **연산자 오버로딩**(operator overloading)이라고 한다. C++는 연산자 오버로딩을 채택했지만 자바는 그러지 않았다. 스칼라는 연산자 오버로딩을 채택하면서 임의의 문자를 조합해 새로운 연산자를 만드는 것도 허용한다. 이로 인해 코드가 혼란을 유발할 때가 있다. 코틀린은 제한된 형태의 연산자 오버로딩을 채택했으며, 이미 존재하는 연산자만 오버로딩할 수 있다.

스칼라는 파이썬과 비슷하게 객체 지향과 함수형을 혼합한 언어지만, 순수 함수와 엄격한 객체에 좀 더 초점을 맞춘다. 이런 선택은 코틀린을 객체 지향과 함수형을 혼합한 언어로 만들기로 결정할 때 영감을 줬다.

스칼라와 마찬가지로 코틀린도 JVM에서 실행되지만 코틀린을 사용하면 스칼라를 쓸 때보다 훨씬 더 쉽게 자바와 상호 작용할 수 있다(부록 B 참고). 추가로 코틀린은 자바스크립트나 안드로이드 OS를 타깃으로도 컴파일되며, 다른 플랫폼에서 쓸 수 있는 네이티브 코드로도 컴파일될 수 있다.

〈아토믹 코틀린〉은 아토믹 스칼라(http://www.atomicscala.com/)의 아이디어와 내용을 진화시킨 책이다.

그루비(Groovy): 동적인 JVM 언어(2007)

동적 언어는 정적 언어보다 더 상호 작용적이며 간결하기 때문에 매력적이다. JVM에서 동적 언어를 경험할 수 있게 하려는 시도가 (자이썬(Jython)(파이썬의 JVM 버전), 클로저(리스프의 '사투리') 등) 많이 있어 왔다. 그루비는 그런 시도를 한 언어 중 처음으로 널리 받아들여진 언어다.

언뜻 그루비는 자바를 깔끔하게 다듬어 더 나은 프로그래밍 경험을 제공하는 것처럼 보인다. 대부분의 자바 코드는 변경 없이 그루비에서 실행되기 때문에 자바 프로그래머는 생산성을 금방 올릴 수 있고, 나중에 자바보다 더 나은 프로그래밍 환경을 제공하는 복잡한 그루비 기능을 배울 수 있다.

값이 없는 경우를 다루는 코틀린 연산자 ?.과 ?:은 그루비에서 처음 사용됐다.

코틀린에는 수많은 그루비 특징이 있다. 이런 특징 중 상당수는 다른 언어에도 존재하기 때문에 코틀린에 포함시켜야 하는 더 강력한 이유가 됐을 것이다.

왜 코틀린인가? (2011년 출시되고 2016년 버전 1.0이 나온 언어)

C++가 처음에 '더 나은 C'를 의도했던 것처럼, 코틀린도 처음에는 '더 나은 자바'가 되려는 의도에서 탄생했다. 코틀린은 그 후 원래 목표를 훨씬 뛰어넘는 언어로 진화해왔다.

코틀린은 다른 언어에서 가장 성공적이고 개발자에게 도움이 되는 기능만을 실용적으로 채택했다. 이런 특징은 실무에서 검증되고 가치가 있음이 증명된 것이다.

따라서 여러분이 다른 언어를 사용하던 프로그래머라면, 그 언어의 특징 중 일부를 코틀린에서도 찾아볼 수 있을 것이다. 이는 의도적인 것이다. 코틀린은 이미 검증된 개념을 활용함으로써 생산성을 극대화한다.

가독성

언어 설계에서 가독성은 중요한 목표다. 코틀린 문법은 간결하다. 대부분의 경우 준비 코드가 필요 없으며, 그럼에도 불구하고 여전히 복잡한 아이디어를 표현할 수 있다.

도구

코틀린은 개발자 도구 전문 기업인 젯브레인즈가 만든 언어다. 코틀린은 최상급의 도구 지원을 받을 수 있는 언어이며, 여러 언어 기능이 도구 지원을 염두에 두고 설계됐다.

다중 패러다임

코틀린은 다음과 같은 여러 프로그래밍 패러다임을 지원한다(이 책에서도 소개할 것이다).

- 명령형(imperative) 프로그래밍
- 함수형 프로그래밍
- 객체 지향 프로그래밍

다중 플랫폼

코틀린 소스 코드는 여러 타깃 플랫폼으로 컴파일할 수 있다.

- JVM: 소스 코드를 JVM 바이트코드(.class 파일)로 컴파일하고, JVM에서 실행할 수 있다.
- 안드로이드: 안드로이드에는 ART[4]라는 자체 런타임이 있다(예전에는 달빅(Dalvik)이라고 불렀다). 코틀린 소스 코드를 달빅 실행 형식(.dex 파일)으로 컴파일할 수 있다.
- 자바스크립트: 웹 브라우저에서 실행할 수 있다.
- 네이티브 바이너리: 특정 플랫폼과 CPU에 맞는 기계어 코드를 생성할 수 있다.

---

4 https://source.android.com/docs/core/runtime

이 책은 코틀린 언어 자체에 초점을 맞추고 JVM을 유일한 타깃 플랫폼으로 사용한다. 언어를 익히고 나면, 코틀린을 다른 응용 분야에 적용하거나 다른 타깃 플랫폼에 적용할 수 있다.

코틀린의 두 가지 특징

현재 단계에서는 여러분이 프로그래머라고 가정하지 않기 때문에 왜 다른 언어보다 코틀린이 더 나은 언어인지를 설명하긴 쉽지 않다. 하지만 이 시점에 설명할 수 있는 영향력이 큰 두 가지 주제가 있다. 바로 자바 상호 운용성과 '빈 값(값 없음)'을 표현하는 방식의 문제다.

노력이 필요 없는 자바 상호 운용성

'더 나은 C'가 되기 위해 C++는 C 문법과의 하위 호환성을 제공해야 했다.[5] 하지만 코틀린은 자바 문법과 하위 호환될 필요가 없다. 단지 JVM에서 제대로 작동해야 할 필요가 있을 뿐이다. 이로 인해 코틀린 설계자들은 자바 언어를 어수선하게 하는 시각적 잡음이나 복잡성을 없애고 더 깔끔하면서 강력한 문법을 설계할 수 있다.

코틀린이 '더 나은 자바'가 되기 위해서는 코틀린을 사용하는 경험이 즐겁고 거침이 없어야 한다. 따라서 코틀린은 별다른 노력 없이 기존 자바 프로젝트에 코틀린을 통합할 수 있다. 작게 코틀린 기능을 작성해서 기존 자바 코드 사이에 끼워 넣을 수 있는데, 자바 코드는 심지어 코틀린 코드가 거기 있다는 사실을 알지도 못한다. 자바 코드 입장에서는 코틀린 코드가 마치 자바 코드처럼 보인다.

회사는 해당 언어로 독립 실행 프로그램을 만들어보면서 새 언어를 시험해보곤 한다. 이상적으로 이런 프로그램은 있으면 도움이 되지만 필수적이지 않은 프로그램이어야 한다. 프로젝트가 실패하더라도 피해를 최소화하면서 프로젝트를 중단할 수 있기 때문이다. 모든 회사가 이런 실험에 필요한 자원을 투입하고 싶어 하지는 않는다. 코틀린은 기존 자바 시스템(그리고 그 시스템에 작성된 기존 테스트들)과 매끄럽게 통합되기 때문에 코틀린이 기존 시스템과 잘 들어맞는지 시험해보는 비용이 아주 낮거나 비용이 거의 들지 않는 경우도 많다.

추가로, 코틀린을 만든 회사인 젯브레인즈는 인텔리J IDEA의 '커뮤니티' 버전(무료 버전)을 제공한다. 이 버전도 자바와 코틀린을 동시에 지원하고 두 언어를 쉽게 통합할 수 있도록 해주는 기능을 갖추고 있으며, 심지어 자바 코드를 (대부분) 코틀린으로 자동으로 변환해주는 도구까지 제공한다.

부록 B에서는 자바 상호 운용성을 다룬다.

---

5 **[옮긴이]** C95 표준까지 C++는 상당 부분 C의 상위 집합이었다. 그 후 C99와 C11에 새로운 기능이 추가되고 C++도 C++11 등으로 변화해감에 따라 양 언어의 거리가 예전보다는 약간 더 멀어졌다. 그러나 여전히 대부분의 C 프로그램을 C++ 컴파일러로 손쉽게 컴파일할 수 있고, C 컴파일러로 컴파일한 라이브러리를 C++에서 쉽게 사용할 수 있다.

빈 값 표현 방식

코틀린의 특징 중에는 어려운 프로그래밍 문제를 풀 때 특히 도움이 되는 특징이 있다.

누가 사전을 주면서 존재하지 않는 단어의 뜻을 물어본다면 어떻게 대답할 수 있을까? 없는 단어의 의미를 마음대로 만들어내면 항상 결과를 돌려줄 수 있을 것이다. 더 유용한 접근 방법은 '그런 단어 정의는 없다'라고 답하는 것이다. 이 예는 프로그래밍에서 중요한 문제를 잘 보여준다. 저장 장소가 초기화되지 않았거나 어떤 연산의 결과가 없을 때 어떻게 '값 없음'을 표현할 수 있을까?

토니 호어(Tony Hoare)는 1965년 알골 언어에서 **널 참조**(null reference)를 발명했다. 호어는 나중에 널 참조가 '자신의 10억 달러짜리 실수'라고 말했다. 널의 문제는 너무 단순하다는 것이다. 때로는 방이 비어 있다는 사실을 알려주는 것만으로는 충분하지 않다. 예를 들어 왜 그 방이 비어 있는지 알아야 할 수도 있다. 널의 단순성으로 인해 두 번째 문제가 생겨난다. 널을 어떻게 구현할 수 있을까? 효율성을 위해 메모리를 적게 차지하는 특별한 값을 활용하는 게 전형적이다. 하지만 이런 특별한 정보를 표현하는 값으로 메모리에 이미 할당된 어떤 존재를 사용하는 것보다 더 나은 방법은 없을까?

원래 C 언어는 자동으로 메모리를 초기화하지 않아 많은 문제가 발생했다. C++는 새로 할당한 저장소를 모두 0으로 채워서 이런 상황을 개선했다. 따라서 어떤 수치 값이 초기화되지 않으면 그냥 숫자 0이 됐다. 이런 방법은 그리 나빠 보이지 않지만, 이로 인해 할당되지 않은 값이 조용히 프로그램에 스며든다는 문제가 있다(최신 C나 C++ 컴파일러는 이런 문제를 경고해주는 경우가 많다). 설상가상으로 어떤 메모리 저장소가 **포인터**(pointer)(메모리의 다른 위치를 가리키기 위해 사용되는 값)라면 널 포인터는 메모리의 0번지를 가리키게 되는데, 당연히 의도한 동작이 아니다.

자바는 실행 시점에 오류를 발생시켜서 초기화되지 않은 값에 대한 참조를 금지한다. 이로 인해 초기화되지 않은 값을 발견할 수는 있지만, 프로그램에서 초기화되지 않은 값이 있는지 알아내는 유일한 방법이 프로그램을 실행해서 이런 오류가 발생하는지 살펴보는 것뿐이므로 널 포인터 문제를 해결해주지는 못한다.[6] 자바 코드에는 이런 유형의 버그가 넘쳐나며, 프로그래머는 이런 오류를 찾기 위해 엄청난 시간을 낭비하고 있다.

코틀린은 널 오류를 발생시킬 가능성이 있는 연산을 컴파일 시점에, **프로그램이 실행되기도 전에** 금지함으로써 이런 문제를 해결한다. 이는 자바 프로그래머가 코틀린을 채택해야 하는 가장 중요한 특징이다. 이 특징 하나만으로 자바의 널 오류를 최소화하거나 아예 없앨 수 있다.

6 　옮긴이　프로그램에서 널 포인터가 발생할 수 있는지 여부를 알아내기 위해서는 프로그램을 작성해 돌려보면서 널 포인터 오류가 발생하는지 테스트해봐야 하는데, 이런 테스트는 버그가 있음을 증명해줄 수는 있어도 버그가 없음을 증명해줄 수는 없으므로 결국 널 가능성을 완전히 배제하긴 어렵다.

수많은 다른 이점들

앞에서 (프로그래밍에 대한 지식 없이) 설명할 수 있었던 두 가지 특징은 여러분이 자바 프로그래머인지 여부와 관계없이 큰 이익을 가져다준다. 코틀린이 처음 배우는 프로그래밍 언어인데 여러분의 프로젝트가 더 많은 프로그래머가 필요한 프로젝트로 발전한다면, 수많은 자바 프로그래머 중 한 명을 코틀린 프로그래머로 채용하는 것이 훨씬 쉽다.

코틀린에는 여러분이 프로그래밍에 대해 더 알기 전에는 설명할 수 없는 다른 이점이 많다. 이 책은 바로 이런 내용을 설명하는 책이다.

언어는 종종 이성이 아니라 열정에 의해 결정된다. 나는 코틀린이 이성적인 이유로 사랑받는 언어가 되도록 노력하고 있다 - 안드레이 브레스라프(Andrey Breslav), 코틀린 리드 언어 설계자(현재 심리 치료 스타트업 alter의 공동 설립자)

Hello, World!

'Hello, world!'는 프로그래밍 언어의 기본 문법을 보여주기 위해 흔히 사용하는 프로그램이다.

Hello, world! 프로그램을 여러 단계로 개발하면서 세부 사항을 이해해보자.

먼저 아무 일도 하지 않는 빈 프로그램을 살펴보겠다. 코드 제목은 해당 소스 코드 파일이 들어 있는 하위 디렉터리(앞의 예제에서는 HelloWorld)와 파일 이름(EmptyProgram.kt)이다. 각 아톰의 예제 하위 디렉터리는 아톰의 제목이기도 하다.

HelloWorld/EmptyProgram.kt

```
fun main() {
  // 여기에 프로그램 코드가 들어감
}
```

이 예제에는 주석(comment)이 있다. 주석은 코드의 의미를 알려주는 텍스트로, 코틀린 언어(또는 컴파일러)는 이를 무시한다. //(연속된 슬래시 두 개)로 주석을 시작하면 그 줄의 끝까지 주석이 계속된다.

```
// 한 줄짜리 주석
```

// 이후에 있는 모든 내용이 그 줄이 끝날 때까지 무시된다. 따라서 다음 줄이 시작되어야 코틀린 은 다시 코드에 신경을 쓴다.

키워드(keyword)는 언어에 의해 예약되어 있고 특별한 의미를 지니는 단어를 뜻한다. 예제에 있는 키워드 fun은 함수를 뜻하는 function을 줄인 단어다. 함수란 함수 이름을 사용해 실행될 수 있는 코드 모음을 뜻한다(이 책에서는 함수에 대해 꽤 많이 다룰 것이다).

fun 키워드 다음에는 함수 이름이 온다. 예제에서는 main()이 함수 이름이다. 본문에서는 해당 이름이 함수라는 사실을 명확히 보여주기 위해 함수 이름 뒤에 괄호()를 붙일 것이다(함수의 실제 이름은 main이지 main()이 아니라는 점에 유의하라).

main()은 사실 특별한 의미를 가진 함수로, 코틀린 프로그램의 '진입점(entry point)'을 뜻한다. 프로그램에는 이름이 다른 함수가 많이 있을 수 있지만, 프로그램을 실행하면 main()이 자동으로 호출된다.

함수 이름 뒤의 괄호 안에는 **파라미터 목록**(parameter list)이 온다. 예제에서는 main() 함수에 아무런 파라미터도 넘기지 않기 때문에 괄호 안의 파라미터 목록이 비어 있다.

파라미터 목록 다음에는 **함수 본문**(function body)이 온다. 함수 본문은 여는 중괄호({)로 시작하고 닫는 중괄호(})로 끝난다. 그 안에는 **문**(statement)과 **식**(expression)이 들어간다. 문은 효과(effect)를 만들고, 식은 결과를 계산한다.

EmptyProgram.kt의 함수 본문에 문이나 식은 없고, 주석만 들어 있다.

이제 main() 함수 본문에 문장을 하나 추가해서 "Hello, world!"를 출력하게 해보자.

HelloWorld/HelloWorld.kt

```
fun main() {
  println("Hello, world!")
}
```

출력

Hello, world!

인삿말을 출력하는 줄은 println()으로 시작한다. main()과 마찬가지로 println()도 함수다. 이 줄은 함수를 호출(call)한다. 함수를 호출할 때는 함수 이름을 지정하고, 뒤에 괄호를 넣고, 괄호 사이에 (파라미터가 있으면) 파라미터를 넣는다. 함수가 호출되면 함수 본문이 실행된다.

println()은 파라미터를 하나만 받는데 오직 String 타입, 즉 문자열이다. 큰따옴표로 문자들을 감싸서 문자열로 만들 수 있다.

println() 대신 print()를 사용할 수도 있다. 둘의 차이는 다음과 같다. println()은 파라미터를 화면에 출력한 후 커서를 다음 줄 맨 앞으로 옮긴다. 따라서 이후 화면에 출력한 내용은 다음 줄에 나타난다. 이와 달리 print()는 파라미터로 전달받은 문자열과 같은 줄(출력한 내용 직후)에 커서를 남겨둔다.

코틀린은 다른 언어와 달리 식 끝에 세미콜론(;)을 붙이지 않아도 된다. 한 줄 안에 여러 식을 넣고 싶을 때만 식과 식 사이에 세미콜론을 넣으면 된다(하지만 이런 식의 코드는 권장하지 않는다).

주석이 길 경우에는 **여러 줄 주석**을 사용할 수 있다. /*(슬래시 바로 뒤에 애스터리스크)로 시작하며, 주석을 끝내는 */(애스터리스크 뒤에 슬래시)가 올 때까지 계속된다. 이때 줄이 달라져도(줄이 바뀌는 부분을 **새줄 문자**(newline)라고 부른다) 주석이 계속된다.

```
/* 여러 줄 주석에서는
새줄 문자가 중간에 있어도
상관없다 */
```

---

*/로 주석을 끝낸 다음에 새 주석을 덧붙여도 된다. 하지만 혼동하기 쉬우므로 주석 바로 뒤에 주석을 사용하는 경우는 별로 없다.

주석은 코드만 보고 분명히 알 수 없는 정보를 덧붙이기 위해 쓰인다. 단순히 코드의 내용을 반복한다면 사람들은 짜증을 내며 주석을 무시할 것이다. 또는 프로그래머가 코드를 바꾸면서 주석 내용을 함께 바꾸는 것을 잊어버릴 때도 있다. 따라서 주석은 주의 깊게 사용해야 하며, 주로 코드에서 어려운 부분을 자세히 설명하기 위해 사용하는 것이 좋다.

var와 val

식별자가 데이터를 담고 있다면 이 식별자에 다른 데이터를 재대입할 수 있을지 결정해야만 한다.

식별자(identifier)는 프로그램을 이루는 요소를 가리키기 위해 사용한다. 데이터를 가리키는 식별자를 사용할 때는 가장 기본적으로 선택해야 하는 사항이 있다. 식별자가 가리키는 내용이 프로그램을 실행하는 동안 변할 수 있는지, 아니면 단 한 번만 어떤 값을 지정하면 되는지 여부다. 이런 변경 가능성은 다음 두 가지 키워드를 사용해 제어한다.

* var: **변할 수 있는 수**(variable)의 약자로, 내용을 재대입할 수 있다.
* val: **값**(value)의 약자로, 식별자의 값을 단 한 번만 초기화할 수 있다. 일단 값을 초기화하고 나면 내용을 변경할 수 없다.

var는 다음과 같이 정의한다.

var 식별자 = 초기화

var 키워드 뒤에는 식별자, 등호(=), 초기화 값이 차례로 온다. 식별자는 문자(유니코드 문자)나 밑줄(_)로 시작되며, 첫 글자로 문자나 밑줄을 적은 다음부터는 문자나 밑줄은 물론 숫자도 원하는 길이만큼 더 올 수 있다(첫 글자만 있고 그 뒤에 아무 문자도 없는 한 글자짜리 식별자도 가능하다). 식별자를 구별할 때는 대소문자 여부도 구분한다(따라서 thisvalue와 thisValue는 다른 식별자다).

즉, 정리하면 다음과 같다.

* 시작은 유니코드 문자 또는 밑줄: 'a', 'I', '가', '_'

- 두 번째 글자부터는 유니코드 문자, 밑줄, 숫자 중 어느 것이나 더 올 수 있음: 'ai', 'a7', '가가', '가_2', '_가나'

몇 가지 var 정의를 보자.

VarAndVal/Vars.kt

```
fun main() {
  var whole = 11           // [1]
  var fractional = 1.4     // [2]
  var words = "Twas Brillig" // [3]
  println(whole)
  println(fractional)
  println(words)
}
```

출력

```
11
1.4
Twas Brillig
```

이 책에서는 코드를 설명할 때 각괄호([ ]) 안에 숫자를 넣어서 프로그램의 위치를 표시한다.

- [1] whole이라는 이름의 var를 만들고 11을 저장한다.
- [2] fractional이라는 이름의 var에 '소수' 1.4를 저장한다.
- [3] words라는 var에 텍스트(String에 속하는 문자열)를 저장한다.

여기서 println()이 인자로 아무 값이나 받을 수 있다는 점에 유의하라.

변할 수 있는 수라는 이름이 암시하는 것처럼 var에 저장된 값은 달라질 수 있다. 이 말은 var에 저장된 데이터를 변경할 수 있다는 뜻이다. 그래서 var 변수를 **가변**(mutable)이라고 한다.

VarAndVal/AVarIsMutable.kt

```
fun main() {
  var sum = 1
  sum = sum + 2
  sum += 3
  println(sum)
}
```

출력

```
6
```

sum = sum + 2는 sum의 현재 값을 가져와 2를 더한 결과를 sum에 다시 대입한다.

sum += 3은 sum = sum + 3과 같은 뜻이다. += 연산자는 sum의 이전 값을 얻어온 다음, 3만큼 증가시키고, 증가시킨 결괏값을 다시 sum에 대입한다.

var에 저장한 값을 변경하는 방식은 변화를 표현할 때 유용하다. 하지만 프로그램이 복잡해지면 복잡해질수록, 변화하지 않는 식별자를 통해 값을 표현해야 여러분의 코드가 더 명확하고 안전하며 이해하기 쉬워진다. 변화하지 않는다는 말은 값을 재대입하지 않는다는 의미다. 우리는 var 대신 val을 사용해 변화하지 않는 식별자를 지정한다. val은 처음 생성될 때 대입이 단 한 번만 이뤄진다.

---

val 식별자 = 초기화

---

val 키워드는 값을 뜻하며, 값이란 변할 수 없는 것을 가리킨다. 그래서 val 변수는 **불변**(immutable)이다. 표현할 수만 있다면 항상 var 대신 val을 사용하라. 앞에 나온 Vars.kt 예제를 val만 사용해 다시 작성하면 다음과 같다.

VarAndVal/Vals.kt

```
fun main() {
  val whole = 11
  // whole = 15 // 오류       // [1]
  val fractional = 1.4
  val words = "Twas Brillig"
  println(whole)
  println(fractional)
  println(words)
}
```

출력

```
11
1.4
Twas Brillig
```

- [1] val을 초기화하고 나면 재대입할 수 없다. whole에 다른 값을 대입하려고 시도하면 코틀린이 'val을 재대입할 수 없음(val cannot be reassigned)'이라고 불평한다.

식별자에 이름을 붙일 때 좀 더 서술적인 이름을 붙이면, 코드를 이해하기도 쉽고 주석을 추가할 필요성도 줄어든다. 여러분은 Vals.kt에서 whole이 무엇을 의미하는지 전혀 알 수 없을 것이다. 만약 프로그램에서 11이라는 수가 커피를 마시러 가는 시간을 나타낼 경우, 변수의 이름을

coffeetime이나 coffeeTime이라고 붙이면 다른 사람들도 변수의 용도를 더 명확하게 파악할 수 있다(코틀린 스타일에 따라 변수의 첫 번째 글자를 소문자로 했다).

var는 프로그램이 실행될 때 변경되어야만 하는 값을 표현할 경우 유용하다. '프로그램이 실행되면서 변경되어야 한다'라는 명제는 자주 있음직한 요구 조건으로 보이지만, 실전에서는 피해갈 수 있다. 일반적으로 val만 사용하면 프로그램을 확장하고 유지 보수하기가 더 쉬워지지만, 문제를 해결하기에 너무 복잡해지는 경우도 가끔 있다. 그래서 코틀린에서는 var도 허용해 유연성을 더 제공한다. 하지만 여러분이 val과 시간을 보내다 보면, 프로그램에서 var가 필요한 경우가 거의 없다는 사실과 var를 사용하지 않으면 프로그램이 더 안전해지고 신뢰성도 높아진다는 사실을 알게 될 것이다.

데이터 타입

> **데이터는 서로 다른 타입에 속할 수 있다.**

수학 문제를 풀기 위해 다음과 같이 식을 썼다고 하자.

$$5.9 + 6$$

여러분은 두 수를 더하면 다른 수가 된다는 것을 알고 있다. 코틀린도 마찬가지다. 여러분은 한 수가 소수(5.9)이고, 다른 수는 소수 부분이 없는 정수(6)라는 것도 알고 있다. 코틀린에서는 소수를 Double이라 부르고, 정수를 Int라 부른다. 여러분은 또 두 수를 더한 결과가 소수라는 사실도 안다.

타입(type)(데이터 타입이라고도 함)은 여러분이 대상 데이터를 어떤 식으로 사용할지를 코틀린에게 말해준다. 타입은 어떤 식이 취할 수 있는 값의 집합을 제공한다. 데이터에 대해 적용할 수 있는 연산, 데이터의 의미, 타입에 속한 값을 (컴퓨터 메모리에) 저장하는 방식을 정의한다.

코틀린은 타입을 사용해 여러분이 쓴 식이 올바른 식인지 검증한다. 앞에서 본 식에서 코틀린은 Double 타입의 새 값을 만들어 연산 결과를 저장한다.

코틀린은 작성된 연산을 적용하려고 시도하겠지만, 만약 여러분이 타입 규칙에 맞지 않는 무언가를 하라고 코틀린에게 지시하면 오류 메시지를 낼 것이다. 예를 들어 String에 숫자를 더하려고 해보자.

```
fun main() {
  println("Sally" + 5.9)
}
```

출력

```
Sally5.9
```

타입은 코틀린이 각 타입에 속하는 값과 연산을 어떻게 사용하는 것이 올바른지 알려준다. 위 코드를 보자. 타입 규칙은 코틀린이 어떻게 String에 숫자를 더하는지 알려준다. 즉, 두 값을 서로 연결한 결과를 저장할 새로운 String을 만든다.

이제 StringPlusNumber.kt에 있는 +를 *로 바꿔서 String에 Double을 곱해보자.

```
"Sally" * 5.9
```

타입을 이런 식으로 조합하면 코틀린이 이해하지 못하므로 오류를 표시한다.

다양한 타입의 값을 변수에 저장('아톰 4, var와 val' 참고)하면, 코틀린은 각 값을 어떻게 쓰는지 살펴보고 각 변수의 타입을 알아내서 우리에게 알려준다. 이를 **타입 추론**(type inference)이라고 한다.

좀 더 장황하게 타입을 지정할 수도 있다.

```
var 식별자: 타입 = 초기화
```

val이나 var 키워드로 시작하고 뒤에 식별자, 콜론, 타입, =, 초기화가 온다. 따라서 다음과 같이 적는 대신에

```
val n = 1
var p = 1.2
```

다음과 같이 적을 수도 있다.

```
val n: Int = 1
var p: Double = 1.2
```

코틀린이 알아서 타입을 추론하게 내버려두지 않고 n이 Int, p가 Double이라고 알려준 것이다.

코틀린의 기본 타입 중 몇 가지를 살펴보자.

```
DataTypes/Types.kt
```

```kotlin
fun main() {
  val whole: Int = 11            // [1]
  val fractional: Double = 1.4   // [2]
  val trueOrFalse: Boolean = true // [3]
  val words: String = "A value"  // [4]
  val character: Char = 'z'      // [5]
  val lines: String = """Triple quotes let
you have many lines
in your string"""              // [6]

  println(whole)
  println(fractional)
  println(trueOrFalse)
  println(words)
  println(character)
  println(lines)
}
```

출력

```
11
1.4
true
A value
z
Triple quotes let
you have many lines
in your string
```

- [1] Int 데이터 타입은 **정수**(integer)다. 즉, 소수점 이하 부분이 없다는 뜻이다.

- [2] 소수가 있는 수를 저장하려면 Double을 사용하라.

- [3] Boolean 데이터 타입은 두 가지 특별한 값, true와 false만 저장할 수 있다.

- [4] String은 문자로 이뤄진 시퀀스를 저장한다. 문자를 큰따옴표로 둘러싼 값을 String 객체에 저장할 수 있다.

- [5] Char는 한 문자만 담을 수 있다.

- [6] 여러 줄에 걸친 문자열을 만들거나 특수 문자가 들어간 문자열을 만들어야 하는 경우,

큰따옴표 세 개(""")로 문자열을 감싸라(이런 문자열을 **삼중 큰따옴표 String** 또는 **로**(raw) **String**이라고 부른다).

타입을 섞어서 사용한 경우에도 코틀린은 타입 추론을 사용해 전체 문장이나 식의 의미를 결정한다. 예를 들어 덧셈에 Int와 Double을 섞어 쓰면 코틀린이 결괏값의 타입을 결정한다.

DataTypes/Inference.kt

```
fun main() {
  val n = 1 + 1.2
  println(n)
}
```

출력

```
2.2
```

n을 계산할 때 Int와 Double을 더하면 코틀린은 타입 추론을 사용해 결괏값의 타입이 Double이라 결정하고, 이렇게 생성된 결과가 Double에 대한 모든 규칙을 준수하는지 확인한다.

코틀린의 타입 추론은 프로그래머를 돕기 위한 코틀린의 전략 중 하나다. 방금 전 코드의 val n = 1 + 1.2에서 본 것처럼, 여러분이 타입을 지정하지 않아도 보통은 코틀린이 타입을 추론해준다.

함수

함수(function)는 이름이 있는 작은 프로그램과 같으며, 다른 함수에서 그 이름으로 실행하거나 호출(invoke)할 수 있다.

함수는 일련의 동작을 묶어주며, 프로그램을 체계적으로 구성하고 코드를 재사용하는 가장 기본적인 방법이다.

함수에 정보를 전달하면, 함수는 그 정보를 이용해 계산을 수행하고 결과를 만들어낸다. 함수의 기본적인 형태는 다음과 같다.

```
fun 함수이름(p1: 타입1, p2: 타입2, ...): 반환타입 {
  여러 줄의 코드(한 줄 또는 없을 수도 있음)
  return 결과
}
```

p1과 p2는 여러분이 함수에 전달할 **파라미터**(parameter)다. 각 파라미터는 파라미터 이름으로 쓰일 식별자(예: p1, p2), 콜론, 파라미터의 타입으로 이뤄진다. 파라미터 목록을 닫는 괄호 다음에는 콜론이 오고, 그 뒤에 함수가 생성할 결과의 타입이 온다. **함수 본문**(function body)에 있는 코드는 중괄호({})로 둘러싼다. return 키워드 뒤에 오는 식은 함수가 끝날 때 만들어낼 결과를 뜻한다.

파라미터는 함수에 정보를 전달하는 방법을 정의한다. 파라미터는 전달할 정보를 넣을 장소(placeholder)다. **인자**(argument)는 함수에 (파라미터를 통해) 전달하는 실제 값이다.

이름, 파라미터[7], 반환 타입을 합쳐서 **함수 시그니처**(signature)라고 부른다.

---

7   **옮긴이** 파라미터의 개수와 각각의 타입(순서도 고려함)만 시그니처를 구분할 때 쓰인다. 파라미터 이름은 시그니처에 속하지 않는다.

다음은 multiplyByTwo()라는 간단한 함수다.

Functions/MultiplyByTwo.kt

```kotlin
fun multiplyByTwo(x: Int): Int {    // [1]
  println("Inside multiplyByTwo")  // [2]
  return x * 2
}

fun main() {
  val r = multiplyByTwo(5)          // [3]
  println(r)
}
```

출력

```
Inside multiplyByTwo
10
```

- [1] fun 키워드, 함수 이름, 파라미터 목록이다. 파라미터는 하나뿐이다. 이 함수는 Int 파라미터를 받아서 Int를 반환한다.
- [2] 이 두 줄은 함수 본문이다. 마지막 줄은 x * 2를 계산한 값을 함수 결과로 반환한다.
- [3] 이 줄은 multiplyByTwo() 함수를 적절한 인자를 넘기면서 **호출**하고, 결과를 r이라는 val 변수에 넣는다. 함수 호출은 함수 선언 형태와 닮았다. 함수 이름 뒤에 괄호로 둘러싼 인자 목록이 온다.

함수를 호출하면 함수 코드가 실행된다. 함수 이름을 사용한 multiplyByTwo(5)라는 호출은 함수 코드를 실행하고 결괏값을 가져온다는 사실을 줄여 쓴 것이라 할 수 있다. 바로 이것이 함수가 프로그래밍에서 가장 기본적인 단순화의 도구이자 코드 재사용 도구인 이유다. 함수를 치환할 수 있는 값(파라미터들)이 있는 식(함수 본문에 해당)이라고 생각할 수도 있다.[8]

println(r)도 함수 호출이다. 위와 다른 건 println이 코틀린이 제공하는 함수라는 점이다. 코틀린이 정의한 함수는 **표준 라이브러리 함수**(standard library function)라고 부른다.

의미 있는 결과를 제공하지 않는 함수의 반환 타입은 Unit이다. 원한다면 Unit을 명시해도 되지만, 코틀린에서는 Unit을 생략해도 된다.

---

8 **옮긴이** 함수를 여러 명령어를 묶어서 이름 붙인 축약으로 생각하는 관점은 전통적인 명령형 언어의 관점이고, 함수를 치환 가능한 값이 있는 식으로 생각하는 관점은 함수형 언어의 관점이다. 명령형 언어의 관점에서 함수는 새로운 명령어를 만드는 방법이라 할 수 있고, 함수형 언어의 관점에서 볼 때 파라미터를 치환하고 본문 식을 함수 호출 위치에 넣으면 함수를 실행한 경우와 같은 결과가 나와야 한다. 이런 모델을 **치환 모델**(substitution model)이라고 한다. 한편 치환 모델이 제대로 성립하려면 함수의 결과가 파라미터가 아닌 다른 값에 의존하는 일이 없어야 하며 반환값을 통하지 않고 외부 세계에 영향을 끼쳐서는 안 되는데, 이런 이유로 함수형 언어에서는 불변값과 순수 함수를 사용한다.

```
fun sayHello() {
  println("Hallo!")
}

fun sayGoodbye(): Unit {
  println("Auf Wiedersehen!")
}

fun main() {
  sayHello()
  sayGoodbye()
}
```

출력

```
Hallo!
Auf Wiedersehen!
```

sayHello()와 sayGoodbye()의 반환 타입은 모두 Unit이다. 하지만 sayHello()는 반환 타입을 명시하지 않았다. main() 함수의 반환 타입도 역시 Unit이다.

함수 본문이 하나의 식으로만 이뤄진 경우, 등호(=) 뒤에 그 식을 넣어서 함수를 짧게 작성할 수 있다.

```
fun 함수이름(p1: 타입1, p2: 타입2, ...): 반환타입 = 식
```

함수 본문이 중괄호로 둘러싸인 경우를 **블록 본문**(block body)이라 하고, 등호 뒤에 식이 본문으로 지정된 경우를 **식 본문**(expression body)이라 한다.

다음 multiplyByThree()에서는 식 본문을 사용한다.

```
fun multiplyByThree(x: Int): Int = x * 3

fun main() {
  println(multiplyByThree(5))
}
```

출력

```
15
```

이 코드는 return x * 3을 블록 본문에 썼던 코드를 줄여 쓴 버전이다.

코틀린은 식 본문을 사용하는 함수의 반환 타입을 추론한다.

Functions/MultiplyByFour.kt

```
fun multiplyByFour(x: Int) = x * 4

fun main() {
  val result: Int = multiplyByFour(5)
  println(result)
}
```

출력

```
20
```

출력을 보면, 코틀린이 multiplyByFour()가 Int를 반환한다고 추론했다.

코틀린은 식 본문의 반환 타입만 추론한다. 함수 본문이 블록 본문이고 그 함수의 반환 타입을 명시하지 않으면, 함수의 반환 타입이 Unit이라고 지정한 것과 같다.

함수를 작성할 때는 서술적인 이름을 사용해야 한다. 그래야 코드를 더 쉽게 읽을 수 있고, 코드에 주석을 남겨야 할 필요성도 줄일 수 있다. 단, 이 책에서는 페이지 너비가 정해져 있고 지면상의 제약이 따르기 때문에 우리가 선호하는 충분히 서술적인 이름을 항상 사용할 수는 없다.

if 식

if 키워드는 식을 검사해 그 값이 true나 false 중 어느 것인지 알아내고, 그 결과에 따라 작업을 수행한다. 참이나 거짓을 표시하는 식은 **불리언**(Boolean)(불 방식)이라고 한다. 불리언이라는 이름은 불리언 식을 뒷받침하는 논리를 창시해낸 수학자 조지 불(George Boole)의 이름을 딴 것이다.

다음은 >(보다 크다)와 <(보다 작다) 기호를 사용한 if 식의 예다.

IfExpressions/If1.kt

```kotlin
fun main() {
  if (1 > 0)
    println("It's true!")
  if (10 < 11) {
    println("10 < 11")
    println("ten is less than eleven")
  }
}
```

출력

```
It's true!
10 < 11
ten is less than eleven
```

if 뒤에 있는 괄호 안의 식은 반드시 true나 false로 평가되어야 한다. 식을 평가한 결과가 true인 경우 바로 다음에 있는 식이 실행된다. 코드가 여러 줄이라면 중괄호 안에 넣으면 된다.

한쪽에서 불리언 식을 만든 다음, 다른 곳에서 그 식을 사용할 수도 있다.

```
fun main() {
  val x: Boolean = 1 >= 1
  if (x)
    println("It's true!")
}
```

출력

```
It's true!
```

x가 Boolean이기 때문에 if (x) 같은 방법으로 if 식에서 x를 직접 검사할 수 있다.

불리언 >= 연산자는 연산자의 왼쪽 항이 오른쪽 항보다 **크거나 같으면** true를 반환한다. 마찬가지로 <= 연산자는 연산자의 왼쪽 항이 오른쪽 항보다 **작거나 같으면** true를 반환한다.

else 키워드를 사용하면 true인 경로와 false인 경로를 모두 처리할 수 있다.

```
fun main() {
  val n: Int = -11
  if (n > 0)
    println("It's positive")
  else
    println("It's negative or zero")
}
```

출력

```
It's negative or zero
```

else 키워드는 if와 함께 사용해야 의미가 있다. if 문에서 불리언 식 검사를 딱 한 번만 해야 할 필요는 없다. 원한다면 else와 if를 함께 사용해 다양한 논리 조합을 검사할 수 있다.

```
fun main() {
  val n: Int = -11
  if (n > 0)
    println("It's positive")
  else if (n == 0)
    println("It's zero")
```

```
else
    println("It's negative")
}
```

```
It's negative
```

여기서는 ==을 사용해 두 수가 같은지(동등성 비교) 검사한다(두 수가 다른지 검사하는 것은 !=이다).

일반적인 패턴은 if로 시작해서 원하는 만큼 else if 절을 사용한 다음, 마지막에 앞의 모든 검사를 만족하지 않는 경우를 대비한 else로 전체 if 식을 끝내는 것이다. if 식이 커져서 복잡해 보인다면, when 식을 대신 사용할 수 있다. when에 대해서는 '아톰 33, when 식'에서 설명한다.

'논리 부정' 연산자 !는 불리언 식을 반전한 결과를 내놓는다.

IfExpressions/If5.kt

```
fun main() {
  val y: Boolean = false
  if (!y)
    println("!y is true")
}
```

출력

```
!y is true
```

if (!y)를 영어로는 'if not y'라고 읽을 수 있다(우리말로는 '만약 y가 아니라면' 정도로 읽을 수 있는데, 영어와 어순이 달라서 그리 자연스럽게 읽히지는 않는다).

if 문장 전체가 식이므로, 결과를 내놓을 수 있다.

IfExpressions/If6.kt

```
fun main() {
  val num = 10
  val result = if (num > 100) 4 else 42
  println(result)
}
```

출력

```
42
```

전체 if 식이 만든 결과를 result라는 중간 값을 담는 식별자에 저장한다. 조건을 만족하면 첫 번째 가지가 result의 값이 된다. 조건을 만족하지 않으면 else 뒤의 값이 result의 값이 된다.

함수를 만드는 연습을 해보자. 다음과 같이 불리언 파라미터를 받는 함수가 있다.

IfExpressions/TrueOrFalse.kt

```kotlin
fun trueOrFalse(exp: Boolean): String {
  if (exp)
    return "It's true!" // [1]
  return "It's false"   // [2]
}

fun main() {
  val b = 1
  println(trueOrFalse(b < 3))
  println(trueOrFalse(b >= 3))
}
```

출력

```
It's true!
It's false
```

불리언 파라미터 exp가 trueOrFalse() 함수에 전달된다. 이 함수에 전달된 인자가 b < 3과 같은 식이면, 식이 먼저 평가되고 결과가 trueOrFalse() 함수에 전달된다. trueOrFalse()는 exp를 검사해서 true인 경우 [1]로 표시한 줄을 실행하고, false인 경우 [2]로 표시한 줄을 실행한다.[9]

- [1]에 있는 return은 '함수를 종료하고, 이 값을 함수의 결괏값으로 생성하자'라는 뜻이다. return은 반드시 함수 맨 끝에 있을 필요 없이, 함수 본문 어디에서나 나타날 수 있다는 점에 유의하라.

9　**옮긴이** 여기서는 if가 참인 경우에 [1]에서 함수가 끝나므로 [2] 문장이 실행되지 않았지만, [1]에 있는 문장이 return이 아니라 일반적인 함수 호출이나 식 계산 등이면 그 부분을 실행한 후 [2]에 있는 문장을 실행한다는 점에 유의하라. 따라서 본문의 설명과 100% 일치하게 예제 코드를 바꾸려면 다음과 같이 써야 한다.

```kotlin
fun trueOrFalse(exp: Boolean): String {
  if (exp)
    return "It's true!" // [1]
  else
    return "It's false" // [2]
}
```

앞의 예제처럼 return을 쓰는 대신, else 키워드와 함께 if 식을 사용해 결과를 만들어낼 수도 있다.

```kotlin
fun oneOrTheOther(exp: Boolean): String =
  if (exp)
    "True!" // 'return'을 쓰지 않아도 된다
  else
    "False"

fun main() {
  val x = 1
  println(oneOrTheOther(x == 1))
  println(oneOrTheOther(x == 2))
}
```

출력

```
True!
False
```

trueOrFalse()에서는 두 가지 식을 썼지만, oneOrTheOther()에서는 하나만 썼다. 이 식의 결과가 함수의 결과가 되므로, 이 if 식이 함수의 본문이 된다.

문자열 템플릿

문자열 템플릿은 String을 프로그램으로 만드는 방법이다.

식별자 이름 앞에 $를 붙이면, 문자열 템플릿이 그 식별자의 내용을 String에 넣어준다.

StringTemplates/StringTemplates.kt

```
fun main() {
  val answer = 42
  println("Found $answer!") // [1]
  println("printing a $1")  // [2]
}
```

출력

```
Found 42!
printing a $1
```

- [1] $answer는 answer의 값으로 치환된다.
- [2] $ 다음에 오는 대상이 프로그램 식별자로 인식되지 않으면 아무 일도 일어나지 않는다.

문자열 연결(concatenation)(+)로 String에 값을 넣을 수도 있다.

StringTemplates/StringConcatenation.kt

```
fun main() {
  val s = "hi\n" // \n은 새줄 문자
  val n = 11
  val d = 3.14
```

```
  println("first: " + s + "second: " +
    n + ", third: " + d)
}
```

출력

```
first: hi
second: 11, third: 3.14
```

${}의 중괄호 안에 식을 넣으면 그 식을 평가한다.[10] 그리고 평가한 결괏값을 String으로 변환해 결과 String에 삽입한다.

StringTemplates/ExpressionInTemplate.kt

```
fun main() {
  val condition = true
  println(
    "${if (condition) 'a' else 'b'}") // [1]
  val x = 11
  println("$x + 4 = ${x + 4}")
}
```

출력

```
a
11 + 4 = 15
```

- [1] if (condition) 'a' else 'b'를 평가한 결과가 전체 ${} 식을 대신한다.

String 안에 큰따옴표 등의 특수 문자를 넣어야 하는 경우에는 **역슬래시**(\)를 사용해 이스케이프 (escape)하거나 큰따옴표를 연달아 세 개 쓰는 String 리터럴을 사용해야 한다.

StringTemplates/TripleQuotes.kt

```
fun main() {
  val s = "value"
  println("s = \"$s\".")
  println("""s = "$s".""")
}
```

---

10 **옮긴이** 한글과 영어 변수명을 섞어 쓰는 경우, 유니코드 문자를 식별자에 사용하는 코틀린 식별자 규칙으로 인해 문자열 템플릿 "안녕하세요 $name 님!"에서 $ 다음에 오는 변수 이름은 'name'이 아니라 'name님'이라는 점에 유의하라. 이런 경우 "안녕하세요 ${name}님!"이라고 변수 이름을 구분해 줘야 한다.

```
s = "value".
s = "value".
```

큰따옴표 세 개를 쓸 때도 큰따옴표를 하나만 쓰는 문자열과 마찬가지로 $ 식별자나 ${식}을 사용
해 식의 값을 삽입할 수 있다.

수 타입

숫자(수) 타입은 타입에 따라 서로 다른 방식으로 저장된다.

식별자를 만들고 정숫값을 대입하면 코틀린은 Int 타입을 추론한다.

NumberTypes/InferInt.kt

```
fun main() {
  val million = 1_000_000 // Int를 추론
  println(million)
}
```

출력

```
1000000
```

가독성을 위해 코틀린에서는 숫자 사이에 밑줄(_)을 넣도록 허용한다.

코틀린도 대부분의 프로그래밍 언어와 마찬가지로 수에 적용할 수 있는 기본적인 수학 연산자, 즉 더하기(+), 빼기(−), 곱하기(*), 나누기(/), 나머지(%)를 제공한다(나머지 연산은 정수 나눗셈의 나머지를 결과로 돌려준다).

NumberTypes/Modulus.kt

```
fun main() {
  val numerator: Int = 19
  val denominator: Int = 10
  println(numerator % denominator)
}
```

```
9
```

정수 나눗셈은 결과를 잘라서 정수로 돌려준다.

NumberTypes/IntDivisionTruncates.kt

```
fun main() {
  val numerator: Int = 19
  val denominator: Int = 10
  println(numerator / denominator)
}
```

출력

```
1
```

정수 나눗셈의 연산 결과를 반올림하면 결과가 2여야 하지만 그렇지 않다.

연산의 순서는 기본적인 (수학에서 정의된) 산술 연산 순서를 따른다.

NumberTypes/OpOrder.kt

```
fun main() {
  println(45 + 5 * 6)
}
```

출력

```
75
```

곱셈 연산(5 * 6)이 먼저 수행된 다음, 덧셈 연산(45 + 30)이 수행된다.

45 + 5를 먼저 실행하고 싶으면 괄호를 사용해야 한다.

NumberTypes/OpOrderParens.kt

```
fun main() {
  println((45 + 5) * 6)
}
```

출력

```
300
```

이제 **체질량지수**(BMI)를 계산해보겠다. BMI는 몸무게(킬로그램 단위)를 키(미터 단위)의 제곱으로 나눈 결과다. BMI가 18.5 미만이면 저체중, 18.5 이상이고 24.9 이하이면 정상 체중, 25 이상이면 과체중이다. 이 예제는 함수 파라미터를 한 줄에 쓸 수 없을 때 코드를 작성하는 형식을 보여주는 예제이기도 하다.

NumberTypes/BMIMetric.kt

```kotlin
fun bmiMetric(
  weight: Double,
  height: Double
): String {
  val bmi = weight / (height * height) // [1]
  return if (bmi < 18.5) "Underweight"
    else if (bmi < 25) "Normal weight"
    else "Overweight"
}

fun main() {
  val weight = 72.57 // 160 lbs
  val height = 1.727 // 68 inches
  val status = bmiMetric(weight, height)
  println(status)
}
```

출력

```
Normal weight
```

- [1] 괄호를 제거하면 weight를 height로 나눈 결과에 height를 곱하게 된다. 이렇게 계산한 값은 훨씬 더 큰 값이자 틀린 값이다.

bmiMetric()은 Double을 사용해 키와 몸무게를 처리한다. Double은 아주 큰 부동소수점(floating point) 수[11]와 아주 작은 부동소수점 수를 저장할 수 있다.

다음은 영국 단위계를 사용한 예제인데, 파라미터로 Int 타입의 값을 받는다.

NumberTypes/BMIEnglish.kt

```kotlin
fun bmiEnglish(
  weight: Int,
  height: Int
): String {
```

---

11 [옮긴이] 부동소수점이라는 말은 소수점 위치가 이리저리 옮겨다닌다는 뜻이다. 예를 들어 1.0e+10과 1.0은 소수점 위치가 다르기 때문에 이런 이름이 붙었다.

```
  val bmi =
    weight / (height * height) * 703.07 // [1]
  return if (bmi < 18.5) "Underweight"
    else if (bmi < 25) "Normal weight"
    else "Overweight"
}

fun main() {
    val weight = 160
    val height = 68
    val status = bmiEnglish(weight, height)
    println(status)
}
```

출력

```
Underweight
```

왜 Double을 사용한 `bmiMetric()`과 결과가 다를까? 정수를 다른 정수로 나누면 코틀린은 정수를 돌려준다. 정수 나눗셈에서 나머지를 처리하는 일반적인 방법은 **버림**(truncation)이다. 버림이라는 말은 '소수점 이하를 잘라내 버린다'라는 뜻이다(따라서 반올림을 하지 않는다). 그래서 5를 2로 나누면 2를 얻고, 7/10은 0이다. 따라서 [1]에서 bmi를 계산할 때 160 / (68 * 68)은 0이다. 그리고 0에 703.07을 곱해도 0이 될 뿐이다.

이러한 문제를 피하기 위해서는 계산 식의 앞부분에서 703.07을 곱해야 한다. 이렇게 하면 계산 결과를 Double로 강제로 변환하는 효과가 있다.

```
val bmi = 703.07 * weight / (height * height)
```

`bmiMetric()`의 Double 파라미터는 이런 문제를 방지해준다. 정확도를 유지하기 위해서는 수 값의 타입을 가능한 한 빨리 적절한 타입으로 변환해줘야 한다.

프로그래밍 언어마다 정수에 저장할 수 있는 값의 범위가 정해져 있다. 코틀린의 Int 타입은 32비트 표현의 제약으로 인해 -2^{31}과 $+2^{31}-1$ 사이의 값을 저장할 수 있다. 두 Int를 더하거나 곱하면 Int로 충분하지 않을 수 있는데, 이 경우 넘침(overflow)이 일어난 결과를 얻게 된다.

NumberTypes/IntegerOverflow.kt

```
fun main() {
  val i: Int = Int.MAX_VALUE
  println(i + i)
}
```

```
-2
```

Int.MAX_VALUE는 Int 타입이 저장할 수 있는 가장 큰 값을 나타내는 미리 정의된 상수다.

넘침이 발생하면 음수이면서 예상보다 훨씬 작은 값이 나오기 때문에 명확히 틀린 결과가 나온다. 코틀린은 넘침이 발생할 가능성을 발견하면 경고를 표시해주는데, 넘침을 막는 것은 개발자인 여러분의 몫이다. 코틀린이 컴파일 시점에 항상 넘침 가능성을 찾아내지는 못한다. 그리고 (실행 시점에) 연산이 일어날 때마다 항상 넘침 여부를 체크하려고 하면 성능에 너무 큰 영향을 미치기 때문에 코틀린은 넘침을 방지해주지 않는다.

여러분의 프로그램이 큰 수를 저장해야 한다면 Long을 쓸 수 있다. Long 타입은 -2^{63}에서 $+2^{63}-1$ 까지의 값을 표현할 수 있다. Long 타입의 val을 정의하고 싶으면 수 리터럴 뒤에 L을 붙여서, 해당 리터럴을 Long 타입으로 다뤄야 함을 코틀린에게 명시하면 된다.

NumberTypes/LongConstants.kt

```kotlin
fun main() {
  val i = 0          // Int 타입을 추론
  val l1 = 0L        // L을 사용해 Long 타입으로
  val l2: Long = 0 // 명시적으로 타입 지정
  println("$l1 $l2")
}
```

```
0 0
```

Long을 사용해 IntegerOverflow.kt의 넘침을 방지할 수 있다.

NumberTypes/UsingLongs.kt

```kotlin
fun main() {
  val i = Int.MAX_VALUE
  println(0L + i + i)            // [1]
  println(1_000_000 * 1_000_000L) // [2]
}
```

```
4294967294
1000000000000
```

- [1]과 [2]에 사용한 수 리터럴은 연산을 Long으로 계산하도록 강제하고 결과도 Long이 되게 만든다. L이 나타나는 위치는 중요하지 않다. 피연산자 중에 하나가 Long 타입이기만 하면 전체 식의 결과 타입도 Long이 된다.

Long은 Int보다 훨씬 더 큰 범위의 수를 저장할 수 있지만, Long 역시 표현할 수 있는 값에 한계가 있다.

NumberTypes/BiggestLong.kt

```
fun main() {
  println(Long.MAX_VALUE)
}
```

출력

```
9223372036854775807
```

Long.MAX_VALUE는 Long 타입으로 저장할 수 있는 가장 큰 값이다.

10

불리언

'아톰 7, 다 식'에서 Boolean 값을 반전시켜주는 '논리 부정(not)' 연산자 !를 소개했다. 여기서는 불리언 대수를 다룬다.

먼저 '논리곱(and)'과 '논리합(or)' 연산자부터 살펴보자.

- &&(논리곱): 연산자 오른쪽과 왼쪽에 있는 Boolean 식이 모두 true일 때만 true를 돌려준다.
- ||(논리합): 연산자 오른쪽과 왼쪽에 있는 Boolean 식 중 하나라도 true면 true를 돌려준다.

다음은 현재 시간 hour에 따라 가게가 운영 중인지 여부를 결정하는 예제다.

Booleans/Open1.kt

```
fun isOpen1(hour: Int) {
  val open = 9
  val closed = 20
  println("Operating hours: $open - $closed")
  val status =
    if (hour >= open && hour <= closed) // [1]
      true
    else
      false
  println("Open: $status")
}

fun main() = isOpen1(6)
```

```
Operating hours: 9 - 20
Open: false
```

main()은 함수 호출 하나로만 구성되기 때문에 '아톰 6. 함수'에서 배웠던 식 본문 함수를 사용할 수 있다.

- [1]의 if 식은 hour가 개점 시간과 폐점 시간 사이에 들어가는지 검사한다. 그래서 두 비교 식을 Boolean && 연산으로 묶었다.

이 if 식을 더 단순화할 수도 있다. if(조건) true else false 식의 결과는 그냥 조건과 같다.

Booleans/Open2.kt

```kotlin
fun isOpen2(hour: Int) {
  val open = 9
  val closed = 20
  println("Operating hours: $open - $closed")
  val status = hour >= open && hour <= closed
  println("Open: $status")
}

fun main() = isOpen2(6)
```

출력

```
Operating hours: 9 - 20
Open: false
```

이 논리를 반전시켜서 현재 가게가 닫혀 있는 시간인지를 결정해보자. '논리합' 연산자 ||는 양쪽의 조건식 중 하나라도 참이면 true를 돌려준다.

Booleans/Closed.kt

```kotlin
fun isClosed(hour: Int) {
  val open = 9
  val closed = 20
  println("Operating hours: $open - $closed")
  val status = hour < open || hour > closed
  println("Closed: $status")
}

fun main() = isClosed(6)
```

```
Operating hours: 9 - 20
Closed: true
```

Boolean 연산자를 사용하면 복잡한 논리를 간결한 식으로 기술할 수 있다. 하지만 이런 조건식은 헷갈리기 쉬우므로, 항상 가독성을 유지하고 여러분의 의도를 명시해야 한다.

다음 예제는 계산 순서에 따라 결과가 달라지는 복잡한 Boolean 식이다.

Booleans/EvaluationOrder.kt

```
fun main() {
  val sunny = true
  val hoursSleep = 6
  val exercise = false
  val temp = 55

  // [1]:
  val happy1 = sunny && temp > 50 ||
    exercise && hoursSleep > 7
  println(happy1)

  // [2]:
  val sameHappy1 = (sunny && temp > 50) ||
    (exercise && hoursSleep > 7)
  println(sameHappy1)

  // [3]:
  val notSame =
    (sunny && temp > 50 || exercise) &&
      hoursSleep > 7
  println(notSame)
}
```

출력

```
true
true
false
```

sunny, temp > 50, exercise, hoursSleep > 7이라는 Boolean 식이 있다. happy1은 '날씨가 맑다(sunny) **그리고** 온도가 화씨 50도 이상이다 **또는** 운동을 했다(exercised) **그리고** 잠을 7시간 이상 잤다'라고 읽을 수 있다. 그렇다면 여기서 &&가 ||보다 우선순위가 높을까, 아니면 ||이 &&보다

우선순위가 높을까?

- [1] 식은 코틀린의 기본 평가 순서를 보여준다. [1]의 결과는 [2]와 같다. 괄호가 없는 경우 '그리고'가 먼저 평가되고 나서 '또는'이 평가되기 때문이다.

- [3] 식은 괄호를 사용해 다른 결과를 낸다. [3]의 경우 우리는 잠을 7시간 이상 잤을 때만 행복할 수 있다.

while로 반복하기

컴퓨터는 반복 작업을 수행하기에 이상적인 존재다.

가장 기본적인 반복은 while 키워드를 사용한다. while은 주어진 **Boolean 식**이 true인 동안 블록을 반복 수행한다.

```
while (Boolean 식) {
    // 반복할 코드
}
```

루프를 시작할 때 Boolean 식을 한 번 평가하고, 블록을 다시 반복하기 직전에 매번 다시 평가한다.

RepetitionWithWhile/WhileLoop.kt

```
fun condition(i: Int) = i < 100 // [1]

fun main() {
  var i = 0
  while (condition(i)) {        // [2]
    print(".")
    i += 10                     // [3]
  }
}
```

출력

. . . .

- [1] 비교 연산자 <는 Boolean 결과를 내놓는다. 따라서 코틀린은 condition() 함수의 결과 타입으로 Boolean을 추론한다.

- [2] 이 while 조건식은 'condition()이 true를 반환하는 동안 본문의 코드를 반복하라'라고 읽을 수 있다.

- [3] += 연산자는 연산자를 하나만 써서 i에 10을 더한 결과를 다시 i에 대입해준다(+= 연산이 유효하려면 i는 var여야 한다). 이 코드는 다음과 같다.

```
i = i + 10
```

while을 사용하는 다른 방법도 있다. 바로 do와 함께 쓰는 방법이다.

```
do {
    // 반복할 코드
} while (Boolean 식)
```

WhileLoop.kt를 do-while을 사용해 다시 작성하면 다음과 같다.

RepetitionWithWhile/DoWhileLoop.kt
```
fun condition(i: Int) = i < 100

fun main() {
  var i = 0
  do {
    print(".")
    i += 10
  } while (condition(i))
}
```

출력
```
..........
```

while과 do-while의 차이는 다음과 같다.

- do-while: Boolean 식이 false를 돌려줘도 본문이 최소 한 번은 실행된다.
- while: 처음에 조건문이 false면 본문이 결코 실행되지 않는다.

실제로 do-while은 while보다 덜 쓰인다.

+=, -=, *=, /=, %=이라는 더 간결한 대입문은 모든 산술 연산에 사용할 수 있다. 다음은 -=과 %=을 사용한 코드다.

```
fun main() {
  var n = 10
  val d = 3
  print(n)
  while (n > d) {
    n -= d
    print(" - $d")
  }
  println(" = $n")
  var m = 10
  print(m)
  m %= d
  println(" % $d = $m")
}
```

출력

```
10 - 3 - 3 - 3 = 1
10 % 3 = 1
```

while 루프로 시작한 뒤 나머지 연산자(%)를 사용해 두 자연수에 대한 정수 나눗셈의 나머지를 계산한다.

어떤 수에 1을 더하거나 빼는 경우는 너무 많아서 ++와 --라는 증가, 감소 연산자가 따로 있다. 따라서 i += 1을 i++로 대신할 수 있다.

```
fun main() {
  var i = 0
  while (i < 4) {
    print(".")
    i++
  }
}
```

출력

```
....
```

실제로는 어떤 정수 범위의 값을 차례로 반복(이를 이터레이션(iteration)이라고 한다)하기 위해 while 루프를 쓰지는 않는다. 정수 범위에 대한 이터레이션을 할 때는 for 루프를 사용한다. 다음 아톰에서는 for 루프를 살펴보겠다.

12

루프와 범위

> **for 키워드는 주어진 순열에 속한 각 값에 대해 코드 블록을 실행한다.**

주어진 값은 어떤 범위나 String, 이 책에서 다룰 컬렉션(collection) 등이 될 수 있다. in 키워드는 이러한 값을 하나하나 가져와 사용한다는 사실을 나타낸다.

```
for (v in 값들) {
    // v를 사용해 어떤 일을 수행한다
}
```

루프를 돌 때마다 v에는 값들의 다음 원소가 들어간다.

다음은 정해진 횟수만큼 동작을 반복하는 for 루프다.

LoopingAndRanges/RepeatThreeTimes.kt

```kotlin
fun main() {
  for (i in 1..3) {
    println("Hey $i!")
  }
}
```

출력

```
Hey 1!
Hey 2!
Hey 3!
```

출력을 보면 i에 범위 1~3 사이에 속한 값이 들어갔다는 사실을 알 수 있다.

범위(range)는 양 끝을 표현하는 두 정수를 사용해 구간을 정의한 것이다. 범위를 정의하는 기본적인 방법으로는 두 가지가 있다.

LoopingAndRanges/DefiningRanges.kt
```
fun main() {
  val range1 = 1..10     // [1]
  val range2 = 0 until 10 // [2]
  println(range1)
  println(range2)
}
```

출력
```
1..10
0..9
```

- [1] ..: 양 끝 값을 포함한 범위를 만든다.
- [2] until[12]: until 다음에 오는 값을 제외한 범위를 만든다. 출력을 보면 범위에 10이 들어 있지 않다.

범위를 출력하면 알아보기 쉬운 형식으로 범위 값이 출력된다.

다음은 10부터 100 사이 정수의 합계를 계산하는 코드다.

LoopingAndRanges/SumUsingRange.kt
```
fun main() {
  var sum = 0
  for (n in 10..100) {
    sum += n
  }
  println("sum = $sum")
}
```

출력
```
sum = 5005
```

---

12 **옮긴이** 코틀린 1.8부터 ..<라는 연산자가 도입되어 0 until 10을 0 ..< 10이라고 쓸 수 있다. 정수뿐 아니라 실수에 대해서도 ..<를 쓸 수 있다. 하지만 코틀린 1.8에서도 여전히 실수에 until을 쓸 수 없다는 점은 유의하라.

범위를 역방향으로 이터레이션할 수도 있다. 또한, step 값을 사용하면 값의 간격을 1이 아닌 값으로 조정할 수도 있다.

```
LoopingAndRanges/ForWithRanges.kt
fun showRange(r: IntProgression) {
  for (i in r) {
    print("$i ")
  }
  print(" // $r")
  println()
}

fun main() {
  showRange(1..5)
  showRange(0 until 5)
  showRange(5 downTo 1)          // [1]
  showRange(0..9 step 2)         // [2]
  showRange(0 until 10 step 3)   // [3]
  showRange(9 downTo 2 step 3)
}
```

출력

```
1 2 3 4 5 // 1..5
0 1 2 3 4 // 0..4
5 4 3 2 1 // 5 downTo 1 step 1
0 2 4 6 8 // 0..8 step 2
0 3 6 9   // 0..9 step 3
9 6 3     // 9 downTo 3 step 3
```

- [1] downTo: 감소하는 범위를 만든다.
- [2] step: 간격을 변경한다. 여기서는 범위 내 값이 1이 아니라 2씩 변한다.
- [3] until과 step을 함께 쓸 수도 있다. 출력이 어떻게 바뀌는지 살펴보라.

위 프로그램에서 각각의 경우에 해당하는 숫자들이 나열된 순서는 산술적인 순열(progression)을 이룬다. showRange()는 파라미터로 IntProgression을 받는다. IntProgression은 Int 범위를 포함하며, 코틀린이 기본 제공하는 타입이다. 여기서 출력 각 줄의 주석처럼 표시한 IntProgression을 String으로 표현한 결과가 showRange()에 전달했던 범위 r의 값과 다른 경우가 많다는 점에 유의하라. IntProgression은 우리가 입력한 값을 표준적인 형태로 변환해 표현한다.

문자 범위도 가능하다. 다음 for는 a부터 z까지 이터레이션한다.

```
fun main() {
  for (c in 'a'..'z') {
    print(c)
  }
}
```

출력

```
abcdefghijklmnopqrstuvwxyz
```

이터레이션은 정수, 문자처럼 하나하나 값이 구분되는 양에 대해서만 가능하다. 예를 들어 부동소수점 수에 대해서는 할 수 없다.

각괄호([ ])를 사용하면 숫자 인덱스를 통해 문자열(String 타입)의 문자에 접근할 수 있다. String의 문자를 셀 때는 0부터 세기 때문에 s[0]은 String s의 첫 번째 문자를 가리킨다. s.lastIndex를 읽으면 문자열 s의 마지막 인덱스 값을 알 수 있다.

```
fun main() {
  val s = "abc"
  for (i in 0..s.lastIndex) {
    print(s[i] + 1)
  }
}
```

출력

```
bcd
```

s[0]을 '0번째 문자'라고 말하는 사람도 있다.

문자는 아스키 코드(ASCII code)[13]에 해당하는 숫자 값으로 저장된다.[14] 따라서 정수를 문자에 더하면 새 코드 값에 해당하는 새로운 문자를 얻을 수 있다.

---

13 https://en.wikipedia.org/wiki/ASCII

14 옮긴이 실제로는 JVM의 경우 유니코드 표준에 따라 UTF-16으로 표현된 2바이트 문자로 문자열의 각 문자를 표현한다. 다만 유니코드 표준에서 가장 앞의 코드포인트 0~127까지는 아스키 코드와 똑같이 코드포인트와 문자의 매핑이 정의되어 있다. 그리고 2진 표현으로 인코딩할 때 유니코드 문자열을 UTF-8로 표현하면 1바이트를 사용해 코드포인트 0~127에 속하는 문자를 표현할 수 있기 때문에 영어(아스키 코드에 속한 제어문자와 기호 포함)만 사용하는 경우 UTF-8로 인코딩한 문자열과 아스키 문자열이 같다. 유니코드나 코드포인트 등에 대한 설명은 이 책의 범위를 벗어나지만 개발자라면 반드시 알아둬야 하는 내용이다.

```
fun main() {
  val ch: Char = 'a'
  println(ch + 25)
  println(ch < 'z')
}
```

출력

```
z
true
```

두 번째 println()을 보면 문자 코드를 비교할 수 있다는 사실을 알 수 있다.

for 루프를 써서 String의 각 문자에 대한 이터레이션을 직접 수행할 수 있다.

```
fun main() {
  for (ch in "Jnskhm ") {
    print(ch + 1)
  }
}
```

출력

```
Kotlin!
```

ch에는 문자열에 들어 있는 문자가 차례대로 전달된다.

다음 예제에서 hasChar() 함수는 String s의 각 문자를 이터레이션하면서 주어진 문자 ch와 각
문자가 같은지 검사한다. 이 함수 중간의 return은 답을 찾으면 함수(그리고 for 루프)를 멈추고
참을 반환한다.

```
fun hasChar(s: String, ch: Char): Boolean {
  for (c in s) {
    if (c == ch) return true
  }
  return false
}
```

```
fun main() {
  println(hasChar("kotlin", 't'))
  println(hasChar("kotlin", 'a'))
}
```

출력

```
true
false
```

다음 아톰을 보면 hasChar()가 불필요하다는 사실을 알게 된다. 대신 코틀린이 제공하는 기본 구문을 사용해 문자가 문자열에 있는지 검사할 수 있다.

어떤 동작을 단순히 정해진 횟수만큼 반복하고 싶다면 for 루프 대신 repeat()를 사용해도 된다.

LoopingAndRanges/RepeatHi.kt

```
fun main() {
  repeat(2) {
    println("hi!")
  }
}
```

출력

```
hi!
hi!
```

repeat()는 키워드가 아니라 표준 라이브러리 함수다. 이 책의 뒷부분에서 이 함수가 어떻게 만들어졌는지 살펴볼 것이다.

13

in 키워드

InKeyword/MembershipInRange.kt

```kotlin
fun main() {
  val percent = 35
  println(percent in 1..100)
}
```

출력

```
true
```

'아톰 10, 불리언'에서 경계를 직접 검사하는 방법을 배웠다.

InKeyword/MembershipUsingBounds.kt

```kotlin
fun main() {
  val percent = 35
  println(0 <= percent && percent <= 100)
}
```

출력

```
true
```

0 <= x && x <= 100은 논리적으로 x in 0..100과 같다. 인텔리J IDEA는 두 번째 형태가 읽고 이해하기 더 쉬우므로 첫 번째 형태를 두 번째 형태로 바꾸라고 제안한다.[15]

in 키워드는 이터레이션과 원소 여부 검사에 함께 사용한다. for 루프 제어식에 있는 in만 이터레이션을 뜻하고, 나머지 in은 모두 원소인지 여부를 검사하는 in이다.

InKeyword/IterationVsMembership.kt
```kotlin
fun main() {
  val values = 1..3
  for (v in values) {
    println("iteration $v")
  }
  val v = 2
  if (v in values)
    println("$v is a member of $values")
}
```

출력
```
iteration 1
iteration 2
iteration 3
2 is a member of 1..3
```

in 키워드를 범위에만 쓸 수 있는 건 아니다. 어떤 문자가 문자열 안에 들어 있는지 검사할 때도 in을 쓴다. 다음 예제는 아톰 12에서 사용했던 hasChar() 대신 in을 쓴 것이다.

InKeyword/InString.kt
```kotlin
fun main() {
  println('t' in "kotlin")
  println('a' in "kotlin")
}
```

출력
```
true
false
```

나중에 in을 다른 타입에 대해서도 사용할 수 있음을 알게 될 것이다.

---

15 옮긴이 x in 0..100이 0부터 100까지 101개의 정수를 계산해 메모리에 저장해두고 x와 비교하지 않으며 시작, 끝, 증갓값만으로 이뤄진 순열 객체를 만들고 이를 사용해 x가 순열에 포함되는지 계산하기 때문에 0 <= x && x <= 100과 x in 0..100은 실행 속도도 거의 같다.

다음 코드의 in은 어떤 문자가 문자의 범위 안에 속하는지 검사한다.

```
fun isDigit(ch: Char) = ch in '0'..'9'

fun notDigit(ch: Char) =
  ch !in '0'..'9'              // [1]

fun main() {
  println(isDigit('a'))
  println(isDigit('5'))
  println(notDigit('z'))
}
```

출력

```
false
true
true
```

- [1] !in은 어떤 값이 범위 안에 속하지 않으면 true를 돌려준다.

Double 범위를 만들 수도 있지만, 원소인지 여부를 검사할 때만 Double의 범위를 쓸 수 있다.

```
fun inFloatRange(n: Double) {
  val r = 1.0..10.0
  println("$n in $r? ${n in r}")
}

fun main() {
  inFloatRange(0.999999)
  inFloatRange(5.0)
  inFloatRange(10.0)
  inFloatRange(10.0000001)
}
```

출력

```
0.999999 in 1.0..10.0? false
5.0 in 1.0..10.0? true
10.0 in 1.0..10.0? true
10.0000001 in 1.0..10.0? false
```

부동 소수점에서 범위를 만들 때는 ..만 쓸 수 있었지만, 코틀린 1.8부터는 반 열린 범위(semi open range)를 만들어내는 ..<를 쓸 수 있다. 1.0 ..< 2.0은 1.0 이상 2.0 미만인 범위를 만들어 낸다.

String이 어떤 String 범위 안에 속하는지를 검사할 수도 있다.

InKeyword/StringRange.kt

```kotlin
fun main() {
  println("ab" in "aa".."az")
  println("ba" in "aa".."az")
}
```

출력

```
true
false
```

여기서 코틀린은 알파벳순으로 문자열을 비교한다.[16]

---

16 옮긴이 다른 말로 사전식(lexicographical) 비교라고도 한다.

14

식과 문

> 문(statement)과 식(expression)은 대부분의 프로그래밍 언어에서 가장 작은 코드 조각이다.

둘 사이에는 근본적인 차이가 있다.

- 문은 효과를 발생시키지만 결과를 내놓지 않는다.
- 식은 항상 결과를 만들어낸다.

결과를 내놓지 않기 때문에 문이 쓸모 있으려면 문을 둘러싸고 있는 주변 상태를 변경해야 한다. 이는 곧 '**부수 효과**(side effect)를 얻기 위해 문을 사용한다'라고도 할 수 있다(부수 효과라는 말은 문이 결과를 만들어내지 않고 **부수적인** 일을 한다는 뜻이다). 다음 영어 문장이 기억하는 데 도움이 될 것이다.

A Statement chagnes state(문은 상태를 변경한다).

식을 뜻하는 영어 'expression'에서 'express'는 '힘을 주거나 짜내서 무언가를 배출하다'라는 뜻이다. 'to express the juice from an orange(오렌지에서 과즙을 짜내기)'에서 'express'가 이런 뜻이다. 따라서 다음 영어 문장으로 기억하자.

An expression expresses(식은 값을 짜낸다).

이 말은 식이 결괏값을 만들어낸다는 뜻이다.

코틀린의 for 루프는 문이다. 아무런 결괏값도 만들어내지 않기 때문에 for 문을 다른 변수에 대입할 수는 없다.

ExpressionsStatements/ForIsAStatement.kt

```kotlin
fun main() {
  // 다음과 같이 할 수는 없다
  // val f = for(i in 1..10) {}
  // 컴파일러 오류 메시지:
  // for is not an expression, and
  // only expressions are allowed here
}
```

for 루프는 부수 효과를 위해서만 사용된다.

식은 값을 돌려주기 때문에 이 값을 변수에 대입하거나 다른 식의 일부분으로 쓸 수 있다. 반면에 문은 다른 식의 일부분이 되거나 변수에 대입할 수 없는 최상위 요소[17]다.

모든 함수 호출 코드는 식이다. 함수가 Unit을 반환하고 부수 효과를 목적으로 호출되더라도 여전히 함수 호출 결과를 변수에 대입할 수 있다.

ExpressionsStatements/UnitReturnType.kt

```kotlin
fun unitFun() = Unit

fun main() {
  println(unitFun())
  val u1: Unit = println(42)
  println(u1)
  val u2 = println(0) // 타입 추론
  println(u2)
}
```

출력

```
kotlin.Unit
42
kotlin.Unit
0
kotlin.Unit
```

---

17 (옮긴이) 코틀린에서 최상위 요소는 바로 다음에 있는 unitFun()이나 main()처럼 아무 클래스, 객체나 함수에 속하지 않고 단독으로 존재하는 코드를 뜻한다. 여기서 저자가 사용한 '최상위'라는 단어와 혼동하지 않길 바란다.

Unit 타입에는 오직 Unit이라는 값만 포함된다. unitFun()에서 볼 수 있듯이 Unit 값을 직접 반환할 수도 있다. println()을 호출해도 Unit을 반환한다. val u1은 println()의 결과를 저장하며 Unit 타입으로 명시적으로 선언되어 있는 반면, u2 선언은 타입 추론을 사용한다.

if는 식을 만들 수 있다. 따라서 if의 결과를 변수에 대입할 수 있다.

```
ExpressionsStatements/AssigningAnIf.kt
```

```kotlin
fun main() {
  val result1 = if (11 > 42) 9 else 5
  val result2 = if (1 < 2) {
    val a = 11
    a + 42
  } else 42

  val result3 =
    if ('x' < 'y')
      println("x < y")
    else
      println("x > y")

  println(result1)
  println(result2)
  println(result3)
}
```

출력

```
x < y
5
53
kotlin.Unit
```

첫 번째 출력은 x < y다. 이 문자열이 먼저 찍히는 이유는 result3이 정의될 때 if 식을 평가하기 때문이다.

result2를 계산하는 코드 블록 안에서 a라는 변수를 정의했다는 점에 유의하라. 여기서는 if 쪽 블록의 마지막에 있는 식의 결과가 if 전체의 결과가 된다. 즉, 11과 42를 더한 값이다. 그렇다면 a에는 어떤 일이 벌어질까? 코드 블록을 벗어나면(중괄호 밖으로 나가면) 더 이상 a에 접근할 수 없다. a는 **임시적**(temporary)인 변수로, 이 변수가 선언된 **영역**(scope)을 벗어나면 a도 버려진다.

증가 연산자 i++는 문처럼 보일지 몰라도 실제로는 식이다. 코틀린은 C와 비슷한 언어들의 접근 방법을 따라서 의미가 약간 다른 두 가지 버전의 증가 및 감소 연산자를 제공한다.

- 전위 연산자(prefix operator): ++i처럼 피연산자 앞에 나오고, 변숫값을 먼저 증가시킨 다음에 (변경된) 값을 돌려준다. ++i를 '먼저 i에 들어 있는 값을 증가시키고, 증가시킨 결괏값을 돌려줘'라고 읽을 수 있다.
- 후위 연산자(postfix operator): i++처럼 피연산자 다음에 위치하며, 변숫값을 증가시키기 직전에 i에 들어 있던 값을 돌려준다. i++를 'i에 들어 있는 값을 (임시 변수에 담아서) 결괏값으로 돌려주고, i에 들어 있는 값을 1 증가시켜줘'라고 읽을 수 있다.

ExpressionsStatements/PostfixVsPrefix.kt

```kotlin
fun main() {
  var i = 10
  println(i++)
  println(i)
  var j = 20
  println(++j)
  println(j)
}
```

출력

```
10
11
21
21
```

감소 연산자도 --i와 i--, 두 가지 버전이 있다. 하지만 혼동을 야기할 수 있으므로 다른 식 안에 부분 식으로 증가 연산자나 감소 연산자를 사용하는 것은 권장하지 않는다.

ExpressionsStatements/Confusing.kt

```kotlin
fun main() {
  var i = 1
  println(i++ + ++i)
  // 윗 줄보다는 덜 복잡하지만 아래 두 줄의 코드도 바람직하지는 않다
  println(i++ + 10)
  println(20 * ++i)
}
```

이 코드의 출력을 추측해보고, 실제로 실행해서 어떤 결과가 나오는지 확인해보라.

1부 요약

아톰 15는 '아톰 1, 소개'부터 '아톰 14, 식과 문'까지 1부를 요약하고 정리한다.

경험이 많은 프로그래머라면 아톰 15부터 살펴보라. 초보 프로그래머라면 1부를 다시 돌아보면서 아톰 15를 읽고, 연습 문제를 꼭 풀어봐야 한다.

명쾌하지 않은 부분이 있다면 해당 주제와 관련 있는 아톰을 다시 공부하라(절 제목이 아톰 제목이다).

Hello, World!

코틀린은 한 줄 주석(//)과 여러 줄 주석(/*부터 */까지)을 지원한다. 프로그램의 진입점은 main() 함수다.

Summary1/Hello.kt

```kotlin
fun main() {
  println("Hello, world!")
}
```

출력

```
Hello, world!
```

각 예제의 제목은 예제 파일의 이름과 위치다.

println()은 String 타입의 파라미터(또는 String으로 변환될 수 있는 파라미터)를 하나만 받는 표준 라이브러리 함수다. println()은 파라미터를 출력하고 커서를 다음 줄 맨 앞으로 이동시키지만, print()는 커서를 현재 줄에 놔둔다.

코틀린에서는 식이나 문 뒤에 세미콜론(;)을 넣을 필요가 없다. 한 줄 안에 여러 문장이나 식을 넣기 위해 각각을 구분해야 할 때만 세미콜론이 필요하다.

var와 val, 데이터 타입

값이 변하지 않는 식별자를 만들려면 val 키워드 뒤에 식별자, 콜론(:), 값의 타입을 지정한다. 그리고 등호(=)를 추가한 다음, 선언 중인 val 변수에 대입할 값을 넣는다.

```
val 식별자: 타입 = 초기화식
```

val 값은 한 번 대입된 이후에는 다시 대입될 수 없다.

일반적으로 코틀린 타입 추론을 사용해서 초기화 식의 타입을 바탕으로 val 값의 타입을 자동으로 결정할 수 있다. 타입 추론을 쓰면 이를 더 간단하게 정의할 수 있다.

```
val 식별자 = 초기화식
```

다음 두 가지 정의는 모두 올바른 정의다.

```
val daysInFebruary = 28
val daysInMarch: Int = 31
```

var (변수) 정의도 비슷해 보인다. 다만 val 대신 var를 쓴다는 점이 다르다.

```
var identifier1 = initialization
var identifier2: Type = initialization
```

val과 달리 var에 대입된 값을 변경할 수 있다. 따라서 다음 코드는 올바른 코드다.

```
var hoursSpent = 20
hoursSpent = 25
```

하지만 타입을 바꿀 수는 없다. 따라서 다음과 같이 쓰면 오류가 발생한다.

```
hoursSpent = 30.5
```

코틀린은 hoursSpent를 정의할 때 Int 타입을 추론했다. 따라서 이 타입의 값을 부동소수점 값으로 변경할 수는 없다.

함수

함수는 이름이 붙은 서브루틴이다.

```
fun functionName(arg1: Type1, arg2: Type2, ...): ReturnType {
  // 코드 몇 줄
  return result
}
```

fun 키워드 뒤에 함수 이름과 괄호로 둘러싸인 파라미터 목록이 온다. 코틀린은 파라미터의 타입을 추론하지 못하므로 파라미터 각각에 타입을 명시해야 한다. 함수 자체도 var나 val과 마찬가지 방법(콜론 다음에 타입 이름)으로 타입을 지정한다. 이렇게 정의한 함수의 타입[18]은 함수가 반환하는 결과의 타입이다.

함수 시그니처 뒤에는 중괄호({}) 안에 함수 본문이 온다. return 문은 함수의 반환값을 제공한다.

함수 본문이 한 식으로만 이뤄진 경우, 다음과 같은 축약형을 사용해 함수를 정의할 수 있다.

```
fun 함수이름(파라미터1: 타입1, 파라미터2: 타입2, ...): 반환타입 = 결과를_계산하는_식
```

이런 형태를 식 본문 함수라고 한다. 함수 본문을 여는 중괄호({) 대신 등호(=)를 쓰고 등호 뒤에 식을 넣는다. 코틀린이 식의 타입을 추론할 수 있기 때문에 반환 타입을 생략할 수도 있다.

다음은 파라미터의 세제곱을 구하는 함수와 String 뒤에 느낌표를 추가하는 함수다.

Summary1/BasicFunctions.kt

```
fun cube(x: Int): Int {
  return x * x * x
}

fun bang(s: String) = s + "!"

fun main() {
  println(cube(3))
  println(bang("pop"))
}
```

---

18 [옮긴이] 여기서 저자는 함수의 타입을 함수 반환값의 타입이라고 말했지만, 일반적으로 함수의 타입이라는 용어는 "(파라미터타입1, …, 파라미터타입n)
-> 반환타입"이라는 형태의 타입을 가리킨다.

```
27
pop!
```

cube( )는 명시적인 return 문을 사용하는 블록 본문으로 구성됐다. bang( )은 함수의 결괏값을 계산하는 식 본문으로 이뤄졌다. 코틀린은 bang( )의 타입을 String으로 추론한다.

불리언

코틀린은 다음과 같은 불리언 대수 연산을 제공한다.

- !(부정): 값을 논리적으로 반전시킨다(true를 false로, false를 true로).
- &&(논리곱): 두 피연산자들이 **모두** true일 때만 true다.
- ||(논리합): 두 피연산자 중 어느 한쪽이라도 true면 true다.

Summary1/Booleans.kt

```kotlin
fun main() {
  val opens = 9
  val closes = 20
  println("Operating hours: $opens - $closes")
  val hour = 6
  println("Current time: " + hour)

  val isOpen = hour >= opens && hour <= closes
  println("Open: " + isOpen)
  println("Not open: " + !isOpen)

  val isClosed = hour < opens || hour > closes
  println("Closed: " + isClosed)
}
```

```
Operating hours: 9 - 20
Current time: 6
Open: false
Not open: true
Closed: true
```

isOpen의 초기화 식은 &&를 사용해 두 조건이 모두 true인지 판단한다. 첫 번째 조건인 hour >= opens가 false이므로 전체 식의 결과는 false가 된다. isClosed는 ||를 사용하기 때문에 두 조

건 중 어느 하나라도 true면 true를 만들어낸다. hour < opens가 true이므로 전체 식이 true가
된다.

if 식

if도 식이기 때문에 결과를 만들어내고, 이 결과를 var나 val에 대입할 수도 있다. 다음 코드에서
else 키워드를 사용한다는 점에 유의하라.[19]

Summary1/IfResult.kt

```
fun main() {
  val result = if (99 < 100) 4 else 42
  println(result)
}
```

출력

```
4
```

if 식의 각 가지는 여러 줄의 코드를 중괄호로 둘러싼 블록으로 만들어도 된다.

Summary1/IfExpression.kt

```
fun main() {
  val activity = "swimming"
  val hour = 10

  val isOpen = if (
    activity == "swimming" ||
    activity == "ice skating") {
    val opens = 9
    val closes = 20
    println("Operating hours: " +
        opens + " - " + closes)
    hour >= opens && hour <= closes
  } else {
    false
  }
  println(isOpen)
}
```

---

19 **옮긴이** if가 식으로 쓰일 때는 반드시 else가 있어야 한다. else 가지가 없으면 조건을 만족하지 않을 때 어떤 값을 만들어낼지 알 수 없다.

```
Operating hours: 9 - 20
true
```

opens처럼 코드 블록 안에 정의한 값은 그 블록 영역을 벗어난 곳에서는 접근할 수 없다. 반면 main() 함수 본문 앞부분에 정의한 activity나 hour는 main() 함수 본문 안에서 접근 가능하기 때문에 if 내부에서도 자유롭게 이 두 값을 사용할 수 있다.

if 식의 결과는 조건에 의해 선택된 가지의 마지막에 위치한 식이다. 앞의 코드에서 if의 결과는 hour >= opens && hour <= closes이며, 이 값은 true다.

문자열 템플릿

문자열 템플릿을 사용해 String 내부에 값을 삽입할 수 있다. 식별자 이름 앞에 $를 붙이면 된다.

Summary1/StrTemplates.kt

```kotlin
fun main() {
  val answer = 42
  println("Found $answer!")          // [1]
  val condition = true
  println(
    "${if (condition) 'a' else 'b'}") // [2]
  println("printing a $1")           // [3]
}
```

```
Found 42!
a
printing a $1
```

- [1] $answer는 answer 안에 들어 있는 값으로 치환된다.
- [2] ${if(condition) 'a' else 'b'}의 경우 내부의 if 식을 평가한 결괏값이 ${...} 전체를 대치한다.
- [3] 프로그램 식별자가 아닌 문자열 앞에 $가 붙은 경우에는 아무 일도 일어나지 않는다.

삼중 큰따옴표(""") 문자열을 사용하면 여러 줄의 문자나 특수 문자가 포함된 문자를 저장할 수 있다.

```kotlin
fun json(q: String, a: Int) = """{
  "question" : "$q",
  "answer" : $a
}"""

fun main() {
  println(json("The Ultimate", 42))
}
```

출력

```
{
  "question" : "The Ultimate",
  "answer" : 42
}
```

삼중 큰따옴표 String 안에서는 " 같은 특수 문자를 이스케이프할 필요가 없다(일반 String의 경우 \"라고 써야 큰따옴표를 문자열 안에 넣을 수 있다). 일반 String과 마찬가지로 삼중 큰따옴표 String 안에서도 $를 사용해 식별자나 식의 값을 문자열에 넣을 수 있다.

수 타입

코틀린은 정수 타입(Int, Long 등)과 부동소수점 수 타입(Double 등)을 제공한다. 정수 상수는 기본적으로 Int지만 맨 뒤에 L을 붙이면 Long 타입이다. 상수에 소수점이 있으면 Double이다.

```kotlin
fun main() {
  val n = 1000    // Int
  val l = 1000L   // Long
  val d = 1000.0  // Double
  println("$n $l $d")
}
```

출력

```
1000 1000 1000.0
```

Int에는 -2^{31}부터 $+2^{31}-1$까지의 값이 포함된다. 정수 연산은 넘침 현상이 발생할 수 있다. 예를 들어 어떤 양수를 Int.MAX_VALUE에 더하면 넘침이 발생한다.

Summary1/Overflow.kt

```
fun main() {
  println(Int.MAX_VALUE + 1)
  println(Int.MAX_VALUE + 1L)
}
```

출력

```
-2147483648
2147483648
```

두 번째 println() 문은 1 뒤에 L을 붙여서 전체 식을 Long 타입으로 처리하기 때문에 넘침이 발생하지 않는다(Long에는 -2^{63}부터 $+2^{63}-1$까지에 이르는 정수가 속한다).

코틀린에서 Int를 다른 Int로 나누면 Int 결과를 얻고, 나머지는 버려진다. 따라서 1/2는 0이다. Double을 나눗셈 계산에 사용하면 연산을 수행하기 전에 Int가 Double로 변환된다. 따라서 1.0/2는 0.5다.[20]

다음 코드의 d1이 3.4가 되리라고 예상할 수도 있다.

Summary1/Truncation.kt

```
fun main() {
  val d1: Double = 3.0 + 2 / 5
  println(d1)
  val d2: Double = 3 + 2.0 / 5
  println(d2)
}
```

출력

```
3.0
3.4
```

연산자의 계산 순서로 인해 실제로 d1의 값은 3.4가 아니다. 코틀린은 먼저 2를 5로 나누는데, 이 연산은 정수 나눗셈이므로 0이다. 따라서 d1을 계산한 결과는 3.0이다. d2의 경우에는 마찬가지

---

20 **옮긴이** 상당수의 C계열 프로그래밍 언어에서는 1.0/2가 2를 Double로 암시적으로 타입 변환(casting)한 다음 실수 나눗셈을 수행하는 식으로 정의된다. 하지만 코틀린에서는 왼쪽에 Double, 오른쪽에 Int를 파라미터로 받는 / 연산자(정확히는 operator fun div())가 정의되어 있고, 이 연산자는 오른쪽 Int를 Double로 변환한 다음에 실수 나눗셈 연산을 호출한다. 이런 코틀린의 방식은 암시적 타입 변환을 사용하는 다른 언어와 달리 함수 파라미터 타입에 따라 적절한 타입의 연산을 선택해 호출하는 연산자 오버로딩(operator overloading) 방식에 속한다. 다만 코틀린은 연산자가 쓰인 위치에 연산자의 실제 코드를 인라이닝하기 때문에 결과적 바이트코드나 2진 코드 수준에서 보면 다른 C 계열 프로그래밍 언어와 마찬가지 방식으로 나눗셈 연산이 이뤄진다.

순서로 연산을 수행했지만 3.4라는 답을 얻었다. 2.0을 5로 나누면 0.4가 생기기 때문이다. 그 후 3을 Double인 0.4에 더하기 때문에 3이 Double로 변환되고 그 결과 3.4가 계산된다.

논리 연산(불리언 연산)이나 산술 연산 모두의 평가 순서를 이해하면 프로그램이 하는 일을 이해할 때 도움이 된다. 평가 순서를 확실히 모를 경우, 괄호를 사용해 여러분의 의도를 명확히 하라. 괄호를 쓰면 코드를 읽는 사람에게도 여러분의 뜻을 더 명확히 드러낼 수 있다.

while로 반복하기

while 루프는 제어 **불리언 식**이 true인 동안 루프를 계속 수행한다.

```
while(불리언 식) {
  // 반복할 코드
}
```

맨 처음에 루프를 시작할 때 불리언 식이 일단 평가되고, 매번 반복 수행을 시작하기 전에 다시 불리언 식을 평가한다.

Summary1/While.kt

```
fun testCondition(i: Int) = i < 100

fun main() {
  var i = 0
  while (testCondition(i)) {
    print(".")
    i += 10
  }
}
```

출력

```
..........
```

코틀린은 testCondition()의 결과 타입으로 Boolean을 추론해낸다.

모든 산술 연산에 대해 더 짧은 연산자로 대입문을 수행할 수 있는 복합 대입 연산자(+=, -=, *=, /=, %=)가 존재한다. 코틀린은 증가 연산자와 감소 연산자인 ++와 --도 지원한다. 두 연산자(증가와 감소) 모두 전위 형태나 후위 형태로 사용할 수 있다.

while과 do 키워드를 함께 쓸 수도 있다.

```
do {
  // 반복할 코드
} while(불리언 식)
```

앞에서 본 While.kt를 do/while로 다시 작성하면 다음과 같다.

Summary1/DoWhile.kt

```
fun main() {
  var i = 0
  do {
    print(".")
    i += 10
  } while (testCondition(i))
}
```

출력

```
..........
```

while과 do-while의 차이는 do-while의 불리언 식이 false라고 해도 언제나 do-while 본문이 최소 한 번은 실행된다는 데 있다.

루프와 범위

이터레이션 가능한 객체에 정수 인덱스를 증가시키며 인덱스로 접근하는 프로그래밍 언어가 많다. 코틀린에서 for를 사용하면 범위나 String과 같이 이터레이션 가능한 객체로부터 원소를 직접 얻으면서 루프를 돌 수 있다. 예를 들어 "Kotlin"이라는 String의 각 문자를 가져와 처리하는 for 코드는 다음과 같다.

Summary1/StringIteration.kt

```
fun main() {
  for (c in "Kotlin") {
    print("$c ")
    // c += 1 // error:
    // val cannot be reassigned
  }
}
```

출력

```
K o t l i n
```

c를 명시적으로 var나 val로 정의할 수는 없다. 코틀린은 이 변수를 자동으로 val로 정의하고 타입을 Char로 추론한다(원한다면 타입을 명시할 수는 있지만, 실제로 그렇게 해야 하는 경우는 거의 없다).

범위를 사용하면 정숫값을 이터레이션할 수 있다.

Summary1/RangeOfInt.kt

```kotlin
fun main() {
  for (i in 1..10) {
    print("$i ")
  }
}
```

출력

```
1 2 3 4 5 6 7 8 9 10
```

..으로 범위를 만들면 양 끝의 값을 포함한 범위가 생긴다. 반면 until로 범위를 만들면 오른쪽 끝 값을 제외한 범위가 생긴다. 그래서 1 until 10은 1..9와 같다. step을 사용하면 1..21 step 3처럼 증갓값을 지정할 수 있다.

in 키워드

for 루프의 이터레이션에 쓴 것과 같은 in 키워드를 사용해 어떤 값이 범위에 속하는지를 검사할 수 있다. 반면 !in은 대상 값이 범위 안에 속해 있지 **않은** 경우 true를 반환한다.

Summary1/Membership.kt

```kotlin
fun inNumRange(n: Int) = n in 50..100

fun notLowerCase(ch: Char) = ch !in 'a'..'z'

fun main() {
  val i1 = 11
  val i2 = 100
  val c1 = 'K'
  val c2 = 'k'
  println("$i1 ${inNumRange(i1)}")
  println("$i2 ${inNumRange(i2)}")
  println("$c1 ${notLowerCase(c1)}")
  println("$c2 ${notLowerCase(c2)}")
}
```

```
11 false
100 true
K true
k false
```

in을 사용해 어떤 수가 부동소수점 수 범위에 속하는지 여부를 검사할 수도 있다. 하지만 부동소수점 수 범위는 ..으로만 생성할 수 있고 until로는 생성할 수 없다. 코틀린 1.8부터는 부동소수점 수와 정수의 반 열린 범위를 생성할 때 사용하는 ..< 연산자가 추가됐다.

식과 문

대부분의 프로그래밍 언어에서 가장 작은 유용한 코드 조각은 **문** 또는 **식**이다. 둘의 근본적인 차이는 다음과 같다.

- 문은 상태를 변경한다.
- 식은 값을 만든다.

이 말은 식이 결괏값을 돌려주는 반면에 문은 그렇지 않다는 뜻이다. 문은 아무 값도 돌려주지 않기 때문에 뭔가 유용한 일을 하기 위해서는 자신을 둘러싼 주변의 상태를 변경해야만 한다(이를 **부수 효과**라고 한다).

코틀린에서 대부분의 요소는 식이다.

```
val hours = 10
val minutesPerHour = 60
val minutes = hours * minutesPerHour
```

각각의 경우 =의 오른쪽에 있는 코드는 식이며, 왼쪽의 식별자에 대입할 값을 만들어낸다.

println() 같은 함수는 결과를 반환하지 않는 것처럼 보인다. 하지만 println()이라는 함수 호출도 여전히 식이기 때문에 무언가를 반드시 반환해야만 한다. 코틀린에서는 이런 목적으로 Unit이라는 특별한 타입의 값을 사용한다.

Summary1/UnitReturn.kt

```
fun main() {
  val result = println("returns Unit")
  println(result)
}
```

```
returns Unit
kotlin.Unit
```

경험이 많은 프로그래머라면 아톰 15의 연습 문제를 푼 다음 바로 '아톰 29, 2부 요약'을 살펴보라.

2 부

객체 소개

객체(object)는 코틀린을 비롯한 수많은 언어의 기초다.

객체 지향(Object-Oriented, OO) 프로그래밍 언어에서 여러분은 해결하려는 문제의 '명사'를 찾아내고 이 명사를 객체로 변환한다. 객체는 데이터를 저장하고 동작을 수행한다. 즉, 객체 지향 언어는 객체를 만들고 사용하는 언어다.

코틀린은 객체 지향만 지원하는 언어가 아니며 **함수형**(functional) 언어이기도 하다. 함수형 언어는 수행할 동작('동사')에 초점을 맞춘다. 코틀린은 객체 지향과 함수형을 혼합한 하이브리드 언어다.

- 이번 부에서는 객체 지향 프로그래밍의 기초를 설명한다.
- '4부, 함수형 프로그래밍'에서는 함수형 프로그래밍을 소개한다.
- '5부, 객체 지향 프로그래밍'에서는 객체 지향 프로그래밍을 좀 더 자세히 다룬다.

객체는 모든 곳에 존재한다

> 객체는 프로퍼티(val과 var)를 사용해 데이터를 저장하고, 함수를 사용해 이런 데이터에 대한 연산을 수행한다.

용어를 몇 가지 정의하자.

- **클래스**(class): 새로운 데이터 타입의 기초가 될 프로퍼티(property)와 함수를 정의한다. 클래스를 **사용자 정의 타입**이라고 부르기도 한다.
- **멤버**(member): 클래스에 속한 프로퍼티나 함수를 말한다.
- **멤버 함수**(member function): (함수 안에 정의되며) 특정 클래스에 속한 객체가 있어야만 사용될 수 있는 함수를 말한다.
- **객체 생성**: 클래스에 해당하는 val이나 var 값을 만드는 과정이다. 클래스의 **인스턴스**(instance)**를 생성**한다고 말하기도 한다.

클래스는 **상태**와 **행동**을 정의하기 때문에 Double이나 Boolean 같은 내장 타입의 값도 인스턴스라는 용어를 써서 가리킬 수 있다.

코틀린의 IntRange 클래스를 보자.

ObjectsEverywhere/IntRanges.kt

```
fun main() {
  val r1 = IntRange(0, 10)
  val r2 = IntRange(5, 7)
  println(r1)
  println(r2)
}
```

```
0..10
5..7
```

위 예제는 IntRange **클래스**에 속하는 두 객체(인스턴스)를 만든다. 각 객체는 메모리에 자신만의 저장 공간을 갖고 있다. IntRange는 클래스지만, 0부터 10까지의 범위를 가리키는 r1 범위는 r2 와 구분되는 별도의 객체다.

IntRange 객체에 대해 여러 가지 연산을 수행할 수 있다. 일부는 sum( )처럼 직관적이고, 일부는 사용하기 전에 방법을 좀 더 이해해야 한다. 인자가 필요한 연산을 호출하는 경우에는 IDE가 인 자를 넣으라고 알려줄 것이다.

특정 멤버 함수에 대해 배우고 싶은 경우 코틀린 문서[1]에서 그 멤버 함수를 찾아보면 된다. 코틀린 문서 페이지의 오른쪽 위에 돋보기 아이콘이 있는데, 돋보기 아이콘을 클릭하고 검색어 입력 필드 에 IntRange를 타이핑해보자. 검색 결과에서 kotlin.ranges > IntRange를 클릭하면 IntRange 클래스의 문서를 볼 수 있다.

▼ 그림 16-1 코틀린 문서 > 돋보기 아이콘 > IntRange

이 문서에서 IntRange 클래스의 모든 멤버 함수(애플리케이션 프로그래밍 인터페이스(API)라고 부른다)를 찾아볼 수 있다. 지금 모든 내용을 이해하긴 어렵겠지만, 코틀린 문서에서 필요한 내용 을 찾아 살펴보는 데 익숙해지면 개발할 때 도움이 된다.

IntRange는 객체의 일종이다. 객체를 정의하는 특징적인 요소는 객체에 대해 연산을 수행할 수

---

1 https://kotlinlang.org/api/latest/jvm/stdlib/

있다는 점이다. 보통은 '연산을 수행한다'라는 말 대신에 **'멤버 함수를 호출한다'**라고 말한다. 객체의 멤버 함수를 호출하려면, 객체를 가리키는 식별자를 지정하고 점(.)과 연산의 이름을 덧붙이면 된다.

ObjectsEverywhere/RangeSum.kt

```kotlin
fun main() {
  val r = IntRange(0, 10)
  println(r.sum())
}
```

출력

```
55
```

sum()이 IntRange를 위해 정의된 멤버 함수이기 때문에 r.sum()이라고 써서 이 멤버 함수를 호출할 수 있다. sum()은 IntRange에 속하는 모든 정수를 더한 값을 돌려준다.

초기의 객체 지향 언어는 객체에 대해 멤버 함수를 호출하는 과정을 '메시지를 보낸다'라는 말로 설명했다. 요즘도 메시지라는 용어를 여전히 사용한다.

클래스에는 많은 연산(멤버 함수)이 정의될 수 있다. IDE가 제공하는 **코드 완성**(code completion) 기능을 사용하면 클래스의 멤버를 쉽게 탐험할 수 있다. 예를 들어 인텔리J IDEA에서 객체를 가리키는 식별자 뒤에 .s를 입력하면 IDEA는 s로 시작하는, 해당 객체에 대해 호출할 수 있는 모든 멤버를 화면에 표시해준다.

▼ 그림 16-2 코드 완성

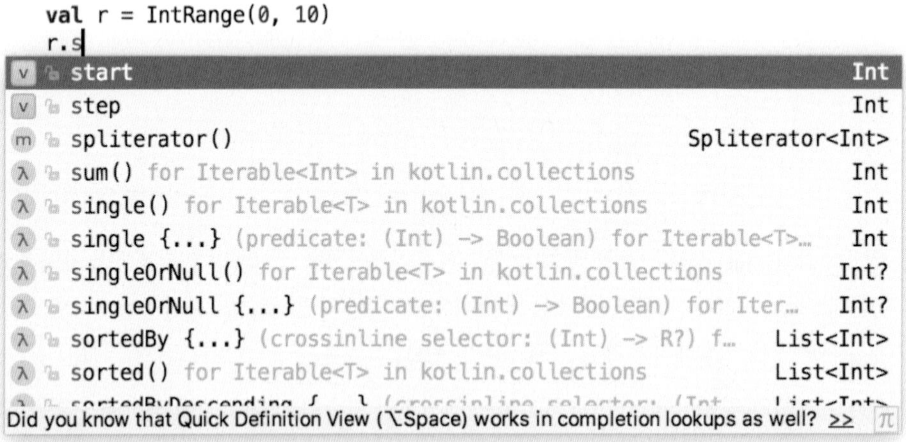

```
    val r = IntRange(0, 10)
    r.s
  v ╚ start                                                          Int
  v ╚ step                                                           Int
  m ╚ spliterator()                                      Spliterator<Int>
  λ ╚ sum() for Iterable<Int> in kotlin.collections                 Int
  λ ╚ single() for Iterable<T> in kotlin.collections                Int
  λ ╚ single {...} (predicate: (Int) -> Boolean) for Iterable<T>…   Int
  λ ╚ singleOrNull() for Iterable<T> in kotlin.collections          Int?
  λ ╚ singleOrNull {...} (predicate: (Int) -> Boolean) for Iter…    Int?
  λ ╚ sortedBy {...} (crossinline selector: (Int) -> R?) f…   List<Int>
  λ ╚ sorted() for Iterable<T> in kotlin.collections          List<Int>
  ╚ sortedByDescending { } (crossinline selector: (Int…    List<Int>
  Did you know that Quick Definition View (⌥Space) works in completion lookups as well? >>   π
```

다른 객체에 대해 코드 완성을 사용해보자. 예를 들어 String에 있는 문자의 순서를 거꾸로 뒤집거나, 모든 문자를 소문자로 바꿀 수 있다.

ObjectsEverywhere/Strings.kt

```
fun main() {
  val s = "AbcD"
  println(s.reversed())
  println(s.toLowerCase())
}
```

출력

```
DcbA
abcd
```

String을 정수로 변환하거나 정수를 String으로 변환하는 것도 쉽다.

ObjectsEverywhere/Conversion.kt

```
fun main() {
  val s = "123"
  println(s.toInt())
  val i = 123
  println(i.toString())
}
```

출력

```
123
123
```

나중에 이 책에서도 정수로 변환하고 싶은 String이 올바른 정숫값 형식이 아닌 경우 어떻게 처리하는지를 배울 것이다.

수 타입을 다른 수 타입으로 바꿀 수도 있다. (컴파일러가 알아서 타입을 임의로 변환할 때 사람들에게 생길지도 모르는) 혼동을 피하기 위해 코틀린에서는 수 타입 사이의 변환을 명시적으로 해야 한다. 예를 들어 Int i를 Long으로 바꾸려면 i.toLong()을, Double로 바꾸려면 i.toDouble()을 호출한다.

```
fun fraction(numerator: Long, denom: Long) =
  numerator.toDouble() / denom

fun main() {
  val num = 1
  val den = 2
  val f = fraction(num.toLong(), den.toLong())
  println(f)
}
```

출력

```
0.5
```

클래스를 잘 정의하면 프로그래머가 이해하기 쉬운 코드를 작성할 수 있다. 이런 코드는 가독성이 높아 읽기도 쉽다.

17

클래스 만들기

> IntRange나 String처럼 미리 정의된 타입을 사용할 수 있을 뿐만 아니라, 직접 원하는 객체의 타입을 정의할 수 도 있다.

실제로 새로운 타입을 정의하는 일이 객체 지향 프로그래밍 활동의 상당 부분을 차지하며, 클래스를 정의함으로써 새로운 타입을 정의할 수 있다.

객체는 여러분이 가진 문제를 해결하는 방법 중 일부분이다. 문제를 해결할 때 필요한 개념을 표현하는 객체를 생각하는 것부터 시작하라. 맨 처음에는 대략적인 해법으로 문제에서 '물건'을 찾아내고, 해법에서 찾아낸 물건을 객체로 표현하라.

예를 들어 동물원의 동물을 관리하는 프로그램을 작성하고 싶다고 하자. 동물의 행동 양식, 요구 환경, 함께 잘 지내는 동물이나 함께 살면 서로 싸우는 동물 등에 기반해 동물 유형을 나누는 게 타당해 보인다. 각 동물 종에 따른 모든 차이점은 객체의 분류(classification)에 의해 표현될 수 있다. 코틀린에서는 class라는 키워드를 사용해 새로운 유형의 객체를 만들어낸다.

CreatingClasses/Animals.kt

```
// class들을 정의한다
class Giraffe
class Bear
class Hippo

fun main() {
  // 객체를 만든다
  val g1 = Giraffe()
  val g2 = Giraffe()
  val b = Bear()
  val h = Hippo()
```

```
  // Giraffe(), Bear()처럼 클래스이름()을 호출해 만든 객체는 각각 고유한 정체성을 가진다
  println(g1)
  println(g2)
  println(h)
  println(b)
}
```

샘플 출력

```
Giraffe@28d93b30
Giraffe@1b6d3586
Hippo@4554617c
Bear@74a14482
```

클래스를 정의할 때는 class 키워드 다음에 클래스 이름으로 쓸 식별자를 넣는다. 클래스 이름은 반드시 글자(A–Z, 대소문자, 한글 등 각국 언어를 표기하는 문자들)로 시작해야 하지만, 두 번째 자리부터는 숫자나 밑줄을 포함할 수 있다. 관례적으로 클래스 이름의 첫 번째 글자는 대문자로 표기하며, val이나 var로 쓰이는 이름의 첫 번째 글자는 소문자로 표기한다.

Animals.kt는 처음에 세 가지 클래스를 정의하고, 정의한 클래스에 속하는 객체(**인스턴스**라고도 한다)를 네 개 생성한다.

Giraffe는 클래스지만, 보스와나에 사는 5살짜리 수컷 기린은 객체다. 각각의 객체는 다른 객체와 다르기 때문에 g1, g2 등 서로 다른 이름을 부여했다.

샘플 출력에 찍힌 암호 같은 내용을 보자. @ 앞은 클래스 이름이고, @ 뒤는 해당 객체가 컴퓨터 메모리의 어느 위치에 있는지를 보여준다. @ 뒤의 내용은 문자가 섞여 있지만 실제로는 숫자다. 수를 이런 식으로 표현하는 것을 '16진 표기법(hexadecimal notation)'이라고 한다.[2] 프로그램이 생성한 객체는 모두 자신만의 고유한 주소를 부여받는다.

여기서 정의한 클래스들(Giraffe, Bear, Hippo)은 최대한으로 단순화한 클래스로, 한 클래스의 정의가 한 줄에 들어간다. 더 복잡한 클래스를 정의할 때는 중괄호({})를 사용해서 클래스의 특성이나 행동 양식을 포함하는 **클래스 본문**(class body)을 정의한다.

클래스 본문 안에 정의된 함수는 해당 클래스에 속한다. 코틀린에서는 이런 함수를 클래스의 **멤버 함수**라고 부른다. 자바와 같은 객체 지향 언어에서는 멤버 함수를 **메서드**(method)라고 부르기도 한다. 메서드라는 용어는 스몰토크(Smalltalk) 같은 초기 객체 지향 프로그래밍 언어에서 비롯된 용어다. 그러나 코틀린 설계자들은 **메서드**라는 용어를 채택하지 않고, 대신 **함수**라는 표현을 언

---

2 https://en.wikipedia.org/wiki/Hexadecimal

어 전반에서 계속 사용한다. 이는 코틀린의 함수적인 특성을 강조하기 위해서며, 또 메서드/함수의 구분이 초보자에게는 혼란을 야기할 수 있기 때문이다.

모호하지 않은 경우에는 그냥 '함수'라는 말을 사용할 것이다. 꼭 구분해야 하는 경우에는 다음과 같은 용어를 사용한다.

- **멤버 함수:** 클래스에 속한 함수
- **최상위**(top-level) **함수:** 클래스에 속하지 않은 함수

다음 코드에서 bark()는 Dog 클래스에 속한다.

CreatingClasses/Dog.kt

```kotlin
class Dog {
  fun bark() = "yip!"
}

fun main() {
  val dog = Dog()
}
```

main()에서는 Dog 객체를 만들어서 dog이라는 val에 대입한다. dog을 사용하지 않으면 코틀린은 경고를 표시한다.

멤버 함수를 부를 때는(호출할 때는) 객체 이름 다음에 .(점/마침표)과 함수 이름, 파라미터 목록을 나열한다. 다음은 meow() 함수를 호출하고 그 결과를 출력하는 코드다.

CreatingClasses/Cat.kt

```kotlin
class Cat {
  fun meow() = "mrrrow!"
}

fun main() {
  val cat = Cat()
  // 'cat'에 대해 'meow()'를 호출한다
  val m1 = cat.meow()
  println(m1)
}
```

출력

```
mrrrow!
```

멤버 함수는 어떤 클래스에 속한 특정 인스턴스에 대해 작용한다. meow()를 호출하려면 반드시 객체를 지정해야 한다. 함수가 호출되는 동안 함수 내부에서는 지정한 객체의 다른 멤버에 접근할 수 있다.

멤버 함수를 호출할 때 코틀린은 조용히 객체를 가리키는 참조(reference)를 함수에 전달해서 관심의 대상이 되는 객체를 추적한다. 멤버 함수 안에서는 this라는 이름으로 이 참조에 접근할 수 있다.

멤버 함수는 클래스에 속한 다른 요소들을 특별한 방법, 즉 객체를 지정하지 않고 멤버 이름만 사용하는 방법으로 접근할 수 있다. 원한다면 this를 사용해 이런 요소를 한정할 수 있다. 다음 코드에서 exercise()는 먼저 this를 명시해 speak()를 호출하고, 다음에는 별도로 한정하지 않고 speak()를 호출한다.

CreatingClasses/Hamster.kt

```kotlin
class Hamster {
  fun speak() = "Squeak! "
  fun exercise() =
    this.speak() + // 'this'로 한정함
      speak() +    // 'this' 없이 호출함
      "Running on wheel"
}

fun main() {
  val hamster = Hamster()
  println(hamster.exercise())
}
```

출력

```
Squeak! Squeak! Running on wheel
```

때로는 코드에서 불필요한데도 this를 명시한 경우를 볼 수 있다. this를 반드시 적어야 하거나 this를 적는 스타일을 권장하는 다른 언어를 사용했던 프로그래머는 이런 방식으로 코드를 작성하곤 한다. 어떤 특성이 불필요한데도 사용한다면, 코드를 읽는 사람은 왜 코드를 이런 식으로 작성했는지 괜히 한번 고민하느라 시간을 보내거나 헷갈릴 수 있다. 따라서 불필요한 this는 사용하지 않는 것이 좋다.

클래스 밖에서는 hamster.exercise()나 hamster.speak()처럼 객체를 지정해 멤버 함수를 호출해야 한다.

18

프로퍼티

프로퍼티(property)는 클래스에 속한 var나 val이다.

프로퍼티를 정의함으로써 클래스 안에서 **상태를 유지한다**. 함수를 한두 개 별도로 작성하는 대신에 클래스를 작성하는 주된 이유가 바로 상태 유지다.

var 프로퍼티는 재대입이 가능하지만, val 프로퍼티는 그렇지 않다. 각각의 객체는 프로퍼티를 저장할 자신만의 공간을 따로 할당받는다.

Properties/Cup.kt

```
class Cup {
  var percentFull = 0
}

fun main() {
  val c1 = Cup()
  c1.percentFull = 50
  val c2 = Cup()
  c2.percentFull = 100
  println(c1.percentFull)
  println(c2.percentFull)
}
```

출력

```
50
100
```

클래스 내부에 var나 val을 정의하는 것은 함수 안에 var나 val을 정의하는 것과 똑같아 보인다. 하지만 클래스 안에 정의한 var나 val은 클래스의 **일부분**이 되며, **점 표기법**(객체 이름, 점, 프로퍼티 이름을 나열하는 방식)을 사용해야만 해당 프로퍼티 값에 접근할 수 있다. 위 코드에서 percentFull에 접근할 때도 두 객체 참조에 대해 항상 점 표기법을 사용했다.

precentFull 프로퍼티는 자신이 속한 Cup 객체의 상태를 표현한다. c1.percentFull과 c2.percentFull은 서로 다른 값을 저장하고 있으며, 이는 각각의 객체가 서로 다른 저장 공간을 차지하고 있음을 보여준다.

멤버 함수는 점 표기법을 쓰지 않고(즉, 해당 프로퍼티를 **한정하지** 않고) 자신이 속한 객체의 프로퍼티에 접근할 수 있다.

Properties/Cup2.kt

```kotlin
class Cup2 {
  var percentFull = 0
  val max = 100
  fun add(increase: Int): Int {
    percentFull += increase
    if (percentFull > max)
      percentFull = max
    return percentFull
  }
}

fun main() {
  val cup = Cup2()
  cup.add(50)
  println(cup.percentFull)
  cup.add(70)
  println(cup.percentFull)
}
```

출력

```
50
100
```

add() 멤버 함수는 precentFull에 increase를 추가하려고 시도하되, 100%를 넘지 않는지 확인한다.

클래스 밖에서는 멤버 함수와 프로퍼티를 모두 한정시켜야 한다.

또한, 최상위 프로퍼티도 정의할 수 있다.

```
val constant = 42

var counter = 0

fun inc() {
  counter++
}
```

변경할 수 없으므로 최상위 수준에 val을 정의해도 안전하다. 하지만 가변(mutable)(즉, var)인 최상위 프로퍼티를 선언하는 일은 **안티패턴**(anti-patter)으로 간주된다. 프로그램이 복잡해질수록 **공유된 가변 상태**에 대해 제대로 추론하기가 어려워지기 때문이다. 여러분의 코드 기반(code base)에서는 누구나 var counter에 접근할 수 있으므로 이 값이 제대로 변경된다고 보장할 수 없다. inc()는 counter를 1 증가시키지만, 프로그램의 다른 부분에서 counter를 10 증가시킬 수도 있고, 그로 인해 이유를 알 수 없는 버그가 생길 수도 있다. 가변 상태를 클래스 안에 가두는 것이 가장 좋다. 가변 상태를 클래스 밖에서 볼 수 없도록 감추는 방법은 '아톰 20, 가시성 제한하기'에서 다룬다.

var를 변경할 수 있지만, val은 변경할 수 없다는 이야기는 사실을 다소 지나치게 단순화한 것이다. 예를 들어 house가 val이고 house 안의 sofa가 var라고 해보자. sofa는 var이므로 변경이 가능하다. 하지만 house는 val이므로 다른 값을 대입할 수 없다.

```
class House {
  var sofa: String = ""
}

fun main() {
  val house = House()
  house.sofa = "Simple sleeper sofa: $89.00"
  println(house.sofa)
  house.sofa = "New leather sofa: $3,099.00"
  println(house.sofa)
  // val에 새 House를 대입할 수 없다
  // house = House()
}
```

출력

```
Simple sleeper sofa: $89.00
New leather sofa: $3,099.00
```

house는 val이지만 class House 안에 있는 sofa는 var이기 때문에 이 객체의 상태를 변경할 수 있다. house를 val로 정의하는 것은 house에 새 객체를 대입하는 것만 방지할 뿐이다.

프로퍼티를 val로 선언하면 재대입이 불가능해진다.

Properties/AnUnchangingVar.kt

```kotlin
class Sofa {
  val cover: String = "Loveseat cover"
}

fun main() {
  var sofa = Sofa()
  // 다음은 허용되지 않음
  // sofa.cover = "New cover"
  // var에 재대입하기
  sofa = Sofa()
}
```

sofa는 var이지만, class Sofa 안의 cover는 val이기 때문에 이 객체의 상태를 변경할 수는 없다. 하지만 sofa에는 새 객체를 대입할 수 있다.

지금까지 house나 sofa 같은 식별자를 마치 객체인 것처럼 이야기해왔는데, 실제로는 객체를 가리키는 **참조**다. 두 식별자가 같은 객체를 가리키는 경우를 관찰해보면 참조를 더 잘 이해할 수 있을 것이다.

Properties/References.kt

```kotlin
class Kitchen {
  var table: String = "Round table"
}

fun main() {
  val kitchen1 = Kitchen()
  val kitchen2 = kitchen1
  println("kitchen1: ${kitchen1.table}")
  println("kitchen2: ${kitchen2.table}")
  kitchen1.table = "Square table"
  println("kitchen1: ${kitchen1.table}")
  println("kitchen2: ${kitchen2.table}")
}
```

```
kitchen1: Round table
kitchen2: Round table
kitchen1: Square table
kitchen2: Square table
```

kitchen1의 table을 변경하면 kitchen2도 그 변경 내용을 볼 수 있다. kitchen1.table과 kitchen2.table은 똑같은 출력을 내놓는다.

이처럼 var와 val이 객체가 아니라 참조를 제한한다는 점을 기억하라. var를 사용하면 참조가 가리키는 대상을 다른 대상으로 다시 엮을 수 있지만, val을 사용하면 다른 대상을 엮을 수 없다.

객체에서 **가변성**은 내부 상태를 바꿀 수 있다는 뜻이다. 위 예제에서 class House와 class Kitchen은 가변 객체를, class Sofa는 불변 객체를 정의한다.

생성자

생성자(constructor)에 정보를 전달해 새 객체를 초기화할 수 있다.

각각의 객체는 서로 독립된 세계다. 프로그램은 객체의 모임이므로 개별 객체를 제대로 초기화한다면 초기화 문제 중 상당수를 해결할 수 있다. 코틀린은 객체를 제대로 초기화할 수 있는 메커니즘을 제공한다.

생성자는 새 객체를 초기화하는 특별한 멤버 함수와 비슷하다. 생성자의 가장 간단한 형태는 한 줄짜리 클래스 정의다.

Constructors/Wombat.kt

```
class Wombat

fun main() {
  val wombat = Wombat()
}
```

main()에서 Wombat() 호출은 Wombat 객체를 생성한다. 다른 객체 지향 언어를 사용해봤다면 new 키워드가 필요하다고 생각할 수 있다. 하지만 코틀린에서는 new가 불필요한 중복이기 때문에 제외한다.

생성자에게 정보를 전달할 때는 파라미터 목록을 사용한다. 다음 코드에서 Alien 생성자는 인자를 하나 받는다.

```kotlin
class Alien(name: String) {
  val greeting = "Poor $name!"
}

fun main() {
  val alien = Alien("Mr. Meeseeks")
  println(alien.greeting)
  // alien.name // Error // [1]
}
```

출력

```
Poor Mr. Meeseeks!
```

Alien 객체를 생성하려면 인자를 하나 전달해야 한다(인자를 지정하지 않고 Alien을 생성해보라). name은 생성자 안에서 greeting 프로퍼티를 초기화하지만, 생성자 밖에서는 name에 접근할 수 없다. [1]번 줄의 맨 앞에 있는 //를 제거해보라.

클래스 본문 밖에서도 생성자 파라미터에 접근할 수 있게 하려면 파라미터 목록에 var나 val을 지정하라.

```kotlin
class MutableNameAlien(var name: String)

class FixedNameAlien(val name: String)

fun main() {
  val alien1 =
    MutableNameAlien("Reverse Giraffe")
  val alien2 =
    FixedNameAlien("Krombopolis Michael")
  alien1.name = "Parasite"
  // 다음과 같이 할 수는 없다
  // alien2.name = "Parasite"
}
```

위 코드의 두 클래스 정의에는 명시적인 클래스 본문이 존재하지 않는다(클래스 본문이 암시적).

생성자 파라미터 목록에 있는 name을 var나 val로 정의하면 해당 식별자가 프로퍼티로 바뀌며, 생성자 밖에서도 이 식별자에 접근할 수 있게 된다. val로 정의한 생성자 파라미터는 변경할 수 없고, var로 정의한 생성자 파라미터는 가변 프로퍼티가 된다.

생성자에는 파라미터가 많이 있어도 된다.

Constructors/MultipleArgs.kt

```kotlin
class AlienSpecies(
  val name: String,
  val eyes: Int,
  val hands: Int,
  val legs: Int
) {
  fun describe() =
    "$name with $eyes eyes, " +
      "$hands hands and $legs legs"
}

fun main() {
  val kevin =
    AlienSpecies("Zigerion", 2, 2, 2)
  val mortyJr =
    AlienSpecies("Gazorpian", 2, 6, 2)
  println(kevin.describe())
  println(mortyJr.describe())
}
```

출력

```
Zigerion with 2 eyes, 2 hands and 2 legs
Gazorpian with 2 eyes, 6 hands and 2 legs
```

'아톰 56. 복잡한 생성자'에서 복잡한 초기화 로직이 들어 있는 생성자를 살펴볼 것이다.

println()은 문자열 대신 객체를 전달받은 경우 객체의 toString()을 호출한 결과를 출력한다.[3] 클래스에 직접 toString()을 정의하지 않으면 디폴트 toString()이 호출된다.

Constructors/DisplayAlienSpecies.kt

```kotlin
fun main() {
  val krombopulosMichael =
  AlienSpecies("Gromflomite", 2, 2, 2)
  println(krombopulosMichael)
}
```

---

3 **옮긴이** 실제 기술적으로는 println(message: Any?)라는 모든 타입의 값(널 포함)을 받을 수 있는 함수가 오버로드(overload)되어 있기 때문에 이런 함수 호출이 가능하다. 이에 대해서는 '아톰 32. 오버로딩'과 '아톰 37. 널이 될 수 있는 타입'에서 배운다.

```
AlienSpecies@4d7e1886
```

디폴트 toString()은 그다지 유용하지 않다. 이 디폴트 구현은 클래스 이름과 객체의 물리적 주소(프로그램을 실행할 때마다 주소는 달라질 수 있다)를 출력할 뿐이다. 다음과 같이 직접 toString()을 구현할 수 있다.

Constructors/Scientist.kt

```
class Scientist(val name: String) {
  override fun toString(): String {
    return "Scientist('$name')"
  }
}

fun main() {
  val zeep = Scientist("Zeep Xanflorp")
  println(zeep)
}
```

출력

```
Scientist('Zeep Xanflorp')
```

override라는 새 키워드가 등장했다. 방금 본 시원치 않은 toString() 함수가 이미 정의되어 있기 때문에 이 키워드를 덧붙여야 한다. override는 이미 정의된 toString() 메서드의 정의를 대신할 진짜 새 정의를 제공하겠다는 뜻을 코틀린에게 전달한다. override를 명시함으로써 코드의 의도를 더 명확히 할 수 있고, (의도치 않게 같은 이름의 함수를 정의하는 등의) 실수를 줄일 수 있다.

객체의 내용을 알아보기 쉬운 형태로 표시하는 toString() 함수는 프로그램 오류를 찾고 수정할 때 유용하다. **디버깅**(debugging) 과정을 더 쉽게 수행할 수 있도록 IDE는 프로그램의 실행을 한 단계씩 살펴보면서 객체 내부를 들여다볼 수 있는 **디버거**(debugger)[4]를 제공한다.

---

4 https://www.jetbrains.com/help/idea/debugging-code.html

20

가시성 제한하기

작성한 코드를 며칠 또는 몇 주 동안 보지 않다가 다시 살펴보면 그 코드를 작성하는 더 좋은 방법이 보일 수도 있다.

이것이 **리팩터링**(refactoring)을 하는 주된 이유다. 리팩터링은 코드를 고쳐 써서 더 읽기 좋고 이해하기 쉽게, 그래서 더 유지 보수하기 쉽게 만드는 것이다.

코드를 변경하고 개선하려는 이런 욕구에는 긴장감이 감돈다. 소비자(여러분이 작성한 코드를 활용하는 **클라이언트 프로그래머**)는 작성한 코드가 안정적이길 원해서다. 여러분은 코드를 변경하고 싶지만 소비자는 코드가 그대로 유지되길 바란다.

라이브러리의 경우 이런 긴장이 더 큰 문제가 된다. 라이브러리 소비자는 라이브러리 버전이 바뀌어도 새 버전으로 코드를 다시 작성하고 싶어 하지 않는다. 하지만 라이브러리를 만든 사람은 자신이 변경한 내용이 클라이언트의 코드에 영향을 끼치지 않는다는 확신을 바탕으로 라이브러리를 자유롭게 수정하고 개선할 수 있어야 한다.

따라서 소프트웨어를 설계할 때 일차적으로 고려해야 할 내용은 다음과 같다.

> **NOTE** ☰ 변화해야 하는 요소와 동일하게 유지되어야 하는 요소를 분리하라.

가시성을 제어하기 위해 코틀린이나 다른 언어는 **접근 변경자**(access modifier)를 제공한다. 라이브러리 개발자는 public, private, protected, internal 등의 변경자를 사용해 클라이언트 프로그래머가 어떤 부분에 접근할 수 있고 어떤 부분에 접근할 수 없는지를 결정한다. 이 책의 뒷부분에서 protected에 대해 설명할 것이다.

private 등의 변경자는 클래스, 함수, 프로퍼티 정의 앞에 위치한다. 변경자는 변경자가 붙어 있는 그 정의의 가시성만 제한할 수 있다.

클라이언트 프로그래머는 public 정의에 접근할 수 있고, 그에 따라 public으로 선언된 정의를 변경하면 클라이언트 코드에 직접적으로 영향을 끼친다. 변경자를 지정하지 않으면 정의한 대상은 자동으로 public이 되기 때문에 public 변경자는 기술적으로는 불필요한 중복일 뿐이다. 하지만 의도를 명확히 드러내기 위해 여전히 public을 써야 하는 경우가 가끔 있다.

private 정의는 숨겨져 있으며, 같은 클래스에 속한 다른 멤버들만 이 정의에 접근할 수 있다. private 정의를 변경하거나 심지어 삭제하더라도 클라이언트 프로그래머에게는 직접적인 영향이 없다.

private이 붙은 클래스, 최상위 함수, 최상위 프로퍼티는 그 정의가 들어 있는 파일 내부에서만 접근이 가능하다.

Visibility/RecordAnimals.kt

```kotlin
private var index = 0                    // [1]

private class Animal(val name: String) // [2]

private fun recordAnimal(              // [3]
  animal: Animal
) {
  println("Animal #$index: ${animal.name}")
  index++
}

fun recordAnimals() {
  recordAnimal(Animal("Tiger"))
  recordAnimal(Animal("Antelope"))
}

fun recordAnimalsCount() {
  println("$index animals are here!")
}
```

private 최상위 프로퍼티([1]), 클래스([2]), 함수([3])를 RecordAnimals.kt 파일 안에 있는 다른 함수나 클래스에서 접근할 수 있다. 코틀린은 private 최상위 요소가 정의된 파일과 다른 파일에서 해당 요소에 접근하지 못하도록 막으며, 그 선언이 파일에 선언된 private 선언이라는 사실을 알려준다.

```kotlin
fun main() {
// 다른 파일에 정의한 private 멤버에
// 접근할 수 없다
// 클래스가 private인 경우:
// val rabbit = Animal("Rabbit")
// 함수가 private인 경우:
// recordAnimal(rabbit)
// 프로퍼티가 private인 경우:
// index++
  recordAnimals()
  recordAnimalsCount()
}
```

출력

```
Animal #0: Tiger
Animal #1: Antelope
2 animals are here!
```

비공개성은 주로 클래스 멤버에 사용된다.

```kotlin
class Cookie(
  private var isReady: Boolean  // [1]
) {
  private fun crumble() =      // [2]
    println("crumble")

  public fun bite() =          // [3]
    println("bite")

  fun eat() {                  // [4]
    isReady = true             // [5]
    crumble()
    bite()
  }
}

fun main() {
  val x = Cookie(false)
  x.bite()
  // private 멤버에 접근할 수 없다
```

```
  // x.isReady
  // x.crumble()
  x.eat()
}
```

출력

```
bite
crumble
bite
```

- [1] private 프로퍼티로, 이 클래스 밖에서는 접근이 불가능하다.
- [2] private 멤버 함수다.
- [3] public 멤버 함수로, 누구나 이 함수에 접근할 수 있다.
- [4] 접근 변경자가 없으면 public이다.
- [5] 같은 클래스의 멤버만 private 멤버에 접근할 수 있다.

private 키워드는 같은 클래스에 속한 멤버 외에는 아무도 이 멤버에 접근할 수 없다는 뜻이다. 다른 클래스는 이 private 멤버에 접근할 수 없기 때문에 여러분 자신과 (클래스 소스 코드 통제권을 가진) 협력자들을 외부로부터 단절시킬 수 있다. private을 쓰면 같은 패키지 안의 다른 클래스에 영향을 끼칠지 걱정하지 않으면서 코드를 변경할 수 있다. 라이브러리 설계자는 클라이언트 프로그래머에게 필요한 함수와 클래스만 외부에 노출시키고, 가능한 한 많은 요소를 private으로 선언한다.

어떤 클래스에서 도우미 함수로 쓰이는 멤버 함수를 private으로 선언하면 클래스 외부에서 이 함수를 실수로 쓰는 경우를 방지할 수 있다. 또한, 같은 클래스 내부에서만 해당 함수를 참조하므로 이 함수를 마음대로 변경하거나 제거할 수 있다.

클래스 내의 private 프로퍼티도 마찬가지다. 내부 구현을 노출시켜야 하는 경우를 제외하고는 (사실 이런 경우는 생각보다 훨씬 드물다) 프로퍼티를 private으로 만들라. 하지만 클래스 내부에 있는 참조를 private으로 정의한다 해도 그 참조가 가리키는 객체에 대한 public 참조가 없다는 사실을 보장해주지는 못한다.

```
class Counter(var start: Int) {
  fun increment() {
    start += 1
  }
  override fun toString() = start.toString()
}

class CounterHolder(counter: Counter) {
  private val ctr = counter
  override fun toString() =
    "CounterHolder: " + ctr
}

fun main() {
  val c = Counter(11)                // [1]
  val ch = CounterHolder(c)          // [2]
  println(ch)
  c.increment()                      // [3]
  println(ch)
  val ch2 = CounterHolder(Counter(9)) // [4]
  println(ch2)
}
```

출력

```
CounterHolder: 11
CounterHolder: 12
CounterHolder: 9
```

- [1] c는 다음 줄에 있는 CounterHolder 객체 생성을 둘러싸고 있는 영역 안에 정의된다.

- [2] c를 CounterHolder 생성자의 인자로 전달한다는 말은 새로 생긴 CounterHolder 객체가 c가 가리키는 Counter 객체와 똑같은 객체를 참조할 수 있다는 뜻이다.

- [3] ch 안에서는 private으로 인식되는 Counter를 여전히 c를 통해 조작할 수 있다.

- [4] CounterHolder 안에 있는 ctr 외에는 Counter(9)를 가리키는 참조가 존재하지 않는다. 따라서 ch2를 제외한 그 누구도 이 객체를 조작할 수 없다.

한 객체에 대해 참조를 여러 개 유지하는 경우를 **에일리어싱**(aliasing)이라고 하며, 이로 인해 놀랄 만한 동작을 수행할 수도 있다.

126

모듈

이 책에 있는 작은 예제 프로그램들과 달리, 실제 사용하는 프로그램은 훨씬 더 크다. 이런 큰 프로그램을 하나 이상의 **모듈**(module)로 분리하면 유용하다. 모듈은 코드 기반상에서 논리적으로 독립적인 각 부분을 뜻한다. 코드를 모듈로 나누는 방법은 빌드 시스템(그레이들(Gradle)[5]이나 메이븐(maven)[6])에 따라 달라지는데, 이 책의 범위를 벗어난 설명이므로 여기서는 다루지 않겠다.

internal 정의는 그 정의가 포함된 모듈 내부에서만 접근할 수 있다. internal은 private과 public 사이에 위치한다. 어떤 요소를 private으로 정의하자니 너무 제약이 심하다고 느껴지고 public으로 지정해 공개 API의 일부분으로 포함시키기는 애매한 경우 internal을 사용하라. 이 책의 예제나 연습 문제에서는 internal을 사용하지 않는다.

모듈은 고수준 개념이다. 다음 아톰(아톰 21)에서는 프로젝트에 더 미세한 구조를 부여할 수 있는 **패키지**를 소개한다. 라이브러리는 다양한 패키지가 들어 있는 단일 모듈로 구성되곤 한다. 따라서 internal 요소는 라이브러리 내부에서 사용 가능하지만, 라이브러리를 소비하는 쪽에서는 접근할 수 없다.

---

5 https://gradle.org/
6 https://maven.apache.org/

패키지

프로그래밍에서 근본적인 원칙은 DRY, 즉 '반복하지 말라(Don't Repeat Yourself)'는 의미를 지닌 약자로 나타낼 수 있다.

코드에서 같은 내용이 여러 번 반복되면, 이를 수정하거나 개선할 때마다 더 많은 유지 보수가 필요해진다. 코드가 중복되는 건 이런 추가 노력이 필요할 뿐만 아니라 반복이 추가될 때마다 실수할 가능성이 커진다는 뜻이기도 하다.

import 키워드를 써서 다른 파일에 정의된 코드를 재사용할 수 있다. import를 쓰는 방법 중 하나는 클래스, 함수, 프로퍼티 이름을 지정하는 것이다.

```
import packagename.ClassName
import packagename.functionName
import packagename.propertyName
```

패키지(package)는 연관 있는 코드를 모아둔 것이다. 각 패키지는 보통 특정 문제를 풀기 위해 고안되며, 여러 함수와 클래스를 포함하곤 한다. 예를 들어 kotlin.math 라이브러리로부터 수학 상수와 함수를 임포트할 수 있다.

Packages/ImportClass.kt

```
import kotlin.math.PI
import kotlin.math.cos // 코사인
fun main() {
  println(PI)
  println(cos(PI))
  println(cos(2 * PI))
}
```

```
3.141592653589793
-1.0
1.0
```

때로는 서드파티(third-party) 라이브러리(코틀린 개발사나 여러분이 아닌 제3자가 만든 라이브러리)에 있는 같은 이름의 클래스나 함수를 임포트해 사용하고 싶을 수도 있다. as 키워드를 사용하면 임포트하면서 이름을 변경할 수 있다.

Packages/ImportNameChange.kt

```kotlin
import kotlin.math.PI as circleRatio
import kotlin.math.cos as cosine

fun main() {
  println(circleRatio)
  println(cosine(circleRatio))
  println(cosine(2 * circleRatio))
}
```

출력

```
3.141592653589793
-1.0
1.0
```

as는 라이브러리에서 이름을 잘못 선택했거나 이름이 너무 길 때 유용하다.

코드 안에서 임포트한 이름의 패키지 경로를 전부 다 쓸 수도 있다. 다음 코드는 패키지 이름을 모두 명시했기 때문에 가독성이 떨어지지만, 각 요소의 출처를 명확하게 알 수 있다.

Packages/FullyQualify.kt

```kotlin
fun main() {
  println(kotlin.math.PI)
  println(kotlin.math.cos(kotlin.math.PI))
  println(kotlin.math.cos(2 * kotlin.math.PI))
}
```

출력

```
3.141592653589793
-1.0
1.0
```

패키지에 있는 모든 내용을 임포트하려면 별표(*)를 사용하라.

Packages/ImportEverything.kt

```
import kotlin.math.*

fun main() {
  println(E)
  println(E.roundToInt())
  println(E.toInt())
}
```

```
2.718281828459045
3
2
```

kotlin.math 패키지에는 Double의 소수점 이하를 그냥 버리는 toInt와 달리, Double을 가장 가까운 Int로 반올림해주는 편리한 roundToInt() 함수가 들어 있다.

코드를 재사용하려면 package 키워드를 사용해 패키지를 만들어라. package 문은 파일에서 주석이 아닌 코드의 가장 앞부분에 위치해야 한다. package 뒤에는 만들 패키지의 이름이 온다. 관례적으로 패키지 이름에는 소문자만 사용한다.

Packages/PythagoreanTheorem.kt

```
package pythagorean
import kotlin.math.sqrt

class RightTriangle(
  val a: Double,
  val b: Double
) {
  fun hypotenuse() = sqrt(a * a + b * b)
  fun area() = a * b / 2
}
```

파일 이름이 항상 클래스 이름과 같아야 하는 자바와 달리, 코틀린에서는 소스 코드 파일 이름으로 아무 이름이나 붙여도 좋다.

패키지 이름도 아무 이름이나 선택할 수 있다. 하지만 패키지 이름과 패키지 파일이 들어 있는 디렉터리의 경로를 똑같이 하는 게 좋은 스타일로 여겨진다(이 책 예제는 항상 이 스타일을 따른다).

이제 import를 통해 pythagorean 패키지의 원소를 사용할 수 있다.

Packages/ImportPythagorean.kt

```
import pythagorean.RightTriangle

fun main() {
  val rt = RightTriangle(3.0, 4.0)
  println(rt.hypotenuse())
  println(rt.area())
}
```

출력

```
5.0
6.0
```

이제부터 이 책의 나머지 부분에서는 다른 파일에 정의된 이름과의 충돌을 방지하기 위해 main()
이 아닌 함수, 클래스 등을 정의하는 모든 파일에 package 문을 사용한다는 점을 기억하라. 다만
main() 함수만 들어 있는 파일에는 보통 package 문을 넣지 않을 것이다.

테스트

프로그램을 빠르게 개발하려면 지속적인 테스트가 필수다.

일부 코드를 수정했는데 다른 코드가 망가지는가? 그러한 문제는 테스트를 통해 즉시 발견할 수 있다. 만약 즉시 발견하지 못하면, 문제가 누적되고 어떤 변경으로 인해 문제가 발생했는지 더 이상 알 수 없게 된다. 그래서 문제의 원인을 찾기 위해 **훨씬** 더 오랜 시간을 들여야 한다.

테스트는 중요한 개발 습관이므로 빨리 소개하고 책의 나머지 부분에서 계속 활용할 것이다. 개발 표준 과정의 일부분인 테스트에 익숙해지기 위해서다.

코드의 올바름을 검증할 때 println()을 사용하는 것은 부실한 접근 방법이다. 매번 출력을 자세히 살펴보고 의식적으로 각각의 출력이 올바른 출력인지 확인해야 한다.

여러분이 이 책을 좀 더 편하게 읽을 수 있도록 작은 테스트 시스템을 만들었다. 이 시스템의 목표는 다음을 만족하는 최소한의 접근 방법을 찾는 것이다.

- 식의 예상 결괏값을 보여준다.
- 프로그램이 실행되고 있음을 알 수 있도록 출력을 제공한다. 혹 모든 테스트가 성공해도 출력을 제공한다.
- 개발을 배우는 과정에서 더 빨리 테스트의 개념을 몸에 익히게 한다.

위 테스트 시스템은 이 책에서는 유용하지만, 실전에서 사용하기에는 적합하지 **않다.** 많은 사람이 실전에 쓸 수 있는 테스트 시스템을 만들기 위해 오랜 시간 동안 열심히 노력해왔다. 이런 노력이 들어간 테스트 시스템은 다음과 같다.

- JUnit[7]: 자바에서 가장 널리 쓰이는 테스트 프레임워크이며, 코틀린에서도 유용하게 쓸 수 있다.
- 코테스트(Kotest)[8]: 코틀린 전용으로 설계됐으며, 코틀린 언어의 여러 기능을 살려서 작성됐다.
- 스펙(Spek) 프레임워크[9]: **명세 테스트**(specification test)라는 다른 형태의 테스트를 제공한다.

이 책의 테스트 프레임워크를 사용하려면 먼저 이 프레임워크를 import해야 한다. 이 프레임워크에서 기본이 되는 요소는 eq(equals, 같다)와 neq(not equals, 같지 않다)이다.

Testing/TestingExample.kt

```kotlin
import atomictest.*

fun main() {
  val v1 = 11
  val v2 = "Ontology"
  // 'eq'는 '같다'는 뜻
  v1 eq 11
  v2 eq "Ontology"
  // 'neq'는 '같지 않다'는 뜻
  v2 neq "Epistimology"
  // [Error] Epistimology != Ontology
  // v2 eq "Epistimology"
}
```

출력

```
11
Ontology
Ontology
```

atomictest 패키지의 코드를 '부록 A, 아토믹 테스트'에서 볼 수 있다. AtomicTest.kt는 이 책 뒷부분에 등장하는 기능을 일부 사용하기 때문에 지금 여러분이 부록의 코드를 전부 이해하리라고 생각하지는 않는다.

깔끔하고 편안한 코드를 작성하도록, AtomicTest는 아직 보지 못한 코틀린 기능을 사용한다. 이 기능은 바로 a.함수(b)라는 호출을 a 함수 b처럼 쓸 수 있게 해주는 기능이다. 이를 **중위 표기법**(infix notation)이라고 한다. infix 키워드를 붙인 함수만 중위 표기법을 사용해 호출할 수 있다.

---

7 https://junit.org

8 https://github.com/kotest/kotest

9 https://spekframework.org

AtomicTest.kt에는 방금 본 TestingExample.kt에서 사용한 infix eq와 infix neq가 정의되어 있다.

식 eq 예상값

식 neq 예상값

eq와 neq는 유연하다. 테스트 식에 거의 모든 코틀린 식을 넣어도 된다. **예상값**이 String이면 **식**이 String으로 변환되고 두 String(예상값과 식의 결과를 String으로 변환한 값)을 비교한다. **예상값**이 String이 아니면 **식**과 **예상값**을 직접 비교한다(이때 양쪽 다 타입을 변환하지 않는다). 어느 경우든 **식**을 계산한 결괏값을 콘솔에 표시하기 때문에 프로그램이 실행되면 그 내용을 볼 수 있다. 따라서 테스트가 성공해도 여전히 eq나 neq의 왼쪽에서 식의 결과를 볼 수 있다. **식**과 **예상값**이 동등하지 않다면 AtomicTest는 프로그램을 실행하면서 오류를 보여준다.

TestingExample.kt의 마지막 테스트는 일부러 실패하게 했다. 실패 출력을 보기 위해서다. 두 값이 같지 않으면 코틀린은 [Error]로 시작하는 메시지를 출력한다. 마지막 줄의 주석을 해제하고 예제를 실행하면 마지막에 다음 메시지를 볼 수 있다.

출력

```
[Error] Epistimology != Ontology
```

v2에 저장된 실제 값은 '예상값' 식에 적힌 값과 다르다. AtomicTest는 예상값과 실제 값을 보여주는 String 표현을 출력한다.

eq와 neq는 AtomicTest에 정의된 기본 (중위) 함수다. AtomicTest는 최소한의 테스트 시스템이다. 예제에 eq와 neq 식을 넣으면 테스트를 만드는 동시에 콘솔 출력도 만들어진다.

AtomicTest에는 다른 도구도 있다. trace 객체는 출력을 저장해서 나중에 사용할 수 있게 해준다.

Testing/Trace1.kt

```
import atomictest.*
fun main() {
  trace("line 1")
  trace(47)
  trace("line 2")
  trace eq """
    line 1
    47
    line 2
  """
}
```

trace에 결과를 추가하는 것은 함수 호출처럼 보이기 때문에 println()을 trace()로 대치할 수 있다.

지금까지는 각 아톰에서 콘솔에 출력을 내보내고 사람이 눈으로 결과가 이상한지 확인했다. 이런 방식은 신뢰성이 떨어진다. 코드를 반복해서 꼼꼼히 살펴보는 이런 책에서도, 오류를 찾는 데 시각적인 검사는 신뢰할 수 없다는 사실을 배웠다. 이제부터는 AtomicTest가 필요한 일을 해줄 것이므로 출력은 거의 표시하지 않을 것이다. 하지만 때로 주석 안에 출력을 보여주는 게 더 효과적인 경우에는 그 방식을 활용하겠다.

이 책을 통해 테스트 사용의 이점을 확인하면 프로그래밍 과정에 테스트를 도입해야겠다는 생각이 들 것이다. 테스트가 포함되지 않은 코드를 보면 점점 불편해지고, 테스트가 없는 코드는 틀린 코드라고 정의하기도 할 것이다.

프로그램의 일부분인 테스트

테스트는 소프트웨어 개발 과정에 포함되어 있어야 가장 효과적이다. 테스트를 작성하면 원하는 결과를 확실히 얻을 수 있다. 코드를 구현하기 전에 테스트를 작성하는 걸 권장하는 사람도 많다. 코드를 작성하기 전에 테스트를 먼저 작성해 실패시킨 후, 나중에 테스트를 통과하도록 코드를 작성한다. 이런 기법을 **테스트 주도 개발**(Test Driven Development, TDD)이라고 한다. TDD는 자신이 생각하는 대상을 정말로 테스트하고 있는지 확실히 확인할 수 있는 방법이다. 위키피디아('Test Driven Development'를 검색하라)에서 TDD에 대한 더 자세한 설명을 볼 수 있다.

테스트할 수 있게 코드를 작성하면 코드를 작성하는 방식이 달라진다는 이점도 있다. 결과를 그냥 콘솔에 출력할 수도 있지만, 테스트를 염두에 둔다면 '이 결과를 어떻게 테스트하지?'라고 스스로에게 질문을 던지게 된다. (질문을 던지고 나면) 함수를 만들 때, 테스트 외의 다른 이유가 없더라도 테스트를 위해 함수가 무언가를 반환하도록 한다. 게다가 파라미터(입력)를 받아서 결괏값(출력[10])만 만들어내고 다른 일(부수 효과)은 하지 않는 함수를 사용하면 설계가 더 나아지는 경향이 있다.

---

10 **옮긴이** 화면, 프린터, 파일, 데이터베이스 등의 장치에 데이터를 기록하는 행위를 가리키는 용어로 '출력'이라는 단어가 쓰이기 때문에 혼동의 여지가 있지만, 여기서는 입력값을 갖고 어떤 값을 계산해서 돌려주는 반환값만을 뜻한다.

다음은 '아톰 9, 수 타입'에서 살펴본 BMI 계산 예제를 구현한 간단한 TDD 예제다. 먼저 테스트를 작성한다. 최초 구현은 테스트가 실패한다(아직 기능을 구현하지 않기 때문에 테스트가 실패한다).

```kotlin
// Testing/TDDFail.kt
package testing1
import atomictest.eq

fun main() {
  calculateBMI(160, 68) eq "Normal weight"
  // calculateBMI(100, 68) eq "Underweight"
  // calculateBMI(200, 68) eq "Overweight"
}

fun calculateBMI(weight: Int, height: Int) =
  "Normal weight"
```

첫 번째 테스트만 성공하고, 주석 처리한 나머지 둘은 실패한다. 다음으로 몸무게가 어느 범주에 속하는지 검사하는 코드를 추가한다. 이제 **모든** 테스트가 실패한다.

```kotlin
// Testing/TDDStillFails.kt
package testing2
import atomictest.eq

fun main() {
  // 모든 테스트가 실패함
  // calculateBMI(160, 68) eq "Normal weight"
  // calculateBMI(100, 68) eq "Underweight"
  // calculateBMI(200, 68) eq "Overweight"
}

fun calculateBMI(
  weight: Int,
  height: Int
): String {
  val bmi = weight / (height * height) * 703.07
  return if (bmi < 18.5) "Underweight"
  else if (bmi < 25) "Normal weight"
  else "Overweight"
}
```

Double이 아니라 Int를 사용했기 때문에[11] bmi를 계산한 결과가 0이다. 주석으로 처리되어 있는 세 calculateBMI를 해제하고 실행할 경우 표시되는 테스트 결과를 보면 무엇을 수정할지 알 수 있다.

Testing/TDDWorks.kt

```kotlin
package testing3
import atomictest.eq

fun main() {
  calculateBMI(160.0, 68.0) eq "Normal weight"
  calculateBMI(100.0, 68.0) eq "Underweight"
  calculateBMI(200.0, 68.0) eq "Overweight"
}

fun calculateBMI(
  weight: Double,
  height: Double
): String {
  val bmi = weight / (height * height) * 703.07
  return if (bmi < 18.5) "Underweight"
  else if (bmi < 25) "Normal weight"
  else "Overweight"
}
```

경계 조건(boundary condition)을 검사하는 다른 테스트를 추가할 수도 있다.

이 책의 연습 문제에 여러분의 코드가 통과해야 하는 테스트를 추가해뒀다.

---

11 **옮긴이** weight / (height * height) * 703.07이라는 식에서 (height * height)는 Int와 Int를 곱한 값이라 Int이다. 따라서 weight / (height * height)의 /는 정수 나눗셈이 된다. 키×키는 몸무게에 비해 훨씬 큰 경우가 일반적이기 때문에 이런 식으로 계산한 bmi는 대부분의 경우 0이 나올 수밖에 없다.

예외

예외 상황은 현재 함수나 현재 영역의 진행을 막는다. 문제가 발생하면 그 위치에서 무슨 일을 해야 할지 알 수 없어 현재 맥락에서 계속 처리를 진행할 수 없다. (그 위치에서는) 발생한 문제를 처리하기에 충분한 정보가 없다. 따라서 처리를 중단하고, 적절한 조치를 취할 수 있는 다른 맥락으로 문제를 넘겨야 한다.

여기에서는 오류 보고 메커니즘인 **예외**(exception)에 대한 기초적인 내용을 다룬다. 문제를 다루는 다른 방법은 '6부, 실패 방지하기'에서 살펴볼 것이다.

무엇보다 예외적인 상황과 일반적인 문제를 구분하는 것이 중요하다. 일반적인 문제란 그 문제를 처리하기에 충분한 정보가 현재 맥락에 존재하는 경우를 말한다. 예외 상황에서는 처리를 계속 해나갈 수가 없다. 여러분이 할 수 있는 일은 현재 상황에서 벗어나, 문제를 바깥쪽 맥락으로 내보내는 것이다. 여러분이 **예외를 던지면** 이런 일이 벌어진다. 예외는 오류가 발생한 지점에서 '던져지는' 객체이다.

String을 Int로 변환하는 toInt()를 생각해보자. 정숫값을 표현하지 않는 String을 이 함수에 넘기면 어떤 일이 벌어질까?

---

12 **옮긴이** 'I take exception to that'이라는 영어 문장은 '나는 그에 대해 반대한다'라고 번역할 수 있는데, 프로그램이 진행되는 과정에서 프로그래머가 가정한 일반적인 정상 경로를 벗어나는 상황이 발생할 경우 프로그래머는 이를 반대한다고 생각하면 저자의 의도를 조금은 이해할 수 있다. 그런 상황은 정상이 아닌 예외(exception)적인 상황이기 때문에 '예외'라고 부른다.

```
package exceptions

fun erroneousCode() {
  // 예외를 보려면 다음 줄의 주석을 해제하라
  // val i = "1$".toInt() // [1]
}

fun main() {
  erroneousCode()
}
```

- [1]번 주석을 해제하면 예외가 발생한다. 이 줄을 주석으로 가린 이유는 이 책을 빌드할 때 각 예제 코드가 제대로 컴파일되고 실행되는지 테스트하는 부분이 있기 때문이다.

예외가 던져지면 실행 경로(더 이상 진행할 수 없는)가 중단되고, 예외 객체는 현재 문맥[13]을 벗어난다. 여기서는 erroneousCode()의 문맥을 벗어나 main()의 현재 문맥으로 들어간다. 이 예제에서 코틀린은 프로그래머가 실수한 코드를 수정해야 한다는, 예외에 대한 정보를 표시하고 프로그램을 종료시킨다.

예외를 잡아내지(catch) 않으면 프로그램이 중단되면서 예외에 대한 상세 정보가 들어 있는 **스택 트레이스**(stack trace)가 출력된다. ToIntException.kt의 [1]번 줄 앞에 있는 주석을 해제하면 다음과 같은 출력을 볼 수 있다.

출력

```
Exception in thread "main" java.lang.NumberFormatException: For input string: "1$"
    at java.lang.NumberFormatException.forInputString(NumberFormatException.java:65)
    at java.lang.Integer.parseInt(Integer.java:580)
    at java.lang.Integer.parseInt(Integer.java:615)
    at ToIntExceptionKt.erroneousCode(at ToIntException.kt:6)
    at ToIntExceptionKt.main(at ToIntException.kt:10)
```

스택 트레이스는 예외가 발생한 파일과 위치 등과 같은 상세 정보를 표시한다. 이를 보고 문제를 빠르게 처리할 수 있다. 문제를 보여주는 건 마지막 두 줄이다. ToIntExceotion.kt 파일의 열 번째 줄, main() 내부에서 erroneousCode()를 호출했다. 그런 다음 더 정확하게는 같은 파일의 여섯 번째 줄, erroneousCode()에서 toInt()를 호출했다.

13 　[옮긴이] 프로그램이 실행되면서 함수 호출이 이뤄질 때마다 함수의 파라미터와 지역 변수를 담은 활성 레코드(activation record)가 스택에 쌓인다. 이렇게 쌓인 활성 레코드는 현재 실행 중인 함수의 맥락을 결정하기 때문에 이를 실행 문맥(execution context)이라고 부른다.

예외를 표시하기 위해 주석 처리를 했다가 해제하는 일을 방지하기 위해 AtomicTest 패키지가 제공하는 capture() 함수를 사용하겠다.

```
Exceptions/IntroducingCapture.kt
```

```kotlin
import atomictest.*

fun main() {
  capture {
    "1$".toInt()
  } eq "NumberFormatException: " +
    """For input string: "1$""""
  }
```

capture()를 사용하면 발생한 예외와 예상 오류 메시지를 비교할 수 있다. capture()는 일반 프로그래밍에는 그리 유용하지 않다. 예외 메시지를 독자에게 보여주는 동시에 빌드 시스템을 통과시켜야 하는 이 책을 위해 특별히 고안된 함수이기 때문이다.

원하는 결과를 얻지 못했을 때 취할 수 있는 다른 전략으로 null을 반환하는 것을 들 수 있다. 나중에 '아톰 37, 널이 될 수 있는 타입'에서 null이 식의 결괏값 타입에 미치는 영향을 살펴볼 것이다.[14]

코틀린 표준 라이브러리는 String에 정수가 들어 있으면 정수를, 정수로 변환할 수 없는 문자열이 들어 있으면 null을 돌려주는 String.toIntOrNull()이라는 함수를 제공한다. 여기서 null은 실패를 간편하게 표현하기 위해 사용됐다.

```
Exceptions/IntroducingNull.kt
```

```kotlin
import atomictest.eq

fun main() {
  "1$".toIntOrNull() eq null
}
```

일정 기간에 대한 평균 수입을 계산한다고 하자.

---

14 **옮긴이** 널이 될 수 있는 타입, 널이 될 수 있는 객체 등 널 가능성을 이야기할 때는 널, null이라는 값을 가리킬 때는 null이라고 구분해 적었다.

```
package firstversion
import atomictest.*

fun averageIncome(income: Int, months: Int) =
  income / months

fun main() {
  averageIncome(3300, 3) eq 1100
  capture {
    averageIncome(5000, 0)
  } eq "ArithmeticException: / by zero"
}
```

months가 0이면 averageIncome()의 나눗셈이 ArithmeticException을 던진다. 불행히도 이 예외는 왜 오류가 발생했는지에 대해 아무런 정보를 주지 않는다. 예외를 발생시킨 피제수(0)의 의미나 애초에 왜 months 0을 값으로 받을 수 있는지에 대한 정보가 전혀 없다. 이는 분명 버그다. averageIncome()은 months가 0인 경우를 처리해서 0으로 나누는 오류가 발생하지 않게 막아야 한다.

averageIncome()이 문제가 발생한 이유를 좀 더 명확히 생성하도록 만들자. months가 0이면 결과로 일반적인 정숫값을 반환할 수 없다. 이런 경우 사용할 수 있는 한 가지 전략은 null을 돌려주는 방법이다.

```
package withnull
import atomictest.eq

fun averageIncome(income: Int, months: Int) =
  if (months == 0)
    null
  else
    income / months

fun main() {
  averageIncome(3300, 3) eq 1100
  averageIncome(5000, 0) eq null
}
```

함수가 null을 반환할 수 있는 경우, 코틀린은 그 함수의 결괏값을 사용하기 전에 null인지 여부를 먼저 검사하게 한다(이에 대해서는 '아톰 37, 널이 될 수 있는 타입'에서 다룬다). 사용자에게 결과를 보여주는 게 목적인 경우에도, '개월 수는 양의 정수만 됩니다'라고 쓰는 게 '주어진 기간 동안의 평균 수입: null'이라고 쓰는 것보다 더 낫다.

averageIncome()에 잘못된 인자가 전달될 경우에도 결괏값을 돌려주는 대신 예외를 던질 수 있다. 예외를 던지면 함수를 종료하면서 프로그램의 다른 부분에서 이 문제를 처리하도록 강제한다. 그냥 디폴트 ArithmeticException을 허용할 수도 있지만, 좀 더 자세한 오류 메시지가 포함된 구체적인 예외를 던지면 더 유용하다. 프로덕션(production)[15]에서 몇 년이 지난 뒤에, 새로 추가된 기능이 averageIncome()에 넘길 인자를 제대로 검사하지 않아서 예외가 발생하는 경우 구체적인 예외 메시지에 더 감사하게 될 것이다.

Exceptions/AverageIncomeWithException.kt

```kotlin
package properexception
import atomictest.*

fun averageIncome(income: Int, months: Int) =
  if (months == 0)
    throw IllegalArgumentException( // [1]
      "Months can't be zero")
  else
    income / months

fun main() {
  averageIncome(3300, 3) eq 1100
  capture {
    averageIncome(5000, 0)
  } eq "IllegalArgumentException: " +
    "Months can't be zero"
}
```

- [1] 예외를 던질 때는 throw 키워드 다음에 던질 예외의 이름을 넣고 그 뒤에 예외에 필요한 인자들을 추가한다. 여기서는 IllegalArgumentException이라는 표준 예외를 사용했다.

목표는 향후 애플리케이션을 더 쉽게 지원할 수 있도록 가장 유용한 메시지를 제공하는 것이다. 나중에 직접 예외 타입을 정의하는 방법과 예외가 발생한 환경에 더 잘 들어맞도록 예외를 정의하는 방법도 배울 것이다.

---

15 **옮긴이** 프로덕션이란 작성한 코드를 빌드하고 실전에 투입해 운용하는 경우를 뜻한다. 앱을 실제 사용자가 설치해 사용하는 환경이나 실제 서비스를 사용자에게 제공하는 웹 환경 등 소프트웨어가 만들어진 최종 목적에 따라 쓰이는 환경이 프로덕션 환경이다.

리스트

List는 컨테이너(container), 즉 다른 객체를 담는 객체에 속한다.

컨테이너는 **컬렉션**이라고도 한다. 이 책에서는 기본적인 컨테이너가 필요할 때 보통 List를 사용할 것이다.

List는 표준 코틀린 패키지에 들어 있기 때문에 import를 할 필요가 없다.

다음 예제는 표준 라이브러리 함수인 listOf()를 초기화 값과 함께 호출해서 Int 값들로 채워진 List를 만든다.

Lists/Lists.kt

```kotlin
import atomictest.eq

fun main() {
  val ints = listOf(99, 3, 5, 7, 11, 13)
  ints eq "[99, 3, 5, 7, 11, 13]" // [1]

  // List의 각 원소에 대해 이터레이션하기
  var result = ""
  for (i in ints) {                // [2]
    result += "$i "
  }
  result eq "99 3 5 7 11 13"

  // List 원소를 '인덱싱'하기
  ints[4] eq 11                    // [3]
}
```

- [1] List는 자기 자신을 표시할 때 각괄호([])를 쓴다.
- [2] for 루프도 List에 대해 잘 작동한다. for(i in ints)는 i가 ints에 있는 원소를 받는 다는 뜻이다. val i라고 정의하거나 i의 타입을 지정할 필요가 없다. 코틀린은 문맥을 보고 i가 for 루프에 쓰일 식별자라는 사실을 알 수 있다.
- [3] 각괄호는 **인덱스**를 사용해 List의 원소를 읽는다. List는 원소를 초기화한 순서대로 유 지하며, 숫자로 각 원소를 선택할 수 있다. 대부분의 프로그래밍 언어와 마찬가지로 코틀린 도 0부터 인덱스를 시작하므로, 여기서 인덱스 0에 해당하는 원소는 99이다. 따라서 4번 인 덱스에 해당하는 원소는 (다섯 번째 값인) 11이다.

인덱스가 0부터 시작한다는 사실을 깜빡하면 **1 차이로 인한**(off-by-one) 오류가 생긴다. 코틀린과 같은 언어에서는 원소를 한 번에 하나만 선택하지 않고 in을 사용해 컨테이너 전체에 대해 이터레 이션한다. 이터레이션을 사용하면 1 차이로 인한 오류를 없앨 수 있다.

List의 마지막 원소의 인덱스보다 더 큰 인덱스를 사용하면 코틀린은 항상 ArrayIndexOutOf BoundException을 던진다.[16]

Lists/OutOfBounds.kt

```
import atomictest.*

fun main() {
  val ints = listOf(1, 2, 3)
  capture {
    ints[3]
  } contains
    listOf("ArrayIndexOutOfBoundsException")
}
```

List에 다른 타입의 값을 저장할 수도 있다. 다음은 Double의 List와 String의 List를 보여주는 예제다.

Lists/ListUsefulFunction.kt

```
import atomictest.eq

fun main() {
  val doubles =
```

---

16 **옮긴이** 아토믹 테스트에서 eq나 neq는 정상적으로 테스트가 통과할 때도 실제 결괏값을 출력하게 되어 있어서 capture { … } eq …로 예외를 테 스트해 테스트가 성공하는 경우에는 발생한 예외의 이름과 메시지가 표시된다. 하지만 capture { … } contains …는 테스트 통과 시 아무것도 표 시하지 않게 되어 있어서 테스트 오류 메시지가 아무것도 출력되지 않는다는 사실로부터 예외가 발생했다는 사실을 간접적으로 추론할 수밖에 없다.

```
    listOf(1.1, 2.2, 3.3, 4.4)
  doubles.sum() eq 11.0

  val strings = listOf("Twas", "Brillig",
    "And", "Slithy", "Toves")
  strings eq listOf("Twas", "Brillig",
    "And", "Slithy", "Toves")
  strings.sorted() eq listOf("And",
    "Brillig", "Slithy", "Toves", "Twas")
  strings.reversed() eq listOf("Toves",
    "Slithy", "And", "Brillig", "Twas")
  strings.first() eq "Twas"
  strings.takeLast(2) eq
    listOf("Slithy", "Toves")
}
```

이 예제는 List 연산 중 일부를 보여준다. 'sort' 대신에 'sorted'라는 이름이 붙어 있다는 점에 유의하라. 어떤 List에 대해 sorted()를 호출하면 원본의 원소들을 (원소에 따라 정해지는 자연스러운 대소 비교에 따라) 정렬한 새로운 List를 돌려준다. 따라서 원래의 List는 그대로 남아 있다. 반면에 함수 이름을 'sort'라고 붙이면 원본 List를 직접(이를 **인플레이스**(in place)라고 말하기도 한다) 바꾼다는 의미가 들어 있다. '원본 객체를 그대로 두고 새로운 객체를 만든다'라는 이러한 경향은 코틀린에서 계속 볼 수 있을 것이다. reversed()도 역시 새 List를 생성한다.

파라미터화한 타입

타입 추론을 사용하는 것은 좋은 습관이다. 코드를 더 깔끔하고 읽기 쉽게 만들어주기 때문이다. 하지만 코틀린이 어떤 타입을 적용해야 할지 모르겠다는 불만을 표시하거나 코드를 더 이해하기 쉽게 작성하고 싶은 경우에는 직접 타입을 명시해야 한다. 다음은 List 타입에 저장한 원소의 타입을 지정하는 방법이다.

Lists/ParameterizedTypes.kt

```
import atomictest.eq

fun main() {
  // 타입을 추론한다
  val numbers = listOf(1, 2, 3)
  val strings =
    listOf("one", "two", "three")

  // 똑같은 코드지만 타입을 명시했다
```

```
  val numbers2: List<Int> = listOf(1, 2, 3)
  val strings2: List<String> =
    listOf("one", "two", "three")
  numbers eq numbers2
  strings eq strings2
}
```

코틀린은 초기화 값을 사용해 numbers의 타입을 Int가 들어 있는 List로, strings의 타입을 String이 들어 있는 List로 추론한다.

numbers2와 strings2는 numbers와 strings 정의를 명시적인 타입을 써서 다시 정의한 것이다. 이때 타입으로 List<Int>와 List<String>을 썼다. 홑화살괄호(<>)는 여기서 처음 나왔는데, **타입 파라미터**(type parameter)를 표시한다. 타입 파라미터는 '이 컨테이너는 '파라미터' 타입의 객체를 담는다'라고 말하는 방법이다. List<Int>는 Int의 List라고 읽는다.[17]

타입 파라미터는 컨테이너가 아닌 경우에도 유용하지만, 컨테이너와 비슷한 객체에서 자주 볼 수 있다.

반환값의 타입이 타입 파라미터를 포함할 수도 있다.

Lists/ParameterizedReturn.kt

```
package lists
import atomictest.eq

// 반환 타입을 추론한다
fun inferred(p: Char, q: Char) =
  listOf(p, q)

// 반환 타입을 명시한다
fun explicit(p: Char, q: Char): List<Char> =
  listOf(p, q)

fun main() {
  inferred('a', 'b') eq "[a, b]"
  explicit('y', 'z') eq "[y, z]"
}
```

코틀린은 inferred()의 반환 타입을 추론하지만, explicit()에서는 함수의 반환 타입을 지정했다. 여기서 단순히 함수의 반환 타입이 List라고 쓸 수는 없다. 그렇게 쓰면 코틀린이 오류를 표시하기 때문에 타입 파라미터를 반드시 명시해야 한다. 함수의 반환 타입을 명시해서 여러분의 의

---

17 [옮긴이] 영어로는 'List of Int'라고 읽기 때문에 코드에서 타입이 나오는 순서와 같다.

도를 분명히 적으면, 코틀린은 함수가 반환하는 값의 타입이 여러분의 의도와 같게 되도록 강제해준다.

읽기 전용과 가변 List

가변 List는 필요하다고 명시적으로 표시해야만 얻을 수 있다. listOf()는 상태를 변화시키는 함수가 들어 있지 않은 읽기 전용 리스트를 만들어낸다.

List를 점진적으로 만든다면(List 생성 시점에는 모든 원소를 알지 못한다는 말이다) mutable ListOf()를 사용하라. mutableListOf()는 변경할 수 있는 MutableList를 돌려준다.

Lists/MutableList.kt

```
import atomictest.eq

fun main() {
  val list = mutableListOf<Int>()

  list.add(1)
  list.addAll(listOf(2, 3))

  list += 4
  list += listOf(5, 6)

  list eq listOf(1, 2, 3, 4, 5, 6)
}
```

add()나 addAll()을 사용해 MutableList에 원소나 다른 컬렉션의 원소들을 추가할 수 있다. 또는 같은 함수를 +=로 짧게 쓸 수도 있다. 위 예제의 경우 처음 list에 아무 원소도 없기 때문에 mutableListOf 다음에 <Int>를 덧붙여서 코틀린에게 어떤 타입의 원소를 담을지 알려줘야 한다.

MutableList도 List로 취급할 수 있다. 이런 경우 그 내용을 변경할 수는 없다. 하지만 읽기 전용 List를 다음과 같이 MutableList로 취급할 수 없다.

Lists/MutListIsList.kt

```
package lists
import atomictest.eq

fun getList(): List<Int> {
  return mutableListOf(1, 2, 3)
}
```

```
fun main() {
  // getList()는 읽기 전용 List를 만든다
  val list = getList()
  // list += 3 // 오류
  list eq listOf(1, 2, 3)
}
```

getList() 안에서 mutableListOf()로 생성했음에도 불구하고 list에 상태 변경 함수가 없다는 점에 유의하라. return을 하면서 결과 타입이 List<Int>로 바뀐다. 객체 자체는 원래 MutableList지만, getList() 밖에서는 List라는 렌즈를 통해 이 객체를 들여다본다.

List는 **읽기 전용**이다. 그래서 내용을 읽을 수는 있어도 안에 값을 쓸 수는 없다. 하지만 내부 구현을 MutableList로 하면서 이 MutableList에 대한 참조를 유지했다가 나중에 이 가변 List에 대한 참조를 통해 원소를 변경하면, 읽기 전용 리스트에 대한 참조임에도 불구하고 그 리스트 내부가 바뀐 모습을 볼 수 있다. 이 또한 '아톰 20, 가시성 제한하기'에서 설명했던 **에일리어싱**의 예다.

Lists/MultipleListRefs.kt
```
import atomictest.eq
fun main() {
  val first = mutableListOf(1)
  val second: List<Int> = first
  second eq listOf(1)

  first += 2
  // second도 first에 의해 변경된 내용을 보게 된다
  second eq listOf(1, 2)
}
```

first는 mutableListOf(1)로 만든 가변 객체를 가리킨다. second는 first를 가리키는 별명(alias)이므로 똑같은 객체를 가리킨다. 하지만 second의 타입을 List<Int>로 지정했기 때문에 second에는 상태 변경 함수가 들어 있지 않다. second의 타입으로 List<Int>를 명시하지 않으면 코틀린이 second의 타입을 가변 객체에 대한 참조로 추론한다는 사실에 유의하라.

first는 가변 List에 대한 참조이므로 원소(2)를 추가할 수 있다. 이제 second도 추가된 원소를 볼 수 있다. second는 변경될 수 없는 List지만 first를 통하면 List의 내부를 변경할 수 있기 때문이다.

+=의 비밀

+= 연산자를 쓰면 불변 리스트가 마치 가변 리스트인 것처럼 보인다.

```
// Lists/ApparentlyMutableList.kt
import atomictest.eq

fun main() {
  var list = listOf('X') // 불변 리스트
  list += 'Y'            // 가변 리스트처럼 보임
  list eq "[X, Y]"
}
```

listOf()는 불변 리스트를 생성하지만, list += 'Y'는 생성한 리스트를 변경하는 코드처럼 보인다. 이 +=이 어찌어찌 불변성을 위배하고 있는 것은 아닐까?

사실은 list가 var이므로 이런 코드가 가능하다. 다음은 val/var와 가변/불변 List를 다양하게 조합해 사용하는 경우다.

```
// Lists/PlusAssignPuzzle.kt
import atomictest.eq

fun main() {
    // 'val'/'var'에 가변 리스트를 대입하는 경우:
    val list1 = mutableListOf('A') // or 'var'
    list1 += 'A' // 다음 줄과 같다
    list1.plusAssign('A')              // [1]

    // 'val'에 불변 리스트를 대입하는 경우:
    val list2 = listOf('B')
    // list2 += 'B' // 다음 줄과 같다:
    // list2 = list2 + 'B'             // [2]

    // 'var'에 불변 리스트를 대입하는 경우:
    var list3 = listOf('C')
    list3 += 'C' // 다음 줄과 같다
    val newList = list3 + 'C'          // [3]
    list3 = newList                    // [4]

    list1 eq "[A, A, A]"
    list2 eq "[B]"
    list3 eq "[C, C, C]"
}
```

- [1] list1은 가변 객체를 가리키므로 제자리에서 변경될 수 있다. 컴파일러는 +=을 plusAssign() 호출로 변환해준다. 이렇게 plusAssign()으로 변역되는 경우에는 리스트가 생성된 이후 list1에 다른 리스트가 재대입되는 일이 없기 때문에 list1 변수가 val이든 var이든 아무 관계가 없다. 여러분이 list1을 var로 변경하면 인텔리J는 list1을 val로 바꾸는 편이 더 낫다고 제안한다.

- [2] 이 코드는 list2와 'B'를 합친 새로운 리스트를 생성하려고 시도한다. 하지만 list2가 val이므로 새로 만든 리스트를 list2에 재대입할 수는 없다. 재대입을 수행할 수 있는 능력이 없기 때문에 +=은 컴파일될 수 없다.

- [3] list3가 가리키는 기존 불변 리스트를 변경하지 않고 newList를 생성한다.

- [4] list3가 var이므로 컴파일러는 newList를 list3에 재대입할 수 있다. 따라서 list3의 이전 내용을 잃어버리고, 겉으로는 list3가 변경된 것처럼 보인다. 실제로는 예전의 list3가 버려지고 새로 생성한 newList로 대치되면서 list3가 가변 리스트인 것 같은 착각을 불러일으킨다.

이런 += 동작은 다른 컬렉션에서도 마찬가지다. 이로 인해 발생할 수 있는 혼동을 방지하는 것도 식별자를 정의할 때 var보다는 val을 써야 하는 이유가 된다.

가변 인자 목록

vararg 키워드는 길이가 변할 수 있는 인자 목록을 만든다.

'아톰 24. 리스트'에서 listOf() 함수를 살펴봤다. 이 함수는 파라미터를 임의의 개수만큼 받아서
List를 만들어준다.

Varargs/ListOf.kt

```
import atomictest.eq

fun main() {
  listOf(1) eq "[1]"
  listOf("a", "b") eq "[a, b]"
}
```

vararg 키워드를 사용하면 listOf처럼 임의의 길이로 인자를 받을 수 있는 함수를 정의할 수 있
다. vararg는 **가변 인자 목록**(variable argument list)을 줄인 말이다.

Varargs/VariableArgList.kt

```
package varargs

fun v(s: String, vararg d: Double) {}

fun main() {
  v("abc", 1.0, 2.0)
  v("def", 1.0, 2.0, 3.0, 4.0)
  v("ghi", 1.0, 2.0, 3.0, 4.0, 5.0, 6.0)
}
```

함수 정의에는 vararg로 선언된 인자가 최대 하나만 있어야 한다. 파라미터 목록에서 어떤 위치에 있는 파라미터든지 vararg로 선언할 수 있지만, 일반적으로는 마지막 파라미터를 vararg로 선언하는 게 간편하다.

vararg를 사용하면 함수에 임의의 개수만큼(0을 포함) 인자를 전달할 수 있다. 모든 인자는 지정한 타입에 속해야 한다. 함수 본문에서는 파라미터 이름을 통해 vararg 인자에 접근할 수 있고, 이때 이 파라미터는 Array로 취급된다.

Varargs/VarargSum.kt

```
package varargs
import atomictest.eq

fun sum(vararg numbers: Int): Int {
  var total = 0
  for (n in numbers) {
    total += n
  }
  return total
}

fun main() {
  sum(13, 27, 44) eq 84
  sum(1, 3, 5, 7, 9, 11) eq 36
  sum() eq 0
}
```

Array와 List는 비슷해 보이지만 전혀 다르게 구현된다. List는 일반적인 라이브러리 클래스인 반면, Array에는 특별한 저수준 지원이 필요하다. Array는 자바 같은 다른 언어와 호환되어야 한다는 코틀린의 요구 사항에 의해 생겨난 타입이다.

일상적인 프로그래밍에서 간단한 시퀀스가 필요하다면 List를 써라. 서드파티 API가 Array를 요구하거나 vararg를 다뤄야 하는 경우에만 Array를 써라.

vararg가 Array로 취급된다는 사실을 무시하고 List로 다루면 어떤 일이 벌어지는지 확인하기 위해 다음 예제를 살펴보자.

Varargs/VarargLikeList.kt

```
package varargs
import atomictest.eq

fun evaluate(vararg ints: Int) =
  "Size: ${ints.size}\n" +
```

```
  "Sum: ${ints.sum()}\n" +
  "Average: ${ints.average()}"
fun main() {
  evaluate(10, -3, 8, 1, 9) eq """
    Size: 5
    Sum: 25
    Average: 5.0
  """
}
```

vararg가 필요한 위치에 임의의 타입 Array를 넘길 수 있다. Array를 만들기 위해서는 listOf()
와 같은 방법으로 arrayOf()를 쓴다. Array는 항상 가변 객체라는 점에 유의하라. Array를
(Array 타입의 인자 하나로 넘기지 않고) 인자 목록으로 변환하고 싶으면 **스프레드 연산자**(*)를 사
용하라.

```
import varargs.sum
import atomictest.eq

fun main() {
  val array = intArrayOf(4, 5)
  sum(1, 2, 3, *array, 6) eq 21 // [1]
  // 다음은 컴파일되지 않는다
  // sum(1, 2, 3, array, 6)

  val list = listOf(9, 10, 11)
  sum(*list.toIntArray()) eq 30 // [2]
}
```

위 예제처럼 원시 타입(Int, Double, Boolean 등[18])의 Array를 전달할 때는 구체적인 타입 이름
이 지정된 Array 생성 함수를 사용해야 한다.

- [1]에서 intArrayOf(4, 5) 대신 arrayOf(4, 5)를 쓰면 'IntArray가 필요한 위치에서
  Array<Int> 타입이 추론됨(inferred type is Array but IntArray was expected)'이라는 오류가
  발생한다.

---

18 옮긴이 JVM에서 Byte, Char, Short, Int, Long, Float, Double, Boolean이 원시 타입이다. String은 코틀린 기본 타입이긴 하지만 원시 타입은
    아니다. 원시 타입의 경우 IntArray, ByteArray BooleanArray 등과 같은 특별한 배열 타입을 지원하며 이런 배열은 해당 원시 타입의 2진 표현 값
    을 직접 저장한다. 반면 Array<Int>는 정숫값이 담겨 있는 Int 객체에 대한 참조를 모아둔 배열로, IntArray보다 훨씬 더 메모리를 많이 차지하고 처
    리 속도도 늦다.

- 스프레드 연산자는 배열에만 적용할 수 있다. List를 인자 목록에 전달하고 싶을 때는 [2]에 서처럼 먼저 Array로 변환한 다음에 스프레드 연산자를 사용해야 한다. toArray()로 변환한 결과가 Array<Int>이므로 다시 toIntArray()를 호출해서 원시 타입의 배열을 얻어야 한다.

스프레드 연산자는 vararg로 받은 파라미터를 다시 다른 vararg를 요구하는 함수에 전달할 때 특히 유용하다.

Varargs/TwoFunctionsWithVarargs.kt

```kotlin
package varargs
import atomictest.eq

fun first(vararg numbers: Int): String {
  var result = ""
  for (i in numbers) {
    result += "[$i]"
  }
  return result
}

fun second(vararg numbers: Int) =
  first(*numbers)

fun main() {
  second(7, 9, 32) eq "[7][9][32]"
}
```

명령줄 인자

명령줄에서 프로그램을 시작할 때 프로그램에 원하는 만큼 인자를 전달할 수 있다. 프로그램이 명령줄 인자를 받게 하려면 main() 함수에 미리 정해진 파라미터를 지정해야 한다.

Varargs/MainArgs.kt

```kotlin
fun main(args: Array<String>) {
  for (a in args) {
    println(a)
  }
}
```

이 파라미터 이름은 전통적으로 args로 짓고(다른 이름을 붙여도 문제는 없다), args의 타입은 꼭 Array<String>이어야(String으로 이뤄진 Array) 한다.

인텔리J IDEA를 사용한다면 '실행 설정(Run configuration)'을 변경해서 프로그램에 인자를 전달할 수 있다(이번 아톰의 마지막 연습 문제에서 이 과정을 볼 수 있다).

kotlinc 컴파일러를 사용해 명령줄 프로그램을 생성할 수도 있다. 컴퓨터에 kotlinc가 설치되어 있지 않다면, 코틀린 기본 사이트[19]의 절차에 따라 프로그램을 설치하라. MainArgs.kt 코드를 입력하고 저장한 다음, 명령줄 프롬프트에서 다음을 입력하라.

```
kotlinc MainArgs.kt
```

다음과 같이 프로그램을 호출하는 부분 다음에 명령줄 인자를 넣을 수 있다.

```
kotlin MainArgsKt hamster 42 3.14159
```

실행하면 다음과 같은 결과를 볼 수 있다.

출력

```
hamster
42
3.14159
```

String 파라미터를 원하는 타입으로 바꾸고 싶은 경우 코틀린이 제공하는, Int로 변환하는 toInt()나 Float으로 변환하는 toFloat() 같은 변환 함수를 사용한다. 변환 함수를 사용하려면 명령줄 인자가 정해진 순서에 따라 나열된다고 가정해야 한다.[20] 여기서는 프로그램이 String, Int로 변환될 수 있는 값, Float으로 변환될 수 있는 값을 차례대로 전달받아야 한다.

Varargs/MainArgConversion.kt

```kotlin
fun main(args: Array<String>) {
  if (args.size < 3) return
    val first = args[0]
    val second = args[1].toInt()
    val third = args[2].toFloat()
    println("$first $second $third")
  }
```

---

[19] https://kotlinlang.org/

[20] 옮긴이 윈도나 리눅스 등의 운영체제에서 사용되는 프로그램의 명령줄 인자(대표적인 예로 자바나 코틀린 컴파일러를 들 수 있다)처럼 복잡한 명령줄 인자 파싱이 필요한 경우 라이브러리를 사용해야 한다. 코틀린 CLI(https://github.com/Kotlin/kotlinx-cli)나 (자바로 되어 있는) 아파치 커먼즈 CLI(https://commons.apache.org/proper/commons-cli/)를 코틀린 명령줄 인자 파싱에 사용할 수 있다.

main()의 첫 번째 줄은 충분한 인자가 주어지지 않으면 프로그램을 종료한다. Int나 Float으로 변환할 수 있는 값을 두 번째와 세 번째 명령줄 인자로 제공하지 않은 경우 런타임 오류가 발생한다(어떤 오류가 발생하는지 살펴보려면 잘못된 값을 전달해보라).

앞에서 본 방법(명령줄)으로 MainArgConversion.kt를 컴파일하고 실행하면 다음 결과를 볼 수 있다.

출력

```
hamster 42 3.14159
```

26

집합

> Set은 각각의 값이 오직 하나만 존재할 수 있는 컬렉션이다.

가장 일반적인 Set 연산은 in이나 contains()를 사용해 원소인지 검사하는 것이다.

Sets/Sets.kt

```kotlin
import atomictest.eq
fun main() {
  val intSet = setOf(1, 1, 2, 3, 9, 9, 4)
  // 중복이 없다
  intSet eq setOf(1, 2, 3, 4, 9)

  // 원소 순서는 중요하지 않다
  setOf(1, 2) eq setOf(2, 1)

  // 원소인지 검사
  (9 in intSet) eq true
  (99 in intSet) eq false

  intSet.contains(9) eq true
  intSet.contains(99) eq false

  // 이 집합이 다른 집합을 포함하는가?
  intSet.containsAll(setOf(1, 9, 2)) eq true

  // 합집합
  intSet.union(setOf(3, 4, 5, 6)) eq
    setOf(1, 2, 3, 4, 5, 6, 9)
```

```
  // 교집합
  intSet intersect setOf(0, 1, 2, 7, 8) eq
    setOf(1, 2)

  // 차집합
  intSet subtract setOf(0, 1, 9, 10) eq
    setOf(2, 3, 4)
  intSet - setOf(0, 1, 9, 10) eq
    setOf(2, 3, 4)
}
```

이 예제에서 다음 내용을 알 수 있다.

① Set에 같은 원소를 중복해 넣으면 Set이 자동으로 중복을 없애고 하나만 남긴다.

② 집합에서 원소 순서는 중요하지 않다. 내부에 같은 원소가 들어 있으면 같은 집합이다.

③ 원소인지 여부를 검사하기 위해 in과 contains()를 모두 쓸 수 있다.

④ 여러 가지 일반적인 벤 다이어그램(Venn diagram) 연산을 수행할 수 있다. 부분집합, 합집합, 교집합, 차집합 등을 점 표기법(set.union(other))을 사용해 수행하거나 중위 표기법(set union other)을 사용해 수행할 수 있다. union, intersect, subtract를 중위 표기로 사용할 수 있다.

⑤ 차집합 연산은 subtract() 함수나 뺄셈 연산자(-)로 표현할 수 있다.

List에서 중복을 제거하려면 Set으로 변환하라.

Sets/RemoveDuplicates.kt

```
import atomictest.eq

fun main() {
  val list = listOf(3, 3, 2, 1, 2)
  list.toSet() eq setOf(1, 2, 3)
  list.distinct() eq listOf(3, 2, 1)
  "abbcc".toSet() eq setOf('a', 'b', 'c')
}
```

아니면 List를 반환하는 distinct()를 사용할 수도 있다. String에 대해 toSet()을 호출하면 문자열에 들어 있는 유일한 문자들의 집합을 얻을 수 있다.

코틀린은 List와 마찬가지로 Set에 대해서도 두 가지 생성 함수를 제공한다. setOf()의 결과는 읽기 전용 집합이다. 가변 Set이 필요하면 mutableSetOf()를 써라.

```
import atomictest.eq

fun main() {
  val mutableSet = mutableSetOf<Int>()
  mutableSet += 42
  mutableSet += 42
  mutableSet eq setOf(42)
  mutableSet -= 42
  mutableSet eq setOf<Int>()
}
```

List와 마찬가지로 +=과 -= 연산자는 Set에서 원소(또는 여러 원소)를 추가하거나 삭제할 수 있다.

맵

Map은 키(key)와 값(value)을 연결하고, 키가 주어지면 그 키와 연결된 값을 찾아준다.

키-값 쌍을 mapOf()에 전달해 Map을 만들 수 있다. 키와 값을 분리하려면 to를 사용한다.

Maps/Maps.kt

```kotlin
import atomictest.eq

fun main() {
  val constants = mapOf(
    "Pi" to 3.141,
    "e" to 2.718,
    "phi" to 1.618
  )
  constants eq
    "{Pi=3.141, e=2.718, phi=1.618}"

  // 키에 해당하는 값을 찾는다
  constants["e"] eq 2.718              // [1]
  constants.keys eq setOf("Pi", "e", "phi")
  constants.values eq "[3.141, 2.718, 1.618]"

  var s = ""
  // 키-값 쌍을 이터레이션한다
  for (entry in constants) {           // [2]
    s += "${entry.key}=${entry.value}, "
  }
  s eq "Pi=3.141, e=2.718, phi=1.618,"
```

```
    s = ""
    // 이터레이션을 하면서 키와 값을 분리한다
    for ((key, value) in constants)        // [3]
      s += "$key=$value, "
    s eq "Pi=3.141, e=2.718, phi=1.618,"
}
```

- [1] [] 연산자는 키를 사용해 값을 검색한다. keys를 사용해 모든 키를, values를 사용해 모든 값을 얻을 수 있다. Map에서 각 키는 유일하기 때문에 keys를 호출하면 Set이 생긴다. 키와 일치하는 값 중 어떤 값을 돌려줄지 모호해진다.
- [2] Map에 대해 이터레이션을 수행하면 맵 항목(entry)으로 키-값 쌍을 전달받는다.
- [3] 이터레이션을 수행하면서 키와 값을 분리할 수 있다.

일반 Map은 읽기 전용이다. 다음은 MutableMap이다.

Maps/MutableMaps.kt

```
import atomictest.eq

fun main() {
  val m =
    mutableMapOf(5 to "five", 6 to "six")
  m[5] eq "five"
  m[5] = "5ive"
  m[5] eq "5ive"
  m += 4 to "four"
  m eq mapOf(5 to "5ive",
    4 to "four", 6 to "six")
}
```

map[key] = value는 key와 연관된 value를 추가하거나 변경한다. map += key to value를 통해 키-값 쌍을 명시적으로 추가할 수도 있다.

mapOf()와 mutableMapOf()는 원소가 Map에 전달된 순서를 유지해준다. 다른 Map 타입에서는 이 순서가 보장되지 않을 수도 있다.

읽기 전용 Map은 상태 변경을 허용하지 않는다.

```kotlin
import atomictest.eq

fun main() {
  val m = mapOf(5 to "five", 6 to "six")
  m[5] eq "five"
  // m[5] = "5ive"        // 실패함
  // m += (4 to "four")  // 실패함
  m + (4 to "four")       // m을 바꾸지 않음
  m eq mapOf(5 to "five", 6 to "six")
  val m2 = m + (4 to "four")
  m2 eq mapOf(
    5 to "five", 6 to "six", 4 to "four")
}
```

m 정의는 Int와 String을 연관 짓는 Map을 만든다. 이 Map에서 String 값을 다른 값으로 변경하려고 시도하면 코틀린이 오류를 발생시킨다.

+ 연산은 기존 맵의 원소와 더해진 원소를 포함하는 새 Map을 만들지만, 원래의 Map에는 영향을 미치지 않는다. 읽기 전용 Map에 원소를 '추가'하는 유일한 방법은 새로운 Map을 만드는 것뿐이다.

주어진 키에 해당하는 원소가 포함되어 있지 않으면 Map은 null을 반환한다. null이 될 수 없는 결과를 원한다면 getValue()를 사용하라. 이 경우 키가 맵에 들어 있지 않으면 NoSuchElement Exception이 발생한다.

```kotlin
import atomictest.*

fun main() {
  val map = mapOf('a' to "attempt")
  map['b'] eq null
  capture {
    map.getValue('b')
  } eq "NoSuchElementException: " +
    "Key b is missing in the map."
  map.getOrDefault('a', "??") eq "attempt"
  map.getOrDefault('b', "??") eq "??"
}
```

일반적으로 getOrDefault()가 null을 반환하거나 예외를 던지는 함수보다는 더 나은 대안이다.

클래스 인스턴스를 Map의 값으로 저장할 수도 있다. 다음은 전화번호 String을 사용해 Contact 객체를 저장하는 맵이다.

Maps/ContactMap.kt

```kotlin
package maps
import atomictest.eq

class Contact(
  val name: String,
  val phone: String
) {
  override fun toString(): String {
    return "Contact('$name', '$phone')"
  }
}

fun main() {
  val miffy = Contact("Miffy", "1-234-567890")
  val cleo = Contact("Cleo", "098-765-4321")
  val contacts = mapOf(
    miffy.phone to miffy,
    cleo.phone to cleo)
  contacts["1-234-567890"] eq miffy
  contacts["1-111-111111"] eq null
}
```

클래스 인스턴스를 Map의 키로 사용할 수도 있지만 조금 어렵기 때문에 이에 대해서는 뒷부분에서 설명하겠다.

Map은 간단하고 작은 데이터베이스와 비슷하다. 키와 값을 연관(연결)시켜주기 때문에 때로 Map을 **연관 배열**(associative array)이라고 부르기도 한다.

완전한 기능을 갖춘 데이터베이스와 비교하면 맵의 기능은 아주 제한적이지만, 그럼에도 불구하고 Map은 매우 유용하다(그리고 데이터베이스에 비해 훨씬 더 효율적이다).

28

프로퍼티 접근자

> 프로퍼티 이름을 사용해 프로퍼티를 읽는다. 대입 연산자 =을 사용해 가변 프로퍼티에 값을 대입한다.

다음은 i라는 프로퍼티를 읽고 쓰는 코드다.

PropertyAccessors/Data.kt

```
package propertyaccessors
import atomictest.eq

class Data(var i: Int)

fun main() {
  val data = Data(10)
  data.i eq 10 // 'i' 프로퍼티를 읽음
  data.i = 20  // 'i' 프로퍼티에 값을 씀
}
```

i라는 이름이 가리키는 저장소 위치에 접근하는 것은 간단해 보인다. 하지만 코틀린은 함수를 호출해 프로퍼티 읽기와 쓰기 연산을 수행한다. 예상했듯이 이러한 함수의 기본 동작은 i에 저장된 데이터를 읽거나 쓰는 것이다. 여기서는 직접 **프로퍼티 접근자**(property accessor)를 작성해서 프로퍼티 읽기와 쓰기 연산을 커스텀화(customize)하는 방법을 배워보자.

프로퍼티 값을 얻기 위해 사용하는 접근자를 **게터**(getter)라고 한다. 프로퍼티 정의 바로 다음에 get()을 정의하면 게터를 정의할 수 있다. 가변 프로퍼티를 갱신하기 위해 사용하는 접근자는 **세터**(setter)라고 한다. 프로퍼티 정의 바로 다음에 set()을 정의하면 세터를 정의할 수 있다.

다음 예제에 정의한 프로퍼티 접근자는 코틀린이 제공하는 디폴트 동작을 흉내 낸다. 다만 프로퍼

티 접근자가 프로퍼티를 읽고 쓰는 과정에서 언제 호출되는지 알아볼 수 있도록 추가 정보를 출력한다. get()과 set()을 그들이 연결된 프로퍼티보다 더 안쪽으로 들여 쓴다. 하지만 실제 프로퍼티와 게터/세터 연결은 들여쓰기 때문이 아니라 프로퍼티 정의 바로 뒤에 get()과 set()이 정의됐기 때문이다(코틀린은 들여쓰기를 신경 쓰지 않는다).

```
PropertyAccessors/Default.kt
```

```kotlin
package propertyaccessors
import atomictest.*

class Default {
  var i: Int = 0
    get() {
      trace("get()")
      return field  // [1]
    }
    set(value) {
      trace("set($value)")
      field = value // [2]
    }
}

fun main() {
  val d = Default()
  d.i = 2
  trace(d.i)
  trace eq """
    set(2)
    get()
    2
  """
}
```

get()과 set()을 정의하는 순서는 중요하지 않다. set() 없이 get()만 정의하거나 역으로 get() 없이 set()만 정의할 수도 있다.

프로퍼티의 디폴트 행동 방식은 게터에서는 저장된 값을 돌려주고 세터에서는 저장된 값을 변경하는 것이다. [1]과 [2]는 같은 동작을 하는 코드다. 게터와 세터 안에서는 field라는 이름을 사용해 저장된 값에 직접 접근할 수 있다. 이 field라는 이름은 게터와 세터 안에서만 접근할 수 있는 이름이다.

다음 예제의 프로퍼티 n에서는 게터의 디폴트 구현을 사용하지만, 세터에서는 값의 변화를 추적한다.

```kotlin
package propertyaccessors
import atomictest.*

class LogChanges {
  var n: Int = 0
    set(value) {
      trace("$field becomes $value")
      field = value
    }
}

fun main() {
  val lc = LogChanges()
  lc.n eq 0
  lc.n = 2
  lc.n eq 2
  trace eq "0 becomes 2"
}
```

프로퍼티를 private으로 정의하면 두 접근자 모두 private이 된다. 세터를 private으로 하고 게터는 public으로 할 수도 있다. 이렇게 하면 클래스 밖에서 프로퍼티 값을 읽을 수 있지만, 프로퍼티 값을 변경하는 일은 클래스 내부에서만 할 수 있다.

```kotlin
package propertyaccessors
import atomictest.eq

class Counter {
  var value: Int = 0
    private set
  fun inc() = value++
}

fun main() {
  val counter = Counter()
  repeat(10) {
    counter.inc()
  }
  counter.value eq 10
}
```

private set을 사용하면 value 프로퍼티가 1씩 증가되도록 제어할 수 있다.

일반적으로 프로퍼티는 값을 필드에 저장하지만, 필드가 없는 프로퍼티를 정의할 수도 있다.

PropertyAccessors/Hamsters.kt

```kotlin
package propertyaccessors
import atomictest.eq

class Hamster(val name: String)

class Cage(private val maxCapacity: Int) {
  private val hamsters =
    mutableListOf<Hamster>()
  val capacity: Int
    get() = maxCapacity - hamsters.size
  val full: Boolean
    get() = hamsters.size == maxCapacity
  fun put(hamster: Hamster): Boolean =
    if (full)
      false
    else {
      hamsters += hamster
      true
    }
  fun take(): Hamster =
    hamsters.removeAt(0)
}

fun main() {
  val cage = Cage(2)
  cage.full eq false
  cage.capacity eq 2
  cage.put(Hamster("Alice")) eq true
  cage.put(Hamster("Bob")) eq true
  cage.full eq true
  cage.capacity eq 0
  cage.put(Hamster("Charlie")) eq false
  cage.take()
  cage.capacity eq 1
}
```

capacity와 full은 내부에 저장된 상태가 없고, 접근이 이뤄질 때 결과를 계산해 돌려준다.
capacity와 full은 모두 함수와 비슷하며, 함수로 정의한다면 다음과 같을 것이다.

```
package propertyaccessors

class Cage2(private val maxCapacity: Int) {
  private val hamsters =
    mutableListOf<Hamster>()
  fun capacity(): Int =
    maxCapacity - hamsters.size
  fun isFull(): Boolean =
    hamsters.size == maxCapacity
}
```

이 프로그램의 경우 용량(capacity)이 가득 찼는지 여부(fullness)가 햄스터 케이지의 특성이므로, 프로퍼티를 사용한 코드가 더 가독성이 좋다. 하지만 무조건 모든 함수를 프로퍼티로 변환하지는 말라. 먼저 각각 어떻게 읽히는지를 살펴보라.

코틀린 스타일 가이드에서는 계산 비용이 많이 들지 않고 객체 상태가 바뀌지 않는 한 같은 결과를 내놓는 함수의 경우 프로퍼티를 사용하는 편이 낫다고 안내한다.

프로퍼티 접근자는 프로퍼티에 대한 일종의 보호 수단을 제공한다. 많은 객체 지향 언어가 프로퍼티에 대한 접근을 제어하기 위해 물리적인 필드를 private으로 정의하는 방식에 의존한다. 프로퍼티 접근자를 사용하면 필드 접근과 같은 방식으로 쉽게 프로퍼티에 접근하도록 허용하면서 동시에 프로퍼티 접근을 제어하거나 변경할 수 있는 코드를 쉽게 추가할 수 있다.

ATOMIC KOTLIN
아톰

29

2부 요약

여기서는 2부 아톰들('아톰 16, 객체는 모든 곳에 존재한다'에서 '아톰 28, 프로퍼티 접근자'까지)의 핵심을 살펴보고 요약한다.

경험이 많은 프로그래머는 '아톰 15, 1부 요약'을 읽은 뒤 이번 아톰을 읽고, 이어서 아톰 30부터 순서대로 진행하면 된다.

초보 프로그래머는 이번 아톰을 읽고 연습 문제를 풀면서 전체를 복습해야 한다. 아래 내용을 명확하게 이해하지 못했다면 해당 주제를 다룬 아톰으로 돌아가서 다시 공부하길 바란다.

이번 아톰에서 주제를 배열한 순서는 2부의 아톰 순서와 다르다. 경험이 많은 프로그래머들에게 적합한 순서로 배열했기 때문이다. 예를 들어 이 아톰은 패키지와 임포트를 소개하는 것부터 시작한다. 이후 아톰에서 우리가 만든 최소한의 테스트 프레임워크를 임포트해 사용하기 위해서다.

패키지와 테스트

package 키워드를 쓰면 재사용이 가능한 라이브러리 컴포넌트를 원하는 만큼 묶을 수 있다.

Summary2/ALibrary.kt

```
package com.yoururl.libraryname

// 재사용할 컴포넌트 ...
fun f() = "result"
```

한 파일 안에 여러 컴포넌트를 넣어도 되고, 같은 패키지 이름으로 여러 파일에 컴포넌트를 분산시킬 수도 있다. 여기서는 f()가 유일한 컴포넌트다.

패키지는 유일해야 하기 때문에 패키지 이름은 관습적으로 도메인 이름을 역순으로 한 이름으로 시작한다. 이 예제에서는 도메인 이름으로 yoururl.com을 썼다.

코틀린에서 패키지 이름은 패키지 내용물 파일이 위치한 디렉터리의 경로와 무관하다. 자바에서는 디렉터리 구조가 완전한 패키지 이름과 일치해야 하므로 com.yoururl.libraryname은 com/yoururl/libraryname 디렉터리에 위치해야 한다.

- 코틀린과 자바 프로젝트를 섞어 쓰는 경우: 코틀린 스타일 가이드는 자바의 관습을 유지하는 것을 권장한다.
- 순수 코틀린 프로젝트의 경우: 프로젝트 디렉터리 구조의 최상위에 libraryname을 위치시켜라.

import 문은 하나 이상의 이름을 현재 이름 공간(namespace)에 도입한다.

Summary2/UseALibrary.kt

```
import com.yoururl.libraryname.*

fun main() {
  val x = f()
}
```

libraryname 뒤의 별표(*)는 코틀린에게 이 라이브러리에 속한 모든 컴포넌트를 임포트하라고 알려준다. 컴포넌트를 개별적으로 선택할 수도 있다. 이 내용은 '아톰 21, 패키지'에서 자세히 볼 수 있다.

2부 이후에는 main() 함수 밖에서 함수, 클래스 등을 정의하는 모든 파일에 package 문을 사용할 것이다. 이렇게 하면 이 책의 다른 예제 파일에 있는 코드와 이름이 충돌하는 일을 막을 수 있다. 다만, main() 함수만 포함하고 있는 파일에는 보통 package 문을 쓰지 않는다.

이 책의 중요한 라이브러리로, 간단한 테스트 프레임워크인 atomictest가 있다. '부록 A. 아토믹테스트'에 atomictest가 정의되어 있으며, 이 프레임워크는 현재(2부) 시점에서 여러분이 아직 보지 못한 내용을 일부 포함한다.

이 책에서는 atomictest를 임포트하고 나서 eq(같다)와 neq(같지 않다)를 거의 코틀린 언어 키워드처럼 사용할 것이다.

```kotlin
import atomictest.*

fun main() {
  val pi = 3.14
  val pie = "A round dessert"
  pi eq 3.14
  pie eq "A round dessert"
  pi neq pie
}
```

출력

```
3.14
A round dessert
3.14
```

점을 쓰지 않고 eq/neq를 호출할 수 있는 기능을 중위 표기법이라고 한다. 함수를 infix로 정의하면 일반적인 방식대로 pi.eq(3.14)라고 호출할 수도 있고, 중위 표기법을 써서 pi eq 3.14라고 호출할 수도 있다. eq와 neq는 모두 eq/neq의 왼쪽 식의 결과를 보여주고, eq는 오른쪽 식과 왼쪽 식의 결과가 서로 같지 않으면(neq는 오른쪽 식과 왼쪽 식의 결과가 같으면) 오류 메시지를 표시해주는 단언문(assertion)이다. 이를 통해 소스 코드의 결과를 검증할 수 있다.

atomictest.trace는 함수 호출 구문을 사용해 결과를 누적시킨다. 나중에 eq를 사용해 이 결과를 검증할 수 있다.

Testing/UsingTrace.kt

```kotlin
import atomictest.*

fun main() {
  trace("Hello,")
  trace(47)
  trace("World!")
  trace eq """
    Hello,
    47
    World!
  """
}
```

println()을 trace()로 효과적으로 대치할 수 있다.

객체는 모든 곳에 존재한다

코틀린은 **하이브리드 객체-함수형**(hybrid object-functional) 언어다. 즉, 객체 지향과 함수형 프로그래밍 패러다임을 모두 지원한다.

객체는 데이터를 저장하는 val과 var를 포함하며(이를 프로퍼티라고 한다), 클래스 내부에 정의된 함수를 사용해 연산을 수행한다. 클래스 내부에 정의된 함수는 **멤버 함수**라고 한다(모호하지 않을 때는 멤버 함수를 그냥 '함수'라고 부를 것이다). 클래스는 프로퍼티와 멤버 함수를 정의하며, 새로운 사용자 정의 데이터 타입을 정의하기 위한 프로그래밍 요소다. 클래스에 속하는 val이나 var를 만드는 것을 **객체 생성**이나 **인스턴스 생성**이라고 한다.

객체 중에 아주 유용한 유형으로 **컨테이너(컬렉션**이라고도 한다)가 있다. 컨테이너는 다른 객체를 담는 객체다. 이 책에서는 List를 자주 쓰는데, List가 범용성이 높기 때문이다. 다음은 Double을 담는 List에 대해 몇 가지 연산을 수행하는 코드다. listOf()는 인자들로부터 새 List를 생성한다.

Summary2/ListCollection.kt

```
import atomictest.eq

fun main() {
  val lst = listOf(19.2, 88.3, 22.1)
  lst[1] eq 88.3 // 인덱싱
  lst.reversed() eq listOf(22.1, 88.3, 19.2)
  lst.sorted() eq listOf(19.2, 22.1, 88.3)
  lst.sum() eq 129.6
}
```

List를 쓰기 위해 import를 할 필요는 없다.

코틀린에서는 시퀀스 인덱싱을 위해 각괄호([ ])를 사용하며, 인덱스는 0부터 시작한다.

위 예제는 List에 사용할 수 있는 수많은 표준 라이브러리 함수 중에 sorted(), reversed(), sum()을 사용했다. 이러한 함수를 이해하기 위해 온라인 코틀린 문서[21]를 살펴보는 것도 좋다.

예제 코드에서 sorted()나 reversed()를 호출해도 lst 내부는 바뀌지 않는다. 그 대신에 원하는 결과가 들어 있는 새 List가 생성되고 반환된다. 이런 식으로 원본 객체를 바꾸지 않는 접근 방식을 코틀린 라이브러리에서 일관성 있게 볼 수 있다. 그리고 여러분 자신의 코드를 작성할 때도 이런 패턴을 따르기 위해 노력해야 한다.

---

[21] https://kotlinlang.org/docs/reference

클래스 만들기

클래스 정의는 class 키워드, 클래스 이름, 본문으로 구성되며, 본문은 없을 수도 있다. 본문에는 프로퍼티 정의(val이나 var)와 함수 정의가 들어간다.

다음 예제에서는 본문이 없는 NoBody 클래스와 val 프로퍼티가 있는 클래스를 정의한다.

```
Summary2/ClassBodies.kt
package summary2

class NoBody

class SomeBody {
  val name = "Janet Doe"
}

class EveryBody {
  val all = listOf(SomeBody(),
    SomeBody(), SomeBody())
}

fun main() {
  val nb = NoBody()
  val sb = SomeBody()
  val eb = EveryBody()
}
```

클래스의 인스턴스를 생성하려면 클래스 이름 뒤에 괄호를 넣는다. 필요하면 괄호 사이에 인자를 추가한다.

클래스 본문의 프로퍼티는 어떤 타입이든 들어갈 수 있다. SomeBody는 String 타입의 프로퍼티를, EveryBody는 SomeBody 객체들로 이뤄진 List 타입인 프로퍼티를 갖고 있다.

다음은 멤버 함수가 있는 클래스 예제다.

```
Summary2/Temperature.kt
package summary2
import atomictest.eq

class Temperature {
  var current = 0.0
  var scale = "f"
  fun setFahrenheit(now: Double) {
```

```kotlin
    current = now
    scale = "f"
  }
  fun setCelsius(now: Double) {
    current = now
    scale = "c"
  }
  fun getFahrenheit(): Double =
    if (scale == "f")
      current
    else
      current * 9.0 / 5.0 + 32.0
  fun getCelsius(): Double =
    if (scale == "c")
      current
    else
      (current - 32.0) * 5.0 / 9.0
}

fun main() {
  val temp = Temperature() // [1]
  temp.setFahrenheit(98.6)
  temp.getFahrenheit() eq 98.6
  temp.getCelsius() eq 37.0
  temp.setCelsius(100.0)
  temp.getFahrenheit() eq 212.0
}
```

멤버 함수는 클래스 안에 포함되며 current나 scale 등 클래스의 다른 멤버에 한정하지 않고 접근할 수 있다는 점을 제외하면 클래스 **밖에서** 정의한 최상위 함수와 똑같다. 멤버 함수는 같은 클래스에 속한 다른 멤버를 한정하지 않고 호출할 수도 있다.

- [1] temp는 val이지만 나중에 Temperature 객체를 변경할 수 있다. 여기 있는 val 정의는 temp라는 참조를 다른 객체에 재대입하는 것을 막지만, 객체 자신의 (객체 내부 상태를 변경하는) 동작을 막지는 못한다.

다음 두 클래스는 틱택토(tic-tac-toe) 게임의 기초가 되는 클래스다.

Summary2/TicTacToe.kt

```kotlin
package summary2
import atomictest.eq
```

```kotlin
class Cell {
  var entry = ' '                    // [1]
  fun setValue(e: Char): String = // [2]
    if (entry == ' ' &&
      (e == 'X' || e == '0')) {
      entry = e
      "Successful move"
    } else
      "Invalid move"
}

class Grid {
  val cells = listOf(
    listOf(Cell(), Cell(), Cell()),
    listOf(Cell(), Cell(), Cell()),
    listOf(Cell(), Cell(), Cell())
  )
  fun play(e: Char, x: Int, y: Int): String =
    if (x !in 0..2 || y !in 0..2)
      "Invalid move"
    else
      cells[x][y].setValue(e)      // [3]
}

fun main() {
  val grid = Grid()
  grid.play('X', 1, 1) eq "Successful move"
  grid.play('X', 1, 1) eq "Invalid move"
  grid.play('0', 1, 3) eq "Invalid move"
}
```

Grid 클래스는 세 List를 저장하는 List를 포함한다. List 안에 저장된 세 List는 세 Cell을 포함한다. 따라서 Grid는 행렬과 같다.

- [1] Cell 안의 entry 프로퍼티는 var이며 변경 가능하다. 초기화 시 작은따옴표로 값을 둘러 쌌기 때문에 Char 타입의 var가 생긴다. 따라서 entry에 대입하는 모든 값은 Char 타입이어 야 한다.
- [2] setValue()는 Cell이 비어 있는지와 올바른 문자가 넘어왔는지를 검사한다. setValue() 는 성공이나 실패를 표현하는 String을 반환한다.
- [3] play()는 x와 y 인자가 올바른 범위(0~2 사이의 정수)에 속하는지 검사한 다음, 행렬의 셀을 인덱스로 찾아서 setValue()를 호출하고 그 결과를 돌려준다.

생성자

생성자는 새로운 객체를 만든다. 생성자에 정보를 전달할 때는 파라미터 목록을 사용한다. 생성자 파라미터 목록은 클래스 선언의 클래스 이름 뒤에 위치한다. 생성자 호출은 (코틀린 스타일 가이드를 따라) 이름의 첫 글자가 대문자라는 점을 제외하면 함수 호출처럼 보인다. 생성자는 클래스에 속하는 객체를 생성해 반환한다.

```
Summary2/WildAnimals.kt
package summary2
import atomictest.eq

class Badger(id: String, years: Int) {
  val name = id
  val age = years
  override fun toString(): String {
    return "Badger: $name, age: $age"
  }
}

class Snake(
  var type: String,
  var length: Double
) {
  override fun toString(): String {
    return "Snake: $type, length: $length"
  }
}

class Moose(
  val age: Int,
  val height: Double
) {
  override fun toString(): String {
    return "Moose, age: $age, height: $height"
  }
}
fun main() {
  Badger("Bob", 11) eq "Badger: Bob, age: 11"
  Snake("Garden", 2.4) eq
    "Snake: Garden, length: 2.4"

  Moose(16, 7.2) eq
    "Moose, age: 16, height: 7.2"
}
```

Badger의 id와 years 파라미터는 생성자 본문에서만 쓸 수 있다. 생성자 본문이란 함수 정의가 아닌 다른 코드들을 뜻한다. 예제의 Badger에서 생성자 본문에 해당하는 코드는 name과 age를 정의하는 부분이다.

어떤 때는 생성자 파라미터를 클래스 생성자 본문이 아닌 다른 부분에서도 참조하고 싶지만, badger의 age나 name과 같이 새로운 이름을 명시적으로 선언하고 싶지는 않을 수 있다. 이런 경우 생성자 파라미터를 var나 val로 정의하면 파라미터가 프로퍼티로 바뀌고 클래스 내부에서 (심지어 클래스 밖에서도) 이 프로퍼티에 접근할 수 있게 된다. Snake와 Moose는 이 접근 방법을 택했기 때문에 생성자 파라미터 이름(생성자 파라미터 위치에 선언된 var나 val 프로퍼티)을 toString() 함수 안에서 쓸 수 있다.

val로 선언한 생성자 파라미터는 변경할 수 없지만, var로 선언한 생성자 파라미터는 변경할 수 있다.

객체를 표현하는 String 타입의 값이 필요하면 객체의 toString() 함수를 호출하면 된다. toString()을 정의하려면 override라는 새 키워드를 이해해야 한다. toString()이 이미 정의되어 있기 때문에 override가 꼭 필요하다(코틀린이 override를 요구한다). override는 디폴트로 정의되어 있던 toString() 구현을 여러분이 작성한 함수로 대치하고 싶다고 코틀린에게 알려준다. override를 명시적으로 써야 하기 때문에 함수 정의의 목적을 더 명확히 할 수 있고, (실수로 이미 정의된 함수를 두 번 정의하는 등의) 오류를 방지할 수 있다.

Snake와 Moose에서 여러 줄에 걸친 파라미터를 어떤 형식으로 정리했는지 살펴보라. 함수나 생성자에서 파라미터 목록을 한 줄에 모두 적지 못할 경우에는 이런 방법을 쓰도록 권장한다.

가시성 제한하기

코틀린은 접근 변경자를 제공한다. C++나 자바 같은 다른 언어에서 제공하는 것과 비슷하다. 접근 변경자를 사용하면 컴포넌트를 만드는 사람이 클라이언트 프로그래머에게 공개할 내용을 결정할 수 있다. 코틀린 접근 변경자에는 public, private, protected, internal이 있다. 이 중 protected에 대해서는 나중에 설명하겠다.

public이나 private 같은 접근 변경자는 클래스, 함수, 프로퍼티 정의 앞에 붙일 수 있다. 각각의 접근 변경자는 자신이 위치한 특정 대상(클래스, 함수, 프로퍼티)에 대한 접근을 제어한다.

public 정의는 모든 사람이 볼 수 있다. 특히 컴포넌트를 사용하려는 클라이언트 프로그래머가 public 정의를 볼 수 있다. 따라서 public 정의를 변경하면 클라이언트 코드에 영향을 줄 수 있다.

변경자를 지정하지 않으면, 정의는 자동으로 public이 된다. 그러나 프로그래머는 경우에 따라 명확성을 위해 굳이 붙이지 않아도 되는 public을 중복으로 정의 앞에 붙이기도 한다.

클래스, 최상위 함수, 최상위 프로퍼티를 private으로 정의하면 그 정의가 포함된 파일 안에서만 해당 이름을 볼 수 있다.

```
Summary2/Boxes.kt
```

```kotlin
package summary2
import atomictest.*

private var count = 0                 // [1]

private class Box(val dimension: Int) { // [2]
  fun volume() =
    dimension * dimension * dimension
  override fun toString() =
    "Box volume: ${volume()}"
}

private fun countBox(box: Box) {        // [3]
  trace("$box")
  count++
}

fun countBoxes() {
  countBox(Box(4))
  countBox(Box(5))
}

fun main() {
  countBoxes()
  trace("$count boxes")
  trace eq """
    Box volume: 64
    Box volume: 125
    2 boxes
  """
}
```

Boxes.kt 파일 안의 다른 함수에서만 private 프로퍼티([1]), 클래스([2]), 함수([3])를 볼 수 있다. 코틀린은 private 최상위 정의를 다른 파일에서 볼 수 없게 한다.

클래스 멤버를 private으로 정의할 수도 있다.[22]

```kotlin
package summary2
import atomictest.eq

class JetPack(
  private var fuel: Double  // [1]
) {
  private var warning = false
  private fun burn() =      // [2]
    if (fuel - 1 <= 0) {
      fuel = 0.0
      warning = true
    } else
      fuel -= 1
  public fun fly() = burn() // [3]
  fun check() =             // [4]
    if (warning)            // [5]
      "Warning"
    else
      "OK"
}

fun main() {
  val jetPack = JetPack(3.0)
  while (jetPack.check() != "Warning") {
    jetPack.check() eq "OK"
    jetPack.fly()
  }
  jetPack.check() eq "Warning"
}
```

- [1] fuel과 warning: 모두 private 프로퍼티로, JetPack의 멤버가 아니면 이들에게 접근할 수 없다.

- [2] burn(): private이므로 JetPack 안에서만 이 함수에 접근할 수 있다.

- [3] fly()와 check(): public이므로 아무 데서나 사용할 수 있다.

- [4] 접근 변경자가 없으면 public 가시성이다.

- [5] 같은 클래스 멤버들만 private으로 정의된 멤버에 접근할 수 있다.

---

22 **옮긴이** 이 코드를 실행하면 OK, OK, OK, Warning이 차례로 한 줄씩 출력되는데, 화면 출력을 신경 쓰지 말고 저자가 만든 테스트 함수인 eq가 오류 메시지를 내지 않는다는 사실을 확인해야 한다. 여기서는 while 루프를 세 바퀴 돌면서 jetPack.check() eq "OK" 테스트가 성공하고(이때 매번 OK가 화면에 출력된다. 성공하지 못했으면 "[Error]:"로 시작하는 메시지가 표시된다). 마지막에 jetPack.check() eq "Warning" 테스트가 성공한다.

private 정의는 모든 사람에게 보이는 것이 아니므로, 일반적으로 클라이언트 프로그래머에 대해 신경 쓰지 않고 이 함수를 변경할 수 있다. 일반적으로 라이브러리 설계자는 최대한 많은 요소를 private으로 만들고, 클라이언트 프로그래머가 사용하는 함수와 클래스만 노출시키고 싶어한다. 이 책에서는 예제 코드의 크기와 복잡도를 줄이기 위해 특별한 경우에만 private을 사용할 것이다.

private으로 선언해도 되는 것이 확실한 함수로는 클래스 안에서만 쓰이는 **도우미 함수**(helper function)가 있다. 도우미 함수를 private으로 만들면, 실수로 다른 외부에서 이를 사용하는 경우가 사라지기 때문에 해당 함수를 변경하거나 삭제하는 일이 생기지 않는다.

큰 프로그램을 모듈로 나누는 것도 유용하다. 모듈은 코드 기반에서 논리적으로 독립적인 각 부분을 뜻한다. internal 정의는 그 정의가 들어 있는 모듈 안에서만 사용할 수 있다. 프로젝트를 모듈로 나누는 방법은 빌드 시스템(그레이들[23]이나 메이븐[24])에 따라 달라지며, 이 책에서는 설명하지 않는다.

모듈은 고수준 개념이지만 패키지를 사용하면 더 세밀한 구조를 정의할 수 있다.

예외

String을 Double로 변환해주는 toDouble()을 생각해보자. Double로 변환할 수 없는 String에 대해 toDouble()을 호출하면 무슨 일이 벌어질까?

Summary2/ToDoubleException.kt

```
fun main() {
  // val i = "$1.9".toDouble()
}
```

main() 본문의 주석을 해제하면 예외가 발생한다. 여기서는 이 책의 빌드(이 책의 빌드 시스템은 책의 예제가 잘 컴파일되고 예상대로 실행되는지 테스트한다)가 중단되는 일이 없도록 하기 위해 주석으로 해당 줄을 가렸다.

예외가 던져지면 현재 실행 경로가 중단되고, 예외는 현재 문맥을 벗어나 상위 문맥으로 전달된다. 예외를 잡아내지 않으면 프로그램이 중단되면서 자세한 정보를 포함하는 스택 트레이스가 표시된다.

---

23 https://gradle.org
24 https://maven.apache.org

예외를 표시하거나 표시하지 않기 위해 코드를 주석으로 가리거나 코드 주석을 해제하는 수고를 하지 않아도 되도록, atomictest.capture()는 예외를 저장했다가 예상하는 내용과 비교해준다.

Summary2/AtomicTestCapture.kt

```
import atomictest.*
fun main() {
  capture {
    "$1.9".toDouble()
  } eq "NumberFormatException: " +
    """For input string: "$1.9""""
}
```

capture()는 이 책을 위해 특별히 고안된 함수로, 독자에게 예제에서 예외가 발생하는 모습을 보여주고 이 책의 빌드 시스템이 예외 출력을 검사할 수 있도록 구현됐다.

함수가 성공적으로 원하는 결과를 만들어내지 못할 경우, 다른 전략으로 null을 반환하는 방법을 취할 수 있다. '아톰 37, 널이 될 수 있는 타입'에서 null이 식의 결괏값 타입에 미치는 영향을 살펴볼 것이다.

예외를 던지려면, throw 키워드 다음에 던지려는 예외 이름과 그 예외에 필요한 인자 목록을 넣으면 된다. 다음 예제에서 quadraticZeroes()는 아래 포물선을 정의하는 이차 방정식[25]을 푼다.

$$ax^2 + bx + c = 0$$

이 이차방정식의 해법은 근의 공식이다.

▼ 그림 29-1 근의 공식

$$x = \frac{-b \pm \sqrt{b^2 - 4ac}}{2a}$$

예제는 포물선의 x 절편, 즉 포물선이 x 축과 만나는 지점을 찾는다. 근의 공식을 적용할 수 없는 다음 두 가지 경우에 예외를 던진다.

① a는 0이 될 수 없다.

② x 절편이 존재해야 하므로 b^2-4ac는 음수가 될 수 없다.

x 절편이 있다면 두 개가 있을테니(중근은 같은 절편이 두 개 존재하는 것으로 본다) 이들을 저장할 Roots 클래스를 정의한다.

---

25 https://en.wikipedia.org/wiki/Quadratic_formula

```kotlin
package summary2
import kotlin.math.sqrt
import atomictest.*

class Roots(
  val root1: Double,
  val root2: Double
)

fun quadraticZeroes(
  a: Double,
  b: Double,
  c: Double
): Roots {
  if (a == 0.0)
    throw IllegalArgumentException(
      "a is zero")
  val underRadical = b * b - 4 * a * c
  if (underRadical < 0)
    throw IllegalArgumentException(
      "Negative underRadical: $underRadical")
  val squareRoot = sqrt(underRadical)
  val root1 = (-b - squareRoot) / 2 * a
  val root2 = (-b + squareRoot) / 2 * a
  return Roots(root1, root2)
}

fun main() {
  capture {
    quadraticZeroes(0.0, 4.0, 5.0)
  } eq "IllegalArgumentException: " +
    "a is zero"
  capture {
    quadraticZeroes(3.0, 4.0, 5.0)
  } eq "IllegalArgumentException: " +
    "Negative underRadical: -44.0"
  val roots = quadraticZeroes(1.0, 2.0, -8.0)
  roots.root1 eq -4.0
  roots.root2 eq 2.0
}
```

여기서는 IllegalArgumentException이라는 표준 예외를 사용한다. 이후 여러분의 상황에 맞는 예외 타입을 정의하는 방법을 배운다. 목표는 미래에 애플리케이션을 더 쉽게 유지 보수할 수 있도록 최대한 유용한 메시지를 만들어내는 것이다.

리스트

List는 코틀린의 기본적인 순차적 컨테이너 타입이다. listOf()로 읽기 전용 리스트를 만들고, mutableListOf()로 가변 리스트를 만든다.

```
Summary2/ReadonlyVsMutableList.kt
```
```kotlin
import atomictest.*

fun main() {
  val ints = listOf(5, 13, 9)
  // ints.add(11) // ints에 add()가 없다
  for (i in ints) {
    if (i > 10) {
      trace(i)
    }
  }
  val chars = mutableListOf('a', 'b', 'c')
  chars.add('d') // chars에 add()가 있다
  chars += 'e'
  trace(chars)
  trace eq """
    13
    [a, b, c, d, e]
  """
}
```

기본 List는 읽기 전용이며 상태를 변경하는 함수를 제공하지 않는다. 따라서 add()라는 변경 함수는 ints에 대해 작동하지 않는다.

for 루프는 List에 대해 잘 작동한다. for(i in ints)를 하면 이터레이션을 하면서 i가 ints의 각 원소를 가져온다.

chars는 MutableList다. 따라서 add()나 remove() 같은 변경 함수를 사용할 수 있다. +=이나 -=을 써서 원소들을 추가하거나 삭제할 수도 있다.

읽기 전용 List는 결과 내부를 변경할 수 없는 **불변** List와 다르다. 다음 코드는 first에 가변 List를 대입하고, 읽기 전용 List를 참조하는 second에도 그 리스트를 대입한다. second의 읽기 전용 특성은 first를 통해 List 내부가 변경되는 것을 막지 못한다.

```kotlin
import atomictest.eq

fun main() {
  val first = mutableListOf(1)
  val second: List<Int> = first
  second eq listOf(1)
  first += 2
  // second에서도 변경된 내용을 볼 수 있다
  second eq listOf(1, 2)
}
```

first와 second는 메모리에 있는 같은 객체를 참조한다. first 참조를 통해 List를 변경하면 이 변경을 second 참조를 통해 관찰할 수 있다.

다음은 삼중 큰따옴표로 만든 String을 분해한 String들로 이뤄진 List다. 이 코드를 통해 표준 라이브러리 함수의 능력을 볼 수 있다. 여러 함수를 어떻게 연쇄적으로 호출했는지 자세히 살펴보라.

```kotlin
import atomictest.*

fun main() {
  val wocky = """
    Twas brillig, and the slithy toves
      Did gyre and gimble in the wabe:
    All mimsy were the borogoves,
      And the mome raths outgrabe.
  """.trim().split(Regex("\\W+"))
  trace(wocky.take(5))
  trace(wocky.slice(6..12))
  trace(wocky.slice(6..18 step 2))
  trace(wocky.sorted().takeLast(5))
  trace(wocky.sorted().distinct().takeLast(5))
  trace eq """
    [Twas, brillig, and, the, slithy]
    [Did, gyre, and, gimble, in, the, wabe]
    [Did, and, in, wabe, mimsy, the, And]
    [the, the, toves, wabe, were]
    [slithy, the, toves, wabe, were]
  """
}
```

trim( )은 문자열의 맨 앞과 맨 뒤에 있는 연속적인 공백(새줄 문자 포함)을 제외한 새 String을 만든다. split( )은 주어진 인자를 기준으로 String을 분할한다. 여기서는 인자로 **정규식**(regular expression)을 만드는 Regex 객체를 사용했다. 정규식은 분할 기준이 되는 하위 문자열과 일치하는 패턴이다. \W는 '단어를 이루는 문자가 아닌 문자들'이라는 뜻의 특별한 패턴이고, +는 '앞에 온 패턴을 한 번 이상 반복'이라는 뜻이다. 따라서 이 split( ) 호출은 단어를 이룰 수 없는 문자를 하나 이상 포함하는 부분을 기준으로 텍스트를 분할하므로, 텍스트를 구성하는 단어들로 분할한다.

String 리터럴에서 역슬래시(\)는 새줄 문자(\n)나 탭(\t) 등의 제어 문자를 표현할 때 쓰는 특별한 문자다. 실제 문자열 안에 \를 집어넣기 위해서는 역슬래시를 두 개 써서 \\처럼 써야 한다. 따라서 정규식에 역슬래시를 넣으려면 항상 \를 한 번 더 넣어야 한다. 이런 번거로움을 피하고 싶다면 """\W+"""처럼 삼중 큰따옴표 문자열 리터럴을 사용하라.

take(n)은 리스트의 맨 앞에 있는 n개의 원소가 포함된 새 List를 만든다. slice( )는 인자로 전달된 Range에 속하는 인덱스와 일치하는 위치의 원소로 이뤄진 새 List를 만든다. 이때 Range에 step을 포함시켜도 된다.

sort( ) 대신 sorted( )를 썼다는 점에 유의하라. sorted( )를 호출하면 원본 List는 그대로 남고 정렬된 새 List가 생긴다. sort( )는 MutableList에 대해서만 작동하며, **제자리에서** 리스트를 정렬한다. 즉, 원본 리스트를 변경한다.

이름이 의미하는 대로 takeLast(n)은 마지막 n개의 원소로 이뤄진 새 List를 만든다. 이 함수의 출력에서 'the'가 반복된 모습을 볼 수 있다. 이 문제는 연쇄 호출에 distinct( ) 함수를 덧붙여서 해결할 수 있다.

파라미터화한 타입

타입 파라미터를 쓰면 복합적인 타입을 묘사할 수 있다. 파라미터화한 타입이 가장 일반적으로 쓰이는 곳은 컨테이너다. 컨테이너의 타입 파라미터는 컨테이너에 담을 원소의 타입을 지정한다. 다음 코드에서는 numbers가 Int로 이뤄진 List이고 strings가 String을 담는 List라는 점을 코틀린에게 알려준다.

Summary2/ExplicitTyping.kt

```
package summary2
import atomictest.eq
fun main() {
```

```kotlin
  val numbers: List<Int> = listOf(1, 2, 3)
  val strings: List<String> =
    listOf("one", "two", "three")
  numbers eq "[1, 2, 3]"
  strings eq "[one, two, three]"
  toCharList("seven") eq "[s, e, v, e, n]"
}

fun toCharList(s: String): List<Char> =
  s.toList()
```

numbers와 strings 정의 모두에서 콜론을 추가하고 List<Int>와 List<String>을 지정했다. 홑화살괄호는 **타입 파라미터**를 나타낸다. 타입 파라미터는 '이 컨테이너는 '파라미터' 타입에 해당하는 객체를 담는다'는 의미다. 보통은 List<Int>를 'Int의 List'라고 읽는다(영어로는 'List of Int').

toCharList()처럼 반환값의 타입으로 타입 파라미터를 사용한 타입을 지정할 수도 있다. 함수가 그냥 List를 반환한다고 적을 수는 없다. List라고만 적으면 코틀린이 컴파일 오류를 표시하기 때문에 타입 파라미터도 함께 적어야 한다.

가변 인자 목록

vararg 키워드는 **가변 인자 목록**을 줄인 말로, 함수가 임의의 개수만큼 같은 타입의 인자를 받게 해준다(길이가 0인 경우도 포함). vararg는 Array가 되며, Array는 List와 비슷하다.

Summary2/VarArgs.kt

```kotlin
package summary2
import atomictest.*

fun varargs(s: String, vararg ints: Int) {
  for (i in ints) {
    trace("$i")
  }
  trace(s)
}

fun main() {
  varargs("primes", 5, 7, 11, 13, 17, 19, 23)
  trace eq "5 7 11 13 17 19 23 primes"
}
```

함수 정의에서 vararg를 최대 하나만 지정할 수 있다. 파라미터 목록 중 어느 위치에 있는 파라미터든 vararg로 선언할 수 있지만, 보통은 마지막 파라미터를 vararg로 지정한다.

vararg로 선언된 파라미터 위치의 인자에 Array를 넘길 수 있다. Array를 만들려면 listOf()와 마찬가지 방법으로 arrayOf()를 호출한다. Array는 항상 가변이라는 점에 유의하라. Array를 (단순히 Array 타입의 인자가 아니라) 여러 값으로 이뤄진 시퀀스로 취급하려면 **스프레드 연산자**인 *를 써야 한다.

```
Summary2/ArraySpread.kt
import summary2.varargs
import atomictest.trace

fun main() {
  val array = intArrayOf(4, 5)     // [1]
  varargs("x", 1, 2, 3, *array, 6) // [2]
  val list = listOf(9, 10, 11)
  varargs(
    "y", 7, 8, *list.toIntArray()) // [3]
  trace eq "1 2 3 4 5 6 x 7 8 9 10 11 y"
}
```

위 예제에서는 원시 타입의 Array를 전달했다. 그래서 타입이 명확히 지정된 Array를 만들어내는 함수를 사용해야 한다. [1]에서 intArrayOf(4, 5) 대신 arrayOf(4, 5)를 사용하면 [2]에서 'inferred type is Array but IntArray was expected'라는 오류(IntArray가 필요한 위치에 들어온 인자의 타입이 Array⟨Int⟩로 추론됐다는 의미다)가 발생한다.

스프레드 연산자는 배열에만 적용할 수 있다. List가 있고 이를 vararg 인자 부분에 넘기고 싶다면, [3]처럼 먼저 Array로 변환한 다음에 스프레드 연산자를 적용해야 한다. 여기서는 원시 타입의 배열을 사용해야 하므로 toIntArray()처럼 구체적인 원시 타입의 배열을 돌려주는 함수를 호출해야 한다.

집합

Set은 값이 한 번씩만 들어갈 수 있는 컬렉션이다. Set은 중복을 자동으로 제거해준다.

```
package summary2
import atomictest.eq

val colors =
  "Yellow Green Green Blue"
    .split(Regex("""\W+""")).sorted()  // [1]

fun main() {
  colors eq
    listOf("Blue", "Green", "Green", "Yellow")
  val colorSet = colors.toSet()        // [2]
  colorSet eq
    setOf("Yellow", "Green", "Blue")
  (colorSet + colorSet) eq colorSet    // [3]
  val mSet = colorSet.toMutableSet()   // [4]
  mSet -= "Blue"
  mSet += "Red"                        // [5]
  mSet eq
    setOf("Yellow", "Green", "Red")
  // 집합 원소인지 확인
  ("Green" in colorSet) eq true        // [6]
  colorSet.contains("Red") eq false
}
```

- [1] ListOfStrings.kt에서 설명했듯이 split()과 정규식을 사용해 String을 분할한다.
- [2] colors를 읽기 전용 Set인 colorSet에 복사해 넣으면 중복되는 "Green" 문자열 중 하나가 제거된다.
- [3] 여기서는 + 연산을 사용해 새로운 Set을 만들고 표시한다. 중복된 원소를 Set에 추가하면 하나만 남고 중복이 사라진다.
- [4] toMutableSet()은 읽기 전용 Set에서 새 Set을 만든다.
- [5] MutableList에서와 마찬가지로, MutableSet에서도 +=과 -=이 집합에 원소들을 추가하거나 삭제한다.
- [6] in과 contains()를 사용해 집합의 원소인지 검사할 수 있다.

합집합, 교집합, 차집합 등의 일반적인 수학 집합 연산도 모두 제공한다.

맵

Map은 **키**를 **값**과 연결시키고, 키가 주어지면 값을 찾아준다. 키-값 쌍을 mapOf()에 전달해 새 Map을 만든다. 이때 키와 그와 연관될 값을 구분하기 위해 to를 사용한다.

Summary2/ASCIIMap.kt

```
import atomictest.eq

fun main() {
  val ascii = mapOf(
    "A" to 65,
    "B" to 66,
    "C" to 67,
    "I" to 73,
    "J" to 74,
    "K" to 75
  )
  ascii eq
    "{A=65, B=66, C=67, I=73, J=74, K=75}"
  ascii["B"] eq 66                  // [1]
  ascii.keys eq "[A, B, C, I, J, K]"
  ascii.values eq
    "[65, 66, 67, 73, 74, 75]"
  var kv = ""
  for (entry in ascii) {            // [2]
    kv += "${entry.key}:${entry.value},"
  }
  kv eq "A:65,B:66,C:67,I:73,J:74,K:75,"
  kv = ""
  for ((key, value) in ascii)       // [3]
    kv += "$key:$value,"
  kv eq "A:65,B:66,C:67,I:73,J:74,K:75,"
  val mutable = ascii.toMutableMap() // [4]
  mutable.remove("I")
  mutable eq
    "{A=65, B=66, C=67, J=74, K=75}"
  mutable.put("Z", 90)
  mutable eq
    "{A=65, B=66, C=67, J=74, K=75, Z=90}"
  mutable.clear()
  mutable["A"] = 100
  mutable eq "{A=100}"
}
```

- [1] 키('B')와 [ ] 연산자를 사용해 값을 검색한다. keys로 모든 키를, values로 모든 값을 얻을 수 있다. Map의 키는 유일하기 때문에 keys는 Set을 돌려준다(키가 유일하지 않다면 검색 시 모호해진다).
- [2] Map에 대해 이터레이션을 수행하면 맵 원소로 키-값 쌍을 돌려받는다.
- [3] 이터레이션을 하면서, 키-값 쌍에서 키와 값을 서로 분리할 수 있다.
- [4] toMutableMap()을 호출하면 읽기 전용 Map에서 MutableMap을 만들 수 있다. 이제 mutable을 변경하는 remove(), clear() 등의 연산을 수행할 수 있다.

각괄호를 사용하면 새 키-값 쌍을 mutable에 추가할 수 있다. map += key to value를 사용해도 키-값 쌍을 추가할 수 있다.

프로퍼티 접근자

i에 값을 대입하는 일은 간단해 보인다.

```
Summary2/PropertyReadWrite.kt

package summary2
import atomictest.eq

class Holder(var i: Int)

fun main() {
  val holder = Holder(10)
  holder.i eq 10 // 'i' 프로퍼티를 읽는다
  holder.i = 20  // 'i' 프로퍼티에 값을 쓴다
}
```

하지만 코틀린은 읽기와 쓰기를 수행하는 함수를 호출한다. 이런 함수의 디폴트 동작은 i에 저장된 값을 읽고 쓰는 것이다. **프로퍼티 접근자**를 정의함으로써 프로퍼티를 읽고 쓸 때 일어나는 동작을 변경할 수 있다.

프로퍼티의 값을 읽을 때 사용하는 접근자를 **게터**라고 한다. 게터를 생성하려면 get()을 프로퍼티 선언 바로 뒤에 정의해야 한다. 가변 프로퍼티의 상태를 바꾸는 접근자를 **세터**라고 한다. 세터를 생성하려면 set()을 프로퍼티 선언 바로 뒤에 정의해야 한다. 게터와 세터를 정의하는 순서는 중요하지 않고, 둘 중 하나만 정의할 수도 있다.

다음 예제의 프로퍼티 접근자는 디폴트 구현을 흉내 내면서 프로퍼티를 읽고 쓰는 동안 접근자가 호출됐음을 확인할 수 있도록 추가 메시지를 출력해준다. get()과 set() 함수를 시각적으로 프로

퍼티와 연관시키기 위해 들여쓰기를 했지만, 실제로 프로퍼티와 접근자가 연관되는 건 프로퍼티 선언 직후 접근자를 정의했기 때문이다.

Summary2/GetterAndSetter.kt

```
package summary2
import atomictest.*

class GetterAndSetter {
  var i: Int = 0
    get() {
      trace("get()")
      return field
    }
    set(value) {
      trace("set($value)")
      field = value
    }
}

fun main() {
  val gs = GetterAndSetter()
  gs.i = 2
  trace(gs.i)
  trace eq """
    set(2)
    get()
    2
  """
}
```

게터와 세터 안에서는 field라는 키워드를 사용해 저장된 값에 접근할 수 있다. field는 이 두 함수(게터와 세터) 안에서만 접근이 가능하다. field를 포함하지 않고 결과를 얻기 위해 다른 멤버 함수를 호출하거나 다른 프로퍼티에 의존하는 세터와 게터가 정의된 프로퍼티를 정의할 수도 있다.

private으로 프로퍼티를 선언하면 두 접근자 모두 private이 된다. 세터를 private으로 하고 게터를 public으로 할 수도 있다. 이는 클래스 밖에서도 프로퍼티 값을 읽을 수 있지만, 값을 변경하는 건 클래스 내부에서만 할 수 있다는 뜻이다.

3부

사용성

컴퓨터 언어가 달라져도 할 수 있는 일이 달라지지는 않는다.
하지만 일을 얼마나 쉽게 할 수 있느냐는 달라진다.

__ 래리 월(Larry Wall), 펄(Perl) 창시자

확장 함수

> 여러분이 필요한 모든 것을 ... 거의 다 제공하는 라이브러리를 발견했다고 하자. 이 라이브러리에 멤버 함수만 한두 가지 더 있으면 문제를 완벽하게 해결할 수 있을 것 같다.

하지만 이 라이브러리는 여러분의 코드가 아니다. 소스 코드에 접근할 수도 없고, 소스 코드 변경을 마음대로 제어할 수도 없다. 수정한 내용을 새로운 버전이 나올 때마다 다시 반복해서 적용해야 한다.

코틀린 **확장 함수**(extension function)는 기존 클래스에 멤버 함수를 추가하는 것과 같은 효과를 낸다. 확장할 대상 타입은 **수신 객체 타입**(receiver type)이라고 한다. 확장 함수를 정의하기 위해서는 함수 이름 앞에 수신 객체 타입을 붙여야 한다.

fun 수신타입.확장함수() { ... }

다음과 같이 하면 String 클래스에 확장 함수를 두 가지 정의할 수 있다.

ExtensionFunctions/Quoting.kt

```kotlin
package extensionfunctions
import atomictest.eq

fun String.singleQuote() = "'$this'"
fun String.doubleQuote() = "\"$this\""

fun main() {
  "Hi".singleQuote() eq "'Hi'"
  "Hi".doubleQuote() eq "\"Hi\""
}
```

확장 함수를 마치 수신 객체 타입의 멤버 함수인 것처럼 호출할 수 있다.

이 확장 함수를 (확장 함수가 정의되지 않은) 다른 패키지에서 사용하려면 임포트해야 한다.

ExtensionFunctions/Quote.kt

```
package other
import atomictest.eq
import extensionfunctions.doubleQuote
import extensionfunctions.singleQuote

fun main() {
  "Single".singleQuote() eq "'Single'"
  "Double".doubleQuote() eq "\"Double\""
}
```

this 키워드를 사용해 멤버 함수나 다른 확장에 접근할 수 있다. 클래스 내부에서 this를 생략할 수 있었던 것처럼 확장 함수 안에서도 this를 생략할 수 있다. 따라서 명시적으로 멤버를 한정시킬 필요가 없다.

ExtensionFunctions/StrangeQuote.kt

```
package extensionfunctions
import atomictest.eq

// singleQuote()를 두 번 적용해서 작은따옴표를 두 개 붙인다
fun String.strangeQuote() =
  this.singleQuote().singleQuote() // [1]

fun String.tooManyQuotes() =
  doubleQuote().doubleQuote()       // [2]

fun main() {
  "Hi".strangeQuote() eq "''Hi''"
  "Hi".tooManyQuotes() eq "\"\"Hi\"\""
}
```

- [1] this는 String 수신 객체 타입에 속하는 객체를 가리킨다.
- [2] 최초로 doubleQuote() 함수를 호출할 때 수신 객체(this)를 생략한다.

여러분 자신의 클래스에 대해 확장을 정의하는 것이 때로는 더 간단한 코드를 생성하기도 한다.

```kotlin
package extensionfunctions
import atomictest.eq

class Book(val title: String)

fun Book.categorize(category: String) =
  """title: "$title", category: $category"""

fun main() {
  Book("Dracula").categorize("Vampire") eq
    """title: "Dracula", category: Vampire"""
}
```

categorize( ) 안에서 아무것도 한정하지 않고 title 프로퍼티를 사용할 수 있다.

확장 함수는 확장 대상 타입(수신 객체 타입)의 public 원소에만 접근할 수 있다. 따라서 확장은 일반 함수가 할 수 있는 일만 처리할 수 있다. Book.categorize(String)은 categorize(Book, String)이라는 함수로 바꿔 쓸 수 있다. 확장 함수를 사용하는 이유는 오로지 this를 사용함으로써(또는 생략함으로써) 구문적 편의를 얻기 때문이다. 하지만 이런 문법 설탕(syntax sugar)은 강력하다. 호출하는 코드에서 확장 함수는 멤버 함수와 똑같아 보이고, IDE는 객체에 대해 점 표기법으로 호출할 수 있는 함수 목록에 확장을 포함시켜준다.

31

이름 붙은 인자와 디폴트 인자

이름 붙은 인자를 사용하면 코드 가독성이 좋아진다. 인자 목록이 긴 경우 특히 그렇다. 이름 붙은 인자를 사용하면, 코드를 읽는 사람이 함수에 대한 문서를 살펴보지 않고도 코드를 이해할 정도로 코드가 명확해질 수 있다.

다음 예제에서 파라미터는 모두 Int이며, 이름 붙은 인자를 써서 각각의 의미를 명확히 할 수 있다.

NamedAndDefaultArgs/NamedArguments.kt

```
package color1
import atomictest.eq

fun color(red: Int, green: Int, blue: Int) =
  "($red, $green, $blue)"

fun main() {
  color(1, 2, 3) eq "(1, 2, 3)" // [1]
  color(
    red = 76,                  // [2]
    green = 89,
    blue = 0
  ) eq "(76, 89, 0)"
  color(52, 34, blue = 0) eq   // [3]
    "(52, 34, 0)"
}
```

- [1] 이런 코드는 그다지 많은 정보를 전달하지 못한다. 각 인자의 역할을 알아내려면 함수 문서를 살펴봐야 한다.
- [2] 모든 인자의 의미가 명확하다.
- [3] 모든 인자에 이름을 붙이지 않아도 된다.

이름 붙은 인자를 사용하면 색의 순서를 변경할 수 있다. 다음 코드에서는 blue를 먼저 지정한다.

```
NamedAndDefaultArgs/ArgumentOrder.kt
```

```kotlin
import color1.color
import atomictest.eq

fun main() {
  color(blue = 0, red = 99, green = 52) eq
    "(99, 52, 0)"
  color(red = 255, 255, 0) eq
    "(255, 255, 0)"
}
```

이름 붙은 인자와 일반(위치 기반) 인자를 섞어서 사용할 수도 있다. 일단 인자 순서를 변경하고 나면, 인자 목록의 나머지 부분에서도 이름 붙은 인자를 사용해야 한다. 이는 가독성을 위해서만이 아니라, 컴파일러가 (인자 순서가 바뀐 다음에 나타나는) 이름이 생략된 인자들의 위치를 알아내지 못할 수도 있기 때문이다.

이름 붙은 인자는 **디폴트 인자**(default argument)와 결합하면 더 유용하다. 디폴트 인자란 파라미터의 디폴트 값을 함수 정의에서 지정하는 것을 말한다.

```
NamedAndDefaultArgs/Color2.kt
```

```kotlin
package color2
import atomictest.eq

fun color(
  red: Int = 0,
  green: Int = 0,
  blue: Int = 0,
) = "($red, $green, $blue)"

fun main() {
  color(139) eq "(139, 0, 0)"
  color(blue = 139) eq "(0, 0, 139)"
  color(255, 165) eq "(255, 165, 0)"
```

```
  color(red = 128, blue = 128) eq
    "(128, 0, 128)"
}
```

함수 호출 시 값을 지정하지 않은 인자는 자동으로 디폴트 값으로 지정된다. 따라서 디폴트 값과 다른 인자만 지정하면 된다. 인자 목록이 긴 경우, 디폴트 인자를 생략하면 코드를 짧게 작성할 수 있으므로 코드 작성이 쉬워진다. 더 중요한 건 코드의 가독성도 좋아진다는 점이다.

이 예제에서는 color()를 정의할 때 **덧붙은 콤마**(trailing comma)를 사용한다. 덧붙은 콤마는 마지막 파라미터(blue) 뒤에 콤마를 추가로 붙인 것을 말한다. 파라미터 값을 여러 줄에 걸쳐 쓰는 경우에는 덧붙은 콤마가 유용하다. 덧붙은 콤마가 있으면, 콤마를 추가하거나 빼지 않아도 새로운 아이템을 추가하거나 아이템의 순서를 바꿀 수 있다.

이름 붙은 인자와 디폴트 인자는 (그리고 덧붙은 콤마도) 생성자에 써도 된다.

NamedAndDefaultArgs/Color3.kt

```
package color3
import atomictest.eq

class Color(
  val red: Int = 0,
  val green: Int = 0,
  val blue: Int = 0,
) {
  override fun toString() =
    "($red, $green, $blue)"
}

fun main() {
  Color(red = 77).toString() eq "(77, 0, 0)"
}
```

joinToString()은 디폴트 인자를 사용하는 표준 라이브러리 함수다. joinToString()은 이터레이션이 가능한 객체(리스트, 집합, 범위 등)의 내용을 String으로 합쳐준다. 이때 원소 사이에 들어갈 문자열(구분자), 맨 앞에 붙일 문자열(접두사), 맨 뒤에 붙일 문자열(접미사)을 지정할 수도 있다.

```
import atomictest.eq

fun main() {
  val list = listOf(1, 2, 3,)
  list.toString() eq "[1, 2, 3]"
  list.joinToString() eq "1, 2, 3"
  list.joinToString(prefix = "(",
    postfix = ")") eq "(1, 2, 3)"
  list.joinToString(separator = ":") eq
    "1:2:3"
}
```

List의 toString() 디폴트 구현은 각괄호 안의 원소를 콤마로 구분해 반환한다. 하지만 다르게 표현하고 싶을 수도 있다. joinToString()의 디폴트 값으로 separator에는 콤마, prefix와 postfix에는 빈 문자열이 지정되어 있다. 위 예제에서는 이름 붙은 인자를 사용해 변경하고 싶은 인자를 지정했다.

list의 초기화 코드에도 덧붙은 콤마가 있다. 일반적으로는 각 원소가 한 줄을 차지할 때만 덧붙은 콤마가 필요하다.

객체 인스턴스를 디폴트 인자로 전달하는 경우(다음 예제의 g() 함수에서 da), g()를 호출할 때마다 같은 인스턴스가 반복해서 전달된다. 디폴트 인자로 함수 호출이나 생성자 호출 등을 사용하는 경우(다음 예제의 h() 함수에서 DefaultArg()), 함수를 호출할 때마다 해당 객체의 새 인스턴스가 생기거나 디폴트 인자에서 호출하는 함수가 호출된다.

```
package namedanddefault

class DefaultArg
val da = DefaultArg()

fun g(d: DefaultArg = da) = println(d)

fun h(d: DefaultArg = DefaultArg()) =
  println(d)

fun main() {
  g()
  g()
  h()
  h()
}
```

```
namedanddefault.DefaultArg@7440e464
namedanddefault.DefaultArg@7440e464
namedanddefault.DefaultArg@49476842
namedanddefault.DefaultArg@78308db1
```

두 g() 호출은 똑같은 객체 주소를 출력한다. 두 h() 호출에서 출력된 두 DefaultArg 객체의 주소는 서로 다르다. 따라서 이 둘이 다른 객체임을 알 수 있다.

인자 이름을 붙였을 때 가독성이 향상되는 경우에만 인자 이름을 지정하라. 다음 두 가지 joinToString() 호출을 비교해보자.

NamedAndDefaultArgs/CreateString2.kt

```kotlin
import atomictest.eq

fun main() {
  val list = listOf(1, 2, 3)
  list.joinToString(". ", "", "!") eq
    "1. 2. 3!"
  list.joinToString(separator = ". ",
    postfix = "!") eq "1. 2. 3!"
}
```

파라미터의 순서를 외우고 있지 않다면 ". "과 "" 중 어느 것이 구분자인지 알아내기 어렵다. 따라서 이런 코드는 비실용적이다.

디폴트 인자의 다른 예로 여러 줄 String의 형식을 맞춰주는 표준 라이브러리 trimMargin() 함수를 들 수 있다. 이 함수는 각 줄의 시작 부분을 인식하기 위한 경계를 표현하는 접두사 String을 파라미터로 받아 사용한다. trimMargin()은 소스 String의 각 줄 맨 앞에 있는 공백들 다음에 지정한 접두사 String까지를 잘라내서 문자열을 다듬어준다. 그리고 여러 줄 문자열의 첫 번째 줄과 마지막 줄 중에 공백으로만 이뤄진 줄을 제거한다.

NamedAndDefaultArgs/TrimMargin.kt

```kotlin
import atomictest.eq

fun main() {
  val poem = """
    |->Last night I saw upon the stair
      |->A little man who wasn't there
        |->He wasn't there again today
```

```
|->Oh, how I wish he'd go away."""
  poem.trimMargin() eq
"""->Last night I saw upon the stair
->A little man who wasn't there
->He wasn't there again today
->Oh, how I wish he'd go away."""
  poem.trimMargin(marginPrefix = "|->") eq
"""Last night I saw upon the stair
A little man who wasn't there
He wasn't there again today
Oh, how I wish he'd go away."""
}
```

|(파이프)가 경계 접두사의 디폴트 인자값이다. 이 인자값을 원하는 다른 값으로 바꿔도 된다.

오버로딩

overload('짐을 너무 많이 싣거나 무언가를 너무 많이 준다'는 뜻의 동사)라는 영어 단어는 함수의 이름을 대상으로 한다. 파라미터 목록이 여러 다른 함수에 같은 이름을 사용(이름을 '너무 많이 줌')하는 게 오버로딩이다. 다음 예제는 f( ) 멤버 함수를 오버로딩한다.

Overloading/Overloading.kt

```
package overloading
import atomictest.eq

class Overloading {
  fun f() = 0
  fun f(n: Int) = n + 2
}

fun main() {
  val o = Overloading()
  o.f() eq 0
  o.f(11) eq 13
}
```

위 예제의 Overloading에서 이름이 같은 두 가지 f( ) 함수를 볼 수 있다. 함수의 **시그니처**(signature)는 함수 이름, 파라미터 목록, 반환 타입으로 이뤄진다. 코틀린은 시그니처를 비교해서 함수와 함수를 구분한다. 함수를 오버로딩할 때는 함수 파라미터 리스트를 서로 다르게 만들어야 한다. 함수의 반환 타입은 오버로딩의 대상이 아니다.

위 예제에서 함수를 호출하는 부분을 보면 서로 정말 다른 함수임을 알 수 있다. 함수 시그니처는 함수를 둘러싸고 있는 클래스(확장 함수의 경우 수신 객체 타입)도 포함한다.

어떤 클래스 안에 확장 함수와 시그니처가 똑같은 멤버 함수가 들어 있으면 코틀린은 멤버 함수를 우선시한다. 하지만 확장 함수를 갖고 멤버 함수를 오버로딩할 수 있다.

Overloading/MemberVsExtension.kt

```
package overloading
import atomictest.eq

class My {
  fun foo() = 0
}

fun My.foo() = 1            // [1]

fun My.foo(i: Int) = i + 2 // [2]

fun main() {
  My().foo() eq 0
  My().foo(1) eq 3
}
```

- [1] 멤버와 시그니처가 중복되는 확장 함수를 호출해도 의미가 없다. 이런 확장 함수는 결코 호출될 수 없다.
- [2] 다른 파라미터 목록을 제공함으로써 멤버 함수를 확장 함수로 오버로딩할 수 있다.

디폴트 인자를 흉내 내기 위해 확장 함수를 사용하면 안 된다. 즉, 다음과 같은 코드를 작성하지 말라.

Overloading/WithoutDefaultArguments.kt

```
package withoutdefaultarguments
import atomictest.eq

fun f(n: Int) = n + 373
fun f() = f(0)

fun main() {
  f() eq 373
}
```

파라미터가 없는 함수는 첫 번째 함수만 호출할 뿐이다. 디폴트 인자를 사용해 이 두 함수를 한 함수로 바꿀 수 있다.

```kotlin
package withdefaultarguments
import atomictest.eq

fun f(n: Int = 0) = n + 373

fun main() {
  f() eq 373
}
```

두 예제 모두 정숫값을 전달하지 않고 함수 f()를 호출할 수 있다. 하지만 WithDefaultArguments. kt 쪽의 방식을 권장한다.

함수 오버로딩과 디폴트 인자를 함께 사용하는 경우, 오버로딩한 함수를 호출하면 함수 시그니처와 함수 호출이 '가장 가깝게' 일치되는 함수를 호출한다. 다음 예제에서 main()에 있는 foo() 호출은 디폴트 인자 99를 사용해 첫 번째 함수를 호출하지 **않고**, 파라미터가 없는 두 번째 버전을 호출한다.

```kotlin
package overloadingvsdefaultargs
import atomictest.*

fun foo(n: Int = 99) = trace("foo-1-$n")

fun foo() {
  trace("foo-2")
  foo(14)
}

fun main() {
  foo()
  trace eq """
    foo-2
    foo-1-14
  """
}
```

이런 경우 foo() 호출은 항상 두 번째 foo()를 호출하기 때문에 디폴트 인자 99를 결코 활용할 수 없다.

오버로딩이 왜 유용할까? 오버로딩을 사용하면 '같은 주제를 다르게 변경한다'는 개념을 (강제로 서로 다른 함수 이름을 써야 할 경우보다) 더 명확하게 표현할 수 있다. 덧셈 함수가 필요하다고 해보자.

```
Overloading/OverloadingAdd.kt

package overloading
import atomictest.eq

fun addInt(i: Int, j: Int) = i + j
fun addDouble(i: Double, j: Double) = i + j

fun add(i: Int, j: Int) = i + j
fun add(i: Double, j: Double) = i + j

fun main() {
  addInt(5, 6) eq add(5, 6)
  addDouble(56.23, 44.77) eq
    add(56.23, 44.77)
}
```

addInt()는 두 Int를 인자로 받고 Int를 내놓지만, addDouble()은 두 Double을 받아서 Double을 반환한다. 오버로딩이 없다면 이런 연산을 한꺼번에 add()로 부를 수 없으므로, 일반적으로 프로그래머는 함수의 역할이나 함수가 대상을 처리하는 방법을 조합해서 유일한 이름을 만들어낸다(또는 임의의 문자를 덧붙여서 이름을 서로 다르게 만들 수도 있지만, 파라미터 타입 등 의미가 있는 정보를 사용해 이름을 짓는 게 전형적인 패턴이다). 반면 add()를 오버로딩하면 훨씬 더 코드가 깔끔하다.

언어가 오버로딩을 지원하지 않는다는 것이 큰 단점은 아니지만, 오버로딩이 있으면 가치가 있는 단순성을 얻을 수 있으므로 더 읽기 좋은 코드를 작성할 수 있게 된다. 오버로딩을 사용하면 함수 자체에 대해 설명하는 이름을 써서 추상화 수준을 높이고, 독자의 정신적인 부담을 줄일 수 있다. 또한, 불필요한 중복을 줄여주기도 한다. addInt()나 addDouble()이라는 이름은 근본적으로는 함수 파라미터에 있는 정보를 함수 이름에 반복하는 것일 뿐이다.

when 식

컴퓨터 프로그램에는 패턴에 따라 어떤 동작을 수행하는 코드가 많다.

이 작업을 간편하게 해주는 기능은 무엇이든 프로그래머에게 유용하다. 두세 가지 이상의 선택지가 있는 경우 when 식을 사용하면 좋다. 아톰 7에서 다룬 if 식보다 when 식이 훨씬 좋다.

when 식은 어떤 값을 여러 가지 가능성과 비교해 선택한다. 식은 when으로 시작하고, when 뒤에는 괄호 안에 있는 비교 대상 값이 오고, 그 뒤에는 값과 일치할 수 있는 여러 매치(match)가 들어있는 본문이 온다. 각 매치는 식, 오른쪽 화살표(->)로 시작한다. 여기서 오른쪽 화살표는 -와 〉두 문자로 이뤄져 있으며, 중간에 공백을 넣으면 안 된다. 화살표 오른쪽에는 결괏값을 계산하는 식이 온다.

when 식을 계산할 때는 비교 대상 값과 각 매치에 있는 화살표 왼쪽의 값을 순서대로 비교한다. 일치하는 값이 있으면 화살표 오른쪽 값을 계산한 값이 전체 when 식의 결괏값이 된다.

다음 예제의 ordinal()은 독일어로 된 기수(수량을 세는 단어)로부터 서수(순서를 세는 단어)를 얻는다. 아래 코드는 정수를 미리 정해진 몇 가지 수와 비교해서 일반적인 규칙을 적용할지, 예외 규칙을 적용할지 검사한다(독일어에서는 고통스럽게도 예외 규칙을 적용해야 하는 경우가 흔하다).

WhenExpressions/GermanOrdinals.kt

```
package whenexpressions
import atomictest.eq

val numbers = mapOf(
  1 to "eins", 2 to "zwei", 3 to "drei",
  4 to "vier", 5 to "fuenf", 6 to "sechs",
  7 to "sieben", 8 to "acht", 9 to "neun",
```

```
    10 to "zehn", 11 to "elf", 12 to "zwoelf",
    13 to "dreizehn", 14 to "vierzehn",
    15 to "fuenfzehn", 16 to "sechzehn",
    17 to "siebzehn", 18 to "achtzehn",
    19 to "neunzehn", 20 to "zwanzig"
)

fun ordinal(i: Int): String =
  when (i) {                        // [1]
    1 -> "erste"                    // [2]
    3 -> "dritte"
    7 -> "siebte"
    8 -> "achte"
    20 -> "zwanzigste"
    else -> numbers.getValue(i) + "te" // [3]
  }

fun main() {
  ordinal(2) eq "zweite"
  ordinal(3) eq "dritte"
  ordinal(11) eq "elfte"
}
```

- [1] when 식은 i를 본문의 매치식과 비교한다.
- [2] 가장 먼저 일치하는 매치식에서 when 식의 실행이 끝난다. 여기서는 String 값이 생성되며, 이 값이 ordinal()의 반환값이 된다.
- [3] else 키워드는 일치하는 매치식이 없을 때 대안으로 사용할 식을 제공한다. else는 항상 매치 목록의 맨 마지막에 있어야 한다. 2를 사용해 테스트한 경우, 이 값은 1, 3, 7, 8, 20과 일치하지 않으므로 else가 선택된다.

위 예제에서 else 가지를 없애면 "'when' expression must be exhaustive, add necessary 'else' branch" 컴파일 타입 오류가 발생한다(when이 가능한 모든 경우를 처리해야 하므로 else 가지를 추가하라는 뜻). when 식을 문처럼 취급하는 경우(즉, when의 결과를 사용하지 않는 경우)에만 else 가지를 생략할 수 있다. 이 경우 매치와 일치하지 않으면 아무 일도 일어나지 않고 when 문이 끝난다.

다음 예제의 Coordinates는 아톰 28에서 다룬 프로퍼티 접근자를 사용해 프로퍼티 값이 변한다는 사실을 알려준다. when 식은 inputs의 각 줄을 처리한다.

```kotlin
package whenexpressions
import atomictest.*

class Coordinates {
  var x: Int = 0
    set(value) {
      trace("x gets $value")
      field = value
    }
  var y: Int = 0
    set(value) {
      trace("y gets $value")
      field = value
    }
  override fun toString() = "($x, $y)"
}

fun processInputs(inputs: List<String>) {
  val coordinates = Coordinates()
  for (input in inputs) {
    when (input) {                    // [1]
      "up", "u" -> coordinates.y--    // [2]
      "down", "d" -> coordinates.y++
      "left", "l" -> coordinates.x--
      "right", "r" -> {               // [3]
        trace("Moving right")
        coordinates.x++
      }
      "nowhere" -> {}                 // [4]
      "exit" -> return                // [5]
      else -> trace("bad input: $input")
    }
  }
}

fun main() {
  processInputs(listOf("up", "d", "nowhere",
    "left", "right", "exit", "r"))
  trace eq """
    y gets -1
    y gets 0
    x gets -1
    Moving right
    x gets 0
  """
}
```

- [1] input을 여러 선택지와 비교한다.
- [2] 콤마를 써서 한 가지에 여러 값을 나열해도 된다. 여기서는 사용자가 "up" 또는 "u"를 입력한 경우 위로 움직인다.
- [3] 가지에서 화살표 오른쪽에 여러 동작을 수행해야 할 경우에는 블록(중괄호로 여러 문장을 묶음)을 사용해야 한다.
- [4] '아무 일도 하지 않음'은 빈 중괄호로 표현한다.
- [5] when 문의 가지에서 자신을 둘러싼 함수를 반환시키는 것도 가능하다. 여기서 return은 processInputs()를 끝낸다.

when의 인자(when 다음에 있는 괄호 안에 올 값)로는 임의의 식이 올 수 있다. 그리고 매치 조건 (->의 왼쪽)에도 아무 값이나 올 수 있다(꼭 상수가 아니어도 된다).

WhenExpressions/MatchingAgainstVals.kt

```
import atomictest.*

fun main() {
  val yes = "A"
  val no = "B"
  for (choice in listOf(yes, no, yes)) {
    when (choice) {
      yes -> trace("Hooray!")
      no -> trace("Too bad!")
    }
    // 'if'로 같은 로직을 표현한다
    if (choice == yes) trace("Hooray!")
    else if (choice == no) trace("Too bad!")
  }
  trace eq """
    Hooray!
    Hooray!
    Too bad!
    Too bad!
    Hooray!
    Hooray!
  """
}
```

when 식과 if 식은 기능이 겹치는 부분이 있지만, when이 더 유연하다. 따라서 선택의 여지가 있다면 when을 사용하는 것을 더 권장한다.

Set과 Set을 매치시킬 수도 있다.

```
WhenExpressions/MixColors.kt
```

```kotlin
package whenexpressions
import atomictest.eq

fun mixColors(first: String, second: String) =
  when (setOf(first, second)) {
    setOf("red", "blue") -> "purple"
    setOf("red", "yellow") -> "orange"
    setOf("blue", "yellow") -> "green"
    else -> "unknown"
  }

fun main() {
  mixColors("red", "blue") eq "purple"
  mixColors("blue", "red") eq "purple"
  mixColors("blue", "purple") eq "unknown"
}
```

mixColors() 안에서는 Set을 when의 인자로 사용해 여러 다른 Set과 비교한다. 여기서는 원
소 순서가 중요하지 않으므로 Set을 사용했다. 그래서 "red"와 "blue"를 섞었을 때와 "blue"와
"red"를 섞었을 때 같은 결과를 얻을 수 있다.

when에는 인자를 취하지 않는 특별한 형태도 있다. 인자가 없으면 각 매치 가지를 Boolean 조건
에 따라 검사한다는 뜻이다. 따라서 인자가 없는 when에서는 화살표 왼쪽의 식에 항상 Boolean
타입의 식을 넣어야 한다. 예를 들어 '아톰 9. 수 타입'에서 봤던 bmiMetric()을 if 대신 when을
써서 다시 작성해보면 다음과 같다.

```
WhenExpressions/BmiWhen.kt
```

```kotlin
package whenexpressions
import atomictest.eq

fun bmiMetricOld(
  kg: Double,
  heightM: Double
): String {
  val bmi = kg / (heightM * heightM)
  return if (bmi < 18.5) "Underweight"
```

---

1   **옮긴이** 사실은 집합뿐 아니라 어떤 타입의 값이든 when을 사용해 비교할 수 있다. 자세한 내용은 코틀린 문서나 다른 코틀린 책을 참고하길 바란다.

```
      else if (bmi < 25) "Normal weight"
      else "Overweight"
}

fun bmiMetricWithWhen(
  kg: Double,
  heightM: Double
): String {
  val bmi = kg / (heightM * heightM)
  return when {
    bmi < 18.5 -> "Underweight"
    bmi < 25 -> "Normal weight"
    else -> "Overweight"
  }
}

fun main() {
  bmiMetricOld(72.57, 1.727) eq
    bmiMetricWithWhen(72.57, 1.727)
}
```

when을 사용한 해법은 여러 선택지 중 하나를 선택하는 좀 더 우아한 해법이다.

이넘

이넘²은 이름을 모아둔 것이다.

코틀린 enum class는 모아둔 이름을 관리하는 편리한 방법이다.

```
package enumerations
import atomictest.eq

enum class Level {
  Overflow, High, Medium, Low, Empty
}

fun main() {
  Level.Medium eq "Medium"
}
```

enum을 만들면 enum의 이름에 해당하는 문자열을 돌려주는 toString()이 생성된다.

main()에서 Level.Medium을 사용한 것처럼 이넘 이름을 사용할 때는 반드시 이름을 한정시켜야 한다. 만약 import를 사용해 이넘에 정의된 모든 이름을 현재의 **이름 공간**으로 불러오면 더 이상 이넘 이름을 한정시키지 않아도 된다(이름 공간은 이름이 서로 겹치지 않도록 여러 이름을 서로 다른 공간에 분리해준다).

2　　**옮긴이** 원문상의 용어는 enumeration이지만, 보통 줄여서 '이넘'이라고 부르기 때문에 아톰 제목도 '이넘'으로 정했다. 우리말로는 enumeration을 '열거'라 쓰고 enum type을 '열거 타입'이라 부르기도 한다.

```
import atomictest.eq
import enumerations.Level.* // [1]

fun main() {
  Overflow eq "Overflow"
  High eq "High"
}
```

- [1] *는 Level 이넘에 있는 모든 이름을 임포트하지만, Level이라는 이름을 임포트하지는 않는다.

enum 클래스가 정의된 파일에서 enum 값을 임포트할 수도 있다.

```
package enumerations

import atomictest.eq
import enumerations.Size.*          // [1]

enum class Size {
  Tiny, Small, Medium, Large, Huge, Gigantic
}

fun main() {
  Gigantic eq "Gigantic"           // [2]
  Size.values().toList() eq        // [3]
    listOf(Tiny, Small, Medium,
      Large, Huge, Gigantic)
  Tiny.ordinal eq 0                // [4]
  Huge.ordinal eq 4
}
```

- [1] Size 정의가 들어 있는 파일에서 Size 안의 이름을 Size 정의보다 먼저 임포트한다.
- [2] import를 하고 나면 이넘 이름을 한정시키지 않아도 된다.
- [3] values()를 사용해 이넘의 값을 이터레이션할 수 있다. values()는 Array를 반환하므로 toList()를 호출해서 배열을 List로 만든다.
- [4] 한 enum 안에서 맨 처음 정의된 상수에 0이라는 ordinal 값이 지정된다. 그다음부터는 순서대로 1씩 증가된 ordinal 값이 각 상수에 부여된다.

when 식을 사용해 enum 항목마다 서로 다른 동작을 수행할 수 있다. 다음 코드에서는 Level의 원소들뿐 아니라 Level이라는 이름까지 임포트해 사용한다.

Enumerations/CheckingOptions.kt

```kotlin
package checkingoptions
import atomictest.*
import enumerations.Level
import enumerations.Level.*

fun checkLevel(level: Level) {
  when (level) {
    Overflow -> trace(">>> Overflow!")
    Empty -> trace("Alert: Empty")
    else -> trace("Level $level OK")
  }
}

fun main() {
  checkLevel(Empty)
  checkLevel(Low)
  checkLevel(Overflow)
  trace eq """
    Alert: Empty
    Level Low OK
    >>> Overflow!
  """
}
```

checkLevel()은 이넘 상수 중 두 가지에 대해서만 특정 동작을 수행하고, 나머지 상수에 대해서는(else의 경우) 평범한 동작을 수행한다.

이넘은 인스턴스 개수가 미리 정해져 있고 클래스 본문 안에 이 모든 인스턴스가 나열되어 있는 특별한 종류의 클래스다. 이 점을 제외하면 enum은 일반 클래스와 똑같이 동작한다. 따라서 멤버 함수나 멤버 프로퍼티를 이넘에 정의할 수도 있다. 이러한 추가 멤버를 정의하고 싶다면, 마지막 이넘 값 다음에 세미콜론을 추가한 후 정의를 포함시켜야 한다.

Enumerations/Direction.kt

```kotlin
package enumerations
import atomictest.eq
import enumerations.Direction.*

enum class Direction(val notation: String) {
  North("N"), South("S"),
```

```
    East("E"), West("W"); // 세미콜론이 꼭 필요함
    val opposite: Direction
      get() = when (this) {
        North -> South
        South -> North
        West -> East
        East -> West
      }
}

fun main() {
  North.notation eq "N"
  North.opposite eq South
  West.opposite.opposite eq West
  North.opposite.notation eq "S"
}
```

Direction 클래스에는 인스턴스에 따라 다른 값을 저장할 수 있는 notation 프로퍼티가 들어 있다. 일반 생성자를 호출할 때처럼 괄호를 사용해 생성자 인자를 전달하면(North("N")) notation의 값을 전달할 수 있다.

opposite 프로퍼티 게터에 접근할 때마다 게터가 동적으로 결과를 계산한다.

여기서는 가능한 모든 enum 값을 처리하고 있으므로 when 식에서 else 가지를 작성하지 않아도 된다.

이넘은 코드 가독성을 높여주므로 항상 사용하는 게 바람직하다.

데이터 클래스

코틀린은 반복적인 코딩을 줄여준다.

class 메커니즘은 여러분의 일을 상당 부분 덜어준다. 하지만 데이터를 저장하는 게 주목적인 클래스를 정의하려면 여전히 반복적인 코드를 꽤 많이 작성해야 한다. 데이터 저장만 담당하는 클래스가 필요하면 data 클래스를 사용해 코드양을 줄이면서 여러 가지 공통 작업을 편하게 수행할 수 있다.

data 클래스를 정의할 때는 data라는 키워드를 사용한다. data 키워드는 몇 가지 기능을 클래스에 추가하라고 코틀린에게 지시한다. 이때 모든 생성자 파라미터를 var나 val로 선언해야 한다.

DataClasses/Simple.kt

```kotlin
package dataclasses
import atomictest.eq

data class Simple(
  val arg1: String,
  var arg2: Int
)

fun main() {
  val s1 = Simple("Hi", 29)
  val s2 = Simple("Hi", 29)
  s1 eq "Simple(arg1=Hi, arg2=29)"  // [1]
  s1 eq s2
}
```

위 예제는 data 클래스의 두 가지 특징을 보여준다.

- 첫 번째 eq에서 s1으로부터 만든 String 프로퍼티는 보통 객체를 문자열로 만들었을 때 보는 문자열과 다르다. data 클래스에 의해 만들어진 문자열은 파라미터 이름과 객체에 담긴 데이터 내용이 표시된다. toString() 코드를 추가로 작성하지 않아도 data 클래스는 객체를 더 읽기 쉽고 보기 좋은 형식으로 표현해준다.

- 같은 데이터를 포함(모든 프로퍼티의 값이 같음)하는 같은 data 클래스 인스턴스를 두 개 만들면, 두 인스턴스가 동등(== 연산이 true를 반환)하다고 기대할 것이다. 일반적인 클래스에서 이런 동작을 구현하려면 인스턴스를 비교하는 equals()라는 특별한 멤버 함수를 정의해야 한다. data 클래스에서는 equals()가 자동으로 생성되며, 이 equals() 함수는 생성자 파라미터에 열거된 모든 프로퍼티가 같은지 검사하는 식으로 구현된다.

다음은 일반 클래스인 Person과 data 클래스인 Contact다.

DataClasses/DataClasses.kt

```
package dataclasses
import atomictest.*

class Person(val name: String)

data class Contact(
  val name: String,
  val number: String
)

fun main() {
  // 아래 둘은 같아 보이지만 그렇지 않다
  Person("Cleo") neq Person("Cleo")
  // 데이터 클래스는 타당한 동등성 검사를 제공한다
  Contact("Miffy", "1-234-567890") eq
    Contact("Miffy", "1-234-567890")
}
```

샘플 출력

```
dataclasses.Person@54bedef2
Contact(name=Miffy, number=1-234-567890)
```

Person 클래스는 data 키워드 없이 정의됐으므로 같은 name을 담은 두 인스턴스가 서로 동등하지 않다. 다행히 Contact를 data 클래스로 정의하면 타당한 결과를 얻을 수 있다.

data 클래스인 Contact와 객체 정보를 디폴트 형태로 보여주는 일반 클래스 Person의 표현 방법

차이를 살펴보라.

모든 data 클래스에 생성되는 또 다른 유용한 함수로 copy()가 있다. copy()는 현재 객체의 모든 데이터를 포함하는 새 객체를 생성해준다. 또 이렇게 새 객체를 생성할 때 몇몇 값을 새로 지정할 수 있다.

```
DataClasses/CopyDataClass.kt
package dataclasses
import atomictest.eq

data class DetailedContact(
  val name: String,
  val surname: String,
  val number: String,
  val address: String
)

fun main() {
  val contact = DetailedContact(
    "Miffy",
    "Miller",
    "1-234-567890",
    "1600 Amphitheatre Parkway")
  val newContact = contact.copy(
    number = "098-765-4321",
    address = "Brandschenkestrasse 110")
  newContact eq DetailedContact(
    "Miffy",
    "Miller",
    "098-765-4321",
    "Brandschenkestrasse 110")
}
```

copy()의 파라미터 이름은 생성자 파라미터의 이름과 같다. 모든 인자에는 각 프로퍼티의 현재 값이 디폴트 인자로 지정되어 있다. 따라서 변경하고 싶은 인자만 (이름 붙은 인자로) 지정하면 된다.

HashMap과 HashSet

data 클래스를 만들면 객체를 HashMap이나 HashSet에 넣을 때 키로 사용할 수 있는 **해시 함수**를 자동으로 생성해준다.

```
package dataclasses
import atomictest.eq

data class Key(val name: String, val id: Int)

fun main() {
  val korvo: Key = Key("Korvo", 19)
  korvo.hashCode() eq -2041757108
  val map = HashMap<Key, String>()
  map[korvo] = "Alien"
  map[korvo] eq "Alien"
  val set = HashSet<Key>()
  set.add(korvo)
  set.contains(korvo) eq true
}
```

HashMap이나 HashSet에서는 hashCode()를 equals()와 함께 사용해 Key를 빠르게 검색한다. 올바른 hashCode()를 직접 작성하는 건 까다롭고 실수하기도 쉬운데, 이런 일을 data 클래스가 대신 해주면 꽤 편리하다. '아톰 82, 연산자 오버로딩'에서 equals()와 hashCode()를 자세히 다룰 것이다.

36

구조 분해 선언

함수에서 하나 이상의 아이템을 반환하고 싶다고 가정해보자. 예를 들어, 결과를 돌려줄 때 결과와 더불어 결과에 대한 다른 정보를 추가로 돌려주고 싶다면 어떻게 해야 할까?

표준 라이브러리에 있는 Pair 클래스를 쓰면 두 값을 반환할 수 있다.

Destructuring/Pairs.kt

```
package destructuring
import atomictest.eq

fun compute(input: Int): Pair<Int, String> =
  if (input > 5)
    Pair(input * 2, "High")
  else
    Pair(input * 2, "Low")

fun main() {
  compute(7) eq Pair(14, "High")
  compute(4) eq Pair(8, "Low")
  val result = compute(5)
  result.first eq 10
  result.second eq "Low"
}
```

compute()의 반환 타입을 Pair<Int, String>으로 지정했다. Pair는 List나 Set처럼 파라미터화된 타입이다.

Pair를 사용해 여러 값을 반환하면 편리하지만, 이렇게 반환한 Pair로부터 원하는 부분을 얻어오는 편리한 방법도 있으면 좋겠다. 위 예제를 보면 first와 second 프로퍼티를 통해 Pair의 내용에 접근할 수 있지만, **구조 분해**(destructuring) 선언을 사용하면 여러 식별자를 동시에 선언하면서 초기화할 수도 있다.

```
val (a, b, c) = 여러_값이_들어있는_값
```

이 코드는 여러 값이 들어 있는 값(객체)을 여러 컴포넌트로 분해해서 각 컴포넌트를 순서대로 대입해준다. 이 구문은 식별자를 하나만 선언하는 구문과 다르다. 구조 분해 구문에서는 (등호 왼쪽에 있는) 식별자 이름을 괄호 안에 넣어야 한다.

다음 코드에서 compute()가 반환하는 Pair를 구조 분해하는 선언을 보자.

Destructuring/PairDestructuring.kt

```
import destructuring.compute
import atomictest.eq

fun main() {
  val (value, description) = compute(7)
  value eq 14
  description eq "High"
}
```

Triple 클래스는 정확히 세 가지 값을 묶는다. 코틀린은 Pair와 Triple만 제공하는데, 이는 코틀린 설계자들이 의도한 일이다. 즉, 더 많은 값을 저장하고 싶거나 코드에서 Pair와 Triple을 많이 사용한다면 각 상황에 맞는 특별한 클래스를 작성하라는 뜻이다.

data 클래스는 자동으로 구조 분해 선언을 지원한다.

Destructuring/Computation.kt

```
package destructuring
import atomictest.eq

data class Computation(
  val data: Int,
  val info: String
)

fun evaluate(input: Int) =
  if (input > 5)
    Computation(input * 2, "High")
```

```kotlin
  else
    Computation(input * 2, "Low")

fun main() {
  val (value, description) = evaluate(7)
  value eq 14
  description eq "High"
}
```

Pair<Int, String>을 반환하는 것보다 Computation을 반환하는 게 낫다. 결괏값의 타입에 좋은 이름을 붙이는 것은 함수에 자신의 역할을 잘 설명하는 이름을 붙이는 것만큼이나 중요한 일이다. 그리고 Computation 클래스에 정보를 추가하거나 제거하는 것이 Pair에 정보를 추가하거나 제거하는 것보다 훨씬 쉽다.

data 클래스의 인스턴스를 구조 분해할 때는 data 클래스 생성자에 각 프로퍼티가 나열된 순서대로 값이 대입된다.

Destructuring/Tuple.kt

```kotlin
package destructuring
import atomictest.eq

data class Tuple(
  val i: Int,
  val d: Double,
  val s: String,
  val b: Boolean,
  val l: List<Int>
)

fun main() {
  val tuple = Tuple(
    1, 3.14, "Mouse", false, listOf())
  val (i, d, s, b, l) = tuple
  i eq 1
  d eq 3.14
  s eq "Mouse"
  b eq false
  l eq listOf()

  val (_, _, animal) = tuple // [1]
  animal eq "Mouse"
}
```

- [1] 구조 분해 선언으로 선언할 식별자 중 일부가 필요하지 않은 경우, 이름 대신 밑줄(_)을 사용할 수 있고, 맨 뒤쪽의 이름들은 아예 생략할 수 있다. 여기서는 밑줄을 사용해 1과 3.14를 무시하고, "Mouse"가 animal에 대입되며, 목록 맨 뒤에 있는 두 변수를 생략했기 때문에 false와 빈 List도 무시된다.

data 클래스의 프로퍼티는 이름에 의해 대입되는 것이 아니라 순서대로 대입된다. 어떤 객체를 구조 분해에 사용했는데 이후 그 data 클래스에서 맨 마지막이 아닌 위치에 프로퍼티를 추가하는 경우, 새 프로퍼티가 기존에 다른 값을 대입받던 식별자에 대입되면서 예상과 다른 결과를 낳을 수 있다(연습 문제 3 참조). 이런 오류를 컴파일러가 잡아주면 좋겠지만, 여러분이 작성한 data 클래스에 추가된 프로퍼티 타입과 원래 그 위치에 있던 프로퍼티 타입이 같으면 컴파일러는 이 문제를 감지할 수 없다. Pair나 Triple 같은 라이브러리가 제공하는 data 클래스는 프로퍼티 순서가 바뀌지 않으므로 구조 분해해도 안전하다.

for 루프를 사용하면 쌍(Pair나 Triple 등을 '쌍'이라고 하며, '튜플(tuple)'이라고도 부른다)이나 다른 data 클래스의 객체로 이뤄진 Map 또는 List에 대해 이터레이션하면서 값의 각 부분을 구조 분해로 얻을 수 있다.

Destructuring/ForLoop.kt

```kotlin
import atomictest.eq

fun main() {
  var result = ""
  val map = mapOf(1 to "one", 2 to "two")
  for ((key, value) in map) {
    result += "$key = $value, "
  }
  result eq "1 = one, 2 = two,"

  result = ""
  val listOfPairs =
    listOf(Pair(1, "one"), Pair(2, "two"))
  for ((i, s) in listOfPairs) {
    result += "($i, $s), "
  }
  result eq "(1, one), (2, two),"
}
```

---

withIndex()는 표준 라이브러리가 List에 대해 제공하는 확장 함수다. 이 함수는 컬렉션의 값을 IndexedValue라는 타입의 객체에 담아서 반환하며, 이 객체를 구조 분해할 수 있다.

```
import atomictest.trace

fun main() {
  val list = listOf('a', 'b', 'c')
  for ((index, value) in list.withIndex()) {
    trace("$index:$value")
  }
  trace eq "0:a 1:b 2:c"
}
```

구조 분해 선언은 지역 var나 val에만 적용할 수 있으며, 클래스 프로퍼티를 정의할 때는 사용할
수 없다.

널이 될 수 있는 타입

> 경우에 따라 '결과가 없는' 함수를 생각해보자. 이런 일이 발생해도 함수는 자체적으로 오류를 발생시키지 않는다. 아무 문제가 없다. 단지 '값 없음'일 뿐이다.

좋은 예로 Map에서 값을 얻는 경우를 들 수 있다. 주어진 키에 해당하는 값이 Map에 없다면, 답을 돌려줄 수 없기 때문에 '값 없음'을 뜻하는 null 참조를 돌려준다.

NullableTypes/NullInMaps.kt

```
import atomictest.eq

fun main() {
  val map = mapOf(0 to "yes", 1 to "no")
  map[2] eq null
}
```

자바 언어에서는 null 또는 의미 있는 값이 결과가 되도록 허용한다. 그러나 불행히도 null을 정상적인 값과 같은 방식으로 다루면 극적인 실패(자바에서는 NullPointerException이 발생하며, C와 같은 더 원시적인 언어에서는 null 포인터를 사용하면 프로세스가 오류로 끝나버리거나 심지어 운영체제 또는 기계가 멈추는 경우도 있다)가 발생한다. null 참조를 처음 생각해낸 토니 호어(Tony Hoare)[3]는 이를 '자신의 100만 불짜리 실수'라고 이야기했다(내 생각에는 훨씬 더 큰 비용을 유발했을 것 같다).

---

3 https://en.wikipedia.org/wiki/Tony_Hoare

이 문제에 대한 언어적 해법 중 하나는 애초에 null을 허용하지 않는 것이다. 그 대신에 특별한 '값 없음'을 표시하는 표지를 도입할 수 있다. 코틀린에서도 이런 선택을 하고 싶었던 것 같다. 하지만 코틀린은 자바와 상호 작용해야 하는데, 자바는 null을 쓴다.

코틀린의 해법은 아마도 두 접근 방식을 가장 잘 절충한 방법일 것이다. 코틀린에서 모든 타입은 기본적으로 널이 될 수 없는(non-nullable) 타입이다. 하지만 무언가 null 결과를 내놓을 수 있다면, 타입 이름 뒤에 물음표(?)를 붙여서 결과가 null이 될 수도 있음을 표시해야 한다.

NullableTypes/NullableTypes.kt

```
import atomictest.eq

fun main() {
  val s1 = "abc"              // [1]

  // 컴파일 오류
  // val s2: String = null  // [2]

  // 널이 될 수 있는 정의들
  val s3: String? = null     // [3]
  val s4: String? = s1       // [4]

  // 컴파일 오류
  // val s5: String = s4     // [5]
  val s6 = s4                // [6]

  s1 eq "abc"
  s3 eq null
  s4 eq "abc"
  s6 eq "abc"
}
```

- [1] s1은 null 참조일 수 없다. 지금까지 이 책에서 정의했던 모든 var와 val은 자동으로 널이 될 수 없다.
- [2] 오류 메시지는 'null can not be a value of a non-null type String'이다(널이 될 수 없는 타입인 String 타입의 값으로 null을 지정할 수는 없다는 뜻).
- [3] null 참조를 저장할 수 있는 식별자를 정의하려면 타입 이름 뒤에 ?를 붙인다. 이렇게 정의된 식별자는 null이나 정상적인 값을 모두 담을 수 있다.
- [4] null과 정상적인 값을 널이 될 수 있는 타입의 식별자에 대입할 수 있다.
- [5] 널이 될 수 있는 타입의 식별자를 널이 될 수 없는 타입의 식별자에 대입할 수는 없다. 코

틀린은 'Type mismatch: inferred type is String? but String was expected'라는 오류를 표시한다(String? 타입이 추론됐는데 이 위치에는 String 타입의 값이 필요하다는 뜻). 여기서는 실제 값이 널이 아닌 값이지만("abc"라는 사실을 안다), 코틀린은 타입이 다르기 때문에 대입을 허용하지 않는다.

- [6] 타입 추론을 사용하면 코틀린이 적절한 타입을 만들어낸다. 여기서는 s4가 널이 될 수 있는 타입이므로 s6도 널이 될 수 있는 타입이다.

타입 이름 끝에 ?를 붙여서 기존 타입을 살짝 바꾼 것처럼 보이지만, 실제로는 **다른 타입**을 지정한 것이다. 예를 들어 String과 String?는 서로 다른 타입이다. String? 타입은 [2]와 [5]가 표시된 줄의 연산을 금지한다. 따라서 널이 될 수 없는 타입의 값이 결코 null이 되지 못하게 해준다.

Map에 각괄호를 사용해 값을 가져오면 널이 될 수 있는 결과를 얻을 수 있다. 각괄호에 해당하는 연산의 기저 구현인 자바 코드가 null을 돌려주기 때문이다.

NullableTypes/NullableInMap.kt

```
import atomictest.eq

fun main() {
  val map = mapOf(0 to "yes", 1 to "no")
  val first: String? = map[0]
  val second: String? = map[2]
  first eq "yes"
  second eq null
}
```

어떤 값이 null이 될 수 있는지를 아는 것이 왜 중요할까? 많은 연산은 암시적으로 null이 아닌 결과를 가정한다. 예를 들어 멤버 함수는 수신 객체가 null이면 예외를 발생시키면서 실패한다. 자바에서 이런 멤버 함수 호출은 NullPointerException(줄여서 NPE라고 함)을 발생시키며 실패한다. 자바에서는 거의 대부분의 값이 null이 될 수 있기 때문에 함수 호출이 언제든 이런 식으로 끝날 가능성이 있다. 이 경우에는 결과가 null인지 검사하는 코드를 작성하거나, null 가능성을 차단해주는 코드의 다른 부분에 의존해야 한다.

코틀린에서는 null이 될 수 있는 타입을 단순히 **역참조**(dereference)(즉, 멤버 프로퍼티나 멤버 함수에 접근)할 수 없다.

```kotlin
import atomictest.eq

fun main() {
  val s1: String = "abc"
  val s2: String? = s1

  s1.length eq 3 // [1]
  // 컴파일되지 않는다
  // s2.length   // [2]
}
```

- [1]에서는 널이 될 수 없는 타입의 멤버에 접근할 수 있다.
- [2]와 같이 널이 될 수 있는 타입의 멤버를 참조하는 경우, 코틀린은 오류를 발생시킨다.

대부분 타입의 값은 메모리에 있는 객체에 대한 참조로 저장된다. **역참조**의 의미가 바로 이것이다. 객체에 접근하기 위해서는 메모리에서 객체를 가져와야 한다.

널이 될 수 있는 타입을 역참조해도 NullPointerException이 발생하지 않도록 보장하는 가장 단순한 방법은 명시적으로 참조가 null인지 검사하는 것이다.

```kotlin
import atomictest.eq

fun main() {
  val s: String? = "abc"
  if (s != null)
    s.length eq 3
}
```

명시적으로 if 검사를 수행하고 나면 코틀린이 널이 될 수 있는 객체를 참조하도록 허용해준다. 하지만 널이 될 수 있는 값을 다루는 일은 매우 흔하기 때문에 매번 이런 if 검사를 수행하면 너무 산만하고 어수선해진다. 코틀린은 이 문제를 해결할 간결한 구문을 제공한다. 이에 대한 내용은 뒷부분에서 다룰 것이다.

새 클래스를 정의할 때마다 코틀린은 자동으로 널이 될 수 있는 타입과 널이 될 수 없는 타입을 추가해준다.

```kotlin
package nullabletypes

class Amphibian

enum class Species {
  Frog, Toad, Salamander, Caecilian
}

fun main() {
  val a1: Amphibian = Amphibian()
  val a2: Amphibian? = null
  val at1: Species = Species.Toad
  val at2: Species? = null
}
```

예제를 보면 알 수 있듯이, '널이 될 수 없는 타입'에 대응하는 '널이 될 수 있는 타입'을 정의하기 위해 무언가 특별한 일을 할 필요는 없다. 널이 될 수 없는 타입을 정의하면 널이 될 수 있는 타입 도 자동으로 사용할 수 있게 된다.

안전한 호출과 엘비스 연산자

코틀린은 널 가능성을 편리하게 처리할 수 있도록 여러 연산자를 제공한다.

널이 될 수 있는 타입에는 여러 제약이 가해진다. 널이 될 수 있는 타입의 참조를 단순히 역참조할 수 없다.

SafeCallsAndElvis/DereferenceNull.kt

```
fun main() {
  val s: String? = null
  // 컴파일되지 않는다
  // s.length // [1]
}
```

- [1]의 주석을 해제하면 'Only safe (?.) or non-null asserted (!!.) calls are allowed on a nullable receiver of type String?'이라는 컴파일 오류가 발생한다(String? 타입의 널이 될 수 있는 수신 객체에는 안전한(?.) 호출이나 널 아닌 단언(!!.) 호출만 사용할 수 있다는 뜻).

안전한 호출(safe call)은 일반 호출에 사용하는 점(.)을 물음표와 점(?.)으로 바꾼 것이다(물음표와 점 사이에 공백이 있으면 안 된다). 안전한 호출을 사용하면 널이 될 수 있는 타입의 멤버에 접근하면서 아무 예외(구체적으로는 NPE)도 발생하지 않게 해준다. 안전한 호출은 수신 객체가 null이 아닐 때만 연산을 수행한다.

SafeCallsAndElvis/SafeOperation.kt

```
package safecalls
import atomictest.*
```

```kotlin
fun String.echo() {
  trace(toUpperCase())
  trace(this)
  trace(toLowerCase())
}

fun main() {
  val s1: String? = "Howdy!"
  s1?.echo()                  // [1]
  val s2: String? = null
  s2?.echo()                  // [2]
  trace eq """
    HOWDY!
    Howdy!
    howdy!
  """
}
```

- [1]에서는 echo()를 호출한 결과를 trace에 남긴다.
- 반면 [2]에서는 s2의 수신 객체가 null이므로 아무 일도 하지 않는다.

안전한 호출을 사용하면 깔끔하게 결과를 얻을 수 있다.

SafeCallsAndElvis/SafeCall.kt

```kotlin
package safecalls
import atomictest.eq

fun checkLength(s: String?, expected: Int?) {
  val length1 =
    if (s != null) s.length else null // [1]
  val length2 = s?.length             // [2]
  length1 eq expected
  length2 eq expected
}

fun main() {
  checkLength("abc", 3)
  checkLength(null, null)
}
```

- [2]와 [1]은 같은 효과를 낸다. 수신 객체가 null이 아니면 일반적인 접근(s.length)을 수행한다. 수신 객체가 null이면 두 코드 모두 s.length 호출을 수행(만약 이 연산을 수행하면 예외가 발생할 것이다)하지 않고 식의 결과로 null을 내놓는다.

(수신 객체가 null일 때) ?.의 결과로 null을 만들어내는 것 이상의 일이 필요하다면 어떻게 해야할까? 이때 **엘비스**(Elvis) **연산자**가 대안을 제공한다. 이 연산자는 물음표 뒤에 콜론을 붙인(?:) 연산자다(물음표와 콜론 사이에 공백이 있으면 안 된다). '엘비스'라는 이름은 미국 가수 엘비스 프레슬리(Elvis Presley)의 이모티콘과 비슷하기 때문에 붙은 이름이다. 엘비스라는 이름은 'else-if(영어 발음을 연음시켜 그대로 적으면 '엘시프'라서 '엘비스'와 비슷함)'라는 용어를 응용한 언어유희이기도 하다.

상당수의 프로그래밍 언어가 코틀린 엘비스 연산자와 같은 역할을 하는 **널 복합 연산자**(null coalescing operator)를 제공한다.

?:의 왼쪽 식의 값이 null이 아니면 왼쪽 식의 값이 전체 엘비스 식의 결괏값이 된다. 왼쪽 식이 null이면 ?:의 오른쪽 식의 값이 전체 결괏값이 된다.

SafeCallsAndElvis/ElvisOperator.kt

```
import atomictest.eq

fun main() {
  val s1: String? = "abc"
  (s1 ?: "---") eq "abc"
  val s2: String? = null
  (s2 ?: "---") eq "---"
}
```

- s1은 null이 아니므로 엘비스 연산자가 "abc"를 결과로 내놓는다.
- s2는 null이므로 엘비스 연산자가 "---"라는 대안값을 내놓는다.

보통은 다음 예제의 [2]에서처럼 엘비스 연산자를 안전한 호출 다음에 사용한다. 안전한 호출이 null 수신 객체에 대해 만들어내는 null 대신 디폴트 값을 제공하기 위해서다.

SafeCallsAndElvis/ElvisCall.kt

```
package safecalls
import atomictest.eq

fun checkLength(s: String?, expected: Int) {
  val length1 =
    if (s != null) s.length else 0 // [1]
  val length2 = s?.length ?: 0      // [2]
  length1 eq expected
  length2 eq expected
}
```

```
fun main() {
  checkLength("abc", 3)
  checkLength(null, 0)
}
```

이 checkLength() 함수는 앞에서 본 SafeCall.kt와 비슷하다. 하지만 expected 파라미터의 타입이 이제는 널이 될 수 없는 타입이다. [1]과 [2]는 null 대신 0을 만들어낸다.

호출을 연쇄시키는 중간에 null이 결과로 나올 수 있는데, 최종 결과에만 관심이 있는 경우 안전한 호출을 사용하면 여러 호출을 간결하게 연쇄시킬 수 있다.

```
package safecalls
import atomictest.eq

class Person(
  val name: String,
  var friend: Person? = null
)

fun main() {
  val alice = Person("Alice")
  alice.friend?.friend?.name eq null // [1]
  val bob = Person("Bob")
  val charlie = Person("Charlie", bob)
  bob.friend = charlie
  bob.friend?.friend?.name eq "Bob"  // [2]
  (alice.friend?.friend?.name
    ?: "Unknown") eq "Unknown"        // [3]
}
```

안전한 호출을 사용해 여러 멤버에 대한 접근을 연쇄시키는 경우 중간에 어느 하나라도 null을 내놓으면 전체 결과가 null이 된다.

- [1] alice.friend 프로퍼티가 null이므로 나머지 호출도 null을 돌려준다.
- [2] 모든 중간 단계 호출이 의미 있는 값을 내놓는다.
- [3] 안전한 호출을 연쇄시킨 뒤에 엘비스 연산자를 붙여서 연쇄 중간에 null이 반환된 경우에 대한 대안값을 지정한다.

널 아님 단언

> 널이 될 수 있는 타입을 처리하는 두 번째 접근 방법으로, 어떤 참조가 null이 될 수 없다는 사실을 특별히 알 수 있는 경우를 들 수 있다.

null이 될 수 없다고 주장하기 위해 느낌표 두 개(!!)를 쓴다. 이를 **널 아님 단언**(non-null assertion) 이라고 한다. 이 연산이 뭔가 경고하는 것처럼 보인다면 제대로 본 것이다. null과 관련된 모든 문제의 근원은 어떤 대상이 절대 null이 될 수 없다고 믿는 것이기 때문이다(null과 관련된 문제의 또 다른 근원은 어떤 대상이 null일 수도 있음을 **인식**하지 못하는 것이다).

x!!는 'x가 null일 수도 있다는 사실을 무시하라. 내가 x가 null이 아니라는 점을 보증한다'라는 뜻이다. x!!는 x가 null이 아니면 x를 내놓고, x가 null이면 오류를 발생시킨다.

NonNullAssertions/NonNullAssert.kt

```
import atomictest.*

fun main() {
  var x: String? = "abc"
  x!! eq "abc"
  x = null
  capture {
    val s: String = x!!
  } eq "NullPointerException"
}
```

val s: String = x!!라는 정의는 코틀린이 x에 대해 알고 있는 내용을 무시하고 그냥 널이 될 수 없는 타입의 참조인 s에 대입하도록 명령한다. 코틀린에는 이런 코드에서 x가 null인 경우 NullPointerException을 던지게 하는 지원 기능이 있다.

일반적으로 !!를 그냥 쓰는 경우는 없다. 보통 역참조와 함께 쓴다.

```
import atomictest.eq

fun main() {
  val s: String? = "abc"
  s!!.length eq 3
}
```

널 아님 단언을 한 줄에 하나씩만 사용하면 NPE 예외가 발생했을 때 줄 번호를 보고 쉽게 오류 위치를 찾을 수 있다.

안전한 호출 ?.은 단일 연산자지만, 널 아님 단언 호출은 널 아님 단언(!!)과 역참조(.)로 이뤄진다. NonNullAssert.kt에서처럼 널 아님 단언만 사용해도 된다.

널 아님 단언을 사용하지 않고 안전한 호출이나 명시적인 null 검사를 활용하는 쪽을 권장한다. 널 아님 단언은 코틀린과 자바가 상호 작용하는 경우와 아주 드물지만 코틀린이 널 가능성을 제대로 검사하지 못하는데 대상이 null이 아님을 알 수 있는 경우를 위해 도입됐다.

코드에서 같은 연산에 대해 널 아님 단언을 자주 사용한다면 이 문제를 언급하는 적절한 단언과 함께 함수를 분리하는 것이 좋다. 예를 들어, 프로그램 로직에서 Map에 특정 키가 꼭 존재해야 하고 키가 없을 경우 아무 일도 일어나지 않는 것보다는 예외가 발생하는 편이 좋다고 가정해보자. 값을 일반적인 방법(각괄호)으로 읽는 대신 getValue()를 사용하면 키가 없는 경우 NoSuchElementException이 던져진다.

```
import atomictest.*

fun main() {
  val map = mapOf(1 to "one")
  map[1]!!.toUpperCase() eq "ONE"
  map.getValue(1).toUpperCase() eq "ONE"
  capture {
    map[2]!!.toUpperCase()
  } eq "NullPointerException"
  capture {
    map.getValue(2).toUpperCase()
  } eq "NoSuchElementException: " +
    "Key 2 is missing in the map."
}
```

NoSuchElementException과 같이 구체적인 예외를 던지면 뭔가 잘못됐을 때 더 유용한 상세 정보를 얻을 수 있다.

최적의 코드는 항상 안전한 호출과 자세한 예외를 반환하는 특별한 함수만 사용한다. null이 아니라는 점을 단언한 호출은 꼭 필요할 때만 사용하라. 널 아님 단언이 자바와 상호 작용하기 위해 추가된 것이긴 하지만, 자바와 상호 작용할 때 활용할 수 있는 더 나은 방법이 있다. 이에 대해서는 '부록 B, 자바 상호 운용성'에서 살펴보겠다.

확장 함수와 널이 될 수 있는 타입

s?.f()는 s가 널이 될 수 있는 타입임을 암시한다. 그렇지 않다면 단순히 s.f()를 호출했을 것이다. 마찬가지로 t.f()는 t가 널이 될 수 없는 타입임을 암시하는 것처럼 보인다. 코틀린에서는 널이 될 수 없는 타입에 대해 안전한 호출이나 null 여부 검사가 필요 없기 때문이다. 하지만 t가 꼭널이 될 수 없는 타입인 것은 아니다.

코틀린 표준 라이브러리는 다음과 같이 String의 확장 함수를 제공한다.

- isNullOrEmpty(): 수신 String이 null이거나 빈 문자열인지 검사한다.
- isNullOrBlank(): isNullOrEmpty()와 같은 검사를 수행한다. 그리고 수신 객체 String이 온전히 공백 문자(공백뿐 아니라 탭(\t)과 새줄 문자(\n)도 포함)로만 구성되어 있는지 검사한다.

다음은 위 함수를 간단히 테스트하는 코드다.

NullableExtensions/StringIsNullOr.kt
```
import atomictest.eq
fun main() {
  val s1: String? = null
  s1.isNullOrEmpty() eq true
  s1.isNullOrBlank() eq true

  val s2 = ""
  s2.isNullOrEmpty() eq true
```

```
    s2.isNullOrBlank() eq true

    val s3: String = " \t\n"
    s3.isNullOrEmpty() eq false
    s3.isNullOrBlank() eq true
}
```

함수 이름을 보면 수신 객체가 널이 될 수 있는 타입인 것처럼 보인다. s1은 널이 될 수 있는 타입이지만, 안전한 호출을 사용하지 않고 isNullOrEmpty()나 isNullOrBlank()를 호출할 수 있다. 왜냐하면 이들이 널이 될 수 있는 타입 String?의 확장 함수로 정의되어 있기 때문이다.

isNullOrEmpty()를 널이 될 수 있는 String? s를 파라미터로 받는 비확장 함수로 다시 작성할 수 있다.

NullableExtensions/NullableParameter.kt

```
package nullableextensions
import atomictest.eq

fun isNullOrEmpty(s: String?): Boolean =
  s == null || s.isEmpty()

fun main() {
  isNullOrEmpty(null) eq true
  isNullOrEmpty("") eq true
}
```

s가 널이 될 수 있는 타입이므로 명시적으로 null 여부와 빈 문자열 여부를 검사할 수 있다. s == null || s.isEmpty()는 **쇼트 서킷**(short circuit)을 사용한다. 쇼트 서킷 ||에서 첫 번째 식이 true면 전체 식이 true로 결정되므로, 두 번째 식은 아예 계산을 하지 않는다. 따라서 s == null || s.isEmpty() 식은 s가 null이어도 NPE가 발생하지 않는다.

확장 함수는 this를 사용해 수신 객체(확장 대상 타입에 속하는 객체)를 표현한다. 이때 수신 객체를 널이 될 수 있는 타입으로 지정하려면 확장 대상 타입 뒤에 ?를 붙이면 된다.

```
package nullableextensions
import atomictest.eq

fun String?.isNullOrEmpty(): Boolean =
  this == null || isEmpty()

fun main() {
  "".isNullOrEmpty() eq true
}
```

NullableParameter.kt에서 본 널이 될 수 있는 타입의 인자를 받는 isNullOrEmpty()보다 확장 함수 isNullOrEmpty()가 더 읽기 편하다.

널이 될 수 있는 타입을 확장할 때는 조심해야 한다. isNullOrEmpty()나 isNullOrBlank()와 같이 상황이 단순하고 함수 이름에서 수신 객체가 null일 수 있음을 암시하는 경우에는 널이 될 수 있는 타입의 확장 함수가 유용하다. 그러나 일반적으로는 보통의(널이 될 수 없는) 확장을 정의하는 편이 낫다. 안전한 호출과 명시적인 검사는 수신 객체의 널 가능성을 더 명백히 드러내는 반면, 널이 될 수 있는 타입의 확장 함수는 널 가능성을 감추고 코드를 읽는 독자(어쩌면 미래의 여러분 자신)를 혼란스럽게 할 수 있다.

41

제네릭스 소개

제네릭스[4]는 파라미터화한 타입을 만든다. 파라미터화한 타입은 여러 타입에 대해 작동할 수 있는 컴포넌트다.

'generic'이라는 용어는 '여러 가지 클래스에 적합한/여러 가지 클래스와 관계 있는'이란 뜻이다. 프로그래밍 언어에서 제네릭스의 원래 의도는 클래스나 함수를 작성할 때 타입 제약을 느슨하게 해서 프로그래머에게 표현력을 최대로 제공하는 것이다.

제네릭스 도입을 촉발한 중요한 동기 중 하나는 이 책의 예제에 사용한 List, Set, Map 같은 컬렉션 클래스를 만드는 것이었다. 컬렉션은 다른 객체를 저장하는 객체다. 여러 프로그램에서 같은 타입의 객체로 이뤄진 그룹을 저장하고 사용해야 하므로, 컬렉션은 클래스 라이브러리 중 가장 재사용성이 좋은 클래스다.

객체를 하나만 담는 클래스를 살펴보자. 이 클래스는 저장할 원소의 정확한 타입을 지정한다.

IntroGenerics/RigidHolder.kt

```kotlin
package introgenerics
import atomictest.eq

data class Automobile(val brand: String)

class RigidHolder(private val a: Automobile) {
  fun getValue() = a
}
```

---

4 옮긴이 '제네릭스(generics)'는 명사, '제네릭(generic)'은 형용사다. 파라미터화한 타입을 사용하는 기법 전체를 가리킬 때는 '제네릭스'라는 용어를 쓰고, 파라미터화한 타입이나 클래스, 함수 등에 대해 따로따로 이야기할 때는 '제네릭 타입'처럼 '제네릭'으로 대상을 수식한다.

```
fun main() {
  val holder = RigidHolder(Automobile("BMW"))
  holder.getValue() eq
    "Automobile(brand=BMW)"
}
```

RigidHolder는 그다지 재사용성이 좋지 않다. 이 객체는 Automobile밖에 담을 수 없다. 이보다는 여러 다른 타입에 대해 각 타입에 맞는 새로운 타입의 보관소 클래스를 만들 수 있으면 좋을 것이다. 이를 위해 Automobile 대신 **타입 파라미터**를 사용한다.

제네릭 타입을 정의하려면 클래스 이름 뒤에, 내부에 하나 이상의 제네릭 플레이스홀더(generic placeholder)[5]가 들어 있는 부등호(<>)를 추가한다.

예제 코드에서 T라는 플레이스홀더는 지금은 알 수 없는 어떤 타입을 대신하며, 제네릭 클래스 안에서는 일반 타입처럼 쓰인다.

IntroGenerics/GenericHolder.kt

```
package introgenerics
import atomictest.eq

class GenericHolder<T>(              // [1]
  private val value: T
) {
  fun getValue(): T = value
}

fun main() {
  val h1 = GenericHolder(Automobile("Ford"))
  val a: Automobile = h1.getValue() // [2]
  a eq "Automobile(brand=Ford)"
  val h2 = GenericHolder(1)
  val i: Int = h2.getValue()        // [3]
  i eq 1
  val h3 = GenericHolder("Chartreuse")
  val s: String = h3.getValue()     // [4]
  s eq "Chartreuse"
}
```

5　[옮긴이] placeholder는 텍스트에서 다른 어떤 것을 대신해 자리를 차지하고 있는 존재를 뜻한다. 이 존재를 나중에 구체적인 존재로 바꿀 수 있다. 예를 들어 문서 양식에서 신청자 이름을 대신해 표시된 '홍길동' 같은 부분이 플레이스홀더다.

- [1] GenericHolder는 T 타입의 객체를 저장하며, 멤버 함수 getValue()는 T 타입의 값을 반환한다.
- [2], [3], [4]에서 getValue()를 호출할 때 결과 타입이 자동으로 올바른 타입으로 지정된다.

이 문제를 '유니버설 타입(universal type)'으로 해결할 수도 있을 것 같다. 유니버설 타입은 모든 타입의 부모 타입이다. 코틀린에서는 Any가 유니버설 타입이다. Any라는 이름의 뜻대로 Any 타입은 모든 타입의 인자를 허용한다. 어떤 함수에 여러 타입의 값을 넘겨야 하는데, 각 타입 사이에 공통점이 없다면 Any가 문제를 해결해준다.

언뜻 생각해보면 GenericHolder.kt에서 T 대신 Any를 써도 될 것 같다.

IntroGenerics/AnyInstead.kt

```kotlin
package introgenerics
import atomictest.eq

class AnyHolder(private val value: Any) {
  fun getValue(): Any = value
}

class Dog {
  fun bark() = "Ruff!"
}

fun main() {
  val holder = AnyHolder(Dog())
  val any = holder.getValue()
  // 컴파일되지 않음
  // any.bark()

  val genericHolder = GenericHolder(Dog())
  val dog = genericHolder.getValue()
  dog.bark() eq "Ruff!"
}
```

간단한 경우에는 Any가 작동하지만, 구체적인 타입이 필요해지면(예를 들어 Dog의 bark()를 호출) 제대로 작동하지 않는다. 객체를 Any 타입으로 대입하면서 객체 타입이 Dog이라는 사실을 더 이상 추적할 수 없기 때문이다. Dog을 Any로 전달하기 때문에 결과는 그냥 Any이고, Any는 bark()를 제공하지 않는다.

여기서 제네릭스를 사용하면 실제 컬렉션에 Dog을 담고 있다는 정보를 유지할 수 있다. 이 말은 getValue()가 돌려주는 값에 대해 bark()를 적용할 수 있다는 뜻이다.

제네릭 함수

제네릭 함수를 정의하려면 부등호로 둘러싼 제네릭 타입 파라미터를 함수 이름 앞에 붙인다.

IntroGenerics/GenericFunction.kt

```kotlin
package introgenerics
import atomictest.eq

fun <T> identity(arg: T): T = arg

fun main() {
  identity("Yellow") eq "Yellow"
  identity(1) eq 1
  val d: Dog = identity(Dog())
  d.bark() eq "Ruff!"
}
```

identity()가 T 타입의 값을 반환하는 제네릭 함수이므로 d는 Dog 타입이다.

코틀린 표준 라이브러리는 컬렉션을 위한 여러 제네릭 함수를 제공한다. 제네릭 확장 함수를 쓰려면 수신 객체 앞에 제네릭 명세(괄호로 둘러싼 타입 파라미터 목록)를 위치시켜야 한다. 예를 들어 first()나 firstOrNull() 정의를 살펴보자.

IntroGenerics/GenericListExtensions.kt

```kotlin
package introgenerics
import atomictest.eq

fun <T> List<T>.first(): T {
  if (isEmpty())
    throw NoSuchElementException("Empty List")
  return this[0]
}

fun <T> List<T>.firstOrNull(): T? =
  if (isEmpty()) null else this[0]

fun main() {
  listOf(1, 2, 3).first() eq 1
  val i: Int? =                  // [1]
    listOf(1, 2, 3).firstOrNull()
  i eq 1
  val s: String? =              // [2]
    listOf<String>().firstOrNull()
  s eq null
}
```

first()와 firstOrNull()은 모든 List에 대해 작동할 수 있다. T 타입의 값을 반환하기 위해서는 제네릭 함수로 이 두 함수를 정의해야만 한다.

firstOrNull()에서 어떻게 반환 타입을 널이 될 수 있는 타입으로 명시했는지 살펴보라.

- [1] List<Int>에 대해 firstOrNull()을 호출하면 Int?가 반환되는 모습을 보여준다.
- [2] List<String>에 대해 같은 함수를 호출해서 String?를 받는다.

코틀린은 [1]과 [2]에서 모두 식별자 타입에 ?를 요구한다. 시험 삼아 ?를 제거하고 어떤 오류 메시지가 표시되는지 살펴보라.

확장 프로퍼티

확장 함수를 정의할 수 있는 것처럼 확장 프로퍼티를 정의할 수도 있다.

확장 프로퍼티의 수신 객체 타입을 지정하는 방법도 확장 함수의 경우와 비슷하다. 확장 대상 타입이 함수나 프로퍼티 이름 바로 앞에 온다.

```
fun ReceiverType.extensionFunction() { ... }
val ReceiverType.extensionProperty: PropType
  get() { ... }
```

확장 프로퍼티에는 커스텀 게터가 필요하다. 확장 프로퍼티에 접근할 때마다 프로퍼티 값이 계산된다.

ExtensionProperties/StringIndices.kt

```
package extensionproperties
import atomictest.eq

val String.indices: IntRange
  get() = 0 until length

fun main() {
  "abc".indices eq 0..2
}
```

파라미터가 없는 확장 함수는 항상 확장 프로퍼티로 변환할 수 있지만, 먼저 그래도 될지 생각해 보는 것이 좋다. '아톰 28, 프로퍼티 접근자'에서 프로퍼티와 함수 중 하나를 선택하는 기준에 대해 설명한 내용이 확장 프로퍼티에도 적용된다. 기능이 단순하고 가독성을 향상시키는 경우에만 프로퍼티를 권장한다.

제네릭 확장 프로퍼티를 정의할 수도 있다. 다음은 '아톰 41, 제네릭스 소개'에서 본 firstOrNull() 함수를 프로퍼티로 다시 구현한 코드다.

ExtensionProperties/GenericListExt.kt

```
package extensionproperties
import atomictest.eq

val <T> List<T>.firstOrNull: T?
  get() = if (isEmpty()) null else this[0]

fun main() {
  listOf(1, 2, 3).firstOrNull eq 1
  listOf<String>().firstOrNull eq null
}
```

코틀린 스타일 가이드[6]는 함수가 예외를 던질 경우 프로퍼티보다는 함수를 사용하는 것을 권장한다.

제네릭 인자 타입을 사용하지 않으면 *로 대신할 수 있다. 이를 **스타 프로젝션**(star projection)이라고 한다.

ExtensionProperties/ListOfStar.kt

```
package extensionproperties
import atomictest.eq

val List<*>.indices: IntRange
  get() = 0 until size

fun main() {
  listOf(1).indices eq 0..0
  listOf('a', 'b', 'c', 'd').indices eq 0..3
  emptyList<Int>().indices eq IntRange.EMPTY
}
```

List<*>를 사용하면 List에 담긴 원소의 타입 정보를 모두 잃어버린다. 예를 들어 List<*>에서 얻은 원소는 Any?에만 대입할 수 있다.

---

6   https://kotlinlang.org/docs/reference/coding-conventions.html

```
import atomictest.eq

fun main() {
  val list: List<*> = listOf(1, 2)
  val any: Any? = list[0]
  any eq 1
}
```

List<*>에 저장된 값이 널이 될 수 있는 타입인지에 대해서도 아무 정보가 없다. 따라서 이런 경우 해당 값을 Any? 타입의 변수에만 대입할 수 있다.

break와 continue

> break와 continue를 사용하면 루프 안에서 '점프'할 수 있다.

초기 프로그래머들은 **명령 코드**(opcode)를 사용하거나 명령 코드로 변환되는 **어셈블리 언어** (assembly language)를 사용해 프로세서용 코드를 직접 작성했다. 이런 방식의 프로그래밍은 가장 낮은 수준에서 이뤄지는 프로그래밍이다. 예를 들어 여러 가지 선택을 표현할 때 코드의 여러 위치로 직접 '점프'하는 방식으로 이를 구현했다. 초기 고수준 언어(포트란, 알골, 파스칼, C, C++) 는 goto 키워드를 통해 이 방식을 채택했다.

goto는 어셈블리 프로그래머가 고수준 언어로 편하게 전환할 수 있도록 해줬으나, 프로그래밍 커뮤니티에서는 경험이 쌓임에 따라 조건 없이 점프하는 명령이 복잡하고 유지 보수하기 어려운 코드를 만들어낸다는 사실을 알아냈다. 이로 인해 goto에 강하게 반대하는 경향이 생겨났고, 그 이후 상당수의 후속 언어에서는 무조건 점프를 채택하지 않았다.

코틀린은 break와 continue를 사용해 **제한적인 점프**를 제공한다. 이들은 for, while, do-while 루프 요소와 엮여 있다. 즉, 이런 루프 안에서만 break나 continue를 사용할 수 있다. 게다가 continue는 루프의 시작 위치로만 점프할 수 있고, break는 루프의 끝으로만 점프할 수 있다.

실전 코틀린 코드에서 break나 continue를 쓰는 일은 드물다. 이들은 초기 언어의 유물이다. 가끔 유용하긴 하지만, 코틀린이 더 나은 메커니즘을 제공한다는 사실을 이 책에서 배울 것이다.

다음은 for 루프 안에 continue와 break를 함께 사용한 예제다.

```
import atomictest.eq

fun main() {
  val nums = mutableListOf(0)
  for (i in 4 until 100 step 4) { // [1]
    if (i == 8) continue         // [2]
    if (i == 40) break           // [3]
    nums.add(i)
  }                              // [4]
  nums eq "[0, 4, 12, 16, 20, 24, 28, 32, 36]"
}
```

이 예제는 여러 Int를 가변 List에 넣는다.

- [2]의 continue는 [1] 지점의 여는 중괄호에 해당하는 루프 시작 지점으로 점프한다. 이 continue 문은 루프의 다음 이터레이션을 시작하면서 실행을 '이어서' 수행한다. 점프가 이뤄지는 경우 for 루프 본문에서 continue 다음에 오는 코드가 실행되지 않는다는 점에 유의하라. 따라서 i == 8인 경우 nums.add(i)가 실행되지 않아서 nums 출력에서 8을 볼 수 없다.

- i == 40이면 [3]의 break가 실행된다. break는 [4]의 루프 영역 밖으로 for 루프를 '깨고 나가서' 루프를 끝낸다. 그래서 40과 그 이후의 수는 List에 추가되지 않는다.

- [2]와 [3]의 로직은 서로 겹치지 않기 때문에 두 문장의 순서를 바꿔도 된다. 두 줄을 바꾸고 출력이 달라지지 않음을 확인하라.

ForControl.kt를 while 루프로 다시 작성할 수도 있다.

```
import atomictest.eq

fun main() {
  val nums = mutableListOf(0)
  var i = 0
  while (i < 100) {
    i += 4
    if (i == 8) continue
    if (i == 40) break
    nums.add(i)
  }
  nums eq "[0, 4, 12, 16, 20, 24, 28, 32, 36]"
}
```

break와 continue의 동작은 동일하다. do-while 루프를 써도 마찬가지다.

```
import atomictest.eq

fun main() {
  val nums = mutableListOf(0)
  var i = 0
  do {
    i += 4
    if (i == 8) continue
    if (i == 40) break
    nums.add(i)
  } while (i < 100)
  nums eq "[0, 4, 12, 16, 20, 24, 28, 32, 36]"
}
```

do-while 루프에서는 while 검사가 루프 맨 뒤에 있으므로 항상 최소 한 번은 루프 본문이 실행된다.

레이블

단순한 break와 continue는 자신이 속한 루프의 범위보다 더 밖으로 점프할 수 없다. 그러나 **레이블**을 사용하면 break와 continue가 자신을 둘러싼 여러 루프의 경계 중 한군데로 점프할 수 있어서 현재 실행 중인 맨 안쪽 루프의 영역에 제한되지 않고 점프할 수 있다.

'레이블@'과 같이 레이블 이름 다음에 @을 사용해 레이블을 붙일 수 있다. 다음 코드에서 레이블 이름은 outer이다.

```
import atomictest.eq

fun main() {
  val strings = mutableListOf<String>()
  outer@ for (c in 'a'..'e') {
    for (i in 1..9) {
      if (i == 5) continue@outer
      if ("$c$i" == "c3") break@outer
      strings.add("$c$i")
    }
  }
  strings eq listOf("a1", "a2", "a3", "a4",
    "b1", "b2", "b3", "b4", "c1", "c2")
}
```

레이블이 붙은 continue@outer는 outer@이 붙은 루프의 실행을 계속한다. 레이블이 붙은 break@outer는 outer@이 붙은 루프의 마지막을 찾아서 거기서부터 실행을 계속한다.

레이블은 while이나 do-while에서도 쓸 수 있다.

BreakAndContinue/WhileLabeled.kt

```kotlin
import atomictest.eq

fun main() {
  val strings = mutableListOf<String>()
  var c = 'a' - 1
  outer@ while (c < 'f') {
    c += 1
    var i = 0
    do {
      i++
      if (i == 5) continue@outer
      if ("$c$i" == "c3") break@outer
      strings.add("$c$i")
    } while (i < 10)
  }
  strings eq listOf("a1", "a2", "a3", "a4",
    "b1", "b2", "b3", "b4", "c1", "c2")
}
```

WhiteLabeled.kt를 다음과 같이 다시 쓸 수도 있다.

BreakAndContinue/Improved.kt

```kotlin
import atomictest.eq
fun main() {
  val strings = mutableListOf<String>()
  for (c in 'a'..'c') {
    for (i in 1..4) {
      val value = "$c$i"
      if (value < "c3") { // [1]
        strings.add(value)
      }
    }
  }
  strings eq listOf("a1", "a2", "a3", "a4",
    "b1", "b2", "b3", "b4", "c1", "c2")
}
```

이 코드가 훨씬 더 이해하기 좋다.

- [1] (알파벳순으로) "c3"보다 앞에 있는 String만 추가한다. 이 코드는 이전 예제에서 "c3"에 도달했을 때 break를 사용했던 것과 같은 결과를 낳는다.

break와 continue를 사용하면 코드가 복잡해지고 유지 보수가 어려워질 수 있다. 두 명령은 goto보다는 좀 더 세련된 방식이지만 여전히 프로그램 흐름을 방해한다. 점프를 사용하지 않은 코드가 거의 대부분 훨씬 더 이해하기 쉽다.

앞의 예제처럼 break나 continue를 사용하는 대신 이터레이션 조건을 명시적으로 작성할 수 있는 경우가 있다. 다른 경우에는 코드 구조를 재구성해 새로운 함수를 도입할 수도 있다. 루프 전체나 루프 본문을 별도의 함수로 추출하면 break나 continue를 return으로 대체할 수 있다. '4부, 함수형 프로그래밍'에서 break와 continue 없이 더 깔끔하게 코드를 작성하는 방법을 배울 것이다.

여러 가지 다른 접근 방법을 찾아보고 더 간단하고 읽기 좋은 해법을 선택하라. 더 간단하고 읽기 좋은 해법에는 보통 break나 continue가 없는 경우가 많다.

4 부

함수형 프로그래밍

신뢰성을 위해서는 단순성을 추구해야 한다.

＿ 호어(C.A.R. Hoare)

람다

람다를 사용하면 이해하기 쉬운 간결한 코드를 작성할 수 있다.

람다(lambda)는 부가적인 장식이 덜 들어간 함수다(람다를 함수 리터럴(function literal)이라고 부르기도 한다). 람다에는 이름이 없고, 함수 생성에 필요한 최소한의 코드만 필요하며, 다른 코드에 람다를 직접 삽입할 수 있다.

먼저 map()을 생각해보자. map()은 List 같은 컬렉션에 작용하는 함수로, map()의 파라미터는 컬렉션의 모든 원소에 적용할 변환 함수다. map()은 원본 List의 모든 원소에 변환 함수를 적용해 얻은 새로운 원소로 이뤄진 새 List를 반환한다. 다음은 List의 각 원소를 []으로 둘러싼 String으로 변환하는 코드다.

Lambdas/BasicLambda.kt

```
import atomictest.eq
fun main() {
  val list = listOf(1, 2, 3, 4)
  val result = list.map({ n: Int -> "[$n]" })
  result eq listOf("[1]", "[2]", "[3]", "[4]")
}
```

result를 초기화할 때 중괄호 사이에 쓴 코드가 람다다. 파라미터 목록과 함수 본문 사이에는 (when에서 사용한 것과 똑같은) -⟩가 들어간다.

함수 본문은 하나 이상의 식이다. 식이 여럿인 경우 마지막 식이 람다의 결과가 된다.

BasicLambda.kt는 완전한 람다 문법이지만, 이를 더 간단히 쓸 수도 있다. 보통 람다가 필요한 위치에 바로 람다를 적는다. 이 말은 코틀린이 람다의 타입을 추론할 수 있다는 뜻이다. 다음 코드에서 n의 타입은 Int로 추론된다.

```
import atomictest.eq

fun main() {
  val list = listOf(1, 2, 3, 4)
  val result = list.map({ n -> "[$n]" })
  result eq listOf("[1]", "[2]", "[3]", "[4]")
}
```

람다를 List〈Int〉에 사용 중이므로 코틀린은 n의 타입이 Int라는 사실을 알 수 있다.

파라미터가 하나일 경우 코틀린은 자동으로 파라미터 이름을 it으로 만든다. 이 말은 (파라미터가 하나고 it으로 그 파라미터를 가리키는 한) 더 이상 n ->를 사용할 필요가 없다는 뜻이다.

```
import atomictest.eq
fun main() {
  val list = listOf(1, 2, 3, 4)
  val result = list.map({ "[$it]" })
  result eq listOf("[1]", "[2]", "[3]", "[4]")
}
```

map은 모든 타입의 List에 사용될 수 있다. 다음 코드에서 코틀린은 람다의 it이 Char 타입이라는 사실을 추론한다.

```
import atomictest.eq

fun main() {
  val list = listOf('a', 'b', 'c', 'd')
  val result =
    list.map({ "[${it.toUpperCase()}]" })
  result eq listOf("[A]", "[B]", "[C]", "[D]")
}
```

함수의 파라미터가 람다뿐이면 람다 주변의 괄호를 없앨 수 있으므로, 더 깔끔하게 코드를 적을 수 있다.

```
import atomictest.eq

fun main() {
  val list = listOf('a', 'b', 'c', 'd')
  val result =
    list.map { "[${it.toUpperCase()}]" }
  result eq listOf("[A]", "[B]", "[C]", "[D]")
}
```

함수가 여러 파라미터를 받고 람다가 마지막 파라미터인 경우에는 람다를 인자 목록을 감싼 괄호 다음에 위치시킬 수 있다. 예를 들어 joinToString()의 마지막 인자로 람다를 지정할 수 있다. joinToString()은 이 람다로 컬렉션의 각 원소를 String으로 변환하고, 그렇게 변환한 모든 String을 구분자와 접두사/접미사를 붙여서 하나로 합쳐준다.

```
import atomictest.eq

fun main() {
  val list = listOf(9, 11, 23, 32)
  list.joinToString(" ") { "[$it]" } eq
    "[9] [11] [23] [32]"
}
```

람다를 이름 붙은 인자로 호출하고 싶다면 인자 목록을 감싸는 괄호 안에 람다를 위치시켜야 한다.

```
import atomictest.eq

fun main() {
  val list = listOf(9, 11, 23, 32)
  list.joinToString(
    separator = " ",
    transform = { "[$it]" }
  ) eq "[9] [11] [23] [32]"
}
```

다음은 파라미터가 둘 이상 있는 람다 구문이다.

```
Lambdas/TwoArgLambda.kt
```

```kotlin
import atomictest.eq

fun main() {
  val list = listOf('a', 'b', 'c')
  list.mapIndexed { index, element ->
    "[$index: $element]"
  } eq listOf("[0: a]", "[1: b]", "[2: c]")
}
```

위 예제는 mapIndexed() 라이브러리 함수를 사용한다. 이 함수는 list의 원소와 원소의 인덱스를 함께 람다에 전달하면서 각 원소를 변환한다. mapIndexed()에 전달할 람다는 인덱스와 원소(리스트가 List<Char>이므로 원소 타입은 문자 타입이다)를 파라미터로 받아야 한다.

람다가 특정 인자를 사용하지 않는 경우 밑줄을 사용할 수 있다. 밑줄을 쓰면 람다가 무슨 무슨 인자를 사용하지 않는다는 컴파일러 경고를 무시할 수 있다.

```
Lambdas/Underscore.kt
```

```kotlin
import atomictest.eq

fun main() {
  val list = listOf('a', 'b', 'c')
  list.mapIndexed { index, _ ->
    "[$index]"
  } eq listOf("[0]", "[1]", "[2]")
}
```

list.indices를 사용해 Underscore.kt를 다시 쓸 수 있다.[1]

```
Lambdas/ListIndicesMap.kt
```

```kotlin
import atomictest.eq

fun main() {
  val list = listOf('a', 'b', 'c')
  list.indices.map {
    "[$it]"
  } eq listOf("[0]", "[1]", "[2]")
}
```

---

1 [옮긴이] mapIndexed()를 항상 indices와 map()으로 대신할 수 있는 게 아니라는 점에 유의하라. Underscore.kt의 경우 mapIndexed()에 전달한 람다가 원소 값은 무시하고 인덱스만 사용했기 때문에 indices에 map()을 적용하는 것으로 대신할 수 있었지만, 일반적으로 mapIndexed()를 indices와 map()으로 대신할 수는 없다.

람다에 파라미터가 없을 수도 있다. 이 경우 파라미터가 없다는 사실을 강조하기 위해 화살표를 남겨둘 수 있지만, 코틀린 스타일 가이드에서는 화살표를 사용하지 말라고 권장한다.

```
Lambdas/ZeroArguments.kt
```
```kotlin
import atomictest.*

fun main() {
  run { -> trace("A Lambda") }
  run { trace("Without args") }
  trace eq """
    A Lambda
    Without args
  """
}
```

표준 라이브러리 함수 run()은 단순히 자신에게 인자로 전달된 람다를 호출하기만 한다.[2]

일반 함수를 쓸 수 있는 모든 곳에 람다를 쓸 수 있다. 하지만 람다가 너무 복잡하면 이름 붙은 함수를 정의하는 편이 더 명확하다. 람다를 단 한 번만 사용하는 경우라도 람다가 너무 크면 이름 붙은 함수로 작성하는 게 더 낫다.

---

2   [옮긴이] 단순히 람다를 호출하는 거라면 단순히 람다 본문을 run 위치에 적으면 되는데, 이런 코드가 무슨 쓸모가 있을지 의문을 가질 수도 있다. 여기서는 파라미터가 없는 람다를 인자로 받는 함수를 예로 들려다 보니 표준 라이브러리의 run()을 선택한 것뿐이다. 실제로 run은 다른 용도가 있는데, 이에 대해서는 '아톰 80, 영역 함수'에서 다룬다.

람다의 중요성

람다는 문법 설탕처럼 보일 수 있다. 하지만 람다는 프로그래밍에 중요한 능력을 부여해준다.

코드가 컬렉션의 내용을 조작하는 경우가 종종 있다. 그리고 조작 방식을 약간 변경해서 조작을 반복하곤 한다. 컬렉션에서 원소를 선택하는 경우를 생각해보자. 해당 나이보다 어린 사람을 선택하거나, 특정 업무를 맡고 있는 직원을 선택하거나, 특정 도시의 시민을 찾거나, 처리가 끝나지 않은 주문을 선택하는 등 비슷한 일을 수없이 많이 해야 한다.

다음은 리스트에서 짝수를 선택하는 예제다. 컬렉션에 적용할 수 있는 풍부한 함수 라이브러리가 없다고 가정해보자. 이 경우 filterEven() 연산을 직접 구현해야 한다.

ImportanceOfLambdas/FilterEven.kt

```
package importanceoflambdas
import atomictest.eq

fun filterEven(nums: List<Int>): List<Int> {
  val result = mutableListOf<Int>()
  for (i in nums) {
    if (i % 2 == 0) { // [1]
      result += i
    }
  }
  return result
}

fun main() {
  filterEven(listOf(1, 2, 3, 4)) eq
    listOf(2, 4)
}
```

어떤 원소를 2로 나눴을 때 나머지가 0이면 그 원소를 결과에 추가한다.

비슷한 리스트지만, 이번에는 2보다 큰 수만 선택하고 싶다고 가정해보자. filterEven()을 복사해서 결과에 포함시킬 원소를 선택하는 부분만 수정할 수 있을 것이다.

ImportanceOfLambdas/GreaterThan2.kt

```kotlin
package importanceoflambdas
import atomictest.eq

fun greaterThan2(nums: List<Int>): List<Int> {
  val result = mutableListOf<Int>()
  for (i in nums) {
    if (i > 2) { // [1]
      result += i
    }
  }
  return result
}

fun main() {
  greaterThan2(listOf(1, 2, 3, 4)) eq
    listOf(3, 4)
}
```

위 두 예제에서 눈에 띄는 차이는 원하는 원소를 선택하는 부분(예제에서 [1]로 표시한 줄)뿐이다.

람다를 사용하면 두 경우 모두 같은 함수를 쓸 수 있다. 표준 라이브러리 함수 filter()는 보존하고 싶은 원소를 선택하는 술어(predicate)(Boolean 값을 돌려주는 함수)를 인자로 받는다. 이 술어를 람다로 지정할 수 있다.

ImportanceOfLambdas/Filter.kt

```kotlin
import atomictest.eq

fun main() {
  val list = listOf(1, 2, 3, 4)
  val even = list.filter { it % 2 == 0 }
  val greaterThan2 = list.filter { it > 2 }
  even eq listOf(2, 4)
  greaterThan2 eq listOf(3, 4)
}
```

이제 반복을 피하면서 간결하고 명확한 코드를 작성할 수 있게 됐다. even과 greaterThan2는 모두 filter()를 사용하며, 술어 부분만 다르다. filter()는 엄격히 테스트된 함수이므로 버그가 생길 여지가 거의 없다.

filter()가 컬렉션에서 원소를 선택하는 코드를 작성하면 여러분이 직접 처리해야 했을 이터레이션을 처리해준다. 이터레이션을 직접 관리하는 게 그다지 큰 수고는 아니지만, 어쨌든 루프도 실수할 여지가 있는 세부 사항이므로 버그가 발생할 수 있는 장소가 한 곳 더 늘어나는 셈이다. 루프 처리는 너무 '뻔하기' 때문에 루프를 작성하면서 실수를 저지르면 더 발견하기가 어렵다.

이 부분이 **함수형 프로그래밍**이 제공하는 특징이며 map()이나 filter()가 그 예다. 함수형 프로그래밍은 문제를 작은 단계로 풀어나간다. 아주 뻔해 보이는 작업을 함수가 수행하는 경우도 많다. 이런 함수를 작성하는 건 map()이나 filter()를 사용하는 것보다 그리 어렵지 않다. 하지만 이런 작고 디버깅이 잘 이뤄진 해법을 많이 갖추고 나면, 매번 디버깅할 필요 없이 이들을 쉽게 조합해서 사용할 수 있다. 이를 통해 더 튼튼한 코드를 더 빨리 작성할 수 있다.

람다를 var나 val에 담을 수 있다. 이렇게 하면 여러 함수에 같은 람다를 넘기면서 로직을 재사용할 수 있다.

ImportanceOfLambdas/StoringLambda.kt

```
import atomictest.eq

fun main() {
  val list = listOf(1, 2, 3, 4)
  val isEven = { e: Int -> e % 2 == 0 }
  list.filter(isEven) eq listOf(2, 4)
  list.any(isEven) eq true
}
```

isEven은 주어진 수가 짝수인지 판단하고, 이 참조를 filter()와 any()에 전달한다. 라이브러리 함수 any()는 주어진 술어를 만족하는 원소가 List에 하나라도 있는지 검사한다. isEven을 정의할 때는 코틀린 타입 추론기가 파라미터의 타입을 결정할 수 있는 문맥이 존재하지 않으므로 람다 파라미터의 타입을 명시해야 한다.

람다의 또 다른 특징으로 자신의 영역 밖에 있는 요소를 참조할 수 있는 능력을 들 수 있다. 함수가 자신이 속한 환경의 요소를 '포획(captuer)'하거나 '닫아버리는(close up)' 것을 **클로저**(closure)라고 한다. 불행히도 일부 언어에서는 '클로저'라는 용어를 람다 개념과 혼동한다. 두 개념은 완전히 다른 개념이다. 클로저가 없는 람다가 있을 수 있으며, 람다가 없는 클로저도 있을 수 있다.

언어가 클로저를 지원하면 클로저는 여러분이 예상하는 방식으로 '그냥 동작'한다.

```
ImportanceOfLambdas/Closures.kt

import atomictest.eq

fun main() {
  val list = listOf(1, 5, 7, 10)
  val divider = 5
  list.filter { it % divider == 0 } eq
    listOf(5, 10)
}
```

여기서 람다는 자신의 밖에 정의된 val divider를 '포획'한다. 람다는 포획한 요소를 읽을 수 있을 뿐 아니라 변경할 수도 있다.

```
ImportanceOfLambdas/Closures2.kt

import atomictest.eq

fun main() {
  val list = listOf(1, 5, 7, 10)
  var sum = 0
  val divider = 5
  list.filter { it % divider == 0 }
    .forEach { sum += it }
  sum eq 15
}
```

forEach() 라이브러리 함수는 지정한 동작을 컬렉션의 매 원소에 적용한다.

Closures2.kt와 같이 람다가 가변 변수 sum을 포획할 수 있지만, 보통은 환경의 상태를 변경하지 않는 형태로 코드를 변경할 수 있다.

```
ImportanceOfLambdas/Sum.kt

import atomictest.eq

fun main() {
  val list = listOf(1, 5, 7, 10)
  val divider = 5
  list.filter { it % divider == 0 }
    .sum() eq 15
}
```

sum()은 숫자 리스트에 적용 가능하며 리스트에 들어 있는 모든 원소를 합한 값을 돌려준다.

일반 함수도 주변 환경의 요소를 포획할 수 있다.

ImportanceOfLambdas/FunctionClosure.kt

```
package importanceoflambdas
import atomictest.eq

var x = 100

fun useX() {
  x++
}

fun main() {
  useX()
  x eq 101
}
```

useX()는 주변 환경의 x를 포획해서 변경한다.

컬렉션에 대한 연산

함수형 프로그래밍의 능력들 중에서 객체 컬렉션에 대한 연산을 한꺼번에 수행할 수 있는 능력이 매우 중요하다.

대부분의 함수형 언어는 컬렉션을 다룰 수 있는 강력한 수단을 제공한다. 코틀린도 예외가 아니다. 이미 map(), filter(), any(), forEach()를 살펴봤다. 여기서는 List와 그 외 컬렉션에 사용할 수 있는 다른 연산을 다룰 것이다.

먼저 List를 만들어내는 여러 가지 방법을 살펴보자. 다음 예제에서는 람다를 사용해 List를 초기화한다.

OperationsOnCollections/CreatingLists.kt

```kotlin
import atomictest.eq
fun main() {
  // 람다는 인자로 추가할 원소의 인덱스를 받는다
  val list1 = List(10) { it }
  list1 eq "[0, 1, 2, 3, 4, 5, 6, 7, 8, 9]"

  // 한 값으로만 이뤄진 리스트
  val list2 = List(10) { 0 }
  list2 eq "[0, 0, 0, 0, 0, 0, 0, 0, 0, 0]"

  // 글자로 이뤄진 리스트
  val list3 = List(10) { 'a' + it }
  list3 eq "[a, b, c, d, e, f, g, h, i, j]"

  // 정해진 순서를 반복
  val list4 = List(10) { list3[it % 3] }
  list4 eq "[a, b, c, a, b, c, a, b, c, a]"
}
```

이 List 생성자에는 인자가 두 개 있다. 첫 번째 인자는 생성할 List의 크기이고, 두 번째 인자는 생성한 List의 각 원소를 초기화하는 람다다(이 람다는 원소의 인덱스를 전달받으며, it으로 간편하게 전달받은 인덱스를 사용할 수 있다). 람다가 함수의 마지막 원소인 경우 람다를 인자 목록 밖으로 빼내도 된다는 점을 기억하라.

MutableList도 마찬가지 방법으로 초기화할 수 있다. 다음 코드는 인자 목록 내부(mutableList1)와 인자 목록 외부(mutableList2)에 람다를 위치시킨 모습이다.

OperationsOnCollections/ListInit.kt

```
import atomictest.eq

fun main() {
  val mutableList1 =
    MutableList(5, { 10 * (it + 1) })
  mutableList1 eq "[10, 20, 30, 40, 50]"
  val mutableList2 =
    MutableList(5) { 10 * (it + 1) }
  mutableList2 eq "[10, 20, 30, 40, 50]"
}
```

List()와 MutableList()는 생성자가 아니라 함수다. 두 함수의 이름을 지을 때 일부러 List라고 대문자로 시작해서 마치 생성자인 것처럼 보일 뿐이다.

다양한 컬렉션 함수가 술어를 받아서 컬렉션의 원소를 검사한다. 다음 중 일부는 이미 본 적이 있을 것이다.

- filter()는 주어진 술어와 일치하는(술어가 true를 반환하는) 모든 원소가 들어 있는 새 리스트를 만든다.
- any()는 원소 중 어느 하나에 대해 술어가 true를 반환하면 true를 반환한다.
- all()은 모든 원소가 술어와 일치하는지 검사한다.
- none()은 술어와 일치하는 원소가 하나도 없는지 검사한다.
- find()와 firstOrNull()은 모두 술어와 일치하는 첫 번째 원소를 반환한다. 원소가 없을 때 find()는 예외를 던지고, findOrNull()은 null을 반환한다.
- lastOrNull()은 술어와 일치하는 마지막 원소를 반환하며, 일치하는 원소가 없으면 null을 반환한다.
- count()는 술어와 일치하는 원소의 개수를 반환한다.

다음 코드에서 각 함수를 사용하는 예를 보자.

```kotlin
import atomictest.eq

fun main() {
  val list = listOf(-3, -1, 5, 7, 10)

  list.filter { it > 0 } eq listOf(5, 7, 10)
  list.count { it > 0 } eq 3

  list.find { it > 0 } eq 5
  list.firstOrNull { it > 0 } eq 5
  list.lastOrNull { it < 0 } eq -1

  list.any { it > 0 } eq true
  list.any { it != 0 } eq true

  list.all { it > 0 } eq false
  list.all { it != 0 } eq true

  list.none { it > 0 } eq false
  list.none { it == 0 } eq true
}
```

filter()와 count()는 모든 원소에 술어를 적용하지만 any()나 find()는 결과를 찾자마자 이터레이션을 중단한다. 예를 들어 첫 번째 원소가 술어를 만족시키면, any()는 바로 true를 반환하고 find()는 일치한 원소(이 경우 첫 번째 원소)를 반환한다. 주어진 술어를 만족하는 원소가 하나도 없는 경우에만 모든 원소를 처리한다.

filter()는 주어진 술어를 만족하는 원소들을 반환한다. 또는 반대쪽 그룹, 즉 술어를 만족하지 않는 원소들의 그룹이 필요할 때도 있다. filterNot()은 이런 그룹을 돌려주며, partition()은 동시에 양쪽 그룹(술어를 만족하는 원소들과 만족하지 않는 원소들)을 만들어낸다.

```kotlin
import atomictest.eq

fun main() {
  val list = listOf(-3, -1, 5, 7, 10)
  val isPositive = { i: Int -> i > 0 }

  list.filter(isPositive) eq "[5, 7, 10]"
  list.filterNot(isPositive) eq "[-3, -1]"
```

```
  val (pos, neg) = list.partition { it > 0 }
  pos eq "[5, 7, 10]"
  neg eq "[-3, -1]"
}
```

partition()은 List가 들어 있는 Pair 객체를 만든다. 아톰 36에서 다룬 구조 분해 선언을 사용하면, 괄호로 둘러싼 여러 var나 val을 선언하면서 동시에 Pair의 원소로 초기화할 수 있다. 다음 코드에서는 커스텀 함수의 반환값에 대해 구조 분해 선언을 사용한다.

OperationsOnCollections/PairOfLists.kt

```
package operationsoncollections
import atomictest.eq

fun createPair() = Pair(1, "one")

fun main() {
  val (i, s) = createPair()
  i eq 1
  s eq "one"
}
```

filterNotNull()은 null을 제외한 원소들로 이뤄진 새 List를 돌려준다.

OperationsOnCollections/FilterNotNull.kt

```
import atomictest.eq

fun main() {
  val list = listOf(1, 2, null)
  list.filterNotNull() eq "[1, 2]"
}
```

'아톰 24, 리스트'에서는 수 타입의 리스트에 대해 정의된 sum()이나 비교 가능한 원소로 이뤄진 리스트에 적용할 수 있는 sorted()를 살펴봤다. 리스트의 원소가 숫자가 아니거나 비교 가능하지 않으면 이 두 함수를 호출할 수 없지만, 각각에 대응하는 sumBy()와 sortedBy()가 있다. 이들은 덧셈이나 정렬 연산에 사용할 특성값을 돌려주는 함수(보통은 람다)를 인자로 받는다.

```
package operationsoncollections
import atomictest.eq

data class Product(
  val description: String,
  val price: Double
)

fun main() {
  val products = listOf(
    Product("bread", 2.0),
    Product("wine", 5.0)
  )
  products.sumByDouble { it.price } eq 7.0

  products.sortedByDescending { it.price } eq
    "[Product(description=wine, price=5.0)," +
    " Product(description=bread, price=2.0)]"
  products.minByOrNull { it.price } eq
    Product("bread", 2.0)
}
```

합계를 구할 때 정수 합계를 구하는 sumBy()와 실수(Double) 합계를 구하는 sumByDouble()이 있다.[3] sorted()와 sortedBy()는 컬렉션을 오름차순으로 정렬하는 반면에 sortedDescending()과 sortedByDescending()은 컬렉션을 내림차순으로 정렬한다.

minByOrNull()은 주어진 대소 비교 기준에 따라 찾은 최솟값을 돌려주며, 리스트가 비어 있는 경우 null을 반환한다.

take()와 drop()은 각각 첫 번째 원소를 취하고, 첫 번째 원소를 제거한다. takeLast()와 dropLast()는 각각 마지막 원소를 취하거나 제거한다. 이 네 가지 함수에는 모두 취하거나 제거할 대상을 지정하는 람다를 받는 버전이 존재한다.

---

3   옮긴이 sumBy()와 sumByDouble()은 컬렉션에 들어 있는 값을 모두 더해도 넘침(overflow)이 발생하지 않는다고 확신할 때만 사용해야 한다. 그나마 sumByDouble()은 합계가 너무 큰 경우 무한대를 반환해서 오류를 쉽게 눈치챌 수 있지만, sumBy()는 넘침이 일어나도 겉보기에는 평범한 정수가 나오기 때문에 오류를 눈치채지 못할 수 있다. 이런 문제로 인해 직접 비슷한 역할을 하면서 java.math.BigInteger/java.math.BigDecimal을 사용하는 비슷한 합계 함수를 작성해 사용하는 경우가 많았고, 코틀린 언어 개발자들도 이를 인식하고 코틀린 1.5부터는 sumBy() 함수를 사용 금지 예고 처리(deprecated)하면서 대안으로 sumOf() 함수를 추가했다. sumOf()는 sumBy()와 마찬가지로 람다를 인자로 받지만, 이 람다가 반환하는 값의 타입을 사용해 합계를 계산하기 때문에 넘침이 발생할 여지가 있는 경우 람다가 값을 java.math.BigInteger/java.math.BigDecimal로 변환해 돌려주면 된다. 예를 들어 products.sumByDouble { it.price }가 너무 커질 경우 products.sumOf { it.price.toBigDecimal() }이라고 하면 큰 실수로 합계를 구할 수 있다.

```
import atomictest.eq

fun main() {
  val list = listOf('a', 'b', 'c', 'X', 'Z')
  list.takeLast(3) eq "[c, X, Z]"
  list.takeLastWhile { it.isUpperCase() } eq
    "[X, Z]"
  list.drop(1) eq "[b, c, X, Z]"
  list.dropWhile { it.isLowerCase() } eq
    "[X, Z]"
}
```

List에서 본 연산 중 다음과 같은 연산은 Set에도 사용할 수 있다.[4]

```
import atomictest.eq

fun main() {
  val set = setOf("a", "ab", "ac")
  set.maxByOrNull { it.length }?.length eq 2
  set.filter {
    it.contains('b')
  } eq listOf("ab")
  set.map { it.length } eq listOf(1, 2, 2)
}
```

maxByOrNull()은 컬렉션이 비어 있으면 null을 반환하므로 결과 타입이 널이 될 수 있는 타입이다.

filter()와 map()을 Set에 적용하면 List를 결과로 받는다는 점을 기억해두자.

---

4   **옮긴이** 대부분의 연산을 사용할 수 있긴 하지만, findFirst()와 같이 컬렉션에 저장된 원소 순서에 따라 결과가 달라질 수 있는 연산은 실행할 때마다 다른 결과를 내놓을 수도 있다는 점에 유의해야 한다.

멤버 참조

함수 인자로 멤버 참조를 전달할 수 있다.

함수, 프로퍼티, 생성자에 대해 만들 수 있는 **멤버 참조**(member reference)는 해당 함수, 프로퍼티, 생성자를 호출하는 뻔한 람다를 대신할 수 있다.

멤버 함수나 프로퍼티 이름 앞에 그들이 속한 클래스 이름과 2중 콜론(::)을 위치시켜서 멤버 참조를 만들 수 있다. 다음 코드에서는 Message::isRead가 멤버 참조다.

MemberReferences/PropertyReference.kt

```
package memberreferences1
import atomictest.eq

data class Message(
  val sender: String,
  val text: String,
  val isRead: Boolean
)

fun main() {
  val messages = listOf(
    Message("Kitty", "Hey!", true),
    Message("Kitty", "Where are you?", false))
  val unread =
    messages.filterNot(Message::isRead)
  unread.size eq 1
  unread.single().text eq "Where are you?"
}
```

읽지 않은 메시지를 거르려면 술어를 받는 라이브러리 함수 filterNot()을 사용해야 한다. 이 경우 필요한 술어는 메시지를 이미 읽었는지 판단하는 술어이며, 람다를 넘길 수도 있지만 Message::isRead라는 프로퍼티 참조를 넘겼다.

객체의 기본적인 대소 비교를 따르지 않도록 정렬 순서를 지정해야 할 때는 프로퍼티 참조가 유용하다.

MemberReferences/SortWith.kt

```
import memberreferences1.Message
import atomictest.eq

fun main() {
  val messages = listOf(
    Message("Kitty", "Hey!", true),
    Message("Kitty", "Where are you?", false),
    Message("Boss", "Meeting today", false))
  messages.sortedWith(compareBy(
    Message::isRead, Message::sender)) eq
    listOf(
      // 우선은 읽지 않은 메시지가 보낸 사람 순서로 정렬된다
      Message("Boss", "Meeting today", false),
      Message("Kitty",
        "Where are you?", false),
      // 그 후 읽은 메시지가 역시 보낸 사람 순서로 정렬된다
      Message("Kitty", "Hey!", true))
}
```

라이브러리 함수 sortedWith()는 **비교기**(comparator)를 사용해 리스트를 정렬한다. 비교기는 두 원소를 비교하는 객체다. 라이브러리 함수 compareBy()는 파라미터로 주어진 술어 목록에 따라 비교기를 생성한다. compareBy()에 인자를 하나만 넘기고 sortedWith()에 전달하면 sortedBy()와 같은 결과를 얻을 수 있다.

함수 참조

List에 읽지 않은 메시지뿐 아니라 중요한 메시지가 들어 있는지도 검사하고 싶다고 가정해보자. '중요하다'가 무슨 의미인지 결정하는 데 복잡한 기준이 여럿 필요할 수도 있다. 이 로직을 람다에 넣을 수도 있지만, 그러면 람다가 금방 커지고 복잡해진다. 이런 경우 람다를 별도의 함수로 추출하면 코드를 더 이해하기 쉽다. 코틀린에서는 함수 타입이 필요한 곳에 함수를 바로 넘길 수 없지만, 그 대신 함수에 대한 **참조**는 넘길 수 있다.

```
package memberreferences2
import atomictest.eq

data class Message(
  val sender: String,
  val text: String,
  val isRead: Boolean,
  val attachments: List<Attachment>
)

data class Attachment(
  val type: String,
  val name: String
)

fun Message.isImportant(): Boolean =
  text.contains("Salary increase") ||
    attachments.any {
      it.type == "image" &&
        it.name.contains("cat")
    }

fun main() {
  val messages = listOf(Message(
    "Boss", "Let's discuss goals " +
    "for next year", false,
    listOf(Attachment("image", "cute cats"))))
  messages.any(Message::isImportant) eq true
}
```

새 Message 클래스에는 attachments라는 프로퍼티와 Message.isImportant()라는 확장 함수가 추가됐다. message.any() 호출에서 이 확장 함수에 대한 참조를 전달한다. 참조를 만들 수 있는 대상이 멤버 함수로만 제한되어 있지는 않다.

Message를 유일한 파라미터로 받는 최상위 수준 함수가 있으면 이 함수를 참조로 전달할 수 있다. 최상위 수준 함수에 대한 참조를 만들 때는 클래스 이름이 없으므로 ::function처럼 쓴다.

```
package memberreferences2
import atomictest.eq

fun ignore(message: Message) =
```

```
  !message.isImportant() &&
    message.sender in setOf("Boss", "Mom")

fun main() {
  val text = "Let's discuss goals " +
    "for the next year"
  val msgs = listOf(
    Message("Boss", text, false, listOf()),
    Message("Boss", text, false, listOf(
      Attachment("image", "cute cats"))))
  msgs.filter(::ignore).size eq 1
  msgs.filterNot(::ignore).size eq 1
}
```

생성자 참조

클래스 이름을 사용해 생성자에 대한 참조를 만들 수도 있다.

다음 코드에서 names.mapIndexed()는 생성자 참조 ::Student를 받는다.

MemberReferences/ConstructorReference.kt

```
package memberreferences3
import atomictest.eq

data class Student(
  val id: Int,
  val name: String
)

fun main() {
  val names = listOf("Alice", "Bob")
  val students =
    names.mapIndexed { index, name ->
      Student(index, name)
    }
  students eq listOf(Student(0, "Alice"),
    Student(1, "Bob"))
  names.mapIndexed(::Student) eq students
}
```

'아톰 44, 람다'에서 소개한 mapIndexed() 함수는 names의 각 원소의 인덱스를 원소와 함께 람다에 전달해준다. students 정의에서는 이 두 값(인덱스와 원소)을 명시적으로 생성자에 넘겼다. 하지만 names.mapIndexed(::Student)를 통해 똑같은 효과를 얻을 수 있다. 따라서 함수와 생성자 참조를 사용하면 단순히 람다로 전달되기만 하는 긴 파라미터 리스트를 지정하는 수고를 하지 않아도 된다. 따라서 람다를 사용할 때보다 더 가독성이 좋아진다.

확장 함수 참조

확장 함수에 대한 참조를 만들려면 참조 앞에 확장 대상 타입 이름을 붙이면 된다.

MemberReferences/ExtensionReference.kt

```
package memberreferences
import atomictest.eq

fun Int.times47() = times(47)

class Frog
fun Frog.speak() = "Ribbit!"

fun goInt(n: Int, g: (Int) -> Int) = g(n)

fun goFrog(frog: Frog, g: (Frog) -> String) =
  g(frog)

fun main() {
  goInt(12, Int::times47) eq 564
  goFrog(Frog(), Frog::speak) eq "Ribbit!"
}
```

goInt()에서 g는 Int를 인자로 받아 Int를 반환하는 함수다. goFrog()에서 g는 Frog를 인자로 받아 String을 반환한다.

48

고차 함수

프로그래밍 언어에서 함수를 다른 함수의 인자로 넘길 수 있거나 함수가 반환값으로 함수를 돌려줄 수 있으면, 언어가 고차 함수(higher-order function)를 지원한다고 말한다.

고차 함수는 함수형 프로그래밍에서 필수적이다. 지금까지 다룬 아톰에서 이미 filter(), map(), any() 등의 고차 함수를 살펴봤다.

람다는 참조에 저장할 수 있다. 우선 이렇게 람다를 저장한 변수의 타입을 살펴보자.

HigherOrderFunctions/IsPlus.kt

```
package higherorderfunctions
import atomictest.eq

val isPlus: (Int) -> Boolean = { it > 0 }

fun main() {
  listOf(1, 2, -3).any(isPlus) eq true
}
```

(Int) -> Boolean은 함수 타입이다. 함수 타입은 0개 이상의 파라미터 타입 목록을 둘러싼 괄호로 시작하며, 화살표(->)가 따라오고 화살표 뒤에 반환 타입이 온다.

(파라미터타입1, ..., 파라미터타입N) -> 반환타입

참조를 통해 함수를 호출하는 구문은 일반 함수를 호출하는 구문과 똑같다.

```
package higherorderfunctions
import atomictest.eq

val helloWorld: () -> String =
  { "Hello, world!" }

val sum: (Int, Int) -> Int =
  { x, y -> x + y }

fun main() {
  helloWorld() eq "Hello, world!"
  sum(1, 2) eq 3
}
```

함수가 함수 파라미터를 받는 경우 해당 인자로 람다나 함수 참조를 전달할 수 있다. 표준 라이브러리의 any()를 어떻게 직접 구현할 수 있는지 살펴보라.

```
package higherorderfunctions
import atomictest.eq

fun <T> List<T>.any(                // [1]
  predicate: (T) -> Boolean         // [2]
): Boolean {
  for (element in this) {
    if (predicate(element))         // [3]
      return true
  }
  return false
}

fun main() {
  val ints = listOf(1, 2, -3)
  ints.any { it > 0 } eq true       // [4]
  val strings = listOf("abc", " ")
  strings.any { it.isBlank() } eq true // [5]
  strings.any(String::isNotBlank) eq   // [6]
    true
}
```

- [1] any()를 여러 타입의 List에 대해 호출할 수 있어야 하므로 제네릭 List<T> 타입의 확장 함수로 정의한다.

278

- [2] predicate 함수를 리스트의 원소에 적용할 수 있어야 하므로 이 함수는 파라미터 타입 T를 인자로 받는 함수여야 한다.
- [3] predicate() 함수를 적용하면 선택 기준을 element가 만족하는지 알 수 있다.
- 람다의 파라미터 타입이 다르다. [4]에서는 Int이고 [5]에서는 String이다.
- [6] 멤버 참조를 전달하는 것은 함수 참조를 전달하는 또 다른 방법이다.

표준 라이브러리 함수 repeat()는 두 번째 인자로 함수를 받는다. 이 함수는 두 번째 인자로 받은 동작을 첫 번째 인자로 받은 Int 값이 지정한 횟수만큼 반복한다.

HigherOrderFunctions/RepeatByInt.kt

```
import atomictest.*

fun main() {
  repeat(4) { trace("hi!") }
  trace eq "hi! hi! hi! hi!"
}
```

repeat()를 어떻게 정의할 수 있는지 생각해보라.

HigherOrderFunctions/Repeat.kt

```
package higherorderfunctions
import atomictest.*

fun repeat(
  times: Int,
  action: (Int) -> Unit        // [1]
) {
  for (index in 0 until times) {
    action(index)              // [2]
  }
}
fun main() {
  repeat(3) { trace("#$it") } // [3]
  trace eq "#0 #1 #2"
}
```

- [1] repeat()는 (Int) -> Unit 타입의 함수를 action 파라미터로 받는다.
- [2] action()을 현재의 반복 횟수 index를 사용해 호출한다.
- [3] repeat()를 호출할 때 람다 내부에서 반복 인덱스를 it으로 참조할 수 있다.

함수의 반환 타입이 널이 될 수 있는 타입일 수도 있다.

```
import atomictest.eq

fun main() {
  val transform: (String) -> Int? =
    { s: String -> s.toIntOrNull() }
  transform("112") eq 112
  transform("abc") eq null
  val x = listOf("112", "abc")
  x.mapNotNull(transform) eq "[112]"
  x.mapNotNull { it.toIntOrNull() } eq "[112]"
}
```

toIntOrNull()은 null을 반환할 수 있다. 따라서 transform()은 String을 파라미터로 받아서 널이 될 수 있는 Int? 타입의 값을 반환한다. mapNotNull()은 List의 각 원소를 널이 될 수 있는 값으로 변환하고 변환 결과에서 null을 제외시킨다. 이는 map()을 호출해 얻은 결과 리스트에 filterNotNull()을 호출한 것과 같다.

반환 타입을 널이 될 수 있는 타입으로 만드는 것과 함수 전체의 타입을 널이 될 수 있는 타입으로 만드는 것의 차이점에 주의하자.

```
import atomictest.eq

fun main() {
  val returnTypeNullable: (String) -> Int? =
    { null }
  val mightBeNull: ((String) -> Int)? = null
  returnTypeNullable("abc") eq null
  // 널 검사를 하지 않으면 컴파일이 되지 않는다
  // mightBeNull("abc")
  if (mightBeNull != null) {
    mightBeNull("abc")
  }
}
```

mightBeNull에 저장된 함수를 호출하기 전에 함수 참조 자체가 null이 아닌지 반드시 검사해야 한다.

49

리스트 조작하기

묶기(zipping)와 평평하게 하기(flattening)는 List를 조작할 때 흔히 쓰는 연산이다.

묶기

zip()은 재킷의 지퍼처럼 두 List의 원소를 하나씩 짝짓는 방식으로 묶는다.

ManipulatingLists/Zipper.kt

```
import atomictest.eq

fun main() {
  val left = listOf("a", "b", "c", "d")
  val right = listOf("q", "r", "s", "t")

  left.zip(right) eq                    // [1]
    "[(a, q), (b, r), (c, s), (d, t)]"

  left.zip(0..4) eq                     // [2]
    "[(a, 0), (b, 1), (c, 2), (d, 3)]"

  (10..100).zip(right) eq               // [3]
    "[(10, q), (11, r), (12, s), (13, t)]"
}
```

- [1] left와 right를 묶으면 Pair로 이뤄진 List가 생긴다. 이때 left와 right에서 같은 위치(인덱스)에 있는 원소를 결합해준다.
- [2] List와 범위를 zip()할 수도 있다.

- [3] 범위 (10..100)은 right보다 원소가 훨씬 많다. 하지만 두 시퀀스 중 어느 한쪽이 끝나면 묶기 연산도 끝난다.

zip( ) 함수는 만들어진 Pair에 대해 연산을 적용하는 기능도 있다.

ManipulatingLists/ZipAndTransform.kt

```kotlin
package manipulatinglists
import atomictest.eq

data class Person(
  val name: String,
  val id: Int
)

fun main() {
  val names = listOf("Bob", "Jill", "Jim")
  val ids = listOf(1731, 9274, 8378)
  names.zip(ids) { name, id ->
    Person(name, id)
  } eq "[Person(name=Bob, id=1731), " +
    "Person(name=Jill, id=9274), " +
    "Person(name=Jim, id=8378)]"
}
```

names.zip(ids) { ... }은 이름-아이디 Pair를 만든 다음 람다를 각 Pair에 적용한다. 결과는 초기화된 Person 객체들로 이뤄진 List다.

한 List에서 어떤 원소와 그 원소에 인접한 다음 원소를 묶으려면 zipWithNext( )를 사용하라.

ManipulatingLists/ZippingWithNext.kt

```kotlin
import atomictest.eq

fun main() {
  val list = listOf('a', 'b', 'c', 'd')

  list.zipWithNext() eq listOf(
    Pair('a', 'b'),
    Pair('b', 'c'),
    Pair('c', 'd'))

  list.zipWithNext { a, b -> "$a$b" } eq
    "[ab, bc, cd]"
}
```

두 번째로 zipWithNext()를 호출한 코드는 원소를 묶은 뒤 연산을 추가로 적용해준다.

평평하게 하기

flatten()은 각 원소가 List인 List를 인자로 받아서 원소가 따로따로 들어 있는 List를 반환한다.

ManipulatingLists/Flatten.kt

```
import atomictest.eq

fun main() {
  val list = listOf(
    listOf(1, 2),
    listOf(4, 5),
    listOf(7, 8),
  )
  list.flatten() eq "[1, 2, 4, 5, 7, 8]"
}
```

flatMap()은 컬렉션에서 중요한 연산이며, 이를 이해하는 데 flatten이 중요하다. 어떤 범위에 속한 Int로부터 가능한 모든 Pair를 만들어보자.

ManipulatingLists/FlattenAndFlatMap.kt

```
import atomictest.eq

fun main() {
  val intRange = 1..3

  intRange.map { a ->            // [1]
    intRange.map { b -> a to b }
  } eq "[" +
    "[(1, 1), (1, 2), (1, 3)], " +
    "[(2, 1), (2, 2), (2, 3)], " +
    "[(3, 1), (3, 2), (3, 3)]" +
    "]"

  intRange.map { a ->            // [2]
    intRange.map { b -> a to b }
  }.flatten() eq "[" +
    "(1, 1), (1, 2), (1, 3), " +
    "(2, 1), (2, 2), (2, 3), " +
    "(3, 1), (3, 2), (3, 3)" +
    "]"
```

```
  intRange.flatMap { a ->        // [3]
    intRange.map { b -> a to b }
  } eq "[" +
    "(1, 1), (1, 2), (1, 3), " +
    "(2, 1), (2, 2), (2, 3), " +
    "(3, 1), (3, 2), (3, 3)" +
    "]"
}
```

세 가지 경우 모두 람다는 같다. intRange에 속한 모든 원소를 intRange에 속한 모든 원소와 조합해 가능한 모든 a to b Pair를 만든다. 하지만

- [1]에서 map()은 intRange에 속한 각 원소에 대응하는 세 List가 생겼다는 정보를 유지해 준다. 이런 부가 정보가 꼭 필요할 때도 있지만 여기서는 필요하지 않고, 단지 모든 조합이 담긴 추가적인 다른 구조가 들어 있지 않은 평평한 List를 얻고 싶다.

두 가지 방법이 있다.

- [2] flatten() 함수를 적용해 결과를 평평하게 해서 부가적인 구조(내포된 List 구조)를 없애고 단일 List를 만든다. 이 방법도 사용할 만하다. 하지만 이런 작업을 해야 하는 경우가 흔하기 때문에 코틀린은 한 번 호출하면 map()과 flatten()을 모두 수행해주는 flatMap() 이라는 합성 연산을 제공한다.
- [3] flatMap()의 동작을 보자. 함수형 프로그래밍을 지원하는 대부분의 언어에서 flatMap() 을 볼 수 있다.

다음은 두 번째 flatMap() 예제다.

ManipulatingLists/WhyFlatMap.kt

```
package manipulatinglists
import atomictest.eq

class Book(
  val title: String,
  val authors: List<String>
)

fun main() {
  val books = listOf(
    Book("1984", listOf("George Orwell")),
    Book("Ulysses", listOf("James Joyce"))
  )
```

```
books.map { it.authors }.flatten() eq
  listOf("George Orwell", "James Joyce")
books.flatMap { it.authors } eq
  listOf("George Orwell", "James Joyce")
}
```

작가의 List가 필요하다. map()은 작가의 List의 List를 생성하지만, 사용하기 편한 구조는 아
니다. 이 결과에 flatten()을 적용하면 단순한 List를 얻을 수 있다. flatMap()은 한 번에 같은
결과를 만들어낸다.

다음 예제는 map()과 flatMap()을 사용해 Suit와 Rank 이넘을 조합해서 Card의 덱을 만든다.[5]

ManipulatingLists/PlayingCards.kt
```
package manipulatinglists
import kotlin.random.Random
import atomictest.*

enum class Suit {
  Spade, Club, Heart, Diamond
}

enum class Rank(val faceValue: Int) {
  Ace(1), Two(2), Three(3), Four(4), Five(5),
  Six(6), Seven(7), Eight(8), Nine(9),
  Ten(10), Jack(10), Queen(10), King(10)
}

class Card(val rank: Rank, val suit: Suit) {
  override fun toString() =
    "$rank of ${suit}s"
}

val deck: List<Card> =
  Suit.values().flatMap { suit ->
    Rank.values().map { rank ->
      Card(rank, suit)
    }
  }
```

---

5 **옮긴이** 예제 코드에서 난수 random()을 사용하기 때문에 마지막 trace 비교가 어쩌다 한 번 성공한 거라고 생각할 수도 있다. 하지만 그 앞에 val
   rand = Random(26)으로 난수 씨앗(seed)을 고정했기 때문에 항상 같은 결과가 나온다. 코틀린 Random은 의사 난수(pseudo random)를 만들며,
   씨앗값이 같으면 항상 같은 난수 시퀀스를 내놓는다.

```kotlin
fun main() {
  val rand = Random(26)
  repeat(7) {
    trace("'${deck.random(rand)}'")
  }
  trace eq """
    'Jack of Hearts' 'Four of Hearts'
    'Five of Clubs' 'Seven of Clubs'
    'Jack of Diamonds' 'Ten of Spades'
    'Seven of Spades'
  """
}
```

deck을 초기화할 때 안쪽의 Rank.values().map()은 List를 네 개 생성하며, 이때 각 List는 각 Suit에 대응한다. 따라서 deck이 List⟨Card⟩가 되기 위해서는 바깥쪽에서 flatMap()을 사용해야 한다.

맵 만들기

'아톰 49, 리스트 조작하기'에서는 반복적인 데이터 집합을 만들기 위해 두 List를 하나로 묶으면서 생기는 Pair에 대해 람다 안에서 생성자를 호출하는 방식으로 List⟨Person⟩을 만들었다.

BuildingMaps/People.kt

```
package buildingmaps

data class Person(
  val name: String,
  val age: Int
)

val names = listOf("Alice", "Arthricia",
  "Bob", "Bill", "Birdperson", "Charlie",
  "Crocubot", "Franz", "Revolio")

val ages = listOf(21, 15, 25, 25, 42, 21,
  42, 21, 33)

fun people(): List⟨Person⟩ =
  names.zip(ages) { name, age ->
    Person(name, age)
  }
```

Map을 사용하면 키를 사용해 값에 빠르게 접근할 수 있다. age가 키인 Map을 만들면 나이로 사람을 빠르게 검색할 수 있다. 라이브러리 함수 groupBy()는 이런 Map을 만드는 방법 중 하나다.

```
import buildingmaps.*
import atomictest.eq

fun main() {
  val map: Map<Int, List<Person>> =
    people().groupBy(Person::age)
  map[15] eq listOf(Person("Arthricia", 15))
  map[21] eq listOf(
    Person("Alice", 21),
    Person("Charlie", 21),
    Person("Franz", 21))
  map[22] eq null
  map[25] eq listOf(
    Person("Bob", 25),
    Person("Bill", 25))
  map[33] eq listOf(Person("Revolio", 33))
  map[42] eq listOf(
    Person("Birdperson", 42),
    Person("Crocubot", 42))
}
```

groupBy()의 파라미터는 원본 컬렉션의 원소를 분류하는 기준이 되는 키를 반환하는 람다다. groupBy()는 원본 컬렉션의 각 원소에 이 람다를 적용해 키 값을 얻은 후 맵에 넣어준다. 이때 키가 같은 값이 둘 이상 있을 수 있으므로 맵의 값은 원본 컬렉션의 원소 중에 키에 해당하는 값의 리스트가 되어야 한다. 여기서는 age가 키가 되어 나이가 같은 사람들이 한 List에 들어간다. 예를 들어 Person("Bob", 25)나 Person("Bill", 25)에 대해 Person::age를 적용하면 age 프로퍼티 값인 25가 반환되므로, 이 둘은 groupBy()가 돌려주는 맵에서 25라는 키와 연관된 리스트 안에 함께 포함된다.

filter() 함수를 사용해도 똑같은 그룹을 계산할 수 있지만, 그룹 분류를 단 한 번에 할 수 있으므로 groupBy()가 더 낫다. filter()를 사용하면 새로운 키가 나타날 때마다 그룹을 만드는 작업을 반복해야 한다.

```
import buildingmaps.*
import atomictest.eq

fun main() {
  val groups =
    people().groupBy { it.name.first() }
```

```
// groupBy()는 빠르게 맵을 만든다
groups['A'] eq listOf(Person("Alice", 21),
  Person("Arthricia", 15))
groups['Z'] eq null

// filter()를 사용하면 각 문자에 대해 filter()를 반복 실행해야 한다
people().filter {
  it.name.first() == 'A'
} eq listOf(Person("Alice", 21),
  Person("Arthricia", 15))
people().filter {
  it.name.first() == 'F'
} eq listOf(Person("Franz", 21))

people().partition {
  it.name.first() == 'A'
} eq Pair(
  listOf(Person("Alice", 21),
    Person("Arthricia", 15)),
  listOf(Person("Bob", 25),
    Person("Bill", 25),
    Person("Birdperson", 42),
    Person("Charlie", 21),
    Person("Crocubot", 42),
    Person("Franz", 21),
    Person("Revolio", 33)))
}
```

여기서 groupBy()는 people()을 first()로 얻은 첫 번째 글자를 기준으로 그룹을 나눈다. filter()를 사용해 각 문자에 대응하는 람다를 적용하면 같은 결과를 얻을 수 있다.

그룹이 두 개만 필요한 경우에는 술어에 의해 컬렉션 내용을 두 그룹으로 나누는 partition() 함수가 더 직접적이다. groupBy()는 결과 그룹이 세 개 이상인 경우 적합하다.

리스트에 대해 associateWith()를 사용하면, 리스트 원소를 키로 하고 associateWith()에 전달된 함수(여기서는 람다)를 리스트 원소에 적용한 반환값을 값으로 하는 Map을 만들 수 있다.

BuildingMaps/AssociateWith.kt

```
import buildingmaps.*
import atomictest.eq

fun main() {
  val map: Map<Person, String> =
    people().associateWith { it.name }
```

```
  map eq mapOf(
    Person("Alice", 21) to "Alice",
    Person("Arthricia", 15) to "Arthricia",
    Person("Bob", 25) to "Bob",
    Person("Bill", 25) to "Bill",
    Person("Birdperson", 42) to "Birdperson",
    Person("Charlie", 21) to "Charlie",
    Person("Crocubot", 42) to "Crocubot",
    Person("Franz", 21) to "Franz",
    Person("Revolio", 33) to "Revolio")
}
```

associateBy()는 associateWith()가 만들어내는 연관 관계를 반대 방향으로 뒤집는다. 즉, 셀렉터(아래 예제에서는 람다)가 반환한 값이 키가 된다.

BuildingMaps/AssociateBy.kt

```
import buildingmaps.*
import atomictest.eq

fun main() {
  val map: Map<String, Person> =
    people().associateBy { it.name }
  map eq mapOf(
    "Alice" to Person("Alice", 21),
    "Arthricia" to Person("Arthricia", 15),
    "Bob" to Person("Bob", 25),
    "Bill" to Person("Bill", 25),
    "Birdperson" to Person("Birdperson", 42),
    "Charlie" to Person("Charlie", 21),
    "Crocubot" to Person("Crocubot", 42),
    "Franz" to Person("Franz", 21),
    "Revolio" to Person("Revolio", 33))
}
```

associateBy()의 셀렉터가 유일한 키 값을 만들어내야 한다. 키 값이 유일하면 associateBy()가 반환하는 맵이 키와 값을 하나씩 연결시켜줄 수 있다(셀렉터로 name을 사용한 이전 예제에서는 이름이 겹치지 않으므로 맵에 아홉 개의 키와 값이 들어 있지만, age를 사용한 다음 예제에서는 21살이 3명, 25살이 2명, 42살이 2명 있으므로 맵의 키가 아홉 개에서 다섯 개로 줄면서 Person 객체 일부가 제외됐다).

```kotlin
import buildingmaps.*
import atomictest.eq

fun main() {
  // associateBy()는 키가 유일하지 않은 경우 실패한다
  // 즉, 원본의 값 중 일부가 사라진다
  val ages = people().associateBy { it.age }
  ages eq mapOf(
    21 to Person("Franz", 21),
    15 to Person("Arthricia", 15),
    25 to Person("Bill", 25),
    42 to Person("Crocubot", 42),
    33 to Person("Revolio", 33))
  }
```

위 예제의 age처럼 셀렉터가 돌려주는 키와 연관된 값이 여럿 존재하는 경우, 같은 키를 내놓는 값 중 컬렉션에서 맨 나중에 나타나는 원소가 생성되는 Map에 포함된다.

getOrElse()는 Map에서 값을 찾는다. getOrElse()는 키가 없을 때 디폴트 값을 계산하는 방법이 담긴 람다를 인자로 받는다. 이 파라미터가 람다이므로 필요할 때만 디폴트 값을 계산할 수 있다.

```kotlin
import atomictest.eq

fun main() {
  val map = mapOf(1 to "one", 2 to "two")

  map.getOrElse(0) { "zero" } eq "zero"

  val mutableMap = map.toMutableMap()
  mutableMap.getOrPut(0) { "zero" } eq
    "zero"
  mutableMap eq "{1=one, 2=two, 0=zero}"
}
```

getOrPut()은 MutableMap에만 적용할 수 있다. getOrPut()은 키가 있으면 그냥 연관된 값을 반환한다. 하지만 맵에서 키를 찾을 수 없으면, 값을 계산한 후 그 값을 키와 연관시켜 맵에 저장하고 저장한 값을 반환한다.

여러 Map 연산이 List가 제공하는 연산과 겹친다. 예를 들어 Map의 원소(즉, 키-값 쌍)에 대해 filter()나 map()을 적용할 수 있다. 또한, 키와 값을 별도로 걸러낼 수도 있다.

```
import atomictest.eq

fun main() {
  val map = mapOf(1 to "one",
    2 to "two", 3 to "three", 4 to "four")

  map.filterKeys { it % 2 == 1 } eq
    "{1=one, 3=three}"

  map.filterValues { it.contains('o') } eq
    "{1=one, 2=two, 4=four}"

  map.filter { entry ->
    entry.key % 2 == 1 &&
      entry.value.contains('o')
  } eq "{1=one}"
}
```

filter(), filterKeys(), filterValues()는 모두 술어를 만족하는 원소들로 이뤄진 새 맵을 반환한다. filterKeys()는 술어를 맵의 키에 적용하고, filterValues()는 술어를 맵의 값에 적용한다.

맵에 연산 적용하기

Map에 map()을 적용한다는 말은 동어 반복인 것 같다. 'map'이라는 영어 단어는 두 가지 아이디어를 나타낸다.

- 컬렉션 변환하기
- 키-값 쌍을 저장하는 데이터 구조

두 개념에 같은 단어를 사용하는 프로그래밍 언어도 많다. 명확히 구분하고 싶은 경우, map()을 Map에 적용하는 행위를 **맵을 변환한다**라고 표현한다.

다음 코드에서 map(), mapKeys(), mapValues()를 살펴보자.

```
import atomictest.eq

fun main() {
  val even = mapOf(2 to "two", 4 to "four")
  even.map {                                 // [1]
```

```
    "${it.key}=${it.value}"
  } eq listOf("2=two", "4=four")

  even.map { (key, value) ->              // [2]
    "$key=$value"
  } eq listOf("2=two", "4=four")

  even.mapKeys { (num, _) -> -num }       // [3]
    .mapValues { (_, str) -> "minus $str" } eq
    mapOf(-2 to "minus two",
      -4 to "minus four")

  even.map { (key, value) ->
    -key to "minus $value"
  }.toMap() eq mapOf(-2 to "minus two", // [4]
    -4 to "minus four")
}
```

- [1] map()은 Map.Entry를 인자로 받는 람다를 파라미터로 받는다. Map.Entry의 내용을 it.key와 it.value로 접근할 수 있다.
- [2] 아톰 36에서 다룬 구조 분해 선언을 사용해 람다가 받은 맵 원소를 key와 value로 분해할 수 있다.
- [3] 파라미터를 사용하지 않을 때는 밑줄(_)을 사용해 컴파일러의 경고를 막는다. mapKeys()와 mapValues()는 모든 키나 값이 변환된 새 맵을 반환한다.
- [4] map()은 쌍들의 리스트를 반환한다. 따라서 여기에서 새로운 Map을 생성하려면 명시적으로 toMap()을 호출해야 한다.

any()나 all() 같은 함수도 Map에 적용할 수 있다.

BuildingMaps/SimilarOperation.kt

```
import atomictest.eq

fun main() {
  val map = mapOf(1 to "one",
    -2 to "minus two")
  map.any { (key, _) -> key < 0 } eq true
  map.all { (key, _) -> key < 0 } eq false
  map.maxByOrNull { it.key }?.value eq "one"
}
```

any()는 Map의 원소 중에 주어진 술어를 만족하는 원소가 하나라도 있는지 검사한다. 반면 all()은 Map의 모든 원소가 술어를 만족해야 true를 반환한다.

maxByOrNull()은 주어진 기준에 따라 가장 큰 원소를 찾는다. 가장 큰 원소가 없을 수도 있으므로 이 함수의 결과는 널이 될 수 있는 타입이다.

시퀀스

> 코틀린 Sequence는 List와 비슷하지만, Sequence를 대상으로 해서는 이터레이션만 수행할 수 있다. 즉, 인덱스를 써서 Sequence의 원소에 접근할 수는 없다. 이 제약으로 인해 시퀀스에서 연산을 아주 효율적으로 연쇄시킬 수 있다.

코틀린 Sequence를 다른 함수형 언어에서는 **스트림**(stream)이라고 부른다. 코틀린이 다른 이름을 선택한 이유는 자바 8의 Stream 라이브러리와 호환성을 유지하기 위해서다.

List에 대한 연산은 **즉시**(eagerly) 계산된다. 이는 함수를 호출하자마자 모든 원소에 대해 바로 계산이 이뤄진다는 뜻이다. List 연산을 연쇄시키면 첫 번째 연산의 결과가 나온 후에야 다음 연산을 적용할 수 있다. 다음 예제에서는 filter(), map(), any() 연산을 list의 모든 원소에 적용했다.

Sequences/EagerEvaluation.kt

```
import atomictest.eq

fun main() {
  val list = listOf(1, 2, 3, 4)
  list.filter { it % 2 == 0 }
    .map { it * it }
    .any { it < 10 } eq true

  // 다음과 같다
  val mid1 = list.filter { it % 2 == 0 }
  mid1 eq listOf(2, 4)
  val mid2 = mid1.map { it * it }
  mid2 eq listOf(4, 16)
  mid2.any { it < 10 } eq true
}
```

즉시 계산은 직관적이고 단순하지만 최적은 아니다. EagerEvaluation.kt에서 any()를 만족하는 첫 번째 원소를 만나서 적용한 뒤 연쇄적인 연산을 멈출 수 있다면 더 합리적일 것이다. 시퀀스가 긴 경우, 이런 최적화가 모든 원소에 대해 연산을 적용한 다음 일치하는 원소를 하나 찾아내는 것보다 훨씬 더 빠르다.

즉시 계산은 **수평적 평가**라고도 한다.

▼ 그림 51-1 수평적 평가

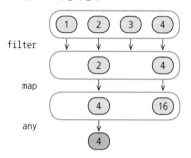

첫 번째 줄은 최초 리스트 내용을 보여주고, 다음에 오는 각 줄은 이전 연산의 결과를 보여준다. 다음 줄에 있는 연산을 수행하기 전에 현재 수평적 수준에 있는 모든 원소에 대해 연산이 처리되어야 한다.

즉시 계산의 대안은 **지연 계산**이다. 지연 계산은 결과가 필요할 때만 계산을 수행한다. 시퀀스에 대해 지연 계산을 수행하는 경우를 **수직적 평가**라고도 한다.

▼ 그림 51-2 수직적 평가

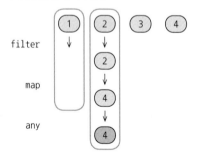

지연 계산을 사용하면 어떤 원소와 연관된 값이 진짜 필요할 때만 그 원소와 관련된 연산을 수행한다. 원본 컬렉션의 마지막 원소를 처리하기 전에 최종 결과를 찾아내면 나머지 원소는 처리되지 않는다.

List를 asSequence()를 사용해 Sequence로 변경하면 지연 계산이 활성화된다. 인덱싱을 제외한 모든 List 연산을 Sequence에도 사용할 수 있다. 따라서 보통은 코드에서 한군데만 바꿔도 지연 계산의 이점을 얻을 수 있다.

다음 예제는 앞에서 보여준 다이어그램을 코드로 바꾼 것이다. 똑같은 연산을 연쇄적으로 적용하는데, 한 번은 List를 사용하고 다음 번에는 Sequence를 사용한다. 출력은 각 연산이 호출된 지점이다.

Sequences/EagerVsLazyEvaluation.kt

```kotlin
package sequences
import atomictest.*

fun Int.isEven(): Boolean {
  trace("$this.isEven()")
  return this % 2 == 0
}

fun Int.square(): Int {
  trace("$this.square()")
  return this * this
}

fun Int.lessThanTen(): Boolean {
  trace("$this.lessThanTen()")
  return this < 10
}

fun main() {
  val list = listOf(1, 2, 3, 4)
  trace(">>> List:")
  trace(
    list
      .filter(Int::isEven)
      .map(Int::square)
      .any(Int::lessThanTen)
  )
  trace(">>> Sequence:")
  trace(
    list.asSequence()
      .filter(Int::isEven)
      .map(Int::square)
      .any(Int::lessThanTen)
  )
```

```
    trace eq """
      >>> List:
      1.isEven()
      2.isEven()
      3.isEven()
      4.isEven()
      2.square()
      4.square()
      4.lessThanTen()
      true
      >>> Sequence:
      1.isEven()
      2.isEven()
      2.square()
      4.lessThanTen()
      true
    """
}
```

두 접근 방법의 차이는 asSequence()를 추가로 호출한 것뿐이지만, Sequence보다 List 쪽이 더 많은 원소에 대해 연산을 수행한다.

filter나 map()을 Sequence에 대해 호출하면 다른 Sequence가 생기며, 계산 결과를 요청할 때까지는 아무 일도 벌어지지 않는다. 대신 새 Sequence는 지연된 모든 연산에 대한 정보를 저장해 두고, 필요할 때만 저장해둔 연산을 실행한다.

Sequences/NoComputationYet.kt

```
import atomictest.eq
import sequences.*

fun main() {
  val r = listOf(1, 2, 3, 4)
    .asSequence()
    .filter(Int::isEven)
    .map(Int::square)
  r.toString().substringBefore("@") eq
    "kotlin.sequences.TransformingSequence"
}
```

r을 String으로 변환해도 우리가 원하는 최종 결과가 생기지 않는다. 단지 어떤 객체의 식별자만 나온다(내부에 객체의 메모리 주소를 표현하는 @이 들어 있다. 그래서 표준 라이브러리

substringBefore()를 사용해 @과 주소를 제거했다). TransformingSequence는 연산을 저장만 할 뿐 수행하지는 않는다.

Sequence 연산에는 **중간**(intermediate) **연산**과 **최종**(terminal) **연산**, 두 가지가 있다.

- 중간 연산은 결과로 다른 Sequence를 내놓는다. filter()와 map()은 중간 연산이다.
- 최종 연산은 Sequence가 아닌 값을 내놓는다. 결괏값을 얻기 위해 최종 연산은 저장된 모든 계산을 수행한다. 앞의 예에서 any()는 Sequence를 받아 Boolean을 내놓기 때문에 최종 연산이다.

다음 예제에서 toList()는 최종 연산이다. Sequence를 List로 변환하며 시퀀스를 처리하는 과정에서 저장된 모든 연산을 실행한다.

```
Sequences/TerminalOperations.kt
import sequences.*
import atomictest.*

fun main() {
  val list = listOf(1, 2, 3, 4)
  trace(list.asSequence()
    .filter(Int::isEven)
    .map(Int::square)
    .toList())
  trace eq """
    1.isEven()
    2.isEven()
    2.square()
    3.isEven()
    4.isEven()
    4.square()
    [4, 16]
  """
}
```

Sequence는 (중간) 연산을 저장해두기 때문에 각 연산을 원하는 순서로 호출할 수 있고, 그에 따라 지연 계산이 발생한다.

다음 예제는 표준 라이브러리 함수인 generateSequence()를 사용해 자연수로 이뤄진 무한 시퀀스를 만든다. generateSequence()의 첫 번째 인자는 시퀀스의 첫 번째 원소이고, 두 번째 인자는 이전 원소로부터 다음 원소를 만들어내는 방법을 정의하는 람다다.

```
import atomictest.eq

fun main() {
  val naturalNumbers =
    generateSequence(1) { it + 1 }
  naturalNumbers.take(3).toList() eq
    listOf(1, 2, 3)
  naturalNumbers.take(10).sum() eq 55
}
```

Collection의 경우 size 프로퍼티를 통해 미리 크기를 알 수 있다. 반면 Sequence는 마치 무한인 것처럼 취급된다. 여기서는 take()를 통해 원하는 개수만큼 원소를 얻은 다음, 최종 연산(toList()와 sum())을 수행한다.

첫 번째 인자를 요구하지 않고 Sequence의 다음 원소를 반환하는 람다만 받는 generateSequence() 오버로딩 버전도 있다. 람다는 더 이상 원소가 없으면 null을 내놓는다.[6] 다음 예제에서는 입력에 '끝내기 플래그'인 XXX가 나타날 때까지 Sequence 원소를 생성한다.

```
import atomictest.*

fun main() {
  val items = mutableListOf(
    "first", "second", "third", "XXX", "4th"
  )
  val seq = generateSequence {
    items.removeAt(0).takeIf { it != "XXX" }
  }
  seq.toList() eq "[first, second, third]"
  capture {
    seq.toList()
  } eq "IllegalStateException: This " +
    "sequence can be consumed only once."
}
```

removeAt(0)은 List의 0번째(맨 처음) 원소를 제거하고 그 원소를 반환한다. takeIf()는 수신 객체(여기서는 removeAt(0)이 반환한 String)가 주어진 술어를 만족하면 수신 객체를 반환하고, 술어를 만족하지 않으면(즉, 술어 람다가 받는 String이 "XXX"면) null을 반환한다.

6　　**옮긴이** 실제로는 첫 번째 인자로 초깃값을 요구하는 generateSequence()에서도 람다가 null을 반환하면 시퀀스가 끝난다.

Sequence는 한 번만 이터레이션할 수 있다.[7] 이터레이션을 또 시도하면 예외가 발생하며, Sequence를 여러 번 처리하고 싶다면 우선 시퀀스를 Collection 타입 중 하나로 변환해야 한다. 다음은 타입 파라미터 T를 사용해 임의의 타입에 적용할 수 있는 제네릭 takeIf()를 구현한 것이다.

Sequences/DefineTakeIf.kt

```
package sequences
import atomictest.eq

fun <T> T.takeIf(
  predicate: (T) -> Boolean
): T? {
  return if (predicate(this)) this else null
}

fun main() {
  "abc".takeIf { it != "XXX" } eq "abc"
  "XXX".takeIf { it != "XXX" } eq null
}
```

다음 예제에서 generateSequence()와 takeIf()는 감소하는 수열을 만든다.

Sequences/NumberSequence2.kt

```
import atomictest.eq

fun main() {
  generateSequence(6) {
    (it - 1).takeIf { it > 0 }
  }.toList() eq listOf(6, 5, 4, 3, 2, 1)
}
```

takeIf() 대신 항상 일반 if를 쓸 수 있다. 하지만 식별자가 추가로 필요하기 때문에 if 식이 지저분해 보인다. takeIf() 쪽은 더 함수형 표현이고, 특히 호출 연쇄 중간에 자연스럽게 사용할 수 있다.

---

7 **옮긴이** 사용 중인 시퀀스의 종류에 따라서는 반복 이터레이션이 가능한 경우도 있다. 하지만 반복 이터레이션을 사용하는 시퀀스의 경우 처음부터 모든 연산을 다시 실행할 가능성이 있으므로 반복 계산을 피하기 위해서는 본문에서 설명한 대로 시퀀스를 컬렉션으로 변환해 저장해둬야 한다. 참고로 어떤 시퀀스에 대해 constrainOnce()를 호출하면 단 한 번만 이터레이션을 허용하는 제약이 걸려 있는 시퀀스를 얻을 수 있다. 개발 시 시퀀스를 두 번 순회하는 로직 오류를 잡아내고 싶다면 constrainOnce()를 호출해 사용하면 도움이 된다.

지역 함수

어디에서든 함수를 정의할 수 있다. 심지어 함수 안에서도 함수를 정의할 수 있다.

다른 함수 안에 정의된 이름 붙은 함수를 **지역 함수**(local function)라고 한다. 반복되는 코드를 지역 함수로 추출하면 중복을 줄일 수 있다. 게다가 지역 함수 자신이 속한 함수의 내부에서만 지역 함수를 볼 수 있으므로, 지역 함수는 '여러분의 이름 공간을 오염시키지 않는다.' 다음 예제에서 log()는 다른 함수와 똑같은 방식으로 정의됐지만 main() 안에 **내포**(nest)되어 있다.

LocalFunctions/LocalFunctions.kt

```
import atomictest.eq

fun main() {
  val logMsg = StringBuilder()
  fun log(message: String) =
    logMsg.appendLine(message)
  log("Starting computation")
  val x = 42 // 계산을 흉내 냄
  log("Computation result: $x")
  logMsg.toString() eq """
    Starting computation
    Computation result: 42
  """
}
```

지역 함수는 **클로저**다. 즉, 지역 함수는 자신을 둘러싼 환경의 var나 val을 포획한다. 포획을 쓰지 않으면 주변 환경의 값을 별도의 파라미터로 전달받아야 한다. log()는 자신을 둘러싼 외부 환경의 logMsg를 사용한다. 이렇게 하면 log()를 호출할 때 반복적으로 logMsg를 전달할 필요가 없다.

지역 확장 함수를 정의할 수도 있다.

```
import atomictest.eq

fun main() {
  fun String.exclaim() = "$this!"
  "Hello".exclaim() eq "Hello!"
  "Hallo".exclaim() eq "Hallo!"
  "Bonjour".exclaim() eq "Bonjour!"
  "Ciao".exclaim() eq "Ciao!"
}
```

main() 안에서만 exclaim()을 사용할 수 있다.

다음은 이번 아톰에서 사용할 클래스와 예제 값이다.

```
package localfunctions

class Session(
  val title: String,
  val speaker: String
)

val sessions = listOf(Session(
  "Kotlin Coroutines", "Roman Elizarov"))

val favoriteSpeakers = setOf("Roman Elizarov")
```

함수 참조를 사용해 지역 함수를 참조할 수 있다.

```
import localfunctions.*
import atomictest.eq

fun main() {
  fun interesting(session: Session): Boolean {
    if (session.title.contains("Kotlin") &&
      session.speaker in favoriteSpeakers) {
      return true
    }
    // ... 추가 검사
```

```
      return false
    }
  sessions.any(::interesting) eq true
}
```

interesting()은 단 한 번만 사용되므로, 이를 람다로 정의하는 쪽으로 생각이 기울 것이다. 이번 아톰에서 보겠지만, interesting() 안에 쓰인 return 식 때문에 이 함수를 람다로 정의하기가 어렵다. **익명 함수**(anonymous function)를 사용하면 이런 문제를 피할 수 있다. 람다와 마찬가지로 익명 함수도 이름이 없다. 익명 함수는 지역 함수와 비슷하지만 fun 키워드를 사용해 정의한다. 다음은 익명 함수를 써서 LocalFunctionReference.kt를 다시 작성한 코드다.

LocalFunctions/InterestingSessions.kt
```
import localfunctions.*
import atomictest.eq

fun main() {
  sessions.any(
    fun(session: Session): Boolean { // [1]
      if (session.title.contains("Kotlin") &&
        session.speaker in favoriteSpeakers) {
        return true
      }
      // ... 추가 검사
      return false
    }) eq true
}
```

- [1] 익명 함수는 이름이 없는 일반 함수처럼 보인다. 여기서는 익명 함수를 sessions.any()의 인자로 전달한다.

람다가 너무 복잡해서 읽기 어렵다면 지역 함수나 익명 함수로 대신하라.

레이블

다음 코드에서 forEach()는 return을 포함하는 람다에 대해 작용한다.

LocalFunctions/ReturnFromFun.kt
```
import atomictest.eq

fun main() {
```

```
  val list = listOf(1, 2, 3, 4, 5)
  val value = 3
  var result = ""
  list.forEach {
    result += "$it"
    if (it == value) {
      result eq "123"
      return                    // [1]
    }
  }
  result eq "Never gets here" // [2]
}
```

return 식은 fun을 사용해 정의한 함수(따라서 람다는 제외된다)를 끝낸다.

- [1]에서 return은 main() 함수를 끝낸다는 뜻이다.[8]
- 이로 인해 [2]번 줄은 실행되지 않고 아무 출력도 내지 않는다.

람다를 둘러싼 함수가 아니라 람다에서만 반환해야 한다면 **레이블이 붙은**(labeled) return을 사용하라.

LocalFunctions/LabeledReturn.kt

```
import atomictest.eq

fun main() {
  val list = listOf(1, 2, 3, 4, 5)
  val value = 3
  var result = ""
  list.forEach {
    result += "$it"
    if (it == value) return@forEach
  }
  result eq "12345"
}
```

---

8   [옮긴이] 원래 코틀린 람다 안에서는 return을 쓸 수 없다(람다 본문에 있는 return이 어떤 함수를 반환시켜야 할지 생각해보라). 그런데 여기서는 어떻게 return을 쓸 수 있을까? 코틀린에서는 인라인 함수가 람다를 인자로 받는 경우 해당 람다도 함께 인라인하게 되어 있으며, 이때 함께 인라인되는 람다 안에서 return을 쓸 수 있도록 허용한다. 인라인을 쓰면 forEach() 함수와 그 함수에 전달된 람다의 본문은 모두 forEach()를 호출한 위치(이 예제에서는 main()의 내부)에 소스 코드를 복사한 것처럼 컴파일이 된다. 따라서 람다 안에서 return을 써도 컴파일된 코드에서는 main() 함수 본문 안에 프로그래머가 직접 쓴 return과 구분되지 않고 똑같이 main()이 반환된다. 인라인 함수가 람다를 인자로 받는 경우 등에 대한 설명은 이 책의 범위를 벗어난다. 따라서 코틀린 홈페이지(영문)의 인라인 함수 문서(https://kotlinlang.org/docs/inline-functions.html)나 다른 코틀린 서적을 참조하길 바란다.

이 코드에서 레이블은 람다를 호출한 함수 이름이다. return@forEach라는 레이블이 붙은 return 문은 람다를 레이블인 forEach**까지만** 반환시키라고 지정한다.

람다 앞에 레이블@을 넣으면 새 레이블을 만들 수 있다. 이때 레이블 이름은 아무 이름이나 쓸 수 있다.

```
LocalFunctions/CustomLabel.kt
```
```kotlin
import atomictest.eq

fun main() {
  val list = listOf(1, 2, 3, 4, 5)
  val value = 3
  var result = ""
  list.forEach tag@{              // [1]
    result += "$it"
    if (it == value) return@tag // [2]
  }
  result eq "12345"
}
```

- [1] 람다에 tag라는 레이블을 붙인다.
- [2] return@tag는 main()이 아니라 람다를 반환시킨다.

InterestingSessions.kt의 익명 함수를 람다로 바꿔보자.

```
LocalFunctions/ReturnInsideLambda.kt
```
```kotlin
import localfunctions.*
import atomictest.eq

fun main() {
  sessions.any { session ->
    if (session.title.contains("Kotlin") &&
      session.speaker in favoriteSpeakers) {
      return@any true
    }
    // ... 추가 검사
    false
  } eq true
}
```

이 람다가 main()을 반환시키면 안 되므로, 여기서는 반드시 레이블을 붙여서 람다만 반환시켜야 한다.

지역 함수 조작하기

var나 val에 람다나 익명 함수를 저장할 수 있고, 이렇게 람다를 가리키게 된 식별자를 사용해 해당 함수를 호출할 수 있다. 지역 함수를 저장하려면 함수 참조('아톰 47, 멤버 참조' 참조)를 사용한다.

다음 예제에서 first()는 익명 함수를, second()는 람다를, third()는 지역 함수에 대한 참조를 반환하고, forth()는 third()와 같은 효과를 내지만 식 본문을 써서 더 간결하게 처리한다. fifth()는 람다를 식 본문 함수에 사용해 같은 효과를 낸다.

LocalFunctions/ReturningFunc.kt

```kotlin
package localfunctions
import atomictest.eq

fun first(): (Int) -> Int {
  val func = fun(i: Int) = i + 1
  func(1) eq 2
  return func
}

fun second(): (String) -> String {
  val func2 = { s: String -> "$s!" }
  func2("abc") eq "abc!"
  return func2
}

fun third(): () -> String {
  fun greet() = "Hi!"
  return ::greet
}

fun fourth() = fun() = "Hi!"

fun fifth() = { "Hi!" }

fun main() {
  val funRef1: (Int) -> Int = first()
  val funRef2: (String) -> String = second()
  val funRef3: () -> String = third()
  val funRef4: () -> String = fourth()
  val funRef5: () -> String = fifth()

  funRef1(42) eq 43
  funRef2("xyz") eq "xyz!"
  funRef3() eq "Hi!"
```

```
  funRef4() eq "Hi!"
  funRef5() eq "Hi!"
  first()(42) eq 43
  second()("xyz") eq "xyz!"
  third()() eq "Hi!"
  fourth()() eq "Hi!"
  fifth()() eq "Hi!"
}
```

main()은 우선 각 함수가 정말 원하는 타입의 함수에 대한 참조를 내놓는지 검증한다. 그 후 적절한 인자를 사용해 각 funRef를 호출한다. 마지막으로, 각 함수를 호출해 반환되는 함수 참조 뒤에 적절한 인자 목록을 덧붙이는 방식으로 함수를 호출한다. 예를 들어 first()를 호출하면 함수가 반환되므로, 뒤에 인자 목록 (42)를 추가해 **반환된** 함수를 호출할 수 있다.

ATOMIC KOTLIN
아톰

53

리스트 접기

fold()는 리스트의 모든 원소를 순서대로 조합해 결괏값을 하나 만들어낸다.

흔히 사용되는 예제는 sum()이나 reverse()를 fold()를 통해 구현하는 것이다. 다음 예제에서는 fold()를 사용해 컬렉션의 합계를 구한다.

FoldingLists/SumViaFold.kt

```
import atomictest.eq

fun main() {
  val list = listOf(1, 10, 100, 1000)
  list.fold(0) { sum, n ->
    sum + n
  } eq 1111
}
```

fold()는 초깃값(첫 번째 인자, 여기서는 0)을 받고, 지금까지 누적된 값과 현재 원소에 대해 연산(람다로 표현됨)을 연속적으로 적용시킨다. 예제의 fold()는 우선 0(초깃값)과 1을 더해서 1을 얻고, 이 값이 sum으로 다음 람다 호출 시 전달된다. 이때는 10이 더해지기 때문에 결과는 11이 되고 이 값이 새 sum 값이 된다. 이 과정을 남은 두 원소 100과 1000에 대해 반복하면 차례로 111과 1111이 생긴다. fold()는 더 이상 리스트에 원소가 없을 때 연산을 중단하고, 마지막 sum인 1111을 반환한다. 물론 fold()는 자신이 'sum'을 구하는 중이라는 사실을 알지 못한다. 이 이름은 여러분이 이 예제를 더 쉽게 이해할 수 있도록 선택한 이름일 뿐이다.

다음 예제의 FoldVsForLoop.kt는 일반적인 for 루프를 사용한다. fold()의 각 단계를 더 잘 이해할 수 있을 것이다.

```
import atomictest.eq

fun main() {
  val list = listOf(1, 10, 100, 1000)
  var accumulator = 0
  val operation =
    { sum: Int, i: Int -> sum + i }
  for (i in list) {
    accumulator = operation(accumulator, i)
  }
  accumulator eq 1111
}
```

fold()는 현재의 원소와 누적값을 조합하는 operation을 연속적으로 적용한다.

fold()가 중요한 개념이자 순수 함수형 언어에서 값을 누적시키는 유일한 방법이긴 하지만, 코틀린에서는 여전히 일반 for 루프를 사용하는 경우가 있다.

fold()는 원소를 왼쪽에서 오른쪽으로 처리하고, foldRight()는 오른쪽에서 시작해 왼쪽 방향으로 원소를 처리한다.[9] 둘의 차이를 다음 예제에서 살펴보자.

```
import atomictest.eq

fun main() {
  val list = listOf('a', 'b', 'c', 'd')
  list.fold("*") { acc, elem ->
    "($acc) + $elem"
  } eq "(((( *) + a) + b) + c) + d"
  list.foldRight("*") { elem, acc ->
    "$elem + ($acc)"
  } eq "a + (b + (c + (d + (*))))"
}
```

(*) + a에서 볼 수 있듯이 fold()는 맨 처음으로 a에 연산을 적용한다. 반대로 foldRight()는 맨 오른쪽 원소인 d를 맨 처음에 처리하고 a를 맨 나중에 처리한다.

fold()와 foldRight()는 첫 번째 파라미터를 통해 명시적으로 누적값을 받는다. 하지만 첫 번째 원소가 누적값의 초깃값이 될 수 있는 경우도 있다. reduce()와 reduceRight()는 각각 fold(),

---

9   **옮긴이** fold()와 foldRight()에 전달되는 람다에서 누적값이 전달되는 위치도 다르다는 점에 유의해야 한다.

foldRight()와 비슷하지만 첫 번째 원소와 마지막 원소를 초깃값으로 사용한다.

```kotlin
import atomictest.eq

fun main() {
  val chars = "A B C D E".split(" ")
  chars.fold("*") { acc, e -> "$acc $e" } eq
    "* A B C D E"
  chars
    .foldRight("*") { e, acc -> "$acc $e" } eq
    "* E D C B A"
  chars.reduce { acc, e -> "$acc $e" } eq
    "A B C D E"
  chars.reduceRight { e, acc -> "$acc $e" } eq
    "E D C B A"
}
```

runningFold()와 runningReduce()는 이 과정에서 계산되는 모든 중간 단계 값을 포함하는 List를 만들어낸다. 이 List의 마지막 값은 fold()와 reduce()의 결괏값과 같다.

```kotlin
import atomictest.eq

fun main() {
  val list = listOf(11, 13, 17, 19)
  list.fold(7) { sum, n ->
    sum + n
  } eq 67
  list.runningFold(7) { sum, n ->
    sum + n
  } eq "[7, 18, 31, 48, 67]"
  list.reduce { sum, n ->
    sum + n
  } eq 60
  list.runningReduce { sum, n ->
    sum + n
  } eq "[11, 24, 41, 60]"
}
```

runningFold()는 우선 초깃값(7)을 저장하고, 각각의 중간 단계 값을 추가한다. runningReduce()는 각 sum의 값을 저장한다.

재귀

재귀(recursion)는 함수 안에서 함수 자신을 호출하는 프로그래밍 기법이다. 꼬리 재귀(tail recursion)는 일부 재귀 함수에 명시적으로 적용할 수 있는 최적화 방법이다.

재귀 함수는 이전 재귀 호출의 결과를 활용한다. 팩토리얼(factorial)(계승)이 일반적인 예다. factorial(n)은 1부터 n까지 모든 수를 곱한 값인데, 다음과 같이 정의할 수도 있다.

- factorial(1)은 1이다.
- factorial(n)은 n * factorial(n-1)이다.

factorial()이 재귀적인 이유는 자신에게 전달된 인자값을 변형한 값으로 자기 자신을 호출한 결과를 사용하기 때문이다. 다음은 factorial()을 재귀로 구현한 코드다.

Recursion/Factorial.kt

```
package recursion
import atomictest.eq

fun factorial(n: Long): Long {
  if (n <= 1) return 1
  return n * factorial(n - 1)
}

fun main() {
  factorial(5) eq 120
  factorial(17) eq 355687428096000
}
```

이 코드는 읽기 쉽지만 처리 비용이 많이 든다. 함수를 호출하면 함수와 인자에 대한 정보가 **호출**

스택(call stack)에 저장된다. 예외가 던져져서 코틀린이 **스택 트레이스**(stack trace)를 표시하면 호출 스택의 모습을 볼 수 있다.

Recursion/CallStack.kt

```
package recursion

fun illegalState() {
  // throw IllegalStateException()
}

fun fail() = illegalState()

fun main() {
  fail()
}
```

예외를 던지는 줄의 주석을 해제하면 콘솔에 다음과 같은 출력이 나온다.

```
Exception in thread "main" java.lang.IllegalStateException
  at recursion.CallStackKt.illegalState(CallStack.kt:5)
  at recursion.CallStackKt.fail(CallStack.kt:8)
  at recursion.CallStackKt.main(CallStack.kt:11)
```

스택 트레이스는 예외가 던져진 순간의 호출 스택 상태를 보여준다. CallStack.kt의 경우 호출 스택은 세 가지 함수로 구성된다.

▼ 그림 54-1 호출 스택

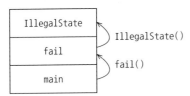

main()에서 시작하고, main()은 fail()을 호출한다. fail() 호출은 호출 스택에 인자와 함수에 필요한 정보[10]를 추가한다. 다음으로 fail()은 illegalState()를 호출하며, 이 호출에 대한 정

---

10 [옮긴이] 함수를 호출할 때마다 스택에 쌓는 정보를 활성 레코드(activation record)라 하며, 스택에 쌓이기 때문에 스택 프레임이라고도 한다. 함수가 반환될 때 돌아가야 할 주소(이 주소는 함수 호출 명령 바로 다음 명령의 주소다), 프레임 크기나 이전 프레임 포인터(함수마다 스택 프레임 크기가 달라서 함수 반환 시 스택에서 프레임을 제거할 때 필요함)가 필수로 들어간다.

보도 콜 스택에 추가된다.

재귀 함수를 호출하면 매 재귀 호출이 호출 스택에 프레임을 추가한다. 이로 인해 StackOverflow Error가 발생하기 쉽다. StackOverflowError는 호출 스택을 너무 많이 써서 더 이상 스택에 쓸 수 있는 메모리가 없다는 뜻이다.

프로그래머가 재귀 호출 연쇄를 제때 끝내지 않아서 StackOverflowError를 야기하는 경우가 자주 있다. 이를 **무한 재귀**라고 한다.

Recursion/InfiniteRecursion.kt

```
package recursion

fun recurse(i: Int): Int = recurse(i + 1)

fun main() {
  // println(recurse(1))
}
```

main()의 본문 주석을 해제하면 똑같은 호출이 아주 많이 중복된 스택 트레이스를 볼 수 있다.

```
Exception in thread "main" java.lang.StackOverflowError
at recursion.InfiniteRecursionKt.recurse(InfiniteRecursion.kt:4)
at recursion.InfiniteRecursionKt.recurse(InfiniteRecursion.kt:4)
...
at recursion.InfiniteRecursionKt.recurse(InfiniteRecursion.kt:4)
```

재귀 함수가 계속 자기 자신을 호출(호출 시 전달되는 인자는 다를 수 있음)하면서 스택을 채운다.

▼ 그림 54-2 무한 재귀

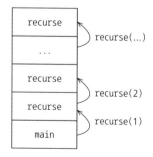

무한 재귀는 항상 StackOverflowError로 끝난다. 하지만 무한 재귀 **없이** 그냥 재귀 호출을 아주 많이 해도 똑같은 결과를 낼 수 있다. 예를 들어 sum(n)을 n + sum(n - 1)로 정의해 어떤 수까지 이르는 모든 정수를 재귀로 합한다고 하자.

```
package recursion
import atomictest.eq

fun sum(n: Long): Long {
  if (n == 0L) return 0
  return n + sum(n - 1)
}

fun main() {
  sum(2) eq 3
  sum(1000) eq 500500
  // sum(100_000) eq 500050000        // [1]
  (1..100_000L).sum() eq 5000050000 // [2]
}
```

이런 재귀는 빠르게 문제가 발생한다.

- [1]의 주석을 해제하면 계산이 끝나는 데 아주 오랜 시간이 걸리고, 재귀 호출에서 결국 스택 넘침이 발생한다는 사실을 알 수 있다.

혹시 sum(100_000)이 제대로 동작한다면 더 큰 수를 넣어보라. sum(100_000)을 호출하면 sum() 함수 호출을 100_000번 스택에 추가하기 때문에 StackOverflowError가 발생한다.

- [2]에서는 비교를 위해 범위의 합계를 구해주는 표준 라이브러리 함수 sum()을 사용했다. 이 함수는 제대로 값을 내놓는다.

StackOverflowError를 막기 위해서는 재귀 대신 이터레이션을 택해야 한다.

```
package iteration
import atomictest.eq

fun sum(n: Long): Long {
  var accumulator = 0L
  for (i in 1..n) {
    accumulator += i
  }
  return accumulator
}
```

```
fun main() {
  sum(10000) eq 50005000
  sum(100000) eq 5000050000
}
```

이제 sum( ) 호출이 단 한 번만 이뤄지고 결과는 for 루프를 통해 계산되므로 StackOverflow Error가 발생할 위험이 없다. 이터레이션을 사용한 해법이 단순하긴 하지만 가변 상태 변수 accumulator를 사용해 변하는 값을 저장해야 하는데, 함수형 프로그래밍에서는 가변 상태를 가능하면 피하려고 한다.

호출 스택 넘침을 막기 위해 함수형 언어들은(코틀린도 포함) **꼬리 재귀**라는 기법을 사용한다. 꼬리 재귀의 목표는 호출 스택의 크기를 줄이는 것이다. sum( ) 예제를 예로 들어보자. 여기에 꼬리 재귀를 사용하면 호출 스택이 Iteration.kt 예제와 같이 한 함수 호출로 줄어든다.

▼ 그림 54-3 일반 재귀와 꼬리 재귀 비교

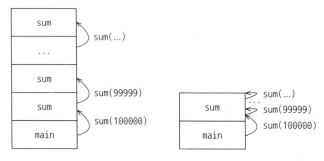

꼬리 재귀는 tailrec 키워드를 사용해 만든다. 이 키워드는 올바른 조건하에서 재귀 호출을 이터레이션으로 변환해 호출 스택 비용을 제거해준다. 꼬리 재귀는 컴파일러가 수행하는 최적화이지만, 모든 재귀 함수에 적용할 수 있는 것은 아니다.

tailrec을 성공적으로 사용하려면 재귀가 마지막 연산이어야 한다. 이 말은 재귀 함수가 자기 자신을 호출해 얻은 결괏값을 아무 연산도 적용하지 않고 즉시 반환해야 한다는 뜻이다. 예를 들어 RecursionLimits.kt에 있는 sum( ) 함수의 fun 앞에 tailrec을 붙이면 다음 오류를 볼 수 있다.

- A function is marked as tail-recursive but no tail calls are found: 함수를 꼬리 재귀로 표시했지만 실제 함수 본문에는 꼬리 재귀 호출이 없다는 뜻
- Recursive call is not a tail call: 재귀 호출이 꼬리 재귀 호출이 아니라는 뜻

문제는 sum( )을 호출한 결과를 반환하기 **전에** n을 더한다는 점이다. tailrec이 성공하려면 재귀 호출 결과를 아무 짓도 하지 말고 바로 다시 반환해야 한다. 이 조건을 만족시키려면 종종 함수를 재구성해야 한다. sum( )의 경우 tailrec에 성공적인 구현은 다음과 같다.

```kotlin
package tailrecursion
import atomictest.eq

private tailrec fun sum(
  n: Long,
  accumulator: Long
): Long =
  if (n == 0L) accumulator
  else sum(n - 1, accumulator + n)

fun sum(n: Long) = sum(n, 0)

fun main() {
  sum(2) eq 3
  sum(10000) eq 50005000
  sum(100000) eq 5000050000
}
```

accumulator 파라미터를 추가하면 재귀 호출 중에 (인자 계산 시) 덧셈을 할 수 있고, 결과를 받으면 그냥 반환하는 일 말고는 할 일이 없다. 이제는 재작성한 함수가 모든 연산을 재귀 함수 호출에 위임하기 때문에 tailrec 키워드가 성공한다. 추가로 accumulator가 불변값이 되기 때문에 Iteration.kt에서 가졌던 (가변 상태를 유지해야 한다는) 불만도 사라진다.

factorial()도 꼬리 재귀를 보여주는 일반적인 예제이며, 이번 아톰의 예제에도 문제가 들어 있다. 또 다른 예제는 피보나치(Fibonacci) 수열이다. 각 피보나치 수는 이전 두 피보나치 수의 합이다. 첫 두 피보나치 수는 0과 1이므로, 수열은 0, 1, 1, 2, 3, 5, 8, 13, 21 ...이다. 이 수열을 다음과 같이 재귀적으로 표현할 수 있다.

```kotlin
package slowfibonacci
import atomictest.eq

fun fibonacci(n: Long): Long {
  return when (n) {
    0L -> 0
    1L -> 1
    else ->
      fibonacci(n - 1) + fibonacci(n - 2)
  }
}
```

```
fun main() {
  fibonacci(0) eq 0
  fibonacci(22) eq 17711
  // 시간이 아주 오래 걸린다
  // fibonacci(50) eq 12586269025
}
```

이 구현은 이전에 계산한 값을 재사용하지 않으므로 엄청나게 비효율적이다. 이로 인해 연산 횟수가 기하급수적(지수적)으로 증가한다.

❤ 그림 54-4 피보나치 수 계산의 비효율성

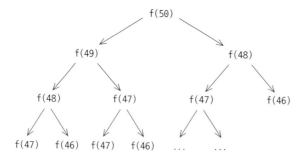

50번째 피보나치 수를 계산하려면 먼저 49번째와 48번째를 따로따로 계산해야 한다. 즉, 48번째 수를 두 번 계산한다는 뜻이다. 46번째 수는 네 번 계산해야 하고, 그 이전의 수는 더 많은 횟수를 계산해야 한다.

꼬리 재귀를 사용하면 계산 효율이 극적으로 좋아진다.

Recursion/Fibonacci.kt

```
package recursion
import atomictest.eq

fun fibonacci(n: Int): Long {
  tailrec fun fibonacci(
    n: Int,
    current: Long,
    next: Long
  ): Long {
    if (n == 0) return current
    return fibonacci(
      n - 1, next, current + next)
  }
  return fibonacci(n, 0L, 1L)
}
```

```
fun main() {
  (0..8).map { fibonacci(it) } eq
    "[0, 1, 1, 2, 3, 5, 8, 13, 21]"
  fibonacci(22) eq 17711
  fibonacci(50) eq 12586269025
}
```

디폴트 인자값을 사용하면 지역 fibonacci() 함수를 쓰지 않을 수도 있다. 하지만 디폴트 인자는 사용자가 그 디폴트 값 대신 다른 값을 넘겨도 된다는 점을 암시하며, 여기서는 정해진 값이 아닌 다른 값을 넣으면 잘못된 결과가 나온다. 외부의 함수가 지역 함수로 선언된 꼬리 재귀 fibonacci() 함수를 가려주기 때문에 **오직** fibonacci(n)만 호출할 수 있다.

main()은 피보나치 수열에서 맨 앞의 여덟 개를 보여주고, 22번째와 50번째 피보나치 수를 보여준다. 이제는 50번째 피보나치 수를 아주 빠르게 계산할 수 있다.

5부

객체 지향 프로그래밍

... 상속은 아주 유연한 메커니즘이다. 상속을 잘못 사용할 수도 있고 실제로 잘못 사용하는 경우도 흔하지만, 오남용이 흔하다는 이유로 상속을 체계적으로 불신할 필요는 없다. 그런데 요즘 상속을 불신하는 게 유행인 것 같다.

＿ 버트란드 메이어(Bertrand Meyer)

인터페이스

> 인터페이스(interface)는 타입(type)이라는 개념을 기술한다. 인터페이스는 그 인터페이스를 구현하는 모든 클래스의 프로토타입(prototype)이다.

- 인터페이스는 클래스가 **무엇**을 하는지는 기술하지만, 그 일을 **어떻게** 하는지는 기술하지 않는다.
- 인터페이스는 (클래스의) 형태를 제시하지만, 일반적으로 구현은 포함하지 않는다.
- 인터페이스는 객체의 동작을 지정하지만, 그 동작을 어떻게 수행하는지에 대한 세부 사항은 제시하지 않는다.
- 인터페이스는 존재의 목표나 임무를 기술하며, 클래스는 세부적인 구현 사항을 포함한다.

한 사전에서는 인터페이스를 '독립적이고 관련이 없는 여러 시스템이 만나서 서로 작용하거나 의사소통하는 장소'라고 정의한다. 즉, 인터페이스는 시스템의 여러 부품이 서로 의사소통하는 수단이다.

애플리케이션 프로그래밍 인터페이스(Application Programming Interface, API)는 여러 소프트웨어의 구성 요소 사이에 명확히 정의된 통신 경로의 집합이다. 객체 지향 프로그래밍에서 객체의 API는 그 객체가 다른 객체와 상호 작용할 때 사용하는 공개 멤버의 집합이다.

특정 인터페이스를 사용하는 코드는 그 인터페이스에서 호출할 수 있는 함수가 무엇인지에 대한 정보만 알고 있다. 인터페이스는 클래스 사이의 '프로토콜(protocol)(절차)'을 확립한다(일부 객체 지향 언어에서는 protocol이라는 키워드로 이 개념을 표현하기도 한다).

인터페이스는 class 키워드 대신 interface 키워드를 사용해 만든다. 어떤 인터페이스를 구현하는 클래스를 정의하려면, 클래스 이름 뒤에 콜론(:)과 인터페이스 이름을 넣으면 된다.

```kotlin
package interfaces
import atomictest.*

interface Computer {
  fun prompt(): String
  fun calculateAnswer(): Int
}

class Desktop : Computer {
  override fun prompt() = "Hello!"
  override fun calculateAnswer() = 11
}

class DeepThought : Computer {
  override fun prompt() = "Thinking..."
  override fun calculateAnswer() = 42
}

class Quantum : Computer {
  override fun prompt() = "Probably..."
  override fun calculateAnswer() = -1
}

fun main() {
  val computers = listOf(
    Desktop(), DeepThought(), Quantum()
  )
  computers.map { it.calculateAnswer() } eq
    "[11, 42, -1]"
  computers.map { it.prompt() } eq
    "[Hello!, Thinking..., Probably...]"
}
```

Computer는 prompt()와 calculateAnswer()를 **선언**(declare)하지만 아무 구현도 제공하지 않는다. 이 인터페이스를 구현하는 클래스는 인터페이스가 선언한 모든 멤버를 구현하는 본문을 제공해야 한다. 이를 통해 각 함수가 **구체적**(concrete)인 함수(또는 구상 함수라고도 한다)가 된다. main()에서 인터페이스를 다르게 구현한 클래스가 함수 정의를 통해 서로 다른 동작을 표현하고 있음을 볼 수 있다.

인터페이스 멤버를 구현할 때는 반드시 override 변경자를 붙여야 한다. override는 코틀린에게 일부러, 인터페이스(또는 기반 클래스)에 있는 이름과 똑같은 이름을 의도적으로 사용한다는 사실, 즉 실수로 함수를 오버라이드하지 않는다는 점을 알려준다.

인터페이스가 프로퍼티를 선언할 수도 있다. 이런 인터페이스를 구현하는 클래스는 항상 프로퍼티를 오버라이드해야 한다.

Interfaces/PlayerInterface.kt

```kotlin
package interfaces
import atomictest.eq

interface Player {
  val symbol: Char
}

class Food : Player {
  override val symbol = '.'
}

class Robot : Player {
  override val symbol get() = 'R'
}

class Wall(override val symbol: Char) : Player

fun main() {
  listOf(Food(), Robot(), Wall('¦')).map {
    it.symbol
  } eq "[., R, ¦]"
}
```

각 하위 클래스는 symbol 프로퍼티를 다른 방법으로 오버라이드한다.

- Food: symbol 값을 직접 다른 값으로 바꾼다.
- Robot: 값을 반환하는 커스텀 게터를 사용한다('아톰 28, 프로퍼티 접근자').
- Wall: 생성자 인자 목록에서 symbol을 오버라이드한다('아톰 19, 생성자').

이넘도 인터페이스를 구현할 수 있다.

Interfaces/Hotness.kt

```kotlin
package interfaces
import atomictest.*

interface Hotness {
  fun feedback(): String
}
```

```kotlin
enum class SpiceLevel : Hotness {
  Mild {
    override fun feedback() =
      "It adds flavor!"
  },
  Medium {
    override fun feedback() =
      "Is it warm in here?"
  },
  Hot {
    override fun feedback() =
      "I'm suddenly sweating a lot."
  },
  Flaming {
    override fun feedback() =
      "I'm in pain. I am suffering."
  }
}

fun main() {
  SpiceLevel.values().map { it.feedback() } eq
    "[It adds flavor!, " +
    "Is it warm in here?, " +
    "I'm suddenly sweating a lot., " +
    "I'm in pain. I am suffering.]"
}
```

컴파일러는 각각의 이넘 원소들이 feedback()의 구현을 제공하는지 확인한다.

SAM 변환

단일 추상 메서드(Single Abstract Method, SAM) 인터페이스는 자바 개념으로, 자바에서는 멤버 함수를 '메서드'라고 부른다. 코틀린에는 SAM 인터페이스를 정의하는 fun interface라는 특별한 문법이 있다. 다음 예제에서 여러 가지 다른 파라미터 목록을 갖는 SAM 인터페이스를 살펴보자.

Interfaces/SAM.kt

```kotlin
package interfaces

fun interface ZeroArg {
  fun f(): Int
}
```

```kotlin
fun interface OneArg {
  fun g(n: Int): Int
}

fun interface TwoArg {
  fun h(i: Int, j: Int): Int
}
```

fun interface라고 쓰면 컴파일러는 그 안에 멤버 함수가 하나만 들어 있는지 확인한다.

SAM 인터페이스를 일반적인 번거로운 방식(클래스를 통해)으로 구현할 수도 있고, 람다를 넘기는 방식으로 구현할 수도 있다. 람다를 사용하는 경우를 **SAM 변환**(SAM conversion)이라고 한다. SAM 변환을 쓰면 람다가 인터페이스의 유일한 메서드를 구현하는 함수가 된다. 다음은 앞에서 본 인터페이스를 두 가지 방법을 모두 사용해 구현한 코드다.

Interfaces/SAMImplementation.kt

```kotlin
package interfaces
import atomictest.eq

class VerboseZero : ZeroArg {
  override fun f() = 11
}

val verboseZero = VerboseZero()

val samZero = ZeroArg { 11 }

class VerboseOne : OneArg {
  override fun g(n: Int) = n + 47
}

val verboseOne = VerboseOne()

val samOne = OneArg { it + 47 }

class VerboseTwo : TwoArg {
  override fun h(i: Int, j: Int) = i + j
}

val verboseTwo = VerboseTwo()

val samTwo = TwoArg { i, j -> i + j }
```

```kotlin
fun main() {
  verboseZero.f() eq 11
  samZero.f() eq 11
  verboseOne.g(92) eq 139
  samOne.g(92) eq 139
  verboseTwo.h(11, 47) eq 58
  samTwo.h(11, 47) eq 58
}
```

'번거로운' 구현과 'SAM' 구현을 비교해보면, 자주 쓰이는 구문을 SAM 변환을 사용해 더 간결한 구문으로 작성할 수 있다는 점을 알 수 있다. 게다가 객체를 한 번만 쓰는 경우, 겨우 한 객체를 만들기 위해 클래스를 억지로 정의할 필요가 없어진다.

람다를 SAM 인터페이스가 필요한 곳에 넘길 수도 있다. 이때 군이 먼저 객체로 람다를 둘러쌀 필요도 없다.

Interfaces/SAMConversion.kt

```kotlin
package interfaces
import atomictest.trace

fun interface Action {
  fun act()
}

fun delayAction(action: Action) {
  trace("Delaying...")
  action.act()
}

fun main() {
  delayAction { trace("Hey!") }
  trace eq "Delaying... Hey!"
}
```

main()에서는 Action 인터페이스를 구현하는 객체 대신에 람다를 바로 전달한다. 코틀린은 이 람다로부터 자동으로 Action 객체를 만들어준다.

복잡한 생성자

코드가 제대로 작동하려면 객체를 올바르게 초기화해야 한다.

생성자는 새 객체를 만드는 특별한 함수다. '아톰 19, 생성자'에서 인자만 초기화하는 간단한 생성자를 살펴봤다. var나 val을 파라미터 목록에 있는 파라미터에 붙이면, 그 파라미터를 프로퍼티로 만들면서 객체 외부에서 접근할 수 있다.

ComplexConstructors/SimpleConstructor.kt

```
package complexconstructors
import atomictest.eq

class Alien(val name: String)

fun main() {
  val alien = Alien("Pencilvester")
  alien.name eq "Pencilvester"
}
```

위 경우에는 생성자 코드를 쓰지 않았으며, 코틀린이 생성자 코드를 만들어줬다. 생성 과정을 좀 더 제어하고 싶다면 클래스 본문에 생성자 코드를 추가하라. 객체 생성 중에 init 블록 안의 코드가 실행된다.

```kotlin
package complexconstructors
import atomictest.eq
private var counter = 0

class Message(text: String) {
  private val content: String
  init {
    counter += 10
    content = "[$counter] $text"
  }
  override fun toString() = content
}

fun main() {
  val m1 = Message("Big ba-da boom!")
  m1 eq "[10] Big ba-da boom!"
  val m2 = Message("Bzzzzt!")
  m2 eq "[20] Bzzzzt!"
}
```

생성자 파라미터에 var나 val이 붙어 있지 않더라도 init 블록에서 사용할 수 있다.

content는 val로 정의되어 있지만 정의 시점에 초기화시키지 않았다. 이런 경우 코틀린은 생성자 안의 어느 지점에서 한 번(그리고 오직 한 번만) 초기화가 일어나도록 보장한다. content에 값을 다시 할당하거나 content를 초기화하는 일을 잊어버리면 오류가 발생한다.

생성자는 (클래스 본문에 들어오기 전에 초기화된) 생성자 파라미터 목록과 init 블록(또는 블록들)을 합친 것이며, 이들은 객체를 생성하는 동안 실행된다. 코틀린에서는 init 절을 여럿 정의할 수 있으며, 각 init 블록은 클래스 본문에 정의된 순서대로 실행된다. 하지만 크고 복잡한 클래스에서 init을 여기저기 분산시키면, init 블록을 하나만 쓰는 데 익숙한 프로그래머들에게 유지보수 문제를 야기할 수 있다.

부생성자

객체를 생성하는 방법이 여럿 필요할 경우 이름 붙은 인자나 디폴트 인자를 통하는 게 가장 쉽다. 하지만 때로는 오버로드한 생성자를 여러 개 만들어야 할 경우도 있다.

같은 클래스에 속한 객체를 만들어내는 방법을 여러 가지 원할 경우 생성자를 '오버로드'해야 한다. 코틀린에서는 오버로드한 생성자를 **부생성자**(secondary constructor)라고 부른다. 생성자 파라미터 목록(클래스 이름 뒤에 옴)과 프로퍼티 초기화, init 블록들을 모두 합한 생성자는 **주생성자** (primary constructor)라고 부른다.

부생성자를 만들려면 constructor 키워드 다음에 주생성자나 다른 부생성자의 파라미터 리스트와 구별되는 파라미터 목록을 넣어야 한다. 부생성자 안에서는 this 키워드를 통해 주생성자나 다른 부생성자를 호출한다.

SecondaryConstructors/WithSecondary.kt

```
package secondaryconstructors
import atomictest.*

class WithSecondary(i: Int) {
  init {
    trace("Primary: $i")
  }
  constructor(c: Char) : this(c - 'A') {
    trace("Secondary: '$c'")
  }
  constructor(s: String) :
    this(s.first()) { // [1]
    trace("Secondary: \"$s\"")
```

```
  }
  /* 주생성자를 호출하지 않으면
     컴파일이 되지 않는다
  constructor(f: Float) { // [2]
    trace("Secondary: $f")
  }
  */
}

fun main() {
  fun sep() = trace("-".repeat(10))
  WithSecondary(1)
  sep()
  WithSecondary('D')
  sep()
  WithSecondary("Last Constructor")
  trace eq """
    Primary: 1
    ----------
    Primary: 3
    Secondary: 'D'
    ----------
    Primary: 11
    Secondary: 'L'
    Secondary: "Last Constructor"
  """
}
```

부생성자에서 다른 생성자를 호출(this 사용)하는 부분은 생성자 로직 앞에 위치해야 한다. 생성자 본문이 다른 초기화의 결과에 영향을 받을 수 있기 때문이다. 따라서 다른 생성자 호출이 생성자 본문보다 앞에 있어야 한다.

호출할 생성자는 인자 목록이 결정한다. WithSecondary(1)은 주생성자를 호출하지만, WithSecondary('D')는 첫 번째 부생성자를 호출하며, WithSecondary("Last Constructor")는 두 번째 부생성자를 호출한다. [1]에 있는 this 호출은 첫 번째 부생성자를 호출하기 때문에 출력에서 일련의 호출을 볼 수 있다.

주생성자는 언제나 부생성자에 의해 직접 호출되거나 다른 부생성자 호출을 통해 간접적으로 호출되어야 한다. 그렇지 않으면 [2]에서처럼 코틀린이 컴파일 오류를 낸다. 따라서 생성자 사이에 공유되어야 하는 모든 초기화 로직은 반드시 주생성자에 위치해야 한다.

부생성자를 쓸 때 init 블록을 꼭 쓸 필요는 없다.

```
package secondaryconstructors
import atomictest.eq
import secondaryconstructors.Material.*

enum class Material {
  Ceramic, Metal, Plastic
}

class GardenItem(val name: String) {
  var material: Material = Plastic
  constructor(
    name: String, material: Material      // [1]
  ) : this(name) {                        // [2]
    this.material = material              // [3]
  }
  constructor(
    material: Material
  ) : this("Strange Thing", material)     // [4]
  override fun toString() = "$material $name"
}

fun main() {
  GardenItem("Elf").material eq Plastic
  GardenItem("Snowman").name eq "Snowman"
  GardenItem("Gazing Ball", Metal) eq     // [5]
    "Metal Gazing Ball"
  GardenItem(material = Ceramic) eq
    "Ceramic Strange Thing"
}
```

- [1] 주생성자의 파라미터만 val이나 var를 덧붙여 프로퍼티로 선언할 수 있다.

- [2] 부생성자에 반환 타입을 지정할 수 없다.

- [3] material 파라미터는 프로퍼티와 같은 이름이므로 this를 사용해 모호성을 없애야 한다.

- [4] 부생성자 본문을 적지 않아도 된다(하지만 this() 호출은 반드시 포함해야 한다).

[5]에서 첫 번째 부생성자를 호출할 때 material 프로퍼티가 두 번 대입된다. 먼저 ([2]에서) 주생성자를 호출하고 모든 클래스 프로퍼티 값을 초기화할 때 Plastic 값이 할당되며, 이후 [3]에 의해 material 파라미터로 설정된다.

디폴트 인자를 써서 부생성자를 주생성자 하나로 만들면 GardenItem 클래스를 더 단순하게 만들 수 있다.

ATOMIC KOTLIN
아톰

58

상속

상속(inheritance)은 기존 클래스를 재사용하면서 변경해 새로운 클래스를 만드는 메커니즘이다.

객체는 프로퍼티에 데이터를 저장하고 멤버 함수를 통해 동작을 수행한다. 각 객체는 메모리에서 고유한 장소를 차지하기 때문에 한 객체의 프로퍼티는 다른 객체의 프로퍼티 값과 다른 값을 가질 수 있다. 또한, 객체는 어떤 클래스라는 범주에 들어간다. 클래스는 자신에 속한 객체들의 형식(프로퍼티와 함수)을 결정한다. 따라서 객체는 자신을 만들어낸 클래스의 모습을 지닌다.

클래스를 만들고 디버깅하려면 확장이 필요하다. 어떤 클래스를 닮았지만 일부 차이가 있는 새 클래스를 만들고 싶다면 어떻게 해야 할까? 새 클래스를 밑바닥부터 완전히 새로 만드는 건 시간 낭비, 노력 낭비다. 객체 지향 언어는 **상속**이라는 재사용 메커니즘을 제공한다.

상속은 생물학적 유전(biological inheritance) 개념을 따른다. '기존 클래스로부터 새 클래스를 만들고 싶어. 다만 몇 가지 추가하고 변경할 내용이 있어.'

상속 구문은 인터페이스를 구현하는 구문과 비슷하다. 새 클래스 Derived가 기존 클래스 Base를 상속하려면 콜론(:)이 필요하다.

Inheritance/BasicInheritance.kt

```
package inheritance

open class Base

class Derived : Base()
```

상속을 할 때 Base 다음에 괄호를 붙여야 하는 이유는 다음 아톰(아톰 59)에서 설명한다.

상속 관계를 표현할 때는 **기반 클래스**(base class)와 **파생 클래스**(derived class)라는 용어를 자주 사용한다(또는 **부모 클래스**(parent class)와 **자식 클래스**(child class), **상위 클래스**(superclass)와 **하위 클래스**(subclass)라고도 한다).

기반 클래스는 open이어야 한다. open으로 지정하지 않은 클래스는 상속을 허용하지 않는다. 클래스는 기본적으로 상속에 대해 **닫혀 있다**. 이 부분은 대부분의 객체 지향 언어와 다르다. 예를 들어 자바에서는 final을 사용해 클래스의 상속을 명시적으로 금지하지 않는 한 클래스는 자동으로 상속 가능하다. 코틀린에서도 final을 쓸 수 있지만, 모든 클래스가 기본적으로 final이기 때문에 굳이 final을 지정할 필요가 없다.

Inheritance/OpenAndFinalClasses.kt

```
package inheritance

// 이 클래스는 상속될 수 있다
open class Parent

class Child : Parent()

// Child는 열려 있지 않으므로 다음 상속은 실패한다
// class GrandChild : Child()

// 이 클래스는 상속될 수 없다
final class Single

// 'final'을 쓴 선언과 같은 효과를 낸다
class AnotherSingle
```

코틀린에서는 open 키워드를 사용해 해당 클래스가 상속을 고려해 설계됐다는 사실을 명시적으로 드러낸다.

다음 예제에서 GreatApe는 기반 클래스이며, 값이 고정된 프로퍼티가 두 개 있다. 파생 클래스 Bonobo와 Chimpanzee, BonoboB는 부모 클래스와 똑같은 새로운 타입이다.

Inheritance/GreatApe.kt

```
package inheritance.ape1
import atomictest.eq

open class GreatApe {
  val weight = 100.0
  val age = 12
}
```

```
open class Bonobo : GreatApe()
class Chimpanzee : GreatApe()
class BonoboB : Bonobo()

fun GreatApe.info() = "wt: $weight age: $age"

fun main() {
  GreatApe().info() eq "wt: 100.0 age: 12"
  Bonobo().info() eq "wt: 100.0 age: 12"
  Chimpanzee().info() eq "wt: 100.0 age: 12"
  BonoboB().info() eq "wt: 100.0 age: 12"
}
```

info()는 GreatApe의 확장 함수다. 따라서 당연히 GreatApe 타입의 객체에 대해 이 함수를 호출할 수 있다. 하지만 Bonobo, Chimpanzee, BonoboB 객체에 대해서도 info()를 호출할 수 있다! 나중의 세 타입은 서로 다른 타입이지만, 코틀린은 이들을 기꺼이 GreatApe와 **같은 타입**인 것처럼 받아들인다. 이런 식으로 하위 클래스를 상위 클래스와 같은 타입으로 취급하는 동작은 상속의 단계가 아무리 깊어도 제대로 작동한다. 이 예제에서 BonoboB는 상속 단계로 GreatApe로부터 2단계 아래에 있는 클래스다.

상속은 GreatApe를 상속한 모든 존재가 **항상** GreatApe라고 보장한다. 파생된 클래스의 객체에 작용하는 모든 코드는 이들이 중심에 GreatApe를 품고 있음을 알고 있으므로 GreatApe의 함수와 프로퍼티를 자손 클래스에서도 여전히 사용할 수 있다.

상속을 사용하면 어떤 클래스뿐 아니라 그 클래스를 상속하는 모든 클래스에서 사용할 수 있는 코드(앞 예제의 info() 함수)를 작성할 수 있다. 즉, 상속은 코드를 단순화하고 재사용할 수 있는 기회를 제공한다.

GreatApe.kt는 모든 클래스가 같기 때문에 **너무** 단순하다. 상속은 여러분이 함수를 **오버라이드**(override)할 때 더 흥미로워진다. 오버라이드는 기반 클래스의 함수를 파생 클래스에서 재정의해 다른 일을 수행하는 것이다.

Inheritance/GreatApe2.kt

```
package inheritance.ape2
import atomictest.eq

open class GreatApe {
  protected var energy = 0
  open fun call() = "Hoo!"
  open fun eat() {
    energy += 10
```

```kotlin
  }
  fun climb(x: Int) {
    energy -= x
  }
  fun energyLevel() = "Energy: $energy"
}

class Bonobo : GreatApe() {
  override fun call() = "Eep!"
  override fun eat() {
    // 기반 클래스의 프로퍼티를 변경한다
    energy += 10
    // 기반 클래스의 함수를 호출한다
    super.eat()
  }
  // 함수를 추가한다
  fun run() = "Bonobo run"
}

class Chimpanzee : GreatApe() {
  // 새 프로퍼티
  val additionalEnergy = 20
  override fun call() = "Yawp!"
  override fun eat() {
    energy += additionalEnergy
    super.eat()
  }
  // 함수를 추가한다
  fun jump() = "Chimp jump"
}

fun talk(ape: GreatApe): String {
  // ape.run()  // ape의 함수가 아니다
  // ape.jump() // 역시 ape의 함수가 아니다
  ape.eat()
  ape.climb(10)
  return "${ape.call()} ${ape.energyLevel()}"
}

fun main() {
  // 'energy'에 접근할 수 없다
  // GreatApe().energy
  talk(GreatApe()) eq "Hoo! Energy: 0"
  talk(Bonobo()) eq "Eep! Energy: 10"
  talk(Chimpanzee()) eq "Yawp! Energy: 20"
}
```

모든 GreatApe는 call( )을 가진다. 이에 대해 eat( )를 호출하면 energy를 저장하고, climb( )을 호출하면 energy를 소진한다.

'아톰 20, 가시성 제한하기'에서 설명한 것처럼 파생 클래스는 기반 클래스의 private 멤버에 접근할 수 없다. 때로는 기반 클래스를 만든 사람이 특정 멤버에 대한 접근 권한을 파생 클래스에 부여하지만, 일반적으로 그 외의 다른 대상에게는 부여하지 않는다. protected 접근 변경자가 이런 일을 한다. protected 멤버는 외부 세계에 대해 닫혀 있고, 하위 클래스에서만 접근이나 오버라이드가 가능하다.

energy를 private으로 선언하면 GreatApe를 사용할 때 항상 이 값을 변화시킬 수 없을 것이다. 이는 좋은 일이지만 하위 클래스에서도 이 프로퍼티에 접근할 수 없게 된다. energy를 protected로 지정하면 하위 클래스의 접근을 허용하는 동시에 외부 세계로부터 이 프로퍼티를 숨길 수 있다.

call( )은 GreatApe에 정의된 것과 같은 방식으로 Bonobo와 Chimpanzee에 정의되어 있다. 이 함수는 아무 인자도 받지 않고, 타입 추론에 의해 String이 반환 타입으로 지정된다.

Bonobo와 Chimpanzee는 call( )이 호출됐을 때 GreatApe와 다르게 동작해야 한다. 따라서 이 두 클래스의 call( ) 정의를 바꾸고 싶다. 파생 클래스에서 기반 클래스와 똑같은 시그니처를 갖는 함수를 정의하면 기반 클래스에 정의됐던 함수가 수행하던 동작을 새로 정의한 함수의 동작으로 대체한다. 이를 **오버라이딩**(overriding)이라고 한다.

코틀린은 기반 클래스의 함수 시그니처와 똑같은 시그니처의 함수를 파생 클래스에서 발견하면 여러분이 **우연히 오버라이드를 하는** 실수를 저질렀다고 가정한다. 그래서 override 키워드가 필요하다는 오류 메시지를 표시한다. 코틀린은 여러분이 override 키워드를 지정해서 '나는 오버라이드하고 있어'라고 의사를 표현하지 **않으면** 의도치 않게 똑같은 함수 이름과 파라미터 목록을 사용했다고 가정한다('아톰 19, 생성자'에서 override 키워드를 처음 설명함). override 키워드를 쓰면 어떤 함수가 오버라이드한 함수인지 알아내기 위해 상위 클래스의 함수와 시그니처가 같은지 비교하지 않아도 되므로 코드를 읽을 때도 도움이 된다.

코틀린은 함수를 오버라이드할 때 또 다른 제약을 가한다. open이 아닌 클래스를 상속할 수 없는 것처럼, 기반 클래스의 함수가 open으로 지정되어 있지 않으면 하위 클래스에서 이 함수를 오버라이드할 수 없다. climb( )과 energyLevel( )은 open이 아니기 때문에 오버라이드할 수 없다는 점에 유의하라. 코틀린에서는 명확한 의도가 있지 않은 한 상속과 오버라이드가 불가능하다.

특히 Bonobo와 Chimpanzee 타입의 객체를 일반적인 GreatApe 객체처럼 취급할 수 있다. talk( ) 안에서 call( )은 각 타입에 따라 다른 동작을 수행한다. talk( )는 무언가를 통해 어떻게든 객체의 실제 타입을 알고, 적절한 버전의 call( )을 호출해준다. 이를 **다형성**(polymorphism)이라고 한다.

talk()의 파라미터가 GreatApe이므로 본문에서 GreatApe의 멤버 함수를 호출할 수 있다. Bonobo에는 run(), Chimpanzee에는 jump()가 정의되어 있지만, 이들은 GreatApe의 멤버가 아니므로 talk() 안에서는 호출할 수 없다.

함수를 오버라이드할 때 경우에 따라 eat()에서 한 것처럼 해당 함수의 기반 클래스 버전을 호출하고 싶을 수도 있다(이런 호출을 하는 이유로 재사용을 들 수 있다). 이 경우 어려운 문제가 생긴다. 단순히 eat()를 호출하면 현재 실행 중인 함수를 다시 호출('아톰 54, 재귀')한다. 기반 클래스의 eat()를 호출하려면 super라는 키워드를 사용해야 한다. super는 상위 클래스를 뜻하는 'superclass'에서 따온 키워드다.

기반 클래스 초기화

클래스가 다른 클래스를 상속할 때, 코틀린은 두 클래스가 모두 제대로 초기화되도록 보장한다.

코틀린은 다음 생성자가 호출되도록 보장함으로써 올바른 객체를 생성한다.

- 멤버 객체들의 생성자
- 파생 클래스에 추가된 객체의 생성자
- 기반 클래스의 생성자

'아톰 58, 상속'의 예제에서 기반 클래스는 생성자 파라미터를 받지 않았다. 기반 클래스에 생성자 파라미터가 **있다면**, 파생 클래스가 생성되는 동안 반드시 기반 클래스의 생성자 인자를 제공해야 한다.

다음은 생성자 파라미터를 사용해 고쳐 쓴 GreatApe 예제다.

BaseClassInit/GreatApe3.kt

```
package baseclassinit
import atomictest.eq

open class GreatApe(
  val weight: Double,
  val age: Int
)

open class Bonobo(weight: Double, age: Int) :
  GreatApe(weight, age)

class Chimpanzee(weight: Double, age: Int) :
  GreatApe(weight, age)
```

```
class BonoboB(weight: Double, age: Int) :
  Bonobo(weight, age)

fun GreatApe.info() = "wt: $weight age: $age"

fun main() {
  GreatApe(100.0, 12).info() eq
    "wt: 100.0 age: 12"
  Bonobo(110.0, 13).info() eq
    "wt: 110.0 age: 13"
  Chimpanzee(120.0, 14).info() eq
    "wt: 120.0 age: 14"
  BonoboB(130.0, 15).info() eq
    "wt: 130.0 age: 15"
}
```

GreatApe를 상속하는 클래스는 반드시 생성자 인자를 GreatApe 클래스에 전달해야 한다. 그렇지 않으면 컴파일러 오류가 발생한다.

코틀린은 객체에 사용할 메모리를 확보한 후 기반 클래스의 생성자를 먼저 호출하고, 다음 번 파생 클래스의 생성자를 호출하며 (파생 단계에서) 맨 나중에 파생된 클래스의 생성자를 호출한다. 이런 식으로 모든 생성자 호출은 자신 이전에 생성되는 모든 객체의 올바름에 의존한다. 실제로 상속 정보는 각 클래스가 알아야 할 모든 정보다. Bonobo는 자신이 GreatApe를 상속했다는 사실을 알고 Bonobo 생성자는 GreatApe 클래스의 함수를 호출할 수 있다. 반대로 GreatApe는 (런타임에) 자신이 Bonobo인지 Chimpanzee인지 알 수 없고, 하위 클래스에만 정의된 함수를 호출할 수도 없다.

클래스를 상속할 때는 기반 클래스 생성자의 인자 목록을 기반 클래스 이름 뒤에 붙여야 한다. 이렇게 해야 하위 클래스 객체를 생성하는 중에 기반 클래스 생성자를 호출하게 된다.

BaseClassInit/NoArgConstructor.kt

```
package baseclassinit

open class SuperClass1(val i: Int)
class SubClass1(i: Int) : SuperClass1(i)

open class SuperClass2
class SubClass2 : SuperClass2()
```

기반 클래스 생성자 파라미터가 없어도 코틀린은 기반 클래스의 생성자를 인자 없이 호출하기 위해 기반 클래스 이름 뒤에 괄호를 붙이도록 강제한다.

기반 클래스에 부생성자가 있으면 기반 클래스의 주생성자 대신 부생성자를 호출할 수도 있다.

```
BaseClassInit/House.kt
package baseclassinit
import atomictest.eq

open class House(
  val address: String,
  val state: String,
  val zip: String
) {
  constructor(fullAddress: String) :
    this(fullAddress.substringBefore(", "),
      fullAddress.substringAfter(", ")
        .substringBefore(" "),
      fullAddress.substringAfterLast(" "))
  val fullAddress: String
    get() = "$address, $state $zip"
}

class VacationHouse(
  address: String,
  state: String,
  zip: String,
  val startMonth: String,
  val endMonth: String
) : House(address, state, zip) {
  override fun toString() =
    "Vacation house at $fullAddress " +
      "from $startMonth to $endMonth"
}

class TreeHouse(
  val name: String
) : House("Tree Street, TR 00000") {
  override fun toString() =
    "$name tree house at $fullAddress"
}

fun main() {
  val vacationHouse = VacationHouse(
    address = "8 Target St.",
    state = "KS",
    zip = "66632",
    startMonth = "May",
    endMonth = "September")
```

```
  vacationHouse eq
    "Vacation house at 8 Target St., " +
    "KS 66632 from May to September"
  TreeHouse("Oak") eq
    "Oak tree house at Tree Street, TR 00000"
}
```

VacationHouse가 House를 상속할 때는 적절한 인자를 House의 주생성자에 전달한다. 또한, VacationHouse는 자신만의 파라미터 startMonth와 endMonth도 추가한다. 즉, 파생 클래스의 파라미터가 꼭 기반 클래스 생성자의 파라미터의 수, 타입, 순서에 의해 제약을 받을 필요는 없다. 파생 클래스의 책임은 기반 클래스 생성자를 호출할 때 제대로 인자를 제공하는 것뿐이다.

기반 클래스 생성자 중에 일치하는 생성자를 찾을 수 있는 인자 목록을 사용해서 오버로드한 생성자를 호출할 수도 있다. VacationHouse와 TreeHouse에서 이런 예를 볼 수 있다. 이 두 클래스는 서로 다른 기반 클래스 생성자를 호출한다.

파생 클래스의 부생성자는 기반 클래스의 생성자를 호출할 수도 있고, 파생 클래스 자신의 생성자를 호출할 수도 있다.

```
BaseClassInit/OtherConstructors.kt
package baseclassinit
import atomictest.eq

open class Base(val i: Int)

class Derived : Base {
  constructor(i: Int) : super(i)
  constructor() : this(9)
}

fun main() {
  val d1 = Derived(11)
  d1.i eq 11
  val d2 = Derived()
  d2.i eq 9
}
```

기반 클래스 생성자를 호출하려면 super 키워드를 적고, 함수를 호출할 때처럼 생성자 인자를 전달하면 된다. 클래스 자신의 다른 생성자를 호출할 때는 this 호출을 사용한다.

추상 클래스

> 추상 클래스(abstract class)는 하나 이상의 프로퍼티나 함수가 불완전하다는 점을 제외하면 일반 클래스와 같다. 본문이 없는 함수 정의나 초깃값 대입을 하지 않는 프로퍼티 정의가 불완전한 정의다. 인터페이스는 추상 클래스와 비슷하지만, 인터페이스에는 추상 클래스와 달리 상태가 없다.

클래스 멤버에서 본문이나 초기화를 제거하려면 abstract 변경자를 해당 멤버 앞에 붙여야 한다. abstract가 붙은 멤버가 있는 클래스에는 반드시 abstract를 붙여야 한다. 다음 코드에서 각 요소의 abstract 변경자를 제거하면 어떤 오류 메시지가 나오는지 확인하라.

Abstract/AbstractKeyword.kt

```
package abstractclasses

abstract class WithProperty {
  abstract val x: Int
}

abstract class WithFunctions {
  abstract fun f(): Int
  abstract fun g(n: Double)
}
```

WithProperty는 아무 초깃값도 없는 x를 선언한다(**정의**는 함수 본문이나 변수의 초깃값까지 포함하는 선언이며, **선언**은 본문과 초깃값이 없이 함수 시그니처와 반환 타입만 적거나 변수의 타입만 적는 경우를 뜻한다). 코틀린에서는 초기화 코드가 없으면 해당 참조를 abstract로 선언해야 하며, 그 참조가 속한 클래스에도 abstract 변경자를 붙여야 한다. 초기화 코드가 없으면 코틀린이 해당 참조의 타입을 추론할 방법이 없으므로 abstract 참조에는 반드시 타입을 지정해야 한다.

WithFunction은 f()와 g()를 선언하지만 두 함수 모두 정의를 제공하지는 않는다. 따라서 이 경우에도 두 함수 앞에 반드시 abstract를 붙여야 하고, 클래스 앞에도 abstract를 붙여야만 한다. g()처럼 abstract 함수의 반환 타입을 적지 않으면 코틀린은 반환 타입을 Unit이라고 간주한다.

추상 클래스를 상속하는 상속 관계를 따라가다 보면, 어딘가에 궁극적으로 추상 함수와 프로퍼티의 정의가 있는 (이를 '추상 멤버를 **구체화**(또는 **구상화**)한다'고 말한다) 클래스가 존재해야 한다.

인터페이스에 정의된 함수나 프로퍼티는 모두 기본적으로 추상 멤버다. 따라서 인터페이스는 추상 클래스와 비슷하다. 인터페이스에 함수나 프로퍼티 정의가 있을 때는 abstract가 불필요한 중복이므로 이를 생략할 수 있다. 따라서 다음 예제의 두 인터페이스는 같다.

Abstract/Redundant.kt

```kotlin
package abstractclasses

interface Redundant {
  abstract val x: Int
  abstract fun f(): Int
  abstract fun g(n: Double)
}

interface Removed {
  val x: Int
  fun f(): Int
  fun g(n: Double)
}
```

인터페이스와 추상 클래스의 차이점은 추상 클래스에는 **상태**가 있지만 인터페이스에는 상태가 없다는 점이다. 상태는 프로퍼티 안에 저장된 데이터를 뜻한다. 다음 코드에서 IntList의 상태는 name과 list 프로퍼티에 저장된 값으로 구성된다.

Abstract/StateOfAClass.kt

```kotlin
package abstractstate
import atomictest.eq

class IntList(val name: String) {
  val list = mutableListOf<Int>()
}

fun main() {
  val ints = IntList("numbers")
  ints.name eq "numbers"
  ints.list += 7
  ints.list eq listOf(7)
```

인터페이스도 프로퍼티를 선언할 수 있지만, 데이터는 실제로 해당 인터페이스를 구현하는 클래스 안에만 저장될 수 있다. 인터페이스 안에서 프로퍼티에 값을 저장하는 것은 금지되어 있다.

Abstract/NoStateInInterfaces.kt

```
package abstractclasses

interface IntList {
  val name: String
  // 컴파일되지 않는다
  // val list = listOf(0)
}
```

인터페이스와 추상 클래스 모두 구현이 있는 함수를 포함할 수 있다. 이런 함수에서 다른 abstract 멤버를 호출해도 된다.

Abstract/Implementations.kt

```
package abstractclasses
import atomictest.eq

interface Parent {
  val ch: Char
  fun f(): Int
  fun g() = "ch = $ch; f() = ${f()}"
}

class Actual(
  override val ch: Char              // [1]
): Parent {
  override fun f() = 17              // [2]
}

class Other : Parent {
  override val ch: Char             // [3]
    get() = 'B'
  override fun f() = 34             // [4]
}

fun main() {
  Actual('A').g() eq "ch = A; f() = 17" // [5]
  Other().g() eq "ch = B; f() = 34"     // [6]
}
```

Parent는 ch라는 추상 프로퍼티와 f()라는 추상 함수를 선언한다. Parent를 구현하는 클래스는 이 두 멤버를 꼭 오버라이드해야 한다. [1]~[4]에서 하위 클래스가 각 멤버를 다르게 구현한 모습을 볼 수 있다.

Parent.g()는 g()가 정의된 시점에 아무 구현도 없는 추상 멤버를 사용한다. 인터페이스와 추상 클래스는 해당 타입의 객체가 생성되기 전에 모든 추상 프로퍼티와 함수가 구현되도록 보장한다. 그리고 객체를 생성하기 전에는 클래스의 멤버를 호출할 수 없다. [5]와 [6]은 서로 다른 ch와 f() 구현을 호출한다.

인터페이스가 함수 구현을 포함할 수 있으므로, 내부에 정의된 프로퍼티가 상태를 바꿀 수 없는 경우에는 인터페이스도 프로퍼티의 커스텀 게터를 포함할 수 있다.

Abstract/PropertyAccessor.kt

```kotlin
package abstractclasses
import atomictest.eq

interface PropertyAccessor {
  val a: Int
    get() = 11
}

class Impl : PropertyAccessor

fun main() {
  Impl().a eq 11
}
```

추상 클래스가 더 강력한데 왜 인터페이스가 필요한지 궁금할 것이다. '상태가 없는 클래스'의 중요성을 이해하기 위해 다중 상속을 살펴보자. 코틀린에서는 클래스가 오직 한 기반 클래스만 상속할 수 있다.

Abstract/NoMultipleInheritance.kt

```kotlin
package multipleinheritance1

open class Animal
open class Mammal : Animal()
open class AquaticAnimal : Animal()

// 기반 클래스가 둘 이상이면 컴파일이 되지 않는다
// class Dolphin : Mammal(), AquaticAnimal()
```

주석 처리된 코드의 주석을 해제하고 컴파일하면 'Only one class may appear in a supertype list'라는 오류 메시지를 볼 수 있다(상위 타입 목록에는 클래스가 단 하나만 올 수 있다는 뜻).

자바도 마찬가지다. 최초 자바 설계자들은 C++의 다중 상속을 좋은 개념으로 보지 않았다. 그 당시(1990년대 초) 여러 **상태** 상속은 복잡성을 키우고 불만을 유발하는 근원이었다. 여러 상태를 상속하는 경우를 관리하기 위한 규칙이 복잡했기 때문에 혼동을 야기하거나 프로그램이 예기치 못한 동작을 하기 쉬웠다. 자바는 이 문제를 상태를 포함할 수 없는 인터페이스를 도입해서 우아하게 해결했다. 자바는 다중 상태 상속을 금지하는 대신에 다중 인터페이스 상속은 허용한다. 코틀린도 이 설계를 따른다.

Abstract/MultipleInterfaceInheritance.kt

```
package multipleinheritance2

interface Animal
interface Mammal: Animal
interface AquaticAnimal: Animal

class Dolphin : Mammal, AquaticAnimal
```

클래스와 마찬가지로 인터페이스도 다른 인터페이스를 상속할 수 있다.

여러 인터페이스를 상속하다 보면 시그니처(함수 이름과 파라미터 목록을 합친 정보)가 같은 함수를 둘 이상 동시에 상속할 때가 있다. 함수나 프로퍼티의 시그니처가 충돌하면 다음 코드의 C 클래스처럼 프로그래머가 직접 충돌을 해결해야 한다.

Abstract/InterfaceCollision.kt

```
package collision
import atomictest.eq

interface A {
  fun f() = 1
  fun g() = "A.g"
  val n: Double
    get() = 1.1
}

interface B {
  fun f() = 2
  fun g() = "B.g"
  val n: Double
    get() = 2.2
}
```

```
class C : A, B {
  override fun f() = 0
  override fun g() = super<A>.g()
  override val n: Double
    get() = super<A>.n + super<B>.n
}

fun main() {
  val c = C()
  c.f() eq 0
  c.g() eq "A.g"
  c.n eq 3.3
}
```

인터페이스 A와 B에서 함수 f(), g()와 프로퍼티 n의 시그니처가 같으므로, 이 문제를 해결하지 않으면 코틀린은 오류를 표시한다(C에 있는 정의를 하나씩 주석으로 가려보라). f()처럼 멤버 함수나 프로퍼티를 오버라이드할 수도 있고, 함수에서는 super 키워드를 사용해 기반 클래스의 함수를 호출할 수도 있다. 이때 C.g()나 C.n 정의처럼 어떤 기반 클래스의 멤버를 호출할지 표시하기 위해 super 뒤에 부등호로 클래스 이름을 지정해야 한다.

코틀린은 식별자가 같은데 타입이 다른 식으로 충돌이 일어나는 경우를 허용하지 않으며, 이를 해결해주지도 않고 해결해줄 수도 없다.

61

업캐스트

> 객체 참조를 받아서 그 객체의 기반 타입에 대한 참조처럼 취급하는 것을 '업캐스트(upcast)한다'라고 말한다. 업캐스트는 이전부터 상속 계층에 대해 표현할 때 기반 클래스를 위, 파생 클래스를 아래로 이야기했기 때문에 나온 용어다.

상속과 새 멤버 함수 추가는 스몰토크(Smalltalk)(최초로 성공적으로 정착한 객체 지향 언어)에서 비롯됐다. 스몰토크에서는 모든 것이 객체이고, 클래스를 새로 만드는 방법은 기존 클래스를 상속하는 것뿐이다. 상속 과정에서 필요하면 새 함수를 추가할 수 있다. 이러한 스몰토크는 모든 것이 객체인 자바에 큰 영향을 끼쳤다.

코틀린은 이런 제약을 없앴다. 독립적인 함수를 정의할 수 있으므로 모든 것을 클래스 안에 가둘 필요가 없다. 확장 함수를 사용하면 상속을 쓰지 않아도 기능을 확장할 수 있다. 실제로 상속을 위해 open이라는 키워드를 꼭 써야 한다는 요구 사항은 open을 항상 사용하는 것이 아니라 아주 의도적이고 의식적으로 선택해야 한다는 의미를 담고 있다.

더 정확하게 말해, 코틀린은 단일 상속 계층 내 여러 클래스에서 코드를 재사용할 수 있는 방식으로만 상속을 사용하게 한다. '아톰 62, 다형성'에서 이런 메커니즘을 자세히 다룰 것이다. 하지만 그보다 먼저 업캐스트에 대해 이해해야 한다.

화면에 그릴 수도, 지울 수도 있는 Shape를 생각해보자.

Upcasting/Shapes.kt

```
package upcasting

interface Shape {
  fun draw(): String
  fun erase(): String
```

```
}

class Circle : Shape {
  override fun draw() = "Circle.draw"
  override fun erase() = "Circle.erase"
}

class Square : Shape {
  override fun draw() = "Square.draw"
  override fun erase() = "Square.erase"
  fun color() = "Square.color"
}

class Triangle : Shape {
  override fun draw() = "Triangle.draw"
  override fun erase() = "Triangle.erase"
  fun rotate() = "Triangle.rotate"
}
```

show() 함수는 모든 Shape를 받을 수 있다.

Upcasting/Shapes.kt

```
package upcasting
import atomictest.*

fun show(shape: Shape) {
  trace("Show: ${shape.draw()}")
}

fun main() {
  listOf(Circle(), Square(), Triangle())
    .forEach(::show)
  trace eq """
    Show: Circle.draw
    Show: Square.draw
    Show: Triangle.draw
  """
}
```

main()은 세 가지 다른 타입, 즉 Circle, Square, Triangle에 대해 show()를 호출한다. show() 의 파라미터는 기반 클래스인 Shape이므로, show()는 이 세 가지 타입을 모두 허용한다. 각 타입 은 모두 기반 Shape 클래스의 객체처럼 취급된다. 이를 일컬어 구체적인 타입이 기반 타입으로 **업 캐스트**됐다고 말한다.

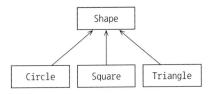

▼ 그림 61-1 Shape의 상속 계층 구조

이런 상속 계층 구조를 그릴 때는 보통 기반 클래스를 위에 둔다.

Circle, Square, Triangle 타입의 객체를 show( )의 Shape 타입 인자로 전달할 때 각 객체의 구체적인 타입이 이 상속 계층의 **위에** 있는 타입으로 변환된다. 업캐스트가 이뤄지면서 각 객체가 Circle, Square, Triangle 중 어느 타입인지에 대한 구체적인 정보는 사라진다. 각 경우에 세 객체는 모두 그냥 Shape 객체로 취급된다.

구체적인 타입을 더 일반적인 타입으로 다루는 게 상속의 전부다. 상속 메커니즘은 오직 기반 타입으로 업캐스트한다는 목적을 달성하기 위해 존재한다. 이런 추상화('모든 것이 Shape다')로 인해, 구체적인 타입에 따라 매번 show( ) 함수를 작성하지 않고 단 한 번만 작성해도 된다. 객체를 위해 작성된 코드를 재사용하는 방법이 업캐스트다.

실제로 업캐스트를 사용하지 않는데 상속을 사용하는 거의 모든 경우는 상속을 잘못 사용하는 것이다. 이런 경우 상속이 필수적이지 않고, 코드를 불필요하게 복잡하게 만든다. 상속의 잘못된 사용 때문에 다음과 같은 격언이 탄생했다.

> 상속보다 합성을 택하라.

상속이 기반 타입을 파생 타입으로 대신하는 능력을 위한 것이라면, Square의 color( )나 Triangle의 rotate( )와 같이 기반 타입에 추가된 함수에는 어떤 일이 벌어질까?

치환 가능성은 **리스코프 치환 원칙**(Liskov Substitution Principle)이라고도 부르는데, 업캐스트를 한 다음에는 파생 타입이 **정확히** 기반 타입과 똑같이(그 이상도 그 이하도 아닌) 취급될 수 있다고 말한다. 이 말은 업캐스트가 파생 클래스에 추가된 멤버 함수를 '잘라버리는' 효과가 있다는 뜻이다. 파생 클래스에 추가된 멤버는 여전히 존재하지만, 기반 클래스의 인터페이스에 속해 있지 않으므로 show( ) 안에서는 사용할 수 없다.

Upcasting/TrimmedMembers.kt

```
package upcasting
import atomictest.*
```

```
fun trim(shape: Shape) {
  trace(shape.draw())
  trace(shape.erase())
  // 컴파일되지 않는다
  // shape.color()  // [1]
  // shape.rotate() // [2]
}

fun main() {
  trim(Square())
  trim(Triangle())
  trace eq """
    Square.draw
    Square.erase
    Triangle.draw
    Triangle.erase
  """
}
```

Square 인스턴스를 Shape로 업캐스트했기 때문에 [1]에서는 color()를 호출할 수 없다. 마찬가지로 Triangle 인스턴스를 Shape로 업캐스트했기 때문에 [2]에서는 rotate()를 호출할 수 없다. trim() 안에서 사용할 수 있는 멤버 함수는 **모든** Shape에 공통으로 들어 있는 멤버들, 즉 기반 타입 Shape에 정의된 멤버들뿐이다.

Shape의 하위 타입 값을 **직접** 일반적인 Shape 타입 변수에 대입해도 마찬가지 현상이 벌어진다. 어떤 멤버에 접근할 수 있는지는 변수에 지정된 타입이 결정한다.

Upcasting/Assignment.kt

```
import upcasting.*

fun main() {
  val shape1: Shape = Square()
  val shape2: Shape = Triangle()
  // 컴파일되지 않는다
  // shape1.color()
  // shape2.rotate()
}
```

업캐스트를 한 다음에는 기반 타입의 멤버만 호출할 수 있다.

다형성

다형성(polymorphism)은 '여러 형태'를 뜻하는 고대 그리스 단어다. 프로그래밍에서 다형성은 객체나 멤버의 여러 구현이 있는 경우를 뜻한다.

간단한 Pet 타입의 계층을 살펴보자. Pet 클래스는 모든 Pet 객체가 speak()를 할 수 있다고 정의한다. Dog과 Cat은 speak() 멤버 함수를 오버라이드한다.

Polymorphism/Pet.kt

```
package polymorphism
import atomictest.eq

open class Pet {
  open fun speak() = "Pet"
}

class Dog : Pet() {
  override fun speak() = "Bark!"
}

class Cat : Pet() {
  override fun speak() = "Meow"
}

fun talk(pet: Pet) = pet.speak()

fun main() {
  talk(Dog()) eq "Bark!" // [1]
  talk(Cat()) eq "Meow"  // [2]
}
```

talk() 함수의 파라미터를 살펴보라. Dog이나 Cat을 talk()에 넘길 때 파라미터 타입이 Pet이기 때문에 구체적인 타입은 잊혀진다. 즉, Dog과 Cat은 모두 Pet으로 **업캐스트**된다. 각 객체는 이제 평범한 Pet으로 취급된다. 그렇다면 [1]과 [2]의 출력이 모두 "Pet"이 되어야 하지 않을까?

talk()는 자신이 받는 Pet 객체의 정확한 타입을 모른다. 그럼에도 불구하고 여러분이 기반 클래스인 Pet의 참조를 사용해 speak()를 호출할 때 올바른 하위 클래스의 구현이 호출되며, 원하는 동작을 볼 수 있다.

다형성은 부모 클래스 참조가 자식 클래스의 인스턴스를 가리키는 경우 발생한다. 부모 클래스 참조에 대해 멤버를 호출하면 다형성에 의해 자식 클래스에서 오버라이드한 올바른 멤버가 호출된다.

함수 호출을 함수 본문과 연결 짓는 작업을 **바인딩**(binding)이라고 한다. 일반적으로 바인딩은 정적으로, 컴파일 시점에 일어나므로 그다지 바인딩에 신경 쓸 일이 없다. 다형성이 사용되는 경우에는 같은 연산이 타입에 따라 다르게 작동해야 한다. 하지만 컴파일러는 어떤 함수 본문을 사용해야 할지 미리 알 수 없다. 함수 본문을 동적 바인딩을 사용해 실행 시점에 동적으로 결정해야만 한다(**동적 바인딩**을 늦은(late) 바인딩이나 **동적 디스패치**(dispatch)라고 부르기도 한다). 코틀린은 런타임 시에만 정확히 어떤 speak() 함수를 호출해야 할지 알 수 있다. 따라서 다형적 호출 pet.speak()에 대한 바인딩은 동적으로 일어난다고 말할 수 있다.

판타지 게임을 생각해보자. 게임의 캐릭터를 표현하는 Character 클래스는 name과 play() 함수를 제공한다. 전사 Fighter와 마법사 Magician을 조합해 특정 캐릭터를 만들 수 있다.

Polymorphism/FantasyGame.kt

```kotlin
package polymorphism
import atomictest.*

abstract class Character(val name: String) {
  abstract fun play(): String
}

interface Fighter {
  fun fight() = "Fight!"
}

interface Magician {
  fun doMagic() = "Magic!"
}

class Warrior :
  Character("Warrior"), Fighter {
```

```
  override fun play() = fight()
}

open class Elf(name: String = "Elf") :
  Character(name), Magician {
  override fun play() = doMagic()
}

class FightingElf :
  Elf("FightingElf"), Fighter {
  override fun play() =
    super.play() + fight()
}

fun Character.playTurn() =              // [1]
  trace(name + ": " + play())          // [2]

fun main() {
  val characters: List<Character> = listOf(
    Warrior(), Elf(), FightingElf()
  )
  characters.forEach { it.playTurn() } // [3]
  trace eq """
    Warrior: Fight!
    Elf: Magic!
    FightingElf: Magic!Fight!
  """
}
```

main()에서 각 객체를 List에 넣으면서 Character로 업캐스트한다. trace는 List에 있는 Character()에 대해 playTurn()을 호출하면 캐릭터마다 다른 출력이 나온다는 점을 보여준다.

playTurn()은 기반 클래스인 Character의 확장 함수다. [3]에서 이 함수를 호출할 때 함수가 **정적으로** 바인딩된다. 이 말은 정확히 어떤 함수를 호출할지가 컴파일 시점에 결정된다는 뜻이다. [3]에서 컴파일러는 playTurn() 함수의 구현이 [1]에서 정의한 함수 하나뿐이라고 결정한다.

컴파일러가 [2]의 play() 함수 호출을 분석할 때는 어떤 함수 구현을 사용해야 할지 알 수 없다. Character가 Elf면 Elf의 play()를 호출해야 한다. 만약 Character가 FightingElf면 FightingElf의 play()를 호출해야 한다. 그리고 아직 정의가 되지 않았지만, 나중에 다른 하위 클래스가 정의되면 그 클래스의 play()도 호출할 수 있어야 한다. 호출될 함수의 바인딩은 함수 호출 지점마다 달라진다. 컴파일 시점에는 [2] 위치의 play()가 Character의 멤버 함수라는 점만 확실히 알 수 있다. 구체적인 하위 클래스는 실행 시점이 되어야 알 수 있으며, 실제 수신 객체 Character의 구체적인 타입에 따라 달라진다.

동작 바인딩은 공짜가 아니다(대가가 없는 게 아니다). 정적 바인딩을 사용할 때와 비교하면, 실행 시점에 타입을 결정하는 추가 로직이 성능에 약간 부정적인 영향을 끼친다. 명확하게 하기 위해 코틀린은 멤버 함수와 클래스가 디폴트로 상속과 오버라이딩에 대해 닫혀 있도록 한다. 상속과 오버라이딩을 하려면 코드에 의도를 명확히 드러내야 한다.

when 같은 언어 기능은 독립적으로 학습이 가능하다. 하지만 다형성은 그렇지 않다. 다형성은 클래스의 관계라는 더 큰 그림 안에 속해 있을 때만 조화롭게 작동한다. 객체 지향 기법을 효과적으로 사용하려면, 여러분의 관점을 어느 한 클래스의 멤버에 한정하지 말고 클래스와 클래스 사이의 관계에 존재하는 보편성으로 넓혀야 한다.

63

합성

객체 지향을 사용해야 하는 가장 큰 이유는 코드 재사용이다.

'재사용'을 '코드 복사' 정도로 생각하는 사람도 있을 것이다. 복사는 쉬운 해결책처럼 보이지만 그렇게 잘 작동하지 않는다. 시간이 지나면 코드도 진화해야 한다. 여기저기 복사된 코드를 변경하는 것은 유지 보수에서 악몽 같은 일이다. 복사본을 모두 찾아냈는가? 복사본마다 변경 사항을 제대로 적용했는가? 제대로 재사용된 코드는 단 한 곳만 바꿔도 된다.

객체 지향 프로그래밍에서는 새 클래스를 만듦으로써 코드를 재사용한다. 하지만 밑바닥부터 새로 클래스를 만드는 대신에 누군가 만들고 디버깅해둔 기존 클래스를 사용한다. 여기서 핵심은 기존 코드를 더럽히지 않고 클래스를 재사용하는 것이다.

이를 달성하는 방법 중 하나가 상속이다. 상속을 하면 기존 클래스 **타입에 속하는** 새 클래스를 만든다. 또한, 기존 클래스를 변경하지 않고 기존 클래스의 형식대로 새 클래스에 코드를 추가한다. 상속은 객체 지향 프로그래밍을 이루는 주춧돌이다.

또는 기존 클래스의 객체를 새 클래스 **안에** 생성하는 좀 더 직접적인 접근 방법을 택할 수도 있다. 새 클래스가 기존 클래스들을 합성한 객체로 이뤄지기 때문에 이런 방법을 **합성**이라고 부른다. 합성을 쓸 경우는 기본 코드의 (형태가 아니라) **기능**을 재사용하는 것이다.

이 책에서는 합성을 자주 사용한다. 합성은 너무 단순하기 때문에(단순히 객체를 클래스 안에 넣으면 된다) 무시되는 경향이 있다.

합성은 **포함**(has-a) 관계다. '집은 건물**이며**(is a), 부엌을 **포함**(has-a)한다'라는 관계를 다음과 같이 표현할 수 있다.

```
package composition1

interface Building
interface Kitchen

interface House: Building {
  val kitchen: Kitchen
}
```

상속은 ~이다(is-a) 관계를 표현하며, '집은 건물이다' 같은 설명을 읽으면 도움이 된다. 집이 건물이라는 말은 맞는 말 같다. '~이다' 관계가 타당해 보이면 상속이 잘 들어맞는 경우가 많다.

집에 부엌이 둘 있다면 합성을 사용해 더 쉽게 집을 표현할 수 있다.

```
package composition2

interface Building
interface Kitchen

interface House: Building {
  val kitchen1: Kitchen
  val kitchen2: Kitchen
}
```

부엌을 임의의 개수만큼 포함하려면 컬렉션을 사용한 합성을 쓰면 된다.

```
package composition3

interface Building
interface Kitchen

interface House: Building {
  val kitchens: List<Kitchen>
}
```

우리는 상속을 이해하기 위해 시간과 노력을 기울인다. 왜냐하면 상속이 더 복잡하고, 복잡하기에 상속이 더 중요한 개념이라는 인상을 받기 쉽기 때문이다. 실제로는 다음과 같이 반대다.

합성이 설계와 구현이 더 간단하다. 이 말은 상속을 피하라는 말이 아니다. 단지 우리가 좀 더 복잡한 관계(상속)에 구속되려는 경향이 있다는 뜻이다. **상속보다 합성을 택하라**는 격언은 한 걸음 물러서서 설계를 검토하고, 합성을 사용하면 해당 설계를 더 단순하게 만들 수 있는지 검토해봐야 한다는 점을 상기시켜준다.

합성은 뻔해 보이지만 강력하다. 클래스가 성장하면 여러 가지 관련이 없는 요소를 책임져야 한다. 합성은 각 요소를 서로 분리할 때 도움이 된다. 합성을 사용하면 클래스의 복잡한 로직을 단순화할 수 있다.

합성과 상속 중 선택하기

합성과 상속 모두 우리가 만든 새 클래스에 하위 객체를 넣는다. 다만 합성은 명시적으로 하위 객체를 선언하지만, 상속은 암시적으로 하위 객체가 생긴다는 점이 다르다. 언제 어느 쪽을 택해야 할까?

합성은 기존 클래스의 기능을 제공하지만 인터페이스를 제공하지는 않는다. 여러분은 새 클래스에서 객체의 특징을 사용하고 싶어 객체를 포함시키지만, 사용자는 합성으로 포함된 객체의 인터페이스가 아니라 여러분이 새 클래스에서 정의한 인터페이스를 보게 된다. 합성한 객체를 완전히 감추고 싶다면 비공개(private)로 포함시키면 된다.

Composition/Embedding.kt

```kotlin
package composition

class Features {
  fun f1() = "feature1"
  fun f2() = "feature2"
}

class Form {
  private val features = Features()
  fun operation1() =
    features.f2() + features.f1()
  fun operation2() =
    features.f1() + features.f2()
}
```

Features 클래스는 Form의 연산에 대한 구현을 제공한다. 하지만 Form을 사용하는 클라이언트 프로그래머는 features에 접근할 수 없다. 실제로 사용자는 Form이 어떻게 구현됐는지를 알 수 없다. 이 말은 여러분이 Form을 구현하는 더 나은 방법을 찾아내면 features를 제거하고 새 접근 방법을 택해도 Form을 사용하는 코드에는 영향을 미치지 않는다는 뜻이다.

Form이 Features를 상속한다면, 클라이언트 프로그래머가 Form을 Features로 업캐스트하리라 예상할 수 있다. 그런 경우 연결 관계가 명확해지므로 상속 관계가 Form의 일부가 된다. 여러분이 이 관계를 수정하면 해당 연결 관계에 의존하는 모든 코드가 망가진다.

때로는 클래스 사용자가 여러분이 만든 새 클래스의 합성에 직접 접근하는 게 합리적인 경우가 있다. 이런 경우에는 멤버 객체를 공개(public)로 만들 수 있다. 이렇게 공개를 해도 멤버 객체가 적절히 정보 은닉을 구현하고 있는 한 상대적으로 안전하다. 시스템에 따라서는 이런 식으로 멤버 객체를 공개할 때 인터페이스가 더 깔끔해질 수 있다. 다음 코드의 Car를 살펴보자.

```
Composition/Car.kt
package composition
import atomictest.*

class Engine {
  fun start() = trace("Engine start")
  fun stop() = trace("Engine stop")
}

class Wheel {
  fun inflate(psi: Int) =
    trace("Wheel inflate($psi)")
}

class Window(val side: String) {
  fun rollUp() =
    trace("$side Window roll up")
  fun rollDown() =
    trace("$side Window roll down")
}

class Door(val side: String) {
  val window = Window(side)
  fun open() = trace("$side Door open")
  fun close() = trace("$side Door close")
}
```

```
class Car {
  val engine = Engine()
  val wheel = List(4) { Wheel() }
  // 두 개의 문
  val leftDoor = Door("left")
  val rightDoor = Door("right")
}

fun main() {
  val car = Car()
  car.leftDoor.open()
  car.rightDoor.window.rollUp()
  car.wheel[0].inflate(72)
  car.engine.start()
  trace eq """
    left Door open
    right Window roll up
    Wheel inflate(72)
    Engine start
  """
}
```

Car 합성은 단순히 하부 구현에 속하는 문제가 아니라 문제 분석의 일부분이다. 이런 식으로 내부를 노출시킨 설계는 클라이언트가 클래스를 사용하는 방법을 이해할 때 도움이 되고, 클래스를 만든 사람의 코드 복잡도를 줄여준다.

상속을 하면 기존 클래스를 커스텀화한 버전을 만든다. 즉, 일반적인 목적의 클래스를 갖고 특정 필요에 맞는 특별한 클래스를 만든다. 이 예제에서 Car를 Vehicle 클래스의 객체를 사용해 합성하면 의미가 없다. Car는 Vehicle을 **포함**하지 않으며, Vehicle**이다**. '~이다' 관계는 상속으로 표현하고, 포함 관계는 합성으로 표현한다.

다형성의 영리함으로 인해 모든 것을 상속으로 처리해야 할 것처럼 느끼기 쉽다. 이 느낌은 여러분의 설계에 짐이 된다. 실제로 기존 클래스를 사용해 새 클래스를 만들 때 상속을 우선적으로 선택하면 모든 것이 불필요하게 복잡해진다. 더 나은 접근 방법은 합성을 먼저 시도하는 것이다. 특히 상속과 합성 중 어느 쪽이 더 잘 적용될지 분명히 알 수 없는 경우 합성을 먼저 시도해야 한다.

상속과 확장

때로는 기존 클래스를 새로운 목적으로 활용하기 위해 새로운 함수를 추가해야 할 때가 있다. 이때 기존 클래스를 변경할 수 없으면 새 함수를 추가하기 위해 상속을 사용해야 한다. 이로 인해 코드를 이해하고 유지 보수하기 어려워진다.

누군가 Heater 클래스와 Heater 객체에 작용하는 함수를 정의했다고 하자.

InheritanceExtensions/Heater.kt

```
package inheritanceextensions
import atomictest.eq

open class Heater {
  fun heat(temperature: Int) =
    "heating to $temperature"
}

fun warm(heater: Heater) {
  heater.heat(70) eq "heating to 70"
}
```

논의를 위해 Heater가 이보다 더 복잡하고, warm() 같은 추가 함수가 많이 있다고 가정해보자. 우리는 이 라이브러리를 변경하고 싶지는 않다. 다만 그대로 재사용하고 싶다.

실제로 원하는 기능은 HVAC(Heating, Ventilation and Air Conditioning)(냉난방 및 공조 시스템)이며, Heater를 상속해 cool 함수를 추가할 수도 있다. 기존 warm() 함수와 다른 모든 함수는 Heater에 작용할 수 있으므로 여전히 우리가 만든 새 HVAC 타입에 대해서도 작동한다. 만약 합성을 사용한다면 새 HVAC 타입을 기존 함수에 적용할 수는 없다.

```kotlin
package inheritanceextensions
import atomictest.eq

class HVAC : Heater() {
  fun cool(temperature: Int) =
    "cooling to $temperature"
}

fun warmAndCool(hvac: HVAC) {
  hvac.heat(70) eq "heating to 70"
  hvac.cool(60) eq "cooling to 60"
}

fun main() {
  val heater = Heater()
  val hvac = HVAC()
  warm(heater)
  warm(hvac)
  warmAndCool(hvac)
}
```

이 방식은 실용적인 듯 보인다. Heater가 원하는 기능을 전부 제공하지 못하므로, Heater를 상속해 HVAC를 만들고 다른 함수를 추가한다.

'아톰 61, 업캐스트'에서 본 것처럼, 객체 지향 언어는 상속을 하는 동안 멤버 함수를 처리하는 메커니즘을 제공한다. 추가된 함수는 업캐스트를 하면 잘려나가므로 기반 클래스에서는 쓸 수 없다. 이는 **리스코프 치환 원칙**, 즉 '치환 가능성'으로, 기반 클래스를 받아들이는 함수는 반드시 하위 클래스의 객체를 (하위 클래스라는 사실을 알지 못하고) 받아도 아무 문제가 없어야 한다. 치환 가능성으로 인해 HVAC에 대해서도 warm()은 여전히 작동한다.

현대 OO 프로그래밍이 상속을 하는 동안 함수를 추가하는 것을 **허용하지만**, 이는 '**코드 냄새**(code smell)'다. 이러한 함수 추가는 타당하고 편리해 보이지만 여러분을 함정에 빠뜨릴 수 있다. 무언가가 작동하는 것처럼 보인다고 해서 그게 반드시 좋은 아이디어는 아니다. 특히 나중에 코드를 유지 보수해야 하는 사람(코드를 처음 작성한 자신일 수도 있다)에게 악영향을 끼칠 수 있는 아이디어라면 더 문제다. 이런 문제를 **기술 부채**(technical debt)라고 부른다.

상속을 하면서 함수를 추가하는 건, 클래스에 기반 클래스가 있다는 사실을 무시하고 시스템 전반에서 파생 클래스를 엄격하게 식별해 취급할 때 유용하다(기반 클래스 타입의 참조를 통해서만 파생 클래스 인스턴스에 접근한다면, 파생 클래스에 추가된 함수를 호출할 방법이 없으므로 쓸데없는 함수를 추가한 셈이 된다). '아톰 68, 타입 검사'에서 예제를 몇 가지 더 살펴보면서, 상속을 하면서 함수를 추가하는 게 성공 가능한 기법이 될 수 있는 경우를 볼 것이다.

HVAC 클래스를 만든 진짜 이유는 Heater 클래스에 cool() 함수를 추가해 warmAndCool() 함수 안에서 warm()과 cool()을 모두 쓰기 위함이다. 이런 필요는 확장 함수가 하는 일과 정확히 일치한다. 확장 함수를 쓰면 상속이 필요 없다.

InheritanceExtensions/ExtensionFuncs.kt

```kotlin
package inheritanceextensions2
import inheritanceextensions.Heater
import atomictest.eq

fun Heater.cool(temperature: Int) =
  "cooling to $temperature"

fun warmAndCool(heater: Heater) {
  heater.heat(70) eq "heating to 70"
  heater.cool(60) eq "cooling to 60"
}

fun main() {
  val heater = Heater()
  warmAndCool(heater)
}
```

기반 클래스 인터페이스를 확장하기 위해 상속하는 대신, 확장 함수를 사용하면 상속을 사용하지 않고 기반 클래스의 인스턴스를 직접 확장할 수 있다.

Heater 라이브러리의 소스 코드를 바꿀 수 있으면 다음 예제와 같이 다른 방식으로 설계해서 클래스를 좀 더 유연하게 만들 수 있다.

InheritanceExtensions/TemperatureDelta.kt

```kotlin
package inheritanceextensions
import atomictest.*

class TemperatureDelta(
  val current: Double,
  val target: Double
)

fun TemperatureDelta.heat() {
  if (current < target)
    trace("heating to $target")
}
```

```
fun TemperatureDelta.cool() {
  if (current > target)
    trace("cooling to $target")
}

fun adjust(deltaT: TemperatureDelta) {
  deltaT.heat()
  deltaT.cool()
}

fun main() {
  adjust(TemperatureDelta(60.0, 70.0))
  adjust(TemperatureDelta(80.0, 60.0))
  trace eq """
    heating to 70.0
    cooling to 60.0
  """
}
```

위 접근 방법에서는 여러 전략 중 하나를 선택해 온도를 제어한다. heat()과 cool()을 확장 함수가 아닌 멤버 함수로 정의할 수도 있을 것이다.

관습에 의한 인터페이스

확장 함수를 함수가 하나뿐인 인터페이스를 만드는 것처럼 생각할 수도 있다.

InheritanceExtensions/Convention.kt

```
package inheritanceextensions

class X

fun X.f() {}

class Y

fun Y.f() {}

fun callF(x: X) = x.f()

fun callF(y: Y) = y.f()

fun main() {
  val x = X()
  val y = Y()
```

```
    x.f()
    y.f()
    callF(x)
    callF(y)
}
```

이제 X와 Y에 f()라는 멤버 함수가 있는 것처럼 보인다. 하지만 이들이 다형적으로 동작하지는 않기 때문에 두 타입에 대해 callF()가 제대로 작동하게 만들려면 callF()를 오버로드해야 한다.

코틀린 라이브러리에서는 이런 '관습에 의한 인터페이스'를 광범위하게 사용한다. 특히 컬렉션을 다룰 때 그렇다. 코틀린 컬렉션은 거의 모두가 자바 컬렉션이지만, 코틀린 라이브러리는 다수의 확장 함수를 추가해서 자바 컬렉션을 함수형 스타일의 컬렉션으로 변모시켜준다. 예가 아주 많지만 그중 한두 가지만 이야기하면, 프로그래머들은 컬렉션과 비슷한 객체가 거의 대부분 map()과 reduce()를 제공하리라 예상하며, 이런 관습을 기대하면서 더 쉽게 프로그래밍을 할 수 있다.

코틀린 표준 라이브러리의 Sequence 인터페이스에는 멤버 함수가 하나만 들어 있다. 다른 모든 Sequence 함수는 모두 확장이다.[1] 이런 확장 함수는 100개가 넘는다. 초기에는 이런 접근 방법이 자바와 호환성을 유지하기 위한 목적으로 쓰였지만, 이제는 '필수적인 메서드만 정의해 포함하는 간단한 인터페이스를 만들고, 모든 부가 함수를 확장으로 정의하라'라는 코틀린 철학이 됐다.

어댑터 패턴

라이브러리에서 타입을 정의하고 그 타입의 객체를 파라미터로 받는 함수를 제공하는 경우가 종종 있다(이 함수가 파라미터로 받은 객체와 다른 타입을 반환할 수도 있고, 같은 타입을 반환할 수도 있다).

InheritanceExtensions/UsefulLibrary.kt

```
package usefullibrary

interface LibType {
  fun f1()
  fun f2()
}

fun utility1(lt: LibType) {
  lt.f1()
  lt.f2()
}
```

---

1 https://kotlinlang.org/api/latest/jvm/stdlib/kotlin.sequences/

```
fun utility2(lt: LibType) {
  lt.f2()
  lt.f1()
}
```

이 라이브러리를 사용하려면 여러분이 만든 기존 클래스를 LibType으로 변환할 방법이 필요하다. 다음 코드에서는 MyClassAdaptedForLib을 만들기 위해 기존 MyClass를 상속했다. MyClassAdaptedForLib은 LibType을 구현하므로 UsefulLibrary.kt에 정의한 함수의 인자로 전달될 수 있다.

InheritanceExtensions/Adapter.kt

```
package inheritanceextensions
import usefullibrary.*
import atomictest.*

open class MyClass {
  fun g() = trace("g()")
  fun h() = trace("h()")
}

fun useMyClass(mc: MyClass) {
  mc.g()
  mc.h()
}

class MyClassAdaptedForLib :
  MyClass(), LibType {
  override fun f1() = h()
  override fun f2() = g()
}

fun main() {
  val mc = MyClassAdaptedForLib()
  utility1(mc)
  utility2(mc)
  useMyClass(mc)
  trace eq "h() g() g() h() g() h()"
}
```

이런 방식은 상속을 하는 과정에서 클래스를 확장하긴 하지만, 새 멤버 함수는 오직 UsefulLibrary에 연결하기 위해서만 쓰인다. 다른 곳에서는 useMyClass()에서와 같이 MyClassAdaptedFor Library를 그냥 MyClass 객체로 취급할 수 있다. 기반 클래스 사용자가 파생 클래스에 대해 꼭 알아야 하는 방식으로 MyClassAdaptedForLibrary 클래스를 사용하는 코드는 없다.

Adapter.kt는 MyClass가 상속에 대해 열린 open 클래스라는 점에 의존한다. 하지만 여러분이 MyClass를 수정할 수 없고 MyClass가 open도 아니라면 어떻게 해야 할까? 이럴 때는 다행히 합성을 사용해 어댑터(adapter)를 만들 수 있다. 다음 코드에서는 MyClassAdaptedForLib 클래스 안에 MyClass 필드를 추가했다.

InheritanceExtensions/ComposeAdapter.kt

```kotlin
package inheritanceextensions2
import usefullibrary.*
import atomictest.*

class MyClass { // open된 클래스가 아님
  fun g() = trace("g()")
  fun h() = trace("h()")
}

fun useMyClass(mc: MyClass) {
  mc.g()
  mc.h()
}

class MyClassAdaptedForLib : LibType {
  val field = MyClass()
  override fun f1() = field.h()
  override fun f2() = field.g()
}

fun main() {
  val mc = MyClassAdaptedForLib()
  utility1(mc)
  utility2(mc)
  useMyClass(mc.field)
  trace eq "h() g() g() h() g() h()"
}
```

이 코드는 Adapter.kt만큼 깔끔하지는 않으며, useMyClass(mc.field) 호출처럼 명시적으로 MyClass 객체에 접근해야 한다. 하지만 이런 방법은 여전히 기존 라이브러리를 새로운 인터페이스에 맞게 전환해 연결하는 문제를 쉽게 해결해준다.

확장 함수는 어댑터를 생성할 때 아주 유용할 것 같지만, 불행히도 확장 함수를 모아서 인터페이스를 구현할 수는 없다.

멤버 함수와 확장 함수 비교

확장 함수 대신 멤버 함수를 써야 하는 경우가 있다. 함수가 private 멤버에 접근해야 한다면 멤버 함수를 정의할 수밖에 없다.

InheritanceExtensions/PrivateAccess.kt

```
package inheritanceextensions
import atomictest.eq

class Z(var i: Int = 0) {
  private var j = 0
  fun increment() {
    i++
    j++
  }
}

fun Z.decrement() {
  i--
  // j -- // 접근할 수 없음
}
```

---

j가 private이므로 increment() 멤버 함수는 j를 변경할 수 있지만, decrement() 확장 함수는 j에 접근할 수 없다.

확장 함수의 가장 큰 한계는 오버라이드할 수 없다는 점이다.

InheritanceExtensions/NoExtOverride.kt

```
package inheritanceextensions
import atomictest.*

open class Base {
  open fun f() = "Base.f()"
}

class Derived : Base() {
  override fun f() = "Derived.f()"
}

fun Base.g() = "Base.g()"
fun Derived.g() = "Derived.g()"

fun useBase(b: Base) {
  trace("Received ${b::class.simpleName}")
```

```
  trace(b.f())
  trace(b.g())
}

fun main() {
  useBase(Base())
  useBase(Derived())
  trace eq """
    Received Base
    Base.f()
    Base.g()
    Received Derived
    Derived.f()
    Base.g()
  """
}
```

trace 출력은 멤버 함수인 f()에서는 다형성이 작동하지만 확장 함수인 g()에서는 작동하지 않는다는 사실을 보여준다.

함수를 오버라이드할 필요가 없고 클래스의 공개 멤버만으로 충분할 때는 이를 멤버 함수로 구현할 수도 있고, 확장 함수로 구현할 수도 있다. 그냥 스타일의 문제일 뿐이므로, 코드의 명확성을 가장 크게 높일 수 있는 방법을 선택해야 한다.

멤버 함수는 타입의 핵심을 반영한다. 그 함수가 없이는 그 타입을 상상할 수 없어야 한다. 확장 함수는 타입의 존재에 필수적이지는 않은, 대상 타입을 지원하고 활용하기 위한 **외부** 연산이나 **편리**를 위한 연산이다. 타입 내부에 외부 함수를 포함하면 타입을 이해하기가 더 어려워지지만, 일부 함수를 확장 함수로 정의하면 대상 타입을 깔끔하고 단순하게 유지할 수 있다.

Device 인터페이스를 생각해보자. model과 productionYear 프로퍼티는 장치의 핵심 특성을 기술하기 때문에 Device의 본질을 이룬다. overpriced()나 outdated() 같은 함수는 멤버로도, 확장 함수로도 정의될 수 있다. 다음은 멤버 함수로 정의한 코드다.

InheritanceExtensions/DeviceMembers.kt

```
package inheritanceextensions1
import atomictest.eq

interface Device {
  val model: String
  val productionYear: Int
  fun overpriced() = model.startsWith("i")
  fun outdated() = productionYear < 2050
```

```
}

class MyDevice(
  override val model: String,
  override val productionYear: Int
): Device

fun main() {
  val gadget: Device =
    MyDevice("my first phone", 2000)
  gadget.outdated() eq true
  gadget.overpriced() eq false
}
```

앞으로 overpriced()와 outdated()를 하위 클래스에서 오버라이드할 가능성이 없다고 가정하면 다음과 같이 확장으로 정의할 수 있다.

InheritanceExtensions/DeviceExtensions.kt

```
package inheritanceextensions2
import atomictest.eq

interface Device {
  val model: String
  val productionYear: Int
}

fun Device.overpriced() =
  model.startsWith("i")

fun Device.outdated() =
  productionYear < 2050

class MyDevice(
  override val model: String,
  override val productionYear: Int
): Device

fun main() {
  val gadget: Device =
    MyDevice("my first phone", 2000)
  gadget.outdated() eq true
  gadget.overpriced() eq false
}
```

앞 예제의 인터페이스에는 쉽게 이해하고 추론할 수 있는, 인터페이스의 특성을 잘 설명해주는 멤버만 들어 있다. 따라서 두 번째 예의 Device 인터페이스가 더 나은 선택일 것이다. 하지만 확장 함수로 만들지 멤버 함수로 만들지는 궁극적으로 설계상의 선택일 뿐이다.

C++나 자바 같은 언어는 특별히 금지하지 않는 한 상속을 허용한다. 코틀린은 여러분이 상속을 사용하지 **않을 것이라고** 가정한다. 코틀린은 open 키워드를 통해 상속과 다형성을 의도적으로 허용하지 않는 한, 상속과 다형성의 사용을 적극적으로 막는다. 이런 특성은 코틀린이 나아갈 방향에 대한 통찰을 제공한다.

> 함수만으로 충분한 경우가 많다. 가끔은 객체가 매우 유용하다. 객체는 다양한 도구 중 하나일 뿐이며, 모든 경우에 적용할 수 있는 도구는 아니다.

구체적인 특정 상황에서 상속을 어떻게 사용할지 심사숙고하는 중이라면, 진짜 상속이 필요할지 여부를 고려하고 **상속보다는 확장 함수와 합성을 택하라**(디자인 패턴[2] 책의 문장을 변형)라는 격언을 적용하라.

---

2 https://en.wikipedia.org/wiki/Design_Patterns

65

클래스 위임

합성과 상속은 모두 새 클래스 안에 하위 객체를 심는다. 합성에서는 하위 객체가 명시적으로 존재하고, 상속에서는 암시적으로 존재한다.

합성은 내포된 객체의 기능을 사용하지만 인터페이스를 노출하지는 않는다. 클래스가 기존의 구현을 재사용하면서 동시에 인터페이스를 구현해야 하는 경우, 상속과 **클래스 위임**(class delegation)이라는 두 가지 선택지가 있다.

클래스 위임은 상속과 합성의 중간 지점이다. 합성과 마찬가지로 새 클래스 안에 멤버 객체를 심고, 상속과 마찬가지로 심겨진 하위 객체의 인터페이스를 노출시킨다. 게다가 새 클래스를 하위 객체의 타입으로 업캐스트할 수 있다. 코드를 재사용하기 위해 클래스 위임은 합성을 상속만큼 강력하게 만들어준다.

언어 지원이 없다면 어떻게 위임할 수 있을까? 다음 코드에서 우주선(SpaceShip)은 제어 장치 (Controls)가 필요하다.

ClassDelegation/SpaceShipControls.kt

```kotlin
package classdelegation

interface Controls {
  fun up(velocity: Int): String
  fun down(velocity: Int): String
  fun left(velocity: Int): String
  fun right(velocity: Int): String
  fun forward(velocity: Int): String
  fun back(velocity: Int): String
  fun turboBoost(): String
}
```

```kotlin
class SpaceShipControls : Controls {
  override fun up(velocity: Int) =
    "up $velocity"
  override fun down(velocity: Int) =
    "down $velocity"
  override fun left(velocity: Int) =
    "left $velocity"
  override fun right(velocity: Int) =
    "right $velocity"
  override fun forward(velocity: Int) =
    "forward $velocity"
  override fun back(velocity: Int) =
    "back $velocity"
  override fun turboBoost() = "turbo boost"
}
```

제어 장치의 기능을 확장하거나 명령을 일부 조정하고 싶다면 SpaceShipControls를 상속하려 할 것이다. 하지만 SpaceShipControls는 open이 아니므로 상속을 할 수 없다.

Controls의 멤버 함수를 노출하려면 SpaceShipControls의 인스턴스를 프로퍼티로 하고 Controls 의 모든 멤버 함수를 명시적으로 SpaceShipControls 인스턴스에 위임해야 한다.

ClassDelegation/ExplicitDelegation.kt

```kotlin
package classdelegation
import atomictest.eq

class ExplicitControls : Controls {
  private val controls = SpaceShipControls()
  // 수동으로 위임 구현하기
  override fun up(velocity: Int) =
    controls.up(velocity)
  override fun back(velocity: Int) =
    controls.back(velocity)
  override fun down(velocity: Int) =
    controls.down(velocity)
  override fun forward(velocity: Int) =
    controls.forward(velocity)
  override fun left(velocity: Int) =
    controls.left(velocity)
  override fun right(velocity: Int) =
    controls.right(velocity)
  // 변형한 구현
  override fun turboBoost(): String =
    controls.turboBoost() + "... boooooost!"
}
```

```
fun main() {
  val controls = ExplicitControls()
  controls.forward(100) eq "forward 100"
  controls.turboBoost() eq
    "turbo boost... boooooost!"
}
```

모든 함수를 내부에 있는 controls 객체에 바로 전달했다. 그리고 이 클래스가 제공하는 인터페이스는 일반적인 상속에서 사용해야 하는 인터페이스와 동일하다. 그리고 원한다면 turboBoost() 처럼 일부 변경한 구현을 제공할 수도 있다.

코틀린은 이런 클래스 위임 과정을 자동화해준다. 따라서 ExplicitDelegation.kt처럼 직접 함수 구현을 작성하는 대신, 위임에 사용할 객체를 지정하기만 하면 된다.

클래스를 위임하려면 by 키워드를 인터페이스 이름 뒤에 넣고 by 뒤에 위임할 멤버 프로퍼티의 이름을 넣는다.

ClassDelegation/BasicDelegation.kt

```
package classdelegation

interface AI
class A : AI

class B(val a: A) : AI by a
```

이 코드를 '클래스 B는 AI 인터페이스를 a 멤버 객체를 **사용해**(by) 구현한다'라고 읽는다. 인터페이스에만 위임을 적용할 수 있다. 따라서 A() by a라고 by 앞에 클래스 이름을 쓸 수는 없다. 위임 객체(a)는 생성자 인자로 지정한 프로퍼티여야 한다.

이제 by를 사용해 ExplicitDelegation.kt를 다시 작성할 수 있다.

ClassDelegation/DelegatedControls.kt

```
package classdelegation
import atomictest.eq

class DelegatedControls(
  private val controls: SpaceShipControls =
    SpaceShipControls()
): Controls by controls {
  override fun turboBoost(): String =
    "${controls.turboBoost()}... boooooost!"
}
```

```
fun main() {
  val controls = DelegatedControls()
  controls.forward(100) eq "forward 100"
  controls.turboBoost() eq
    "turbo boost... boooooost!"
}
```

코틀린은 by 키워드를 보고 우리가 ExplicitDelegation.kt에 작성한 코드와 비슷한 코드를 생성해 준다. 위임을 하면 별도로 코드를 작성하지 않아도 멤버 객체의 함수를 (위임을 사용해 새로 정의한) 외부 객체를 통해 접근할 수 있다.

코틀린은 다중 클래스 상속을 허용하지 않지만, 클래스 위임을 사용해 다중 클래스 상속을 흉내 낼 수는 있다. 일반적으로 다중 상속은 전혀 다른 기능을 가진 여러 클래스를 하나로 묶기 위해 쓰인다. 예를 들어 화면에 직사각형을 그리는 클래스와 마우스 이벤트를 관리하는 클래스를 하나로 합쳐서 버튼을 만들고 싶다고 해보자.

ClassDelegation/ModelingMI.kt

```
package classdelegation
import atomictest.eq

interface Rectangle {
  fun paint(): String
}

class ButtonImage(
  val width: Int,
  val height: Int
): Rectangle {
  override fun paint() =
    "painting ButtonImage($width, $height)"
}

interface MouseManager {
  fun clicked(): Boolean
  fun hovering(): Boolean
}

class UserInput : MouseManager {
  override fun clicked() = true
  override fun hovering() = true
}

// 앞의 두 클래스를 open으로 정의한다고 해도 하위 타입을
// 정의할 때는 상위 타입 목록에 클래스를 하나만 넣을 수 있기
```

```
// 때문에 다음과 같이 쓸 수는 없다.
// class Button : ButtonImage(), UserInput()

class Button(
  val width: Int,
  val height: Int,
  var image: Rectangle =
    ButtonImage(width, height),
  private var input: MouseManager = UserInput()
): Rectangle by image, MouseManager by input

fun main() {
  val button = Button(10, 5)
  button.paint() eq
    "painting ButtonImage(10, 5)"
  button.clicked() eq true
  button.hovering() eq true
  // 위임한 두 타입으로 업캐스트가 모두 가능하다
  val rectangle: Rectangle = button
  val mouseManager: MouseManager = button
}
```

Button 클래스는 두 인터페이스 Rectangle, MouseManager를 구현한다. Button이 ButtonImage 와 UserInput 구현을 모두 상속할 수는 없지만, 두 클래스를 모두 위임할 수는 있다.

생성자 인자 목록의 image 정의가 public인 동시에 var라는 점에 유의하라. 이로 인해 클라이언트 프로그래머가 동적으로 ButtonImage를 변경할 수 있다.

main()의 마지막 두 줄은 Button을 자신이 위임한 두 가지 타입으로 업캐스트할 수 있음을 보여준다. 이것이 다중 상속의 목표다. 결과적으로 위임은 다중 상속의 필요성을 해결해준다.

상속은 제약이 될 수 있다. 예를 들어 상위 클래스가 open이 아니거나, 새 클래스가 다른 클래스를 이미 상속하고 있는 경우에는 다른 클래스를 상속할 수 없다. 클래스 위임을 사용하면 이런 제약을 포함한 여러 제약을 피할 수 있다.

클래스 위임을 조심히 사용하라. 상속, 합성, 클래스 위임이라는 세 가지 방법 중에 합성을 먼저 시도하라. 합성은 가장 단순한 방법이며 대부분의 유스케이스(use case)를 해결해준다. 타입 계층과 이 계층에 속한 타입 사이의 관계가 필요할 때는 상속이 필요하다. 이 두 가지 선택이 모두 적합하지 않을 때 위임을 쓸 수 있다.

다운캐스트

> 다운캐스트는 이전에 업캐스트했던 객체의 구체적인 타입을 발견한다.

기반 클래스가 파생 클래스보다 더 큰 인터페이스를 가질 수 없으므로 업캐스트는 항상 안전하다. 또한, 모든 기반 클래스 멤버가 존재한다고 보장할 수 있으며 멤버를 호출해도 안전하다. 객체 지향 프로그래밍은 업캐스트에 주로 초점을 맞추고 있지만, 상황에 따라 다운캐스트가 유용하고 편리한 접근 방법일 수도 있다.

다운캐스트는 실행 시점에 일어나며 **실행 시점 타입 식별**(Run-Time Type Identification, RTTI)이라고도 한다.

기반 타입이 파생 타입보다 더 좁은 인터페이스를 제공하는 클래스 계층을 생각해보자. 여러분이 어떤 객체를 기반 타입으로 업캐스트하면 컴파일러는 그 객체의 구체적인 타입을 더 이상 알 수 없다. 특히 컴파일러는 하위 타입에 추가된 함수 중에 어떤 함수를 호출해도 안전한지를 결정할 수 없다.

DownCasting/NarrowingUpcast.kt

```
package downcasting

interface Base {
  fun f()
}

class Derived1 : Base {
  override fun f() {}
  fun g() {}
}
```

```
class Derived2 : Base {
  override fun f() {}
  fun h() {}
}

fun main() {
  val b1: Base = Derived1() // 업캐스트
  b1.f() // 기반 클래스의 일부분
  // b1.g() // 기반 클래스에 들어 있지 않음
  val b2: Base = Derived2() // 업캐스트
  b2.f() // 기반 클래스의 일부분
  // b2.h() // 기반 클래스에 들어 있지 않음
}
```

이 문제를 해결하려면 다운캐스트가 올바른지 보장하는 방법이 필요하다. 여러분이 실수로 잘못된 타입으로 다운캐스트를 해서 존재하지 않는 멤버를 호출하지 않도록 도와줘야 한다.

스마트 캐스트

코틀린의 스마트 캐스트는 자동 다운캐스트이다. is 키워드는 어떤 객체가 특정 타입인지 검사한다. 이 검사 영역 안에서는 해당 객체를 검사에 성공한 타입이라고 간주한다.

DownCasting/IsKeyword.kt

```
import downcasting.*

fun main() {
  val b1: Base = Derived1() // 업캐스트
  if(b1 is Derived1)
    b1.g() // 'is' 검사의 영역 내부
  // val b2: Base = Derived2() // 업캐스트
  if(b2 is Derived2)
    b2.h() // 'is' 검사의 영역 내부
}
```

b1이 Derived1 타입이면 g()를 호출할 수 있다. b2가 Derived2 타입이면 h()를 호출할 수 있다.

스마트 캐스트는 is를 통해 when의 인자가 어떤 타입인지 검색하는 when 식 내부에서 아주 유용하다. 다음 코드의 main()에서 각각의 구체적인 타입을 우선 Creature로 업캐스트한 후 what()에 전달했다는 점에 유의하라.

```
package downcasting
import atomictest.eq

interface Creature

class Human : Creature {
  fun greeting() = "I'm Human"
}

class Dog : Creature {
  fun bark() = "Yip!"
}

class Alien : Creature {
  fun mobility() = "Three legs"
}

fun what(c: Creature): String =
  when (c) {
    is Human -> c.greeting()
    is Dog -> c.bark()
    is Alien -> c.mobility()
    else -> "Something else"
  }

fun main() {
  val c: Creature = Human()
  what(c) eq "I'm Human"
  what(Dog()) eq "Yip!"
  what(Alien()) eq "Three legs"
  class Who : Creature
  what(Who()) eq "Something else"
}
```

main()에서 Human을 Creature에 대입할 때와 Dog, Alien, Who 각각을 what()에 넘길 때 업캐스트가 일어났다.

전통적으로 클래스 계층을 그릴 때 기반 클래스를 맨 위에 두고, 파생 클래스를 그 아래로 위치시킨다. what()은 이미 업캐스트된 Creature를 받아서 정확한 타입을 찾는다. 그리고 Creature 객체를 상속 계층에서 정확한 타입, 더 일반적인 기반 클래스에서 더 구체적인 파생 클래스로 다운캐스트한다.

값을 만들어내는 when 식에서는 나머지 가능성을 모두 잡아내기 위해 else 가지가 필요하다. main()에서는 지역 클래스 Who를 사용해 else 가지를 검사한다.

when의 각 가지는 c를 우리가 검사했던 (구체적) 타입을 참조하는 것처럼 사용한다. c가 Human이면 greeting(), Dog이면 bark(), Alien이면 mobility()를 호출한다.

변경 가능한 참조

자동 다운캐스트는 특히 대상이 상수여야만 제대로 작동한다. 대상 객체를 가리키는 기반 클래스 타입의 참조가 변경 가능(var)하다면 타입을 검증한 시점과 다운캐스트한 객체에 대해 어떤 (구체적 타입의 멤버인) 함수를 호출한 시점 사이에 참조가 가리키는 객체가 바뀔 가능성이 있다. 이 말은 타입 검사와 사용 지점 사이에 객체의 구체적인 타입이 달라질 수 있다는 뜻이다.

다음 코드에서 when의 인자인 c를 살펴보자. 코틀린은 이 인자가 불변이므로 is 식과 -> 다음에 이뤄지는 함수 호출 사이에 c 값이 변하지 않는다고 판단한다.

DownCasting/MutableSmartCast.kt

```
package downcasting
class SmartCast1(val c: Creature) {
  fun contact() {
    when (c) {
      is Human -> c.greeting()
      is Dog -> c.bark()
      is Alien -> c.mobility()
    }
  }
}

class SmartCast2(var c: Creature) {
  fun contact() {
    when (val c = c) {           // [1]
      is Human -> c.greeting() // [2]
      is Dog -> c.bark()
      is Alien -> c.mobility()
    }
  }
}
```

c 생성자 인자는 SmartCast1에서 val이지만, SmartCast2에서는 var이다. 두 경우 모두 c를 일련의 스마트 캐스트를 진행하는 when에 전달한다.

- [1]에 있는 val c = c는 조금 이상해 보이지만 여기서는 편의상 쓰였다. 일반적인 코드에서는 식별자 이름의 '가림(shadowing)'을 권장하지 않는다. val c는 새 지역 식별자로 c를 정의하는데, 이 지역 식별자는 프로퍼티 c의 값을 저장한다. 프로퍼티인 c는 var이지만 (프로퍼티를 가린) 지역 변수 c는 val이다. val c =을 제거해보라. 그 경우 이제는 c가 var 프로퍼티를 가리키게 되고.
- 이로 인해 [2]에서 'Smart cast to 'Human' is impossible, because 'c' is a mutable property that could have been changed by this time'('c가 이 지점에서 변했을 수 있는 가변 프로퍼티이기 때문에 Human으로 스마트 캐스트할 수 없다'는 뜻임)이라는 오류가 발생한다.

is Dog과 is Alien도 비슷한 오류 메시지를 표시한다. 이런 오류는 when에 국한되지 않으며, 같은 오류 메시지가 나올 수 있는 상황이 더 있다.

오류 메시지에서 이야기하는 값의 변화는 보통 **동시성**(concurrency)을 통해 일어난다. 동시성이 사용되는 코드에서는 여러 독립적인 작업이 예측할 수 없는 시간에 c를 바꿀 수 있다(동시성은 어려운 주제라 이 책에서는 다루지 않는다).

코틀린은 is로 c의 타입을 검사하는 시점과 c를 다운캐스트한 타입으로 사용하는 시점 사이에 c의 값이 변하지 않도록 강제한다. SmartCast1은 c 프로퍼티를 val로 만들어서 변화를 막고, SmartCast2는 지역 변수 val c를 도입해서 변화를 막는다.

비슷한 방식으로, 복잡한 식도 해당 식이 재계산될 수 있으면 스마트 캐스트가 되지 않는다. 상속을 위해 open된 프로퍼티도 하위 클래스에서 오버라이드를 할 수 있고, 그로 인해 프로퍼티에 접근할 때마다 항상 같은 값을 내놓는다고 보장할 수 없으므로 스마트 캐스트가 되지 않는다.

as 키워드

as 키워드는 일반적인 타입을 구체적인 타입으로 강제 변환한다.

DownCasting/Unsafe.kt

```
package downcasting
import atomictest.*

fun dogBarkUnsafe(c: Creature) =
  (c as Dog).bark()

fun dogBarkUnsafe2(c: Creature): String {
  c as Dog
  c.bark()
  return c.bark() + c.bark()
}
```

```
fun main() {
  dogBarkUnsafe(Dog()) eq "Yip!"
  dogBarkUnsafe2(Dog()) eq "Yip!Yip!"
  (capture {
    dogBarkUnsafe(Human())
  }) contains listOf("ClassCastException")
}
```

dogBarkUnsafe2()는 as의 다른 형태를 보여준다. c as Dog이라고 쓴 이후 영역에서는 c를 Dog 처럼 취급할 수 있다.

as가 실패하면 ClassCastException을 던진다. 일반 as를 **안전하지 않은 캐스트**라고 부른다.

안전한 캐스트인 as?는 실패해도 예외를 던지지 않는 대신 null을 반환한다. 나중에 NullPointer Exception을 방지하려면 뭔가 적절한 조치를 취해야 한다. 보통은 '아톰 38, 안전한 호출과 엘비스 연산자'에서 다룬 엘비스 연산자가 가장 간단하고 직접적인 처리 방법이다.

DownCasting/Safe.kt

```
package downcasting
import atomictest.eq

fun dogBarkSafe(c: Creature) =
  (c as? Dog)?.bark() ?: "Not a Dog"

fun main() {
  dogBarkSafe(Dog()) eq "Yip!"
  dogBarkSafe(Human()) eq "Not a Dog"
}
```

c가 Dog이 아니면 as?는 null을 돌려준다. 따라서 (c as? Dog)은 널이 될 수 있는 식이며 bark()를 호출할 때는 안전한 호출 연산자인 ?.을 써야 한다. as?가 null을 내놓으면 전체식 (c as? Dog)?.bark()도 null을 내놓고, 이 값을 엘비스 연산자가 받아서 "Not a Dog"이라는 값을 내놓는다.

리스트 원소의 타입 알아내기

술어에서 is를 사용하면 List나 다른 **이터러블**(iterable)(**이터레이션을 할 수 있는 대상 타입**)의 원소가 주어진 타입의 객체인지 알 수 있다.

```
package downcasting
import atomictest.eq

val group: List<Creature> = listOf(
  Human(), Human(), Dog(), Alien(), Dog()
)

fun main() {
  val dog = group
    .find { it is Dog } as Dog? // [1]
  dog?.bark() eq "Yip!"         // [2]
}
```

group에 Creature가 들어 있으므로 find()는 Creature를 반환한다. 이 객체를 Dog으로 다루고 싶어서 [1]에서 명시적으로 타입을 변환한다. group 안에 Dog이 하나도 없을 수도 있으며, 이런 경우에는 find()가 null을 반환하므로 이 결과를 널이 될 수 있는 타입인 Dog?로 변환해야 한다. dog이 널이 될 수 있는 타입이므로 [2]에서 안전한 호출 연산자를 사용해야 한다.

보통은 지정한 타입에 속하는 모든 원소를 돌려주는 filterIsInstance()를 써서 [1]과 같은 코드를 피할 수 있다.

```
import downcasting.*
import atomictest.eq

fun main() {
  val humans1: List<Creature> =
    group.filter { it is Human }
  humans1.size eq 2
  val humans2: List<Human> =
    group.filterIsInstance<Human>()
  humans2 eq humans1
}
```

filterIsInstance()는 filter()와 is를 사용한 경우와 같은 결과를 내놓지만 가독성이 더 좋다. 다만 결과 타입은 다르다. filter()는 (반환값의 모든 원소가 Human임에도 불구하고) Creature의 List를 내놓는 반면, filterIsInstance()는 대상 타입인 Human의 리스트를 반환한다. 그리고 FindType.kt에서 본 널이 될 수 있는 타입을 사용해야 하는 문제도 사라진다.[3]

---

3 **[옮긴이]** mapNotNull{it as? Dog}으로도 같은 결과를 얻을 수 있다. is와 스마트 캐스트를 같이 쓰는 것과 as?를 쓰고 null을 걸러내는 것이 비슷한 효과를 낼 수 있다는 점을 기억하면 코드를 작성할 때 여러 가지 선택지가 생긴다.

봉인된 클래스

클래스 계층을 제한하려면 상위 클래스를 sealed로 선언하라.

여행자들이 여러 교통 수단을 이용해 여행을 다니는 경우를 생각해보자.

SealedClasses/UnSealed.kt

```kotlin
package withoutsealedclasses
import atomictest.eq

open class Transport

data class Train(
  val line: String
): Transport()

data class Bus(
  val number: String,
  val capacity: Int
): Transport()

fun travel(transport: Transport) =
  when (transport) {
    is Train ->
      "Train ${transport.line}"
    is Bus ->
      "Bus ${transport.number}: " +
        "size ${transport.capacity}"
    else -> "$transport is in limbo!"
  }
```

```
fun main() {
  listOf(Train("S1"), Bus("11", 90))
    .map(::travel) eq
    "[Train S1, Bus 11: size 90]"
}
```

Train과 Bus는 Transport 유형에 따라 다른 세부 사항을 저장한다.

travel()에는 정확한 transport 타입을 찾아내는 when 식이 있다. Transport 클래스에 다른 하위 타입이 있을 수도 있으므로 코틀린은 else 가지를 디폴트로 요구한다.

travel()은 다운캐스트가 근본적인 문제가 될 수 있는 지점이라는 사실을 보여준다. Transport를 상속한 Tram이라는 클래스를 새로 정의했다고 치자. 이런 경우 travel()이 여전히 컴파일되고 실행도 되기 때문에 Tram 추가에 맞춰 travel()의 when을 바꿔야 한다는 아무런 단서가 없다. 코드에서 다운캐스트가 여기저기 흩어져 있다면 이런 변경으로 인해 유지 보수가 힘들어진다.

이 상황은 sealed 키워드를 사용해 개선할 수 있다. Transport를 정의하면서 open class를 sealed class로 변경하라. sealed 키워드로 상속을 제한한 클래스를 봉인된 클래스라고 부른다.

SealedClasses/SealedClasses.kt

```
package sealedclasses
import atomictest.eq

sealed class Transport

data class Train(
  val line: String
) : Transport()

data class Bus(
  val number: String,
  val capacity: Int
) : Transport()

fun travel(transport: Transport) =
  when (transport) {
    is Train ->
      "Train ${transport.line}"
    is Bus ->
      "Bus ${transport.number}: " +
        "size ${transport.capacity}"
  }
```

```
fun main() {
  listOf(Train("S1"), Bus("11", 90))
    .map(::travel) eq
    "[Train S1, Bus 11: size 90]"
}
```

sealed 클래스를 직접 상속한 하위 클래스는 반드시 기반 클래스와 같은 패키지와 모듈[4] 안에 있어야 한다.

코틀린은 when 식이 모든 경우를 검사하도록 강제하지만 travel()의 when은 더 이상 else 가지를 요구하지 않는다. Transport가 sealed라서 코틀린이 다른 Transport의 하위 클래스가 존재할 수 없다는 사실을 확신할 수 있기 때문이다. 이제 when 문이 가능한 모든 경우를 다 처리하므로 else 가지가 필요 없다.

sealed 계층을 도입하면 새 하위 클래스를 선언할 때 오류를 발견한다. 새 하위 클래스를 도입하면 기존 타입 계층을 사용하던 모든 코드를 손봐야 한다. UnSealed.kt의 travel() 함수는 알 수 없는 교통 수단이 들어온 경우 else 가지에서 "$transport is in limbo!"를 돌려주기 때문에 새로운 교통 수단 타입을 추가해도 여전히 잘 작동한다. 하지만 이런 동작을 원하지는 않을 것이다.

Sealed 클래스는 Tram 같은 하위 클래스를 도입했을 때 변경해야 하는 모든 지점을 표시해준다. SealedClass.kt에서 새 Tram 클래스를 도입하면 추가 변경 없이는 travel() 함수가 제대로 작동하지 않는다. sealed 키워드로 인해 컴파일 오류가 발생하기 때문에 이 문제를 해결하지 않고는 넘어갈 수 없다.

sealed 키워드는 다운캐스트를 더 쓸 만하게 만들어준다. 하지만 다운캐스트를 과도하게 사용하는 설계를 본다면 여전히 미심쩍게 생각해야 한다. 보통은 다형성을 써서 코드를 더 깔끔하게 잘 작성할 수 있는 방법이 있다.

sealed와 abstract 비교

다음은 abstract와 sealed 클래스가 타입이 똑같은 함수, 프로퍼티, 생성자를 제공하는 경우다.

---

4 **옮긴이** 원래는 기반 클래스의 내부 클래스로만 정의할 수 있었지만 곧 같은 파일 안에 정의되어야 한다고 제약이 완화됐고, 코틀린 버전 1.5부터는 같은 모듈 안, 같은 패키지 안에 정의하도록 더 완화됐다. 코틀린에서 모듈이란 한 번에 같이 컴파일되는 모든 파일을 묶어서 부르는 개념이다. 코틀린 컴파일러가 sealed 클래스를 상속한 하위 클래스 정의를 보면 상위 클래스가 현재 컴파일 중인 모듈의 같은 패키지 안에 정의되어 있는지 찾아보고 그렇지 않은 경우 오류를 표시해줌으로써, 다른 모듈 안에 들어 있는 봉인된 상위 클래스를 상속하지 못하게 한다.

```kotlin
package sealedclasses

abstract class Abstract(val av: String) {
  open fun concreteFunction() {}
  open val concreteProperty = ""
  abstract fun abstractFunction(): String
  abstract val abstractProperty: String
  init {}
  constructor(c: Char) : this(c.toString())
}

open class Concrete() : Abstract("") {
  override fun concreteFunction() {}
  override val concreteProperty = ""
  override fun abstractFunction() = ""
  override val abstractProperty = ""
}

sealed class Sealed(val av: String) {
  open fun concreteFunction() {}
  open val concreteProperty = ""
  abstract fun abstractFunction(): String
  abstract val abstractProperty: String
  init {}
  constructor(c: Char) : this(c.toString())
}

open class SealedSubclass() : Sealed("") {
  override fun concreteFunction() {}
  override val concreteProperty = ""
  override fun abstractFunction() = ""
  override val abstractProperty = ""
}

fun main() {
  Concrete()
  SealedSubclass()
}
```

sealed 클래스는 기본적으로 하위 클래스가 모두 같은 파일 안에 정의되어야 한다는 제약이 가해 진 abstract 클래스다.

sealed 클래스의 간접적인 하위 클래스를 별도의 파일에 정의할 수 있다.

```
package sealedclasses

class ThirdLevel : SealedSubclass()
```

ThirdLevel은 직접 Sealed를 상속하지 않으므로 SealedVsAbstract.kt 파일에 있을 필요가 없다.

sealed interface도 유용하다. 예전에는 코틀린에 정의한 sealed interface를 자바 쪽에서 구현할 가능성이 있어 sealed interface를 금지했지만, 자바 15에 sealed interface가 도입되면서 JVM 수준에서 sealed interface를 지원하게 됐으므로 코틀린 1.5부터 sealed interface를 허용한다.

하위 클래스 열거하기

어떤 클래스가 sealed인 경우 모든 하위 클래스를 쉽게 이터레이션할 수 있다.

```
package sealedclasses
import atomictest.eq

sealed class Top
class Middle1 : Top()
class Middle2 : Top()
open class Middle3 : Top()
class Bottom3 : Middle3()

fun main() {
  Top::class.sealedSubclasses
    .map { it.simpleName } eq
    "[Middle1, Middle2, Middle3]"
}
```

클래스를 생성하면 **클래스 객체**가 생성된다. 이 클래스 객체의 프로퍼티와 멤버 함수에 접근해서 클래스에 대한 정보를 얻고, 클래스에 속한 객체를 생성하거나 조작할 수 있다. ::class가 클래스 객체를 돌려주므로 Top::class는 Top에 대한 클래스 객체를 만들어준다.

클래스 객체의 프로퍼티 중에는 sealedSubclasses가 있다. Top::class로 얻은 클래스 객체에서 이 프로퍼티는 Top이 sealed 클래스이길 기대한다(그렇지 않다면 빈 리스트를 돌려준다). sealedSubclasses는 이런 봉인된 클래스의 모든 하위 클래스를 돌려준다. 이때 Top의 직접적인 하위 클래스만 결과에 들어 있다는 점에 유의하라.

클래스 객체에 toString()을 호출하면 약간 복잡한 결과를 볼 수 있다. 우리는 simpleName 프로퍼티를 사용해 클래스 이름만 포함하는 문자열을 만들었다.

sealedSubclasses는 **리플렉션**(reflection)을 사용한다. kotlin−reflection.jar라는 의존 관계가 클래스 경로(classpath)에 있어야 리플렉션을 쓸 수 있다. 리플렉션은 클래스를 동적으로 찾아내고 찾아낸 클래스의 특성을 동적으로 사용하는 방법을 제공한다.

sealedSubclasses는 다형적인 시스템을 만들 때 중요한 도구가 될 수 있다. 이를 사용하면 새로운 클래스가 모든 적합한 연산에 자동으로 포함되도록 보장할 수 있다. 하지만 sealedSubclasses는 하위 클래스를 실행 시점에 찾아내므로 시스템의 성능에 영향을 끼칠 수 있다. 속도 문제가 발생한다면 프로파일러(profiler)를 사용해 sealedSubclasses가 문제의 원인인지 확실히 검토해봐야 한다(프로파일러 사용법을 배우면서 성능 문제의 원인이라고 생각한 부분이 보통은 성능 문제의 진짜 원인이 **아니라는** 사실을 알게 된다).

타입 검사

코틀린에서는 객체 타입에 기반해 원하는 동작을 쉽게 수행할 수 있다. 일반적으로 이런 타입에 따른 동작은 다형성의 영역에 속하므로 타입 검사를 통해 흥미로운 설계를 할 수 있다.

이전부터 타입 검사는 특별한 경우에 써먹기 위한 것이었다. 예를 들어 곤충은 대부분 날 수 있지만, 날 수 없는 곤충이 극소수 존재한다. 이때 Insect 인터페이스가 날 수 없는 극소수 곤충의 영향을 받지 않아야 하므로 basic()에서 타입 검사를 통해 날 수 없는 곤충에 제약을 가한다.

TypeChecking/Insects.kt

```
package typechecking
import atomictest.eq

interface Insect {
  fun walk() = "$name: walk"
  fun fly() = "$name: fly"
}

class HouseFly : Insect

class Flea : Insect {
  override fun fly() =
    throw Exception("Flea cannot fly")
  fun crawl() = "Flea: crawl"
}

fun Insect.basic() =
  walk() + " " +
    if (this is Flea)
      crawl()
```

```
    else
      fly()

interface SwimmingInsect: Insect {
  fun swim() = "$name: swim"
}

interface WaterWalker: Insect {
  fun walkWater() =
    "$name: walk on water"
}

class WaterBeetle : SwimmingInsect
class WaterStrider : WaterWalker
class WhirligigBeetle :
  SwimmingInsect, WaterWalker

fun Insect.water() =
  when(this) {
    is SwimmingInsect -> swim()
    is WaterWalker -> walkWater()
    else -> "$name: drown"
  }

fun main() {
  val insects = listOf(
    HouseFly(), Flea(), WaterStrider(),
    WaterBeetle(), WhirligigBeetle()
  )
  insects.map { it.basic() } eq
    "[HouseFly: walk HouseFly: fly, " +
    "Flea: walk Flea: crawl, " +
    "WaterStrider: walk WaterStrider: fly, " +
    "WaterBeetle: walk WaterBeetle: fly, " +
    "WhirligigBeetle: walk " +
    "WhirligigBeetle: fly]"
  insects.map { it.water() } eq
    "[HouseFly: drown, Flea: drown, " +
    "WaterStrider: walk on water, " +
    "WaterBeetle: swim, " +
    "WhirligigBeetle: swim]"
}
```

물 위를 걷거나 물 속에서 헤엄칠 수 있는 곤충도 극소수 있다. 마찬가지로 이런 극소수 타입에
만 적합한 특별한 행동 방식을 기반 클래스에 넣는 것은 타당하지 않다. 대신 Insect.water()에

는 특별한 행동을 하는 타입을 걸러내고 나머지 모든 대상에 대해서는 표준적인 행동을 채택하는 when 식이 있다.

특별한 처리를 위해 별도의 소수 타입을 선택하는 것이 타입 검사의 전형적인 유스케이스다. 여기서 시스템에 새 타입을 추가해도 기존 코드에 영향을 끼치지 않는다는 점(새로 추가한 타입이 특별한 처리가 필요한 타입인 경우는 제외)에 유의하라.

코드를 단순화하기 위해 name은 검사 대상 this가 가리키는 객체의 타입을 돌려준다고 하자.

TypeChecking/AnyName.kt

```
package typechecking

val Any.name
  get() = this::class.simpleName
```

name은 Any를 수신 객체로 할 수 있고, ::class를 통해 객체에 연관된 클래스 참조를 얻는다. 그 후 클래스의 simpleName을 돌려준다.

이제 'Shape' 예제의 변형을 생각해보자.

TypeChecking/TypeCheck1.kt

```
package typechecking
import atomictest.eq

interface Shape {
  fun draw(): String
}

class Circle : Shape {
  override fun draw() = "Circle: Draw"
}

class Square : Shape {
  override fun draw() = "Square: Draw"
  fun rotate() = "Square: Rotate"
}

fun turn(s: Shape) = when(s) {
  is Square -> s.rotate()
  else -> ""
}

fun main() {
```

```
  val shapes = listOf(Circle(), Square())
  shapes.map { it.draw() } eq
    "[Circle: Draw, Square: Draw]"
  shapes.map { turn(it) } eq
    "[, Square: Rotate]"
}
```

Shape 대신 Square에 rotate()를 추가해야 할 몇 가지 이유는 다음과 같다.

- Shape 인터페이스가 여러분이 제어할 수 있는 범위를 벗어났기 때문에 Shape를 변경할 수 없다.
- Square를 회전시키는 rotate() 연산을 군이 Shape에 추가해서 Shape 인터페이스를 복잡하게 만들 필요는 없어 보인다. rotate()는 Square에만 적용할 연산이기 때문이다.
- Square를 추가해 빠르게 문제를 해결하고 싶지, Shape에 rotate()를 추가하고 모든 하위 타입에서 rotate()를 구현하는 수고를 군이 하고 싶지 않다.

위 해법이 설계에 나쁜 영향을 끼치지 않고 코틀린 when을 사용해 깔끔하고 직접적인 코드를 작성할 수 있는 경우도 분명 있다.

하지만 더 많은 타입을 추가하며 시스템을 진화시켜야 한다면 코드가 지저분해지기 시작한다.

TypeChecking/TypeCheck2.kt

```
package typechecking
import atomictest.eq

class Triangle : Shape {
  override fun draw() = "Triangle: Draw"
  fun rotate() = "Triangle: Rotate"
}

fun turn2(s: Shape) = when(s) {
  is Square -> s.rotate()
  is Triangle -> s.rotate()
  else -> ""
}

fun main() {
  val shapes =
    listOf(Circle(), Square(), Triangle())
  shapes.map { it.draw() } eq
    "[Circle: Draw, Square: Draw, " +
    "Triangle: Draw]"
```

```
  shapes.map { turn(it) } eq
    "[, Square: Rotate, ]"
  shapes.map { turn2(it) } eq
    "[, Square: Rotate, Triangle: Rotate]"
}
```

코드를 변경하지 않아도 새 Triangle 객체에 대해 다형성 호출 shapes.map { it.draw() }가 오류 없이 잘 작동한다. 그리고 코틀린은 Triangle이 draw()를 구현하지 않는 한 Triangle을 허용하지 않는다.

Triangle을 추가할 때 원래의 turn()이 깨지지 않지만, 원하는 결과가 나오지도 않는다. turn() 이 원하는 대로 동작하려면 turn2()처럼 코드를 작성해야 한다.

이와 같이 시스템에 turn() 같은 함수가 점점 많아진다고 가정해보자. Shape의 로직은 이제 Shape 계층 구조 안에 집중적으로 들어 있지 않고 이 모든 함수에 분산되어버린다. Shape의 하위 타입을 추가하면, Shape 타입에 대해 타입을 검사해 처리하는 when이 들어 있는 모든 함수를 찾아서 새로 추가한 타입을 처리하게 변경해야 한다. 함수 중 어느 하나를 제대로 변경하지 못해도 컴파일러는 감지하지 못한다.

turn()과 turn2()는 **타입 검사 코딩**이라는 방식을 보여준다. 이 말은 시스템의 모든 타입을 검사한다는 뜻이다(하나 또는 소수의 특별한 타입만 타입 검사로 처리하는 것을 타입 검사 코딩이라고 하지는 않는다).

전통적인 객체 지향 언어에서 타입 검사 코딩은 안티패턴으로 간주된다. 이 방식을 사용하면 시스템에 타입을 추가하거나 변경할 때마다 조심스럽게 유지 보수해야 하는 코드가 점점 더 많아지기 때문이다. 반면에 다형성은 이런 변경 내용을 캡슐화해서 변경할 타입에 넣어주므로 변경 내용이 시스템 전체에 투명하게 전파된다.

이 문제는 Shape의 하위 타입을 더 추가해서 시스템을 진화시켜야 하는 경우에만 발생한다. 시스템을 진화시키는 방식이 아니라면 문제에 빠질 위험은 없다. 만약 문제가 발생한다면 없던 문제가 갑자기 심각하게 발생하는 게 아니라, 시스템이 진화함에 따라 점점 문제가 어려워진다.

코틀린에서 sealed 클래스를 사용하면 이런 문제를 크게 완화할 수 있다. 이 해법이 완벽하지는 않지만, sealed 클래스는 타입 검사 코딩이 훨씬 더 합리적인 설계적 선택이 되게끔 해준다.

외부 함수에서 타입 검사하기

다음 코드에서 BeverageContainer의 핵심은 이 클래스가 음료수를 저장하고 배달한다는 것이 며, 재활용을 외부 함수로 다루는 게 타당해 보인다.

```kotlin
package typechecking

import atomictest.eq

interface BeverageContainer {
  fun open(): String
  fun pour(): String
}

class Can : BeverageContainer {
  override fun open() = "Pop Top"
  override fun pour() = "Can: Pour"
}

open class Bottle : BeverageContainer {
  override fun open() = "Remove Cap"
  override fun pour() = "Bottle: Pour"
}

class GlassBottle : Bottle()
class PlasticBottle : Bottle()

fun BeverageContainer.recycle() =
  when(this) {
    is Can -> "Recycle Can"
    is GlassBottle -> "Recycle Glass"
    else -> "Landfill"
  }

fun main() {
  val refrigerator = listOf(
    Can(), GlassBottle(), PlasticBottle()
  )
  refrigerator.map { it.open() } eq
    "[Pop Top, Remove Cap, Remove Cap]"
  refrigerator.map { it.recycle() } eq
    "[Recycle Can, Recycle Glass, " +
    "Landfill]"
}
```

recycle()을 외부 함수로 정의함으로써 recycle()을 멤버 함수로 정의해 여러 재활용 동작을
BeverageContainer의 계층 구조에 분산시키지 않고 한군데에 모아둘 수 있다.

when에서 타입에 대해 작용하는 것은 깔끔하고 단순하다. 하지만 이 설계도 여전히 문제가 있다.

새 타입을 추가할 때는 recycle()에서 else 절을 사용한다. 그래서 recycle()과 같이 타입 검사를 사용하기 때문에 새 타입 추가 시 꼭 수정해야 하는 함수를 수정하지 않는 경우가 생길 수 있다. 우리가 원하는 것은 컴파일러가 recycle() 같은 함수에서 타입 검사를 추가하지 않았음을 알려주는 것이다(마치 abstract 클래스를 상속하거나 인터페이스를 구현할 때 함수를 오버라이드하지 않으면 컴파일러가 경고를 표시해주는 것처럼).

이럴 때 sealed 클래스를 사용하면 상황이 크게 개선된다. Shape를 sealed 클래스로 선언하면 (else를 없애버린) turn()이 매번 새로 추가된 타입을 검사해야 한다는 뜻이다. 인터페이스는 sealed가 될 수 없으므로 반드시 Shape를 클래스로 정의해야 한다.

TypeChecking/TypeCheck3.kt

```kotlin
package typechecking3
import atomictest.eq
import typechecking.name

sealed class Shape {
  fun draw() = "$name: Draw"
}

class Circle : Shape()

class Square : Shape() {
  fun rotate() = "Square: Rotate"
}

class Triangle : Shape() {
  fun rotate() = "Triangle: Rotate"
}

fun turn(s: Shape) = when(s) {
  is Circle -> ""
  is Square -> s.rotate()
  is Triangle -> s.rotate()
}

fun main() {
  val shapes = listOf(Circle(), Square())
  shapes.map { it.draw() } eq
    "[Circle: Draw, Square: Draw]"
  shapes.map { turn(it) } eq
    "[, Square: Rotate]"
}
```

새 Shape를 추가하면 컴파일러가 turn()에서 새로운 타입에 대한 검사를 추가해야 한다고 알려준다.

그런데 sealed 클래스를 BeverageContainer 문제에 적용하면 무슨 일이 생기는지 확인하기 위해 다음 코드를 살펴보자. 문제를 해결하는 과정에서 Can과 Bottle 하위 타입을 추가했다.

```kotlin
package typechecking2
import atomictest.eq

sealed class BeverageContainer {
  abstract fun open(): String
  abstract fun pour(): String
}

sealed class Can : BeverageContainer() {
  override fun open() = "Pop Top"
  override fun pour() = "Can: Pour"
}

class SteelCan : Can()
class AluminumCan : Can()

sealed class Bottle : BeverageContainer() {
  override fun open() = "Remove Cap"
  override fun pour() = "Bottle: Pour"
}

class GlassBottle : Bottle()
sealed class PlasticBottle : Bottle()
class PETBottle : PlasticBottle()
class HDPEBottle : PlasticBottle()

fun BeverageContainer.recycle() =
  when(this) {
    is Can -> "Recycle Can"
    is Bottle -> "Recycle Bottle"
  }

fun BeverageContainer.recycle2() =
  when(this) {
    is Can -> when(this) {
      is SteelCan -> "Recycle Steel"
      is AluminumCan -> "Recycle Aluminum"
    }
    is Bottle -> when(this) {
```

```
      is GlassBottle -> "Recycle Glass"
      is PlasticBottle -> when(this) {
        is PETBottle -> "Recycle PET"
        is HDPEBottle -> "Recycle HDPE"
      }
    }
  }
}

fun main() {
  val refrigerator = listOf(
    SteelCan(), AluminumCan(),
    GlassBottle(),
    PETBottle(), HDPEBottle()
  )
  refrigerator.map { it.open() } eq
    "[Pop Top, Pop Top, Remove Cap, " +
    "Remove Cap, Remove Cap]"
  refrigerator.map { it.recycle() } eq
    "[Recycle Can, Recycle Can, " +
    "Recycle Bottle, Recycle Bottle, " +
    "Recycle Bottle]"
  refrigerator.map { it.recycle2() } eq
    "[Recycle Steel, Recycle Aluminum, " +
    "Recycle Glass, " +
    "Recycle PET, Recycle HDPE]"
}
```

이 경우 해법이 제대로 작동하려면 중간 클래스인 Can과 Bottle도 sealed가 되어야 한다.

클래스가 BeverageContainer의 직접적인 하위 클래스인 한, 컴파일러는 recycle()에 있는 when의 모든 하위 타입을 검사하도록 보장한다. 하지만 GlassBottle과 AluminumCan 같은 하위 타입은 검사를 할 수 없다. 이 문제를 해결하려면 recycle2() 함수에서처럼 when 안에 다른 when을 내포시켜야 한다. 그러면 컴파일러가 모든 타입을 검사하도록 **해준다**(컴파일러가 경고를 제대로 해주는지 살펴보고 싶다면, 내포된 when에서 Can이나 Bottle 타입의 구체적인 하위 타입을 검사하는 부분을 주석으로 가려보라).

튼튼한 타입 검사 해법을 만들려면 클래스 계층의 각 단계에서 sealed를 적용하면서, when에서 각 sealed 클래스에 해당하는 부분에 when을 통한 타입 검사를 꼭 내포시켜야 한다. 이 경우 Can이나 Bottle의 하위 타입을 새로 추가하면 컴파일러가 recycle2()에서 각 하위 타입에 대한 검사가 포함됐는지 제대로 검사해준다.

다형성처럼 명확해 보이지는 않지만, 이 또한 이전의 객체 지향 언어에 비하면 큰 개선이다. 그리고 이런 기능이 있기 때문에 다형적인 멤버 함수와 외부 함수 중 편리한 것을 선택할 수 있다. 또한, 이런 문제는 상속을 여러 단계에 걸쳐 수행할 때만 발생한다는 점도 기억하라.

비교를 위해 recycle()을 BeverageContainer 안에 넣는 방식으로 BeverageContainer2.kt를 다시 써보자. 이제 BeverageContainer를 다시 인터페이스로 정의할 수 있다.

```
TypeChecking/BeverageContainer3.kt
```

```kotlin
package typechecking3
import atomictest.eq
import typechecking.name

interface BeverageContainer {
  fun open(): String
  fun pour() = "$name: Pour"
  fun recycle(): String
}

abstract class Can : BeverageContainer {
  override fun open() = "Pop Top"
}

class SteelCan : Can() {
  override fun recycle() = "Recycle Steel"
}

class AluminumCan : Can() {
  override fun recycle() = "Recycle Aluminum"
}

abstract class Bottle : BeverageContainer {
  override fun open() = "Remove Cap"
}

class GlassBottle : Bottle() {
  override fun recycle() = "Recycle Glass"
}

abstract class PlasticBottle : Bottle()

class PETBottle : PlasticBottle() {
  override fun recycle() = "Recycle PET"
}

class HDPEBottle : PlasticBottle() {
  override fun recycle() = "Recycle HDPE"
}
```

```
fun main() {
  val refrigerator = listOf(
    SteelCan(), AluminumCan(),
    GlassBottle(),
    PETBottle(), HDPEBottle()
  )
  refrigerator.map { it.open() } eq
    "[Pop Top, Pop Top, Remove Cap, " +
    "Remove Cap, Remove Cap]"
  refrigerator.map { it.recycle() } eq
    "[Recycle Steel, Recycle Aluminum, " +
    "Recycle Glass, " +
    "Recycle PET, Recycle HDPE]"
}
```

BeverageContainer2.kt의 recycle2()에서 컴파일러가 모든 타입이 검사되도록 강제했던 것처럼, Can과 Bottle을 abstract 클래스로 정의함으로써 컴파일러는 모든 하위 클래스가 recycle()을 오버라이드하도록 강제해준다.

이제 recycle()의 행동 방식이 여러 클래스에 분산됐다. 물론 이것도 설계상의 선택이므로 문제가 되지는 않는다. 만약 재활용 동작이 자주 바뀌기 때문에 한군데서 한꺼번에 이를 처리하고 싶다면, 필요에 따라 BeverageContainer2.kt의 recycle2()처럼 외부 함수 안에서 타입 검사를 사용하는 게 더 잘 맞는 선택일 수 있다. 코틀린이 제공하는 기능이 이 역시 타당한 선택이 되도록 만들어준다.

내포된 클래스

내포된 클래스를 사용하면 객체 안에 더 세분화된 구조를 정의할 수 있다.

내포된 클래스는 단순히 외부 클래스의 이름 공간 안에 정의된 클래스일 뿐이다. 외부 클래스의
구현이 내포된 클래스를 '소유'한다. 내포된 클래스가 필수적인 기능은 아니지만 코드를 깔끔하게
해줄 때가 있다. 다음 코드에서 Plane은 Airport에 내포된 클래스다.

NestedClasses/Airport.kt

```kotlin
package nestedclasses
import atomictest.eq
import nestedclasses.Airport.Plane

class Airport(private val code: String) {
  open class Plane {
    // 자신을 둘러싼 클래스의 private 프로퍼티에 접근할 수 있다
    fun contact(airport: Airport) =
      "Contacting ${airport.code}"
  }
  private class PrivatePlane : Plane()
  fun privatePlane(): Plane = PrivatePlane()
}

fun main() {
  val denver = Airport("DEN")
  var plane = Plane()                    // [1]
  plane.contact(denver) eq "Contacting DEN"
  // 다음과 같이 할 수 없다
  // val privatePlane = Airport.PrivatePlane()
```

```
  val frankfurt = Airport("FRA")
  plane = frankfurt.privatePlane()
  // 다음과 같이 할 수 없다
  // val p = plane as PrivatePlane        // [2]
  plane.contact(frankfurt) eq "Contacting FRA"
}
```

contact()에서 내포된 클래스 Plane은 인자로 받은 airport의 private 프로퍼티인 code에 접근할 수 있지만, 일반 클래스는 다른 클래스의 private 프로퍼티에 접근할 수 없다. 추가로 Plane은 Airport의 이름 공간 안에 정의된 클래스이기도 하다.

Plane 객체를 생성할 때 Airport 객체가 필요하지는 않다. 하지만 Airport 클래스 본문 밖에서 Plane 객체를 생성하려고 한다면 일반적으로 생성자 호출을 한정시켜야 한다([1]). nestedclasses. Airport.Plane을 임포트하면 Plane을 한정시키지 않을 수 있다.

PrivatePlane처럼 내포된 클래스가 private일 수도 있다. private으로 정의했다는 말은 Private Plane을 Airport 밖에서는 절대로 볼 수 없다는 뜻이다. 따라서 Airport 밖에서 PrivatePlane 생성자를 호출할 수도 없다. 추가로, privatePlane() 함수에서처럼 Airport의 멤버 함수가 PrivatePlane을 반환한다면 결과를 public 타입으로 업캐스트해서 반환해야 하며(비공개 타입이 공개 타입을 확장한 경우에만 가능하다), Airport 밖에서 이렇게 받은 public 타입의 객체 참조를 다시 private 타입으로 다운캐스트할 수는 없다([2]).

다음은 Cleanable이 바깥쪽 클래스 House와 House의 모든 내포 클래스의 상위 타입인 경우를 보여주는 예제다. clean()은 parts의 List에 대해 이터레이션하면서 각각의 clean()을 호출한다. 따라서 이 호출은 일종의 재귀를 이룬다.

NestedClasses/NestedHouse.kt

```
package nestedclasses
import atomictest.*

abstract class Cleanable(val id: String) {
  open val parts: List<Cleanable> = listOf()
  fun clean(): String {
    val text = "$id clean"
    if (parts.isEmpty()) return text
    return "${parts.joinToString(
      " ", "(", ")",
      transform = Cleanable::clean)} $text\n"
  }
}
```

```kotlin
class House : Cleanable("House") {
  override val parts = listOf(
    Bedroom("Master Bedroom"),
    Bedroom("Guest Bedroom")
  )
  class Bedroom(id: String) : Cleanable(id) {
    override val parts =
      listOf(Closet(), Bathroom())
    class Closet : Cleanable("Closet") {
      override val parts =
        listOf(Shelf(), Shelf())
      class Shelf : Cleanable("Shelf")
    }
    class Bathroom : Cleanable("Bathroom") {
      override val parts =
        listOf(Toilet(), Sink())
      class Toilet : Cleanable("Toilet")
      class Sink : Cleanable("Sink")
    }
  }
}

fun main() {
  House().clean() eq """
    (((Shelf clean Shelf clean) Closet clean
    (Toilet clean Sink clean) Bathroom clean
    ) Master Bedroom clean
    ((Shelf clean Shelf clean) Closet clean
    (Toilet clean Sink clean) Bathroom clean
    ) Guest Bedroom clean
    ) House clean
  """
}
```

여러 수준의 내포가 이뤄졌다는 점을 확인하라. 예를 들어 Bedroom에는 Bathroom이 있고, Bathroom에는 Toilet과 Sink가 있다.

지역 클래스

함수 안에 내포된 클래스를 지역 클래스라고 한다.

404

```
package nestedclasses

fun localClasses() {
  open class Amphibian
  class Frog : Amphibian()
  val amphibian: Amphibian = Frog()
}
```

Amphibian은 open class가 아니라 interface여야 할 것 같다. 하지만 지역 interface는 허용되지 않는다.

지역 open 클래스는 거의 정의하지 말아야 한다. 지역 클래스로 open 클래스를 정의해야 하는 경우라면 아마도 일반적인 클래스로 정의할 만큼 그 클래스가 중요한 경우일 것이다.

Amphibian과 Frog는 localClasses() 밖에서 볼 수 없으므로, 이런 클래스를 함수가 반환할 수도 없다. 지역 클래스의 객체를 반환하려면 그 객체를 함수 **밖에서** 정의한 인터페이스나 클래스로 업캐스트해야 한다.

```
package nestedclasses
interface Amphibian

fun createAmphibian(): Amphibian {
  class Frog : Amphibian
  return Frog()
}

fun main() {
  val amphibian = createAmphibian()
  // amphibian as Frog
}
```

createAmphibian() 밖에서는 여전히 Frog를 볼 수 없으므로, main() 안에서 amphibian을 Frog로 업캐스트할 수는 없다. main()에서 Frog로 다운캐스트를 시도하면(한 줄 주석 앞의 //를 제거하면) '참조를 찾을 수 없음(unresolved reference)'이라는 컴파일 오류가 발생한다.

인터페이스에 포함된 클래스

인터페이스 안에 클래스를 내포시킬 수도 있다.

```
package nestedclasses
import atomictest.eq

interface Item {
  val type: Type
  data class Type(val type: String)
}

class Bolt(type: String) : Item {
  override val type = Item.Type(type)
}

fun main() {
  val items = listOf(
    Bolt("Slotted"), Bolt("Hex")
  )
  items.map(Item::type) eq
    "[Type(type=Slotted), Type(type=Hex)]"
}
```

Bolt 안에서는 val type을 반드시 오버라이드하고 Item.Type이라는 한정시킨 클래스 이름을 써서 값을 대입해야 한다.

내포된 이넘

이넘도 클래스이므로 다른 클래스 안에 내포될 수 있다.

```
package nestedclasses
import atomictest.eq
import nestedclasses.Ticket.Seat.*

class Ticket(
  val name: String,
  val seat: Seat = Coach
) {
  enum class Seat {
    Coach,
    Premium,
    Business,
    First
  }
```

```kotlin
  fun upgrade(): Ticket {
    val newSeat = values()[
      (seat.ordinal + 1)
        .coerceAtMost(First.ordinal)
    ]
    return Ticket(name, newSeat)
  }
  fun meal() = when(seat) {
    Coach -> "Bag Meal"
    Premium -> "Bag Meal with Cookie"
    Business -> "Hot Meal"
    First -> "Private Chef"
  }
  override fun toString() = "$seat"
}

fun main() {
  val tickets = listOf(
    Ticket("Jerry"),
    Ticket("Summer", Premium),
    Ticket("Squanchy", Business),
    Ticket("Beth", First)
  )
  tickets.map(Ticket::meal) eq
    "[Bag Meal, Bag Meal with Cookie, " +
    "Hot Meal, Private Chef]"
  tickets.map(Ticket::upgrade) eq
    "[Premium, Business, First, First]"
  tickets eq
    "[Coach, Premium, Business, First]"
  tickets.map(Ticket::meal) eq
    "[Bag Meal, Bag Meal with Cookie, " +
    "Hot Meal, Private Chef]"
}
```

upgrade()는 seat의 ordinal 값에 1을 더한 다음, 이 결괏값이 First.ordinal을 넘기지 않는다는 사실을 coerceAtMost() 라이브러리 함수를 사용해 검사하고, 결괏값을 values() 배열의 인덱스로 사용해 새로운 Seat 이넘 타입 값을 얻는다. 함수형 프로그래밍 원칙을 따를 경우, Ticket을 업그레이드하면 기존 표의 정보가 변경되는 대신 새로운 Ticket이 생겨야 한다.

meal()은 when을 사용해 모든 Seat 타입을 검사한다. 따라서 이 부분을 다형성으로 구현할 수도 있다.

이넘을 함수에 내포시킬 수는 없고, 이넘이 다른 클래스(다른 이넘 클래스도 마찬가지)를 상속할 수도 없다.

인터페이스는 안에 이넘을 내포시킬 수 있다. FillIt은 정사각 격자에 X와 0를 임의로 선택해 채워 넣는 게임과 유사한 시뮬레이션을 구현한 예제다.

```kotlin
package nestedclasses
import nestedclasses.Game.State.*
import nestedclasses.Game.Mark.*
import kotlin.random.Random
import atomictest.*

interface Game {
  enum class State { Playing, Finished }
  enum class Mark { Blank, X ,0 }
}

class FillIt(
  val side: Int = 3, randomSeed: Int = 0
): Game {
  val rand = Random(randomSeed)
  private var state = Playing
  private val grid =
    MutableList(side * side) { Blank }
  private var player = X
  fun turn() {
    val blanks = grid.withIndex()
      .filter { it.value == Blank }
    if(blanks.isEmpty()) {
      state = Finished
    } else {
      grid[blanks.random(rand).index] = player
      player = if (player == X) 0 else X
    }
  }
  fun play() {
    while(state != Finished)
      turn()
  }
  override fun toString() =
    grid.chunked(side).joinToString("\n")
}

fun main() {
  val game = FillIt(8, 17)
```

```
    game.play()
    game eq """
[0, X, 0, X, 0, X, X, X]
[X, 0, 0, 0, 0, 0, X, X]
[0, 0, X, 0, 0, 0, X, X]
[X, 0, 0, 0, 0, 0, X, 0]
[X, X, 0, 0, X, X, X, 0]
[X, X, 0, 0, X, X, 0, X]
[0, X, X, 0, 0, 0, X, 0]
[X, 0, X, X, X, 0, X, X]
    """
}
```

테스트 가능성을 위해 Random 객체에 randomSeed를 넘겨서 프로그램이 실행될 때마다 같은 결과가 나오게 한다. grid의 각 원소를 Blank로 초기화하고, turn() 안에서는 먼저 Blank()를 포함하는 모든 셀과 각 셀의 인덱스를 찾는다. Blank인 셀이 더 이상 존재하지 않으면 시뮬레이션을 끝낸다. 그렇지 않으면, 앞에서 정의한 시드 생성기를 적용한 random()을 사용해 Blank인 셀 중 하나를 선택한다. 이전에 withIndex()를 사용했으므로 변경할 셀의 위치를 선택하기 위해서는 index 프로퍼티를 선택해야 한다.

List를 2차원 격자로 표시하려면 toString()은 라이브러리 함수인 chunked()를 사용해 List를 side 길이의 여러 조각으로 분할하고, 각각의 조각을 하나로 합치면서 새줄 문자를 중간중간 추가하면 된다.

FillIt을 갖고 여러 side와 randomSeed 값을 사용해 실험해보라.

객체

object 키워드는 대충 보면 클래스처럼 보이는 무언가를 정의한다. 하지만 object의 인스턴스를 생성할 수는 없다. object의 인스턴스는 오직 하나만 존재한다. 이것을 싱글턴(singleton) 패턴이라고도 한다.

object는 여러 인스턴스가 필요하지 않거나 명시적으로 인스턴스를 여러 개 생성하는 것을 막고 싶은 경우 논리적으로 한 개체 안에 속한 함수와 프로퍼티를 함께 엮는 방법이다. object의 인스턴스를 직접 생성하는 경우는 결코 없다. object를 정의하면 그 object의 인스턴스가 오직 하나만 생긴다.

Objects/ObjectKeyword.kt

```
package objects
import atomictest.eq

object JustOne {
  val n = 2
  fun f() = n * 10
  fun g() = this.n * 20 // [1]
}

fun main() {
  // val x = JustOne() // 오류
  JustOne.n eq 2
  JustOne.f() eq 20
  JustOne.g() eq 40
}
```

여기서 JustOne()을 사용해 JustOne의 새 인스턴스를 만들 수 없다. object 키워드가 객체의 구조를 정의하는 동시에 객체를 생성해버리기 때문이다. 그리고 object 키워드는 내부 원소들을 object로 정의한 객체의 이름 공간 안에 넣는다. object가 선언된 현재 파일 안에서만 보이게 하려면 private을 앞에 붙이면 된다.

- [1] this 키워드는 유일한 객체 인스턴스를 가리킨다.

object에 대해 파라미터 목록을 지정할 수는 없다.

object를 쓸 때는 이름을 붙이는 규약이 약간 달라진다. 보통 클래스 인스턴스를 만들 때는 인스턴스 이름의 첫 글자로 영어 소문자를 사용한다. 하지만 코틀린에서 object를 생성할 때는 클래스와 함께 그 클래스의 유일한 인스턴스를 생성한다. 그래서 object 이름은 클래스의 이름을 겸하기 때문에 첫 글자를 영어 대문자로 표현한다.

object는 다른 일반 클래스나 인터페이스를 상속할 수 있다.

Objects/ObjectInheritance.kt

```kotlin
package objects
import atomictest.eq

open class Paint(val color: String) {
  open fun apply() = "Applying $color"
}

object Acrylic: Paint("Blue") {
  override fun apply() =
    "Acrylic, ${super.apply()}"
}

interface PaintPreparation {
  fun prepare(): String
}

object Prepare: PaintPreparation {
  override fun prepare() = "Scrape"
}

fun main() {
  Prepare.prepare() eq "Scrape"
  Paint("Green").apply() eq "Applying Green"
  Acrylic.apply() eq "Acrylic, Applying Blue"
}
```

object의 인스턴스는 단 하나뿐이므로 이 인스턴스가 object를 사용하는 모든 코드에서 공유된다. 다음 코드에서 object Shared는 자신만의 package 안에 있다.

```
package objectsharing

object Shared {
  var i: Int = 0
}
```

이 Shared를 다른 패키지에서 쓸 수 있다.

```
package objectshare1
import objectsharing.Shared

fun f() {
  Shared.i += 5
}
```

또 다른 세 번째 패키지 안에서도 Shared를 쓸 수 있다.

```
package objectshare2

import objectsharing.Shared
import objectshare1.f
import atomictest.eq

fun g() {
  Shared.i += 7
}

fun main() {
  f()
  g()
  Shared.i eq 12
}
```

이 예제의 결과를 보면 모든 패키지에서 Shared가 같다는 점을 알 수 있다. object는 인스턴스를 하나만 만들기 때문에 타당한 결과다. Shared를 private으로 정의하면 다른 파일에서는 이 객체에 접근할 수 없다.

object는 함수 안에 넣을 수 없지만, 다른 object나 클래스[5] 안에 object를 내포시킬 수는 있다.

```kotlin
// Objects/ObjectNesting.kt
package objects
import atomictest.eq

object Outer {
  object Nested {
    val a = "Outer.Nested.a"
  }
}

class HasObject {
  object Nested {
    val a = "HasObject.Nested.a"
  }
}

fun main() {
  Outer.Nested.a eq "Outer.Nested.a"
  HasObject.Nested.a eq "HasObject.Nested.a"
}
```

클래스 안에 객체를 넣는 또 다른 방법으로 companion object가 있다. 이에 대해서는 '아톰 72, 동반 객체'에서 다룰 것이다.

5　[옮긴이] 클래스가 내포 클래스여도 관계없다. 다만, 아톰 71에서 살펴볼 내부 클래스(inner class)의 경우 내부에 object를 선언할 수 없다.

내부 클래스

내부 클래스는 내포된 클래스와 비슷하지만, 내부 클래스의 객체는 자신을 둘러싼 클래스의 인스턴스에 대한 참조를 유지한다.

inner 클래스는 자신을 둘러싼 클래스의 객체에 대한 암시적 링크를 갖고 있다. 다음 예제에서 Hotel은 '아톰 69, 내포된 클래스'에서 다룬 Airport와 비슷하지만 inner 클래스다. reception 은 Hotel의 일부분이고 callReception()은 내부 클래스 Room의 멤버인데, callReception 안 에서 아무런 한정을 하지 않고 reception을 쓸 수 있다는 점에 유의하라.

```
InnerClasses/Hotel.kt
```

```kotlin
package innerclasses
import atomictest.eq
class Hotel(private val reception: String) {
  open inner class Room(val id: Int = 0) {
    // Room을 둘러싼 클래스의 'reception'을 사용한다
    fun callReception() =
      "Room $id Calling $reception"
  }
  private inner class Closet : Room()
  fun closet(): Room = Closet()
}

fun main() {
  val nycHotel = Hotel("311")
  // 내부 클래스의 인스턴스를 생성하려면
  // 그 내부 클래스를 둘러싼 클래스의 인스턴스가 필요하다
  val room = nycHotel.Room(319)
  room.callReception() eq
    "Room 319 Calling 311"
```

```
  val sfHotel = Hotel("0")
  val closet = sfHotel.closet()
  closet.callReception() eq "Room 0 Calling 0"
}
```

Closet은 내부 클래스 Room을 상속하기 때문에 Closet도 inner 클래스여야 한다. 내포된 클래스는 inner 클래스를 상속할 수 없다.

Closet은 private이므로 Hotel의 영역 안에서만 Closet을 볼 수 있다.

inner 클래스의 객체는 자신과 연관된 외부 객체에 대한 참조를 유지한다. 따라서 inner 클래스의 객체를 생성하려면 외부 객체를 제공해야 한다. nycHotel.Room()을 보면 알 수 있듯이 Hotel 객체가 없으면 Room 객체를 생성할 수 없다.

코틀린은 inner data 클래스를 허용하지 않는다.

한정된 this

클래스의 장점 중 하나는 this 참조를 쓸 수 있다는 점이다. 멤버 함수나 프로퍼티에 접근할 때는 '현재 객체'를 명시할 필요가 없다.

간단한 클래스에서 this의 의미는 분명해 보이지만, inner 클래스에서 this는 inner 객체나 외부 객체를 가리킬 수 있다. 이 문제를 해결하기 위해 코틀린에서는 **한정된 this** 구문을 사용한다. 한정된 this는 this 뒤에 @을 붙이고 대상 클래스 이름을 덧붙인 것이다.

세 가지 수준의 클래스를 생각해보자. Fruit 클래스 안에는 inner 클래스 Seed가 들어 있다. Seed 클래스 안에는 다시 inner 클래스로 DNA가 들어 있다.

`InnerClasses/QualifiedThis.kt`

```
package innerclasses
import atomictest.eq
import typechecking.name

class Fruit {          // @Fruit라는 레이블이 암시적으로 붙는다
  fun changeColor(color: String) =
    "Fruit $color"
  fun absorbWater(amount: Int) {}
  inner class Seed {  // @Seed라는 레이블이 암시적으로 붙는다
    fun changeColor(color: String) =
      "Seed $color"
    fun germinate() {}
    fun whichThis() {
      // 디폴트로 (가장 안쪽의) 현재 클래스를 가리킨다
```

```kotlin
      this.name eq "Seed"
      // 명확히 하기 위해 디폴트 this를
      // 한정시킬 수 있다
      this@Seed.name eq "Seed"
      // name이 Fruit와 Seed에 다 있기 때문에
      // Fruit를 명시해 접근해야 한다
      this@Fruit.name eq "Fruit"
      // 현재 클래스의 내부 클래스에 @레이블을 써서 접근할 수는 없다
      // this@DNA.name
    }
    inner class DNA {      // @DNA라는 레이블이 암시적으로 붙는다
      fun changeColor(color: String) {
        // changeColor(color)  // 재귀 호출
        this@Seed.changeColor(color)
        this@Fruit.changeColor(color)
      }
      fun plant() {
        // 한정을 시키지 않고 외부 클래스의
        // 함수를 호출할 수 있다
        germinate()
        absorbWater(10)
      }
      // 확장 함수
      fun Int.grow() { // @grow라는 암시적 레이블이 붙는다
        // 디폴트는 Int.grow()로, 'Int'를 수신 객체로 받는다
        this.name eq "Int"
        // @grow 한정은 없어도 된다
        this@grow.name eq "Int"
        // 여기서도 여전히 모든 프로퍼티에 접근할 수 있다
        this@DNA.name eq "DNA"
        this@Seed.name eq "Seed"
        this@Fruit.name eq "Fruit"
      }
      // 외부 클래스에 대한 확장 함수들
      fun Seed.plant() {}
      fun Fruit.plant() {}
      fun whichThis() {
        // 디폴트는 현재 클래스이다
        this.name eq "DNA"
        // @DNA 한정은 없어도 된다
        this@DNA.name eq "DNA"
        // 다른 클래스 한정은 꼭 명시해야 한다
        this@Seed.name eq "Seed"
        this@Fruit.name eq "Fruit"
      }
    }
  }
}
```

```kotlin
// 확장 함수
fun Fruit.grow(amount: Int) {
  absorbWater(amount)
  // Fruit의 'changeColor()'를 호출한다
  changeColor("Red") eq "Fruit Red"
}
// 내부 클래스를 확장한 함수
fun Fruit.Seed.grow(n: Int) {
  germinate()
  // Seed의 changeColor를 호출한다
  changeColor("Green") eq "Seed Green"
}

// 내부 클래스의 확장 함수
fun Fruit.Seed.DNA.grow(n: Int) = n.grow()

fun main() {
  val fruit = Fruit()
  fruit.grow(4)
  val seed = fruit.Seed()
  seed.grow(9)
  seed.whichThis()
  val dna = seed.DNA()
  dna.plant()
  dna.grow(5)
  dna.whichThis()
  dna.changeColor("Purple")
}
```

Fruit, Seed, DNA는 모두 changeColor()라는 함수를 제공한다. 하지만 오버라이드를 하지는 않는다. 세 클래스 사이에는 아무 상속 관계가 없다. 세 클래스에 정의된 changeColor()의 시그니처가 같기 때문에 DNA의 changeColor()에서 볼 수 있는 것처럼 한정된 this를 사용해 각 함수를 구별해야 한다. plant() 안에서는 이름 충돌이 없는 경우 두 외부 클래스에 속한 함수를 아무런 한정 없이 호출할 수 있다.

확장 함수임에도 불구하고 grow()는 여전히 외부 객체에 접근할 수 있다. grow()는 암시적인 Fruit.Seed.DNA 수신 객체가 있는 영역이라면 어디서든 호출할 수 있다. 예를 들어 DNA의 확장 함수 안에서 이 grow()를 호출할 수 있다.

내부 클래스 상속

내부 클래스는 **다른** 외부 클래스에 있는 내부 클래스를 상속할 수 있다. 다음 예제에서 BigEgg의 Yolk는 Egg의 Yalk를 상속한다.

```kotlin
package innerclasses
import atomictest.*

open class Egg {
  private var yolk = Yolk()
  open inner class Yolk {
    init { trace("Egg.Yolk()") }
    open fun f() { trace("Egg.Yolk.f()") }
  }
  init { trace("New Egg()") }
  fun insertYolk(y: Yolk) { yolk = y }
  fun g() { yolk.f() }
}

class BigEgg : Egg() {
  inner class Yolk : Egg.Yolk() {
    init { trace("BigEgg.Yolk()") }
    override fun f() {
      trace("BigEgg.Yolk.f()")
    }
  }
  init { insertYolk(Yolk()) }
}

fun main() {
  BigEgg().g()
  trace eq """
    Egg.Yolk()
    New Egg()
    Egg.Yolk()
    BigEgg.Yolk()
    BigEgg.Yolk.f()
  """
}
```

BigEgg.Yolk는 명시적으로 Egg.Yolk를 자신의 기반 클래스로 정의하고, Egg.Yolk의 f() 멤버 함수를 오버라이드한다. insertYolk()는 BigEgg가 자신의 Yolk 객체를 Egg에 있는 yolk 참조로 업캐스트하게 허용한다. 따라서 g()가 yolk.f()를 호출하면 오버라이드된 f()가 호출된다. Egg. Yolk()에 대한 두 번째 호출은 BigEgg.Yolk 생성자에서 호출한 기반 클래스 생성자다. g()를 호출하면 오버라이드한 f()가 쓰인다는 점을 알 수 있다.

객체 생성 과정을 복습하고 싶다면 이 예제의 trace 출력을 이해될 때까지 연구하라.

지역 내부 클래스와 익명 내부 클래스

멤버 함수 안에 정의된 클래스를 **지역 내부 클래스**라고 한다. 이런 클래스를 **객체 식**(object expression)
이나 SAM 변환을 사용해 익명으로 생성할 수도 있다. 모든 경우에 inner 키워드를 사용하지는
않지만, 이들은 암시적으로 내부 클래스가 된다.

innerClasses/LocalInnerClasses.kt

```
package innerclasses
import atomictest.eq

fun interface Pet {
  fun speak(): String
}

object CreatePet {
  fun home() = " home!"
  fun dog(): Pet {
    val say = "Bark"
    // 지역 내부 클래스
    class Dog : Pet {
      override fun speak() = say + home()
    }
    return Dog()
  }
  fun cat(): Pet {
    val emit = "Meow"
    // 익명 내부 클래스
    return object: Pet {
      override fun speak() = emit + home()
    }
  }
  fun hamster(): Pet {
    val squeak = "Squeak"
    // SAM 변환
    return Pet { squeak + home() }
  }
}

fun main() {
  CreatePet.dog().speak() eq "Bark home!"
  CreatePet.cat().speak() eq "Meow home!"
  CreatePet.hamster().speak() eq "Squeak home!"
}
```

지역 내부 클래스는 함수에 정의된 다른 원소와 함수 정의를 포함하는 외부 클래스 객체의 원소에 모두 접근할 수 있다. 따라서 say, emit, squeak과 home()을 speak() 안에서 쓸 수 있다.

cat()에서 볼 수 있듯이 객체 식으로 사용된다는 특징으로 익명 내부 클래스를 식별할 수 있다. cat()은 Pet을 상속하면서 speak()를 오버라이드하는 클래스의 object를 반환한다. 익명 내부 클래스는 작고 더 단순하며, 별도로 이름이 있는 클래스를 만들어내지 않는다. 이 클래스는 단 한 곳에서만 쓰일 것이므로 이름을 지정하지 않는 편이 더 낫다. 더 간단한 익명 내부 클래스로는 hamster()에서 볼 수 있는 SAM 변환이 있다.

내부 클래스는 외부 클래스 객체에 대한 참조를 저장하므로 지역 내부 클래스도 자신을 둘러싼 클래스에 속한 객체의 모든 멤버에 접근할 수 있다.

InnerClasses/CounterFactory.kt

```kotlin
package innerclasses
import atomictest.*

fun interface Counter {
  fun next(): Int
}

object CounterFactory {
  private var count = 0
  fun new(name: String): Counter {
    // 지역 내부 클래스
    class Local : Counter {
      init { trace("Local()") }
      override fun next(): Int {
        // 함수의 지역 변수나 외부 객체 프로퍼티에 접근할 수 있다
        trace("$name $count")
        return count++
      }
    }
    return Local()
  }
  fun new2(name: String): Counter {
    // 익명 내부 클래스 인스턴스
    return object: Counter {
      init { trace("Counter()") }
      override fun next(): Int {
        trace("$name $count")
        return count++
      }
    }
  }
}
```

420

```
  fun new3(name: String): Counter {
    trace("Counter()")
    return Counter { // SAM 변환
      trace("$name $count")
      count++
    }
  }
}
fun main() {
  fun test(counter: Counter) {
    (0..3).forEach { counter.next() }
  }
  test(CounterFactory.new("Local"))
  test(CounterFactory.new2("Anon"))
  test(CounterFactory.new3("SAM"))
  trace eq """
    Local() Local 0 Local 1 Local 2 Local 3
    Counter() Anon 4 Anon 5 Anon 6 Anon 7
    Counter() SAM 8 SAM 9 SAM 10 SAM 11
  """
}
```

Counter는 count를 추적하고 다음 Int 값을 반환한다. new(), new2(), new3()는 각각 Counter 인터페이스에 대한 다른 구현을 생성한다. new()는 이름이 붙은 내부 클래스의 인스턴스를 반환하고, new2()는 익명 내부 클래스의 인스턴스를 반환하며, new3()는 SAM 변환을 사용해 익명 객체를 만든다. 모든 결과 Counter 객체는 암시적으로 외부 객체의 원소에 접근할 수 있다. 따라서 이들은 내포 클래스가 아니라 내부 클래스다. 출력을 보면 모든 Counter 객체가 CounterFactory에 있는 count를 공유한다는 사실을 알 수 있다.

SAM 변환은 한계가 있다. 예를 들어 SAM 변환으로 선언하는 객체 내부에는 init 블록이 들어갈 수 없다.

코틀린에서는 한 파일 안에 여러 최상위 클래스나 함수를 정의할 수 있다. 이로 인해 지역 클래스를 사용할 필요가 거의 없다. 따라서 지역 클래스로는 아주 기본적이고 단순한 클래스만 사용해야 한다. 예를 들어 함수 내부에서 간단한 data 클래스를 정의해 쓰는 것은 합리적이며, 지역 클래스가 복잡해지면 이 클래스를 함수에서 꺼내 일반 클래스로 격상시켜야 한다.

동반 객체

> 멤버 함수는 클래스의 특정 인스턴스에 작용한다. 일부 함수는 어떤 객체에 '대한' 함수가 아닐 수 있다. 이런 함수는 특정 객체에 매여 있을 필요가 없다.

companion object('동반 객체'라고 부름) 안에 있는 함수와 필드는 클래스에 대한 함수와 필드다. 일반 클래스의 원소는 동반 객체의 원소에 접근할 수 있지만, 동반 객체의 원소는 일반 클래스의 원소에 접근할 수 없다.[6]

'아톰 70, 객체'에서 본 것처럼, 클래스 안에 일반 object를 정의할 수 있다. 하지만 일반 내포 객체 정의는 내포 object와 그 객체를 둘러싼 클래스 사이의 연관 관계를 제공하지 않는다. 특히 내포된 object의 멤버를 클래스 멤버에서 참조해야 할 때 내포된 object의 이름을 항상 명시해야 한다. 클래스 안에서 동반 객체를 정의하면 클래스의 내부에서 동반 객체 원소를 투명하게 참조할 수 있다.

CompanionObjects/CompanionObject.kt

```
package companionobjects
import atomictest.eq

class WithCompanion {
  companion object {
    val i = 3
    fun f() = i * 3
  }
  fun g() = i + f()
```

---

6 [옮긴이] 이 표현은 오해의 소지가 있다. 동반 객체 안에 정의되는 원소는 동반 클래스의 인스턴스나 함수를 마음대로 사용할 수 있다. 다만, 동반 클래스의 멤버는 동반 클래스의 인스턴스에 대해 작용하므로 동반 객체의 함수나 프로퍼티가 동반 클래스의 멤버에 접근하려면 반드시 동반 클래스의 인스턴스를 함수 파라미터로 받거나 해야 한다.

```
}

fun WithCompanion.Companion.h() = f() * i

fun main() {
  val wc = WithCompanion()
  wc.g() eq 12
  WithCompanion.i eq 3
  WithCompanion.f() eq 9
  WithCompanion.h() eq 27
}
```

WithCompanion.f()와 WithCompanion.i처럼 클래스 밖에서는 동반 객체의 멤버를 클래스 이름을 사용해 참조할 수 있다. g()에서 볼 수 있듯이 클래스의 멤버는 동반 객체의 원소에 아무런 한정을 사용하지 않고 접근할 수 있다.

h()는 동반 객체에 대한 확장 함수다.

함수가 클래스의 비공개(private) 멤버에 접근할 필요가 없으면, 이를 동반 객체에 넣는 대신 파일 영역(최상위 수준)에 정의할 수 있다.

동반 객체는 클래스당 하나만 허용된다. 명확성을 위해 동반 객체에 이름을 부여할 수도 있다.

CompanionObjects/NamingCompanionObjects.kt

```
package companionobjects
import atomictest.eq
class WithNamed {
  companion object Named {
    fun s() = "from Named"
  }
}

class WithDefault {
  companion object {
    fun s() = "from Default"
  }
}

fun main() {
  WithNamed.s() eq "from Named"
  WithNamed.Named.s() eq "from Named"
  WithDefault.s() eq "from Default"
  // 디폴트 이름은 'Companion'이다
  WithDefault.Companion.s() eq "from Default"
}
```

동반 객체에 이름을 부여했더라도 클래스 멤버가 동반 객체 원소에 접근할 때는 여전히 이름을 한 정시킬 필요가 없다. 동반 객체에 이름을 붙이지 않으면 코틀린이 Companion이라는 이름을 부여해준다.

동반 객체 안에서 프로퍼티를 생성하면 해당 필드는 메모리상에 단 하나만 존재하게 되고, 동반 객체와 연관된 클래스의 모든 인스턴스가 이 필드를 공유한다.

CompanionObjects/ObjectProperty.kt

```kotlin
package companionobjects
import atomictest.eq

class WithObjectProperty {
  companion object {
    private var n: Int = 0 // 단 하나만 생김
  }
  fun increment() = ++n
}

fun main() {
  val a = WithObjectProperty()
  val b = WithObjectProperty()
  a.increment() eq 1
  b.increment() eq 2
  a.increment() eq 3
}
```

main()의 테스트 코드는 n이 하나의 저장소임을 보여준다. WithObjectProperty 인스턴스가 몇 개가 생성됐든 관계없다. a와 b는 모두 같은 메모리에 있는 n에 접근한다.

increment()는 동반 객체를 둘러싼 클래스에서 동반 객체의 private 멤버에 접근할 수 있다는 사실을 보여준다.

어떤 함수가 오직 동반 객체의 프로퍼티만 사용한다면 이 함수를 동반 객체로 옮기는 게 타당하다.

CompanionObjects/ObjectFunctions.kt

```kotlin
package companionobjects
import atomictest.eq

class CompanionObjectFunction {
  companion object {
    private var n: Int = 0
    fun increment() = ++n
  }
```

```
}

fun main() {
  CompanionObjectFunction.increment() eq 1
  CompanionObjectFunction.increment() eq 2
}
```

이렇게 하면 더 이상 increment를 호출할 때 CompanionObjectFunction 인스턴스가 필요하지 않다.

여러분이 생성하는 모든 객체에 대해 고유 식별자를 부여하고 전체 개수를 기록하고 싶다고 가정해보자.

CompanionObjects/ObjectCounter.kt

```
package companionobjects
import atomictest.eq

class Counted {
  companion object {
    private var count = 0
  }
  private val id = count++
  override fun toString() = "#$id"
}

fun main() {
  List(4) { Counted() } eq "[#0, #1, #2, #3]"
}
```

동반 객체가 다른 곳에 정의한 클래스의 인스턴스일 수도 있다.

CompanionObjects/CompanionInstance.kt

```
package companionobjects
import atomictest.*

interface ZI {
  fun f(): String
  fun g(): String
}

open class ZIOpen : ZI {
  override fun f() = "ZIOpen.f()"
  override fun g() = "ZIOpen.g()"
}
```

```kotlin
class ZICompanion {
  companion object: ZIOpen()
  fun u() = trace("${f()} ${g()}")
}

class ZICompanionInheritance {
  companion object: ZIOpen() {
    override fun g() =
      "ZICompanionInheritance.g()"
    fun h() = "ZICompanionInheritance.h()"
  }
  fun u() = trace("${f()} ${g()} ${h()}")
}

class ZIClass {
  companion object: ZI {
    override fun f() = "ZIClass.f()"
    override fun g() = "ZIClass.g()"
  }
  fun u() = trace("${f()} ${g()}")
}

fun main() {
  ZIClass.f()
  ZIClass.g()
  ZIClass().u()
  ZICompanion.f()
  ZICompanion.g()
  ZICompanion().u()
  ZICompanionInheritance.f()
  ZICompanionInheritance.g()
  ZICompanionInheritance().u()
  trace eq """
    ZIClass.f() ZIClass.g()
    ZIOpen.f() ZIOpen.g()
    ZIOpen.f()
    ZICompanionInheritance.g()
    ZICompanionInheritance.h()
  """
}
```

ZICompanion은 ZIOpen 객체를 동반 객체로 사용하며, ZICompanionInheritance는 ZIOpen을
확장하고 오버라이드하면서 ZIOpen 객체를 만든다. ZIClass는 동반 객체를 만들면서 인터페이스
를 구현할 수 있다는 사실을 보여준다.

동반 객체로 사용하고 싶은 클래스가 open이 아니라면, 위 예제처럼 동반 객체가 클래스를 직접 확장할 수는 없다. 하지만 이 클래스가 어떤 인터페이스를 구현한다면, 아톰 65에서 배운 클래스 위임을 사용해 동반 객체가 해당 클래스를 활용할 수 있다.

CompanionObjects/CompanionDelegation.kt

```kotlin
package companionobjects
import atomictest.*

class ZIClosed : ZI {
  override fun f() = "ZIClosed.f()"
  override fun g() = "ZIClosed.g()"
}

class ZIDelegation {
  companion object: ZI by ZIClosed()
  fun u() = trace("${f()} ${g()}")
}

class ZIDelegationInheritance {
  companion object: ZI by ZIClosed() {
    override fun g() =
      "ZIDelegationInheritance.g()"
    fun h() =
      "ZIDelegationInheritance.h()"
  }
  fun u() = trace("${f()} ${g()} ${h()}")
}

fun main() {
  ZIDelegation.f()
  ZIDelegation.g()
  ZIDelegation().u()
  ZIDelegationInheritance.f()
  ZIDelegationInheritance.g()
  ZIDelegationInheritance().u()
  trace eq """
    ZIClosed.f() ZIClosed.g()
    ZIClosed.f()
    ZIDelegationInheritance.g()
    ZIDelegationInheritance.h()
  """
}
```

ZIDelegationInheritance는 open이 아닌 ZIClosed 클래스를 위임에 사용하고 이 **위임**을 오버라이드하고 확장할 수 있다는 사실을 보여준다. 위임은 인터페이스의 메서드를, 메서드 구현을 제공하는 인스턴스에 전달한다. 구현을 제공하는 인스턴스가 속한 클래스가 final이라고 해도(코틀린에서는 open 지정을 하지 않으면 final이 디폴트다) 여전히 위임을 사용해 정의한 클래스에서 메서드를 추가하고 오버라이드할 수 있다.

간단한 퀴즈 같은 다음 예제를 보자.

CompanionObjects/DelegateAndExtend.kt

```
package companionobjects
import atomictest.eq

interface Extended: ZI {
  fun u(): String
}

class Extend : ZI by Companion, Extended {
  companion object: ZI {
    override fun f() = "Extend.f()"
    override fun g() = "Extend.g()"
  }
  override fun u() = "${f()} ${g()}"
}

private fun test(e: Extended): String {
  e.f()
  e.g()
  return e.u()
}

fun main() {
  test(Extend()) eq "Extend.f() Extend.g()"
}
```

Extend는 companion object를 사용해 ZI 인터페이스를 구현한다. 이 동반 객체의 이름은 디폴트로 Companion이다. 하지만 Extend는 Extended 인터페이스도 구현한다. Extended 인터페이스는 ZI 인터페이스에 u() 함수를 추가한 인터페이스다. Extended에서 ZI에 해당하는 부분은 Companion을 통해 이미 구현이 제공되므로, Extend는 Extended에 추가된 u() 함수만 override 하면 모든 구현을 끝낼 수 있다. 이제 test()에서는 테스트를 위해 Extend 객체를 Extended로 업캐스트할 수 있다.

428

동반 객체의 사용법 중 흔한 예로 객체 생성을 제어하는 경우를 들 수 있다. 이 방식은 **팩토리 메서드**(factory method) 패턴에 해당한다. Numbered2 객체로 이뤄진 List 생성만 허용하고 개별 Numbered2 객체 생성은 막길 원한다고 가정해보자.

CompanionObjects/CompanionFactory.kt

```
package companionobjects
import atomictest.eq

class Numbered2
private constructor(private val id: Int) {  // Numbered2의 비공개 생성자
  override fun toString(): String = "#$id"
  companion object Factory {
    fun create(size: Int) =
      List(size) { Numbered2(it) }
  }
}

fun main() {
  Numbered2.create(0) eq "[]"
  Numbered2.create(5) eq
    "[#0, #1, #2, #3, #4]"
}
```

Numbered2의 생성자는 private이다. 따라서 Numbered2의 인스턴스를 생성하는 방법은 create() 팩토리 함수를 통하는 방법 하나뿐이다. 이렇게 일반 생성자로 해결할 수 없는 문제를 팩토리 함수가 해결해주는 경우가 있다.

동반 객체의 생성자는 동반 객체를 둘러싼 클래스가 최초로 프로그램에 적재[7]될 때 이뤄진다.

CompanionObjects/Initialization.kt

```
package companionobjects
import atomictest.*

class CompanionInit {
  init {
    trace("CompanionInit Constructor")
```

---

7 **옮긴이** JVM에서는 클래스 로더가 클래스 정의가 들어 있는 .class 파일을 읽어 VM의 특정 메모리 영역(자바 8 이후 메타스페이스(metaspace)라고 부르는 영역)에 적재하는 과정에서 동반 객체를 생성하고 동반 객체의 초기화 코드를 실행하는데, 보통 클래스 정의는 해당 클래스를 처음 쓰는 시점에 적재된다. JVM이 아닌 플랫폼에서도 어떤 클래스 정의가 들어 있는 모듈이 적재될 때 한꺼번에 동반 객체 생성이 이뤄지거나 클래스 정의를 실제로 사용하는 시점에 동반 객체 생성이 이뤄지는 두 가지 방식 중 하나로 구현될 가능성이 높다.

```
  }
  companion object {
    init {
      trace("Companion Constructor")
    }
  }
}

fun main() {
  trace("Before")
  CompanionInit()
  trace("After 1")
  CompanionInit()
  trace("After 2")
  CompanionInit()
  trace("After 3")
  trace eq """
    Before
    Companion Constructor
    After 1
    After 2
    After 3
  """
}
```

출력을 보면 CompanionInit()을 호출해 CompanionInit의 인스턴스가 최초로 생성되는 시점에
동반 객체가 단 한 번만 생성된다는 사실을 알 수 있다. 추가로 동반 객체 생성이 동반 클래스 생
성자 생성보다 더 먼저 이뤄진다는 사실도 알 수 있다.

ATOMIC KOTLIN

6부

실패 방지하기

디버깅이 소프트웨어 버그를 없애는 과정이라면, 프로그래밍은 버그를 추가하는 과정이다.

__ 에츠허르 데이크스트라(Edsger Dijkstra)

예외 처리

실패는 항상 일어날 수 있는 일이다.

코틀린은 프로그램을 분석해 기본적인 오류를 찾아준다. 컴파일 시점에 감지할 수 없는 오류는 실행 시점에 처리해야 한다. '아톰 23, 예외'에서는 예외를 던지는 방법을 배웠는데, 이번 아톰에서는 예외를 **잡는**(catch) 방법을 살펴볼 것이다.

예전부터 실패는 재앙인 경우가 많았다. 예를 들어 C 언어로 작성된 프로그램은 실패하면 그냥 동작을 멈추거나, 데이터가 손실되거나, 심지어 운영체제가 중단될 가능성도 있었다.

오류 처리를 개선하는 것은 코드의 신뢰성을 높이는 아주 좋은 방법이다. 특히 재사용 가능한 프로그램 컴포넌트를 만들고 싶을 때 중요하다. 튼튼한 시스템을 만들려면 각 구성 요소가 튼튼해야 한다. 오류를 일관성 있게 처리할 때 각 컴포넌트는 클라이언트 코드와 신뢰성 있게 문제에 대해 의사소통할 수 있다.

최근 애플리케이션은 동시성(concurrency)을 자주 사용하며, 동시성 프로그램은 중요하지 않은 오류가 발생했을 때 동작을 멈추지 않고 계속 실행되어야 한다. 예를 들어 서버는 열려 있던 세션이 예외가 발생하면서 닫히는 경우가 생겨도 이를 복구할 수 있어야 한다.

예외 처리는 다음 세 가지 활동을 합친 것이다.

① 오류 보고

② 복구

③ 자원 해제

각각에 대해 살펴보자.

오류 보고

표준 라이브러리의 예외로 충분하지 못한 경우가 자주 있다. 예외를 더 구체적으로 처리하기 위해 Exception이나 Exception의 하위 타입을 상속한 새 예외 타입을 정의할 수 있다.

```
ExceptionHandling/DefiningExceptions.kt
```
```
package exceptionhandling
import atomictest.*

class Exception1(
  val value: Int
): Exception("wrong value: $value")

open class Exception2(
  description: String
): Exception(description)

class Exception3(
  description: String
): Exception2(description)

fun main() {
  capture {
    throw Exception1(13)
  } eq "Exception1: wrong value: 13"
  capture {
    throw Exception3("error")
  } eq "Exception3: error"
}
```

main()을 보면 알 수 있듯이 throw 식은 Throwable의 하위 타입을 요구한다. 새 예외 타입을 정의하려면 Exception을 상속하라(Exception은 Throwable을 확장한다). Exception1과 Exception2는 모두 Exception을 상속하고, Exception3는 Exception2를 상속한다.

복구

예외 처리의 큰 목표는 복구(recovery)다. '복구'라는 말은 문제를 해결하고 프로그램을 안정적인 상태로 되돌린 후 실행을 계속한다는 뜻이다. 복구에는 오류 정보를 로깅(아톰 77에서 다룸)하는 과정이 포함된다.

복구가 불가능한 경우도 아주 많다. 예외가 복구할 수 없는 프로그램의 실패를 나타내거나, 코드의 오류나 우리가 제어할 수 없는 환경의 문제를 나타낼 수도 있다.

예외가 던져지면 예외 처리 메커니즘이 예외를 처리하기에 적절한 위치를 찾는다. 예외는 예외가 던져진 function1()에서 finction1()을 호출한 function2()로 한 단계 더 위로 전달되고, 다시 function2()를 호출한 function3()로 한 단계 더 위로 전달되는 식으로 main()에 이를 때까지 점점 더 (함수 호출 체인의) 위쪽으로 전달된다. 이 과정에서 예외와 일치하는 예외 핸들러 (exception handler)가 있으면 예외를 **잡는다**. 예외를 잡아낼 핸들러를 찾으면 핸들러 검색이 끝나고 핸들러가 실행된다. 프로그램이 일치하는 핸들러를 찾지 못하면 콘솔에 스택 트레이스를 출력하면서 종료된다.

ExceptionHandling/Stacktrace.kt

```kotlin
package stacktrace
import exceptionhandling.Exception1

fun function1(): Int =
  throw Exception1(-52)

fun function2() = function1()

fun function3() = function2()

fun main() {
  // function3()
}
```

function3() 호출의 주석을 해제하면 다음과 같은 스택 트레이스를 볼 수 있다.

```
Exception in thread "main" exceptionhandling.Exception1: wrong value: -52
    at stacktrace.StacktraceKt.function1(Stacktrace.kt:6)
    at stacktrace.StacktraceKt.function2(Stacktrace.kt:8)
    at stacktrace.StacktraceKt.function3(Stacktrace.kt:10)
    at stacktrace.StacktraceKt.main(Stacktrace.kt:13)
    at stacktrace.StacktraceKt.main(Stacktrace.kt)
```

function1(), function2(), function3() 중 어느 곳에서든 (함수 본문에 핸들러를 추가하면) 이 예외를 catch해 처리하고, 프로그램이 예외로 중단되지 않게 막을 수 있다.

예외 핸들러에서는 catch 키워드 다음에 처리하려는 예외의 목록을 나열한다. 그 후 복구 과정을 구현하는 코드 블록이 온다.

다음 예제에서 toss() 함수는 인자값이 1~3 사이의 값이면 값에 따라 서로 다른 예외를 발생시키고, 그렇지 않으면 "OK"를 돌려준다. test()에는 toss() 함수의 예외를 처리하는 데 필요한 모든 핸들러가 들어 있다.

```kotlin
package exceptionhandling
import atomictest.eq

fun toss(which: Int) = when (which) {
  1 -> throw Exception1(1)
  2 -> throw Exception2("Exception 2")
  3 -> throw Exception3("Exception 3")
  else -> "OK"
}

fun test(which: Int): Any? =
  try {
    toss(which)
  } catch (e: Exception1) {
    e.value
  } catch (e: Exception3) {
    e.message
  } catch (e: Exception2) {
    e.message
  }

fun main() {
  test(0) eq "OK"
  test(1) eq 1
  test(2) eq "Exception 2"
  test(3) eq "Exception 3"
}
```

toss()를 호출할 때는 toss()에서 발생할 수 있는 모든 예외 중에 중요한 예외를 catch하고, 중요하지 않은 예외는 그냥 '위로 올라가서(bubble up)' 다른 함수가 잡아내게 둬야 한다.

test()에서 try-catch 전체는 한 식으로 처리된다. try-catch 식은 try 본문의 마지막 식의 값을 돌려주거나, 발생한 예외와 일치하는 catch 절의 마지막 식의 값을 돌려준다. 예외와 일치하는 catch 절이 없으면 예외가 함수 호출 스택 위쪽으로 전달된다. 이렇게 전달된 예외를 잡아내는 핸들러를 함수 호출 스택에 있는 모든 함수에서 찾을 수 없으면 스택 트레이스가 출력되며 프로그램이 끝난다.

Exception3가 Exception2를 확장했으므로, 핸들러가 차례로 정의될 때 다음 예제처럼 Exception2 핸들러가 Exception3를 잡아내는 핸들러보다 더 앞에 있으면 Exception3도 함께 잡아낸다.

```
package exceptionhandling
import atomictest.eq

fun testCatchOrder(which: Int) =
  try {
    toss(which)
  } catch (e: Exception2) { // [1]
    "Handler for Exception2 got ${e.message}"
  } catch (e: Exception3) { // [2]
    "Handler for Exception3 got ${e.message}"
  }

fun main() {
  testCatchOrder(2) eq
    "Handler for Exception2 got Exception 2"
  testCatchOrder(3) eq
    "Handler for Exception2 got Exception 3"
}
```

이 예제의 catch 절의 순서상, 더 구체적인 예외 타입을 처리하는 핸들러가 [2]에 정의되어 있음에도 불구하고 Exception3는 [1]에서 처리된다.

예외 하위 타입

다음 testCode()에서 code 인자로 잘못된 값을 전달하면 IllegalArgumentException이 발생한다.

```
package exceptionhandling
import atomictest.*

fun testCode(code: Int) {
  if (code <= 1000) {
    throw IllegalArgumentException(
      "'code' must be > 1000: $code")
  }
}

fun main() {
  try {
    // A1은 16진수 표기로 161이다
```

```kotlin
    testCode("A1".toInt(16))
  } catch (e: IllegalArgumentException) {
    e.message eq
      "'code' must be > 1000: 161"
  }
  try {
    testCode("0".toInt(1))
  } catch (e: IllegalArgumentException) {
    e.message eq
      "radix 1 was not in valid range 2..36"
  }
}
```

testCode()뿐 아니라 라이브러리 함수인 toInt(radix)에 의해서도 IllegalArgumentException
이 발생할 수 있다. 이로 인해 main()에서 약간 혼란스러운 오류 메시지를 볼 수 있다. 문제는 두
가지 다른 상황에서 같은 예외를 쓴다는 점이다. 코드가 발생시키는 오류에서 IncorrectInput
Exception을 던지게 하면 이런 문제를 해결할 수 있다.

```kotlin
package exceptionhandling
import atomictest.eq

class IncorrectInputException(
  message: String
): Exception(message)

fun checkCode(code: Int) {
  if (code <= 1000) {
    throw IncorrectInputException(
      "Code must be > 1000: $code")
  }
}

fun main() {
  try {
    checkCode("A1".toInt(16))
  } catch (e: IncorrectInputException) {
    e.message eq "Code must be > 1000: 161"
  } catch (e: IllegalArgumentException) {
    "Produces error" eq "if it gets here"
  }
  try {
    checkCode("1".toInt(1))
```

```
  } catch (e: IncorrectInputException) {
    "Produces error" eq "if it gets here"
  } catch (e: IllegalArgumentException) {
    e.message eq
      "radix 1 was not in valid range 2..36"
  }
}
```

이제 두 예외를 각각 처리하는 핸들러가 생겼다.

너무 많은 예외 타입을 만들지는 말라. 간단한 규칙으로, 처리 방식이 달라야 한다면 다른 예외 타입을 사용해 이를 구분하라. 그리고 처리 방법이 같은 경우 동일한 예외 타입을 쓰면서 생성자 인자를 다르게 주는 방식으로 구체적인 정보를 전달하라.

자원 해제

실패를 피할 수 없을 때 자원을 자동으로 해제하게 만들면 프로그램의 다른 부분이 계속 안전하게 실행되도록 도움을 줄 수 있다.

finally는 예외를 처리하는 과정에서 자원을 해제할 수 있게 보장한다. try 블록이 정상적으로 끝났거나 예외가 발생했는지와 관계없이 항상 finally 절이 실행된다.

ExceptionHandling/TryFinally.kt

```
package exceptionhandling
import atomictest.*

fun checkValue(value: Int) {
  try {
    trace(value)
    if (value <= 0)
      throw IllegalArgumentException(
        "value must be positive: $value")
  } finally {
    trace("In finally clause for $value")
  }
}

fun main() {
  listOf(10, -10).forEach {
    try {
      checkValue(it)
    } catch (e: IllegalArgumentException) {
      trace("In catch clause for main()")
```

```
      trace(e.message)
    }
  }
  trace eq """
    10
    In finally clause for 10
    -10
    In finally clause for -10
    In catch clause for main()
    value must be positive: -10
  """
}
```

중간에 catch 절이 있어도 finally가 제대로 작동한다. 예를 들어 처리가 끝나면 스위치를 꺼야 한다고 가정해보자.

ExceptionHandling/GuaranteedCleanup.kt

```
package exceptionhandling
import atomictest.eq

data class Switch(
  var on: Boolean = false,
  var result: String = "OK"
)

fun testFinally(i: Int): Switch {
  val sw = Switch()
  try {
    sw.on = true
    when (i) {
      0 -> throw IllegalStateException()
      1 -> return sw                 // [1]
    }
  } catch (e: IllegalStateException) {
    sw.result = "exception"
  } finally {
    sw.on = false
  }
  return sw
}

fun main() {
  testFinally(0) eq
    "Switch(on=false, result=exception)"
  testFinally(1) eq
```

```
    "Switch(on=false, result=OK)"      // [2]
  testFinally(2) eq
    "Switch(on=false, result=OK)"
}
```

try 안에서 return을 사용해도([1]) finally 절이 여전히 실행된다([2]). testFinally()가 평범하게 끝나든 예외로 끝나든 관계없이 finally 절이 항상 실행된다.

AtomicTest의 예외 처리

이 책에서는 예외가 던져질 거라고 예상할 수 있는 곳에 AtomicTest의 capture()를 쓴다. capture()는 함수를 인자로 받아서 실행하고, 실행 과정에서 오류가 발생하면 발생한 오류 클래스와 오류 메시지가 들어 있는 CapturedException 객체를 돌려준다.

ExceptionHandling/CaptureImplementation.kt

```
package exceptionhandling
import atomictest.CapturedException

fun capture(f:() -> Unit): CapturedException =
  try {                               // [1]
    f()
    CapturedException(null,
      "<Error>: Expected an exception") // [2]
  } catch (e: Throwable) {            // [3]
    CapturedException(e::class,       // [4]
      if (e.message != null) ": ${e.message}"
      else "")
  }

fun main() {
  capture {
    throw Exception("!!!")
  } eq "Exception: !!!"               // [5]
  capture {
    1
  } eq "<Error>: Expected an exception"
}
```

capture()는 인자로 받은 함수 f를 try 블록 안에서 호출하고([1]), Throwable을 잡아서 모든 예외를 처리한다([3]). 예외가 발생하지 않으면 CapturedException 메시지는 예외를 예상한다는 사실을 표현하며([2]), 예외가 잡힌 경우에는 잡은 예외 클래스와 메시지를 담은

CapturedException을 돌려준다([4]). eq를 사용하면 CapturedException을 String과 비교할수 있다([5]).

일반적으로는 Throwable을 잡아내지 않고 각각의 구체적인 예외 타입을 처리한다.

가이드라인

프로그래밍 언어에 예외를 도입한 목적이 복구였음에도 불구하고, 실제로 예외로부터의 복구는 놀랍도록 드문 일임이 밝혀졌다. 코틀린 예외의 주목적은 프로그램 버그를 발견하는 것이지 예외 복구가 아니다. 따라서 평범한 코틀린 코드에서 예외를 잡아내는 부분이 있다면 '코드 냄새'다.

다음은 코틀린에서 예외를 사용하는 경우에 대한 가이드라인이다.

① **논리 오류:** 논리 오류는 코드에 있는 버그다. 이와 관련한 예외를 전혀 잡지 않거나(따라서 콘솔에 스택 트레이스가 출력된다) 애플리케이션의 최상위 수준에서 예외를 잡고 버그를 보고하라. 어쩌면 영향을 받은 연산을 다시 시작할 수도 있다.

② **데이터 오류:** 프로그래머가 제어할 수 없는 잘못된 데이터에 의해 생긴 오류다. 애플리케이션은 프로그램 로직을 탓하지 않고 어떻게든 이런 오류를 처리해야 한다. 예를 들어 이번 아톰에서는 잘못된 String이 들어오면 예외를 발생시키는 String.toInt()를 사용했다. 하지만 실패가 발생하면 null을 돌려주는 String.toIntOrNull() 함수도 있다. 이는 val n = string.toIntOrNull() ?: default 같은 형태로 사용할 수 있다.

코틀린 라이브러리는 예외를 던지는 대신 null을 돌려주는 식으로 나쁜 결과를 처리하도록 설계됐다. 실패가 예상되는 연산마다 보통 예외를 던지는 버전 대신 쓸 수 있는 'OrNull' 버전이 존재한다.

③ **검사 명령**(아톰 74): 검사 명령은 논리 오류를 검사한다. 이들은 버그를 찾으면 예외를 발생시키지만, 함수 호출처럼 보이기 때문에 여러분의 코드가 명시적으로 예외를 던질 필요가 없어진다.

④ **입출력(I/O) 오류:** 입출력 오류는 여러분이 제어할 수 없는 외부 조건이지만, 그렇다고 무시해서는 안 되는 오류다. 하지만 'OrNull' 방식을 사용하면 코드를 더 쉽게 이해할 수 있게 된다. 더 중요한 사실은 I/O 오류로부터 복구할 수 **있는** 경우가 종종 있다는 점이다. 보통은 입출력 연산을 다시 시행해서 복구를 시도할 수 있다. 코틀린에서 I/O는 예외를 던지므로 애플리케이션에는 이런 예외를 처리하고 복구를 시도하는 코드가 포함되어야 한다.

검사 명령

검사 명령은 만족시켜야 하는 제약 조건을 적은 단언문이다. 보통 함수 인자와 결과를 검증할 때 검사 명령을 사용한다.

검사 명령은 뻔하지 않은 요구 사항을 표현함으로써 프로그래밍 오류를 발견한다. 또한, 미래에 코드를 읽을 사람들에게는 문서 역할을 할 수도 있다. 보통은 함수가 시작하는 맨 앞에서 함수 인자가 적절한지 검증하고 함수 맨 마지막에서 함수의 결과를 검증하는 검사 명령을 찾을 수 있다.

검사 명령은 일반적으로 실패 시 오류를 던진다. 여러분은 명시적으로 예외를 던지는 대신에 검사 명령을 사용할 수 있다. 검사 명령을 사용하면 코드를 작성하거나 요구 조건을 생각하기도 쉬워지고, 작성된 코드를 이해하기도 더 수월해진다. 프로그램을 검증하고 코드를 더 자세히 설명하기 위해 가능할 때마다 검사 명령을 사용하라.

require()

계약에 의한 설계(design by contract)[1]의 **사전 조건**(precondition)은 초기화 관련 제약 사항을 보장한다. 코틀린 require()는 보통 함수 인자를 검증하기 위해 사용되며, 함수 본문 맨 앞에 위치하는 경우가 많다. 인자 검증이나 사전 조건 검증을 컴파일 시점에 할 수는 없다. 사전 조건은 코드에 포함시키기가 상대적으로 쉽지만, 경우에 따라서는 단위 테스트(아톰 78)로 변환해 처리할 수도 있다.

달력의 달을 표현하는 숫자 필드가 있다고 하자. 이 값은 1..12 사이에 있어야 한다. 사전 조건은

---

1   https://en.wikipedia.org/wiki/Design_by_contract

필드 값이 해당 범위를 벗어나면 오류를 보고한다.

```kotlin
package checkinstructions
import atomictest.*

data class Month(val monthNumber: Int) {
  init {
    require(monthNumber in 1..12) {
      "Month out of range: $monthNumber"
    }
  }
}

fun main() {
  Month(1) eq "Month(monthNumber=1)"
  capture { Month(13) } eq
    "IllegalArgumentException: " +
    "Month out of range: 13"
}
```

require()를 생성자 안에서 호출한다. require()는 조건을 만족하지 못하면 IllegalArgument Exception을 반환한다. IllegalArgumentException 예외를 던지는 대신 항상 require()를 사용할 수 있다.

require()의 두 번째 파라미터는 String을 만들어내는 람다다. 따라서 require()가 예외를 던지기 전까지는 문자열 생성 부가 비용이 들지 않는다.

'아톰 29, 2부 요약'에서 Quadratic.kt의 인자가 부적합한 경우 IllegalArgumentException을 던졌다. 이 코드를 require()를 써서 더 간단하게 작성할 수 있다.

```kotlin
package checkinstructions
import kotlin.math.sqrt
import atomictest.*

class Roots(
  val root1: Double,
  val root2: Double
)

fun quadraticZeroes(
  a: Double,
```

```
    b: Double,
    c: Double
  ): Roots {
    require(a != 0.0) { "a is zero" }
    val underRadical = b * b - 4 * a * c
    require(underRadical >= 0) {
      "Negative underRadical: $underRadical"
    }
    val squareRoot = sqrt(underRadical)
    val root1 = (-b - squareRoot) / 2 * a
    val root2 = (-b + squareRoot) / 2 * a
    return Roots(root1, root2)
}

fun main() {
  capture {
    quadraticZeroes(0.0, 4.0, 5.0)
  } eq "IllegalArgumentException: " +
    "a is zero"
  capture {
    quadraticZeroes(3.0, 4.0, 5.0)
  } eq "IllegalArgumentException: " +
    "Negative underRadical: -44.0"
  val roots = quadraticZeroes(1.0, 2.0, -8.0)
  roots.root1 eq -4.0
  roots.root2 eq 2.0
}
```

이 코드가 원래의 Quadratic.kt보다 훨씬 더 깔끔하고 명확하다.

다음 DataFile 클래스는 이 책의 예제를 독립적으로 빌드하든 AtomicKotlin 코스를 통해 IDE 에서 실행하든 관계없이 파일을 제대로 다룰 수 있게 해준다. 모든 DataFile 객체는 파일을 targetDir 하위 디렉터리에 저장한다.

CheckInstructions/DataFile.kt

```
package checkinstructions
import atomictest.eq
import java.io.File
import java.nio.file.Paths

val targetDir = File("DataFiles")

class DataFile(val fileName: String) :
  File(targetDir, fileName) {
```

```kotlin
  init {
    if (!targetDir.exists())
      targetDir.mkdir()
  }
  fun erase() { if (exists()) delete() }
  fun reset(): File {
    erase()
    createNewFile()
    return this
  }
}

fun main() {
  DataFile("Test.txt").reset() eq
    Paths.get("DataFiles", "Test.txt")
      .toString()
}
```

DataFile은 운영체제 수준의 파일을 조작해서 데이터를 읽고 쓴다. DataFile의 기반 클래스는 자바 라이브러리에서 가장 오래된 클래스 중 하나인 java.io.File이다. 이 클래스는 최초 자바 버전에 포함됐으며, 이 클래스가 만들어진 시점에는 같은 클래스(File)를 파일과 디렉터리에 **함께** 사용한다는 것이 훌륭한 생각이었다. 이 클래스는 아주 오래된 클래스지만, 코틀린 클래스는 별다른 수고 없이 File을 상속할 수 있다.

DataFile을 생성하는 과정에서 targetDir이 파일 시스템 안에 없으면 생성한다. erase() 함수는 파일을 삭제하고, reset()은 기존 파일을 삭제하고 새로운 빈 파일을 생성한다.

자바 표준 라이브러리의 Paths 클래스는 오버로드한 get()만 제공한다. 우리가 사용하려는 get()은 String을 여럿 받아서 Path 객체를 만든다. Path 객체는 운영체제와 독립적으로 디렉터리 경로를 표현한다.

파일을 열려면 일반적으로 몇 가지 사전 조건이 있다. 보통은 파일 경로, 이름, 내용 등에서 제약이 있을 수 있다. file_로 시작하는 파일을 읽고 쓴다고 가정해보자. require()를 사용해 파일 이름이 올바른지 검증하고, 파일이 존재하는지와 파일이 비어 있지 않은지 여부를 검증한다.

CheckInstructions/GetTrace.kt

```kotlin
package checkinstructions
import atomictest.*

fun getTrace(fileName: String): List<String> {
  require(fileName.startsWith("file_")) {
```

```kotlin
      "$fileName must start with 'file_'"
    }
    val file = DataFile(fileName)
    require(file.exists()) {
      "$fileName doesn't exist"
    }
    val lines = file.readLines()
    require(lines.isNotEmpty()) {
      "$fileName is empty"
    }
    return lines
  }

fun main() {
  DataFile("file_empty.txt").writeText("")
  DataFile("file_wubba.txt").writeText(
    "wubba lubba dub dub")
  capture {
    getTrace("wrong_name.txt")
  } eq "IllegalArgumentException: " +
    "wrong_name.txt must start with 'file_'"
  capture {
    getTrace("file_nonexistent.txt")
  } eq "IllegalArgumentException: " +
    "file_nonexistent.txt doesn't exist"
  capture {
    getTrace("file_empty.txt")
  } eq "IllegalArgumentException: " +
    "file_empty.txt is empty"
  getTrace("file_wubba.txt") eq
    "[wubba lubba dub dub]"
}
```

지금까지는 파라미터를 두 개 받는 require()를 사용해왔다. 하지만 디폴트 메시지를 내놓는, 파라미터가 한 개뿐인 require()도 있다.

CheckInstructions/SingleArgRequire.kt

```kotlin
package checkinstructions
import atomictest.*

fun singleArgRequire(arg: Int): Int {
  require(arg > 5)
  return arg
}
```

446

```
fun main() {
  capture {
    singleArgRequire(5)
  } eq "IllegalArgumentException: " +
    "Failed requirement."
  singleArgRequire(6) eq 6
}
```

실패 메시지가 파라미터 두 개인 경우보다 더 명확하지는 않지만, 경우에 따라서는 이 정도로도 충분하다.

requireNotNull()

requireNotNull()은 첫 번째 인자가 null인지 검사해 널이 아니면 그 값을 돌려준다. 하지만 널이면 IllegalArgumentException을 발생시킨다.

성공한 경우 requireNotNull()의 인자는 자동으로 널이 아닌 타입으로 스마트 캐스트된다. 따라서 보통은 requireNotNull()의 반환값을 사용해야 할 필요가 없다.

```
package checkinstructions
import atomictest.*

fun notNull(n: Int?): Int {
  requireNotNull(n) {                 // [1]
    "notNull() argument cannot be null"
  }
  return n * 9                        // [2]
}

fun main() {
  val n: Int? = null
  capture {
    notNull(n)
  } eq "IllegalArgumentException: " +
    "notNull() argument cannot be null"
  capture {
    requireNotNull(n)                 // [3]
  } eq "IllegalArgumentException: " +
    "Required value was null."
  notNull(11) eq 99
}
```

- [2] requireNotNull() 호출이 n을 널이 될 수 없는 값으로 스마트 캐스트해주므로 n에 대해 더 이상 널 검사를 할 필요가 없다.

require()와 마찬가지로 직접 메시지를 조작할 수 있는 파라미터 두 개짜리 버전이 있고([1]), 디폴트 메시지를 사용하는 파라미터 한 개짜리 버전이 있다([3]). requireNotNull()은 특정 문제 (널 가능성)만 검사하기 때문에 require()와 달리 파라미터가 한 개뿐인 버전이 더 유용하다.

check()

계약에 의한 설계의 **사후 조건**(postcondition)은 함수의 결과를 검사한다. 결과를 확신할 수 없는 복잡하고 긴 함수에서 사후 조건이 유용하다. 함수의 결과에 대한 제약 사항을 묘사해야 하는 경우라면, 이를 사후 조건으로 표현하는 게 현명하다.

check()는 require()와 동일하지만 IllegalStateException을 던진다는 차이가 있다. 일반적으로 check()를 함수의 맨 끝에서 함수 결과(또는 함수가 반환하는 객체의 필드)가 올바른지 검증하기 위해 사용한다. 그래서 check()는 무엇인가가 잘못된 상태에 들어가지 않았는지를 검사한다.

파일에 데이터를 쓰는 복잡한 함수가 있는데 모든 실행 경로가 파일을 생성할지 확신할 수 없다고 가정하자. 함수 끝에 사후 조건을 추가하면 이 함수의 올바름을 검증하는 데 도움이 된다.

CheckInstructions/Postconditions.kt

```
package checkinstructions
import atomictest.*

val resultFile = DataFile("Results.txt")

fun createResultFile(create: Boolean) {
  if (create)
    resultFile.writeText("Results\n# ok")
  // ... 다른 실행 경로들
  check(resultFile.exists()) {
    "${resultFile.name} doesn't exist!"
  }
}

fun main() {
  resultFile.erase()
  capture {
    createResultFile(false)
  } eq "IllegalStateException: " +
    "Results.txt doesn't exist!"
  createResultFile(true)
}
```

사전 조건이 인자가 제대로 들어왔음을 검증했다고 가정하면, 사후 조건이 실패한다는 건 거의 항상 프로그래밍 실수가 있다는 의미다. 이런 이유로 사후 조건을 보게 되는 경우가 더 드물다. 프로그래머가 코드가 올바르다고 확신하면, 성능에 미치는 영향을 최소화하기 위해 사후 조건을 주석으로 처리하거나 제거할 수 있기 때문이다. 물론 이런 검사를 제 위치에 남겨둬서 미래에 코드를 변경해 발생하는 문제를 즉시 감지할 수 있게 하는 것이 언제나 가장 좋은 방법이다. 남겨두는 방법 중 하나는 사후 조건 검사를 단위 테스트(아톰 78)로 옮기는 것이다.

assert()

check() 문을 주석 처리했다가 해제하는 수고를 덜기 위해 assert()를 사용한다. assert()의 경우 프로그래머가 assert() 검사를 활성화하거나 비활성화할 수 있다.

assert()는 자바에서 온 명령이다. 기본적으로 비활성화되어 있지만, 명령줄 플래그로 명시적으로 assert()를 활성화할 수 있다. 코틀린에서는 -ea라는 플래그를 사용한다.

그러나 특별한 설정이 없어도 항상 사용할 수 있는 require()와 check()를 사용하는 것이 좋다.

Nothing 타입

Nothing은 함수가 결코 반환되지 않는다는 사실을 표현하는 반환 타입이다.

항상 예외를 던지는 함수의 반환 타입이 Nothing이다.

다음은 무한 루프(물론 무한 루프는 피해야 한다)를 발생시키는 함수다. 이 함수는 결코 반환되지 않으므로 반환 타입이 Nothing이다.[2]

NothingType/InfiniteLoop.kt

```
package nothingtype

fun infinite(): Nothing {
  while (true) {}
}
```

Nothing은 아무 인스턴스도 없는 코틀린 내장 타입이다.

---

2   **옮긴이** 코틀린 컴파일러가 함수 본문이 항상 예외를 던진다는 사실이나 항상 무한 루프를 돈다는 사실을 추론할 수는 있지만(다만 모든 프로그램에서 이런 추론이 가능한 것은 아니다), 이런 함수의 반환 타입을 Nothing으로 처리하라고 강제하지는 않는다. 예를 들어 예제의 infinite() 함수의 반환 타입을 Unit이나 Int를 비롯한 그 어떤 타입으로 지정해도 컴파일러는 아무 오류를 표시하지 않는다. 반대로 컴파일러가 함수 본문을 분석했는데, 함수가 예외를 던지지 않고 정상적으로 실행이 끝나거나 루프가 중간에 종료될 가능성이 있음을 발견할 경우 함수의 반환 타입을 Nothing으로 지정할 수는 없다. 예를 들어 다음 함수는 컴파일되지 않는다.

```
fun foo():Nothing {
  while(true) {
    if(Random.nextBoolean()) break
  }
} // error: a 'return' expression required in a function with a block body ('{...}') 컴파일 오류 발생
```

실용적인 예로는 내장 함수인 TODO()를 들 수 있다. 이 함수는 반환 타입이 Nothing이고, 항상 NotImplementedError를 던진다.

```
NothingType/Todo.kt
```

```
package nothingtype
import atomictest.*

fun later(s: String): String = TODO("later()")

fun later2(s: String): Int = TODO()

fun main() {
  capture {
    later("Hello")
  } eq "NotImplementedError: " +
    "An operation is not implemented: later()"
  capture {
    later2("Hello!")
  } eq "NotImplementedError: " +
    "An operation is not implemented."
}
```

TODO()는 Nothing을 반환하지만 later()와 later2()는 모두 Nothing이 아닌 타입을 반환한다. Nothing은 모든 타입과 호환 가능하다(즉, Nothing은 모든 다른 타입의 하위 타입으로 취급된다).

later()와 later2()는 성공적으로 컴파일된다. 두 함수 중 어느 쪽을 호출하든, 앞으로 함수를 구현해야 한다는 사실을 알려주는 예외가 발생한다. TODO()는 자세한 세부 사항을 채워 넣기 전에 모든 것이 맞아떨어지는지 검증하기 위해 코드의 얼개를 '스케치'할 때 유용하다.

다음 예제에서 fail()은 항상 예외를 던지기 때문에 반환 타입이 Nothing이다. fail()을 호출하는 게 명시적으로 예외를 던지는 것보다 읽기 좋고 간결하다는 점을 기억하라.

```
NothingType/Fail.kt
```

```
package nothingtype
import atomictest.*
fun fail(i: Int): Nothing =
  throw Exception("fail($i)")

fun main() {
  capture {
    fail(1)
```

```
    } eq "Exception: fail(1)"
  capture {
    fail(2)
  } eq "Exception: fail(2)"
}
```

fail()을 사용하면 오류 처리 전략을 쉽게 변경할 수 있다. 예를 들어 예외 타입을 변경하거나 예외를 던지기 전에 추가 메시지를 로그에 남기는 등의 처리가 가능하다.

다음 예제의 checkObject()는 인자가 String이 아니면 BadData 예외를 던진다.

NothingType/CheckObject.kt

```
package nothingtype
import atomictest.*

class BadData(m: String) : Exception(m)

fun checkObject(obj: Any?): String =
  if (obj is String)
    obj
  else
    throw BadData("Needs String, got $obj")

fun test(checkObj: (obj: Any?) -> String) {
  checkObj("abc") eq "abc"
  capture {
    checkObj(null)
  } eq "BadData: Needs String, got null"
  capture {
    checkObj(123)
  } eq "BadData: Needs String, got 123"
}

fun main() {
  test(::checkObject)
}
```

checkObject()의 반환 타입은 if 식의 타입이다. if/else나 if/else if/else 식의 타입은 모든 가지의 식이 만들어내는 값의 타입을 만족하는 최소한의 공통 타입이다. 코틀린은 throw를 Nothing 타입으로 취급하고, Nothing은 임의의 타입의 하위 타입으로 취급될 수 있다. 예제에서 checkObject()의 if 식의 한 가지는 String 타입이고 다른 가지는 Nothing 타입이므로 String으로도 취급할 수 있다. 따라서 전체 if 식은 String 타입이 된다.

checkObject()를 안전한 캐스트와 엘비스 연산자(아톰 38)를 써서 다시 작성할 수도 있다. checkObject2()는 obj를 String으로 변환할 수 있는 경우 String으로 변환한 값을 돌려주고, 그렇지 않은 경우 예외를 던진다.

NothingType/CheckObject2.kt

```
package nothingtype

fun failWithBadData(obj: Any?): Nothing =
  throw BadData("Needs String, got $obj")

fun checkObject2(obj: Any?): String =
  (obj as? String) ?: failWithBadData(obj)

fun main() {
  test(::checkObject2)
}
```

추가적인 타입 정보가 없는 상태로 그냥 null이 주어지면, 컴파일러가 널이 될 수 있는 Nothing 을 타입으로 추론한다.

NothingType/ListOfNothing.kt

```
import atomictest.eq

fun main() {
  val none: Nothing? = null

  var nullableString: String? = null  // [1]
  nullableString = "abc"
  nullableString = none               // [2]
  nullableString eq null

  val nullableInt: Int? = none        // [3]
  nullableInt eq null

  val listNone: List<Nothing?> = listOf(null)
  val ints: List<Int?> = listOf(null) // [4]
  ints eq listNone
}
```

null과 none을 모두 nullableString이나 nullableInt와 같이 널이 될 수 있는 타입의 var나 val에 대입할 수 있다. null과 none의 타입이 모두 Nothing?(널이 될 수 있는 Nothing)이므로

이런 대입이 가능하다. 마찬가지 방식으로 Nothing 타입의 식(예를 들면 fail())을 '모든 타입'으로 해석할 수 있고, null 같은 Nothing? 타입의 식을 '널이 될 수 있는 모든 타입'으로 해석할 수 있다. 여러 가지 널이 될 수 있는 타입에 대한 대입을 [1], [2], [3]에서 볼 수 있다.

listNone은 null 값만 들어 있는 List로 초기화됐다. 컴파일러는 listNone의 타입이 List<Nothing?>이라고 추론한다. 이런 이유로, 널이 될 수 있는 타입이 원소인 리스트를 가리키는 변수를 널만 들어 있는 리스트로 초기화하고 싶을 때는 원소의 타입을 명시해야 한다([4]).

자원 해제

try-finally 블록을 써서 자원을 정리하는 과정은 지루하고 실수를 저지르기 쉽다. 코틀린 라이브러리 함수는 여러분을 대신해 자원을 정리해준다.

'아톰 73, 예외 처리'에서 배운 것처럼 finally 절은 try 블록이 어떤 식으로 끝나는지와 관계없이 자원을 해제해줄 수 있다. 하지만 자원을 닫는 도중에 예외가 발생할 수 있다면? 결국 finally 절 안에 다른 try 블록이 필요해진다. 게다가 예외가 발생해 이를 처리하는 상황이라면, finally 블록의 try 안에서 예외가 발생한 경우에는 나중에 발생한 예외가 최초에 발생했던 예외를 감춰서는 안 된다. 따라서 제대로 자원을 해제하는 과정이 아주 지저분해진다.

이런 복잡도를 낮추기 위해 코틀린이 제공하는 use() 함수는 닫을 수 있는 자원을 제대로 해제해주고, 자원 해제 코드를 직접 작성하는 수고로부터 여러분을 해방시켜준다.

use()는 자바의 AutoCloseable 인터페이스를 구현하는 모든 객체에 작용할 수 있다. use()는 인자로 받은 코드 블록을 실행하고, 그 블록을 어떻게 빠져나왔는지(return을 포함하는 정상적인 경로나 예외)와 관계없이 객체의 close()를 호출한다.

use()는 모든 예외를 다시 던져주기 때문에 프로그램에서는 여전히 예외를 처리해야 한다.

자바의 AutoCloseable 문서를 보면 use()에 사용할 수 있는 미리 정의된 클래스를 찾을 수 있다. 예를 들어 File에서 한 줄씩 문자열을 읽고 싶다면 BufferedReader에 대해 use()를 사용하면 된다. '아톰 74, 검사 명령'에서 본 DataFile도 java.io.File을 상속한다.

```kotlin
import atomictest.eq
import checkinstructions.DataFile

fun main() {
  DataFile("Results.txt")
    .bufferedReader()
    .use { it.readLines().first() } eq
    "Results"
}
```

useLines()는 File 객체를 열고, 파일에서 모든 줄을 읽은 다음, 대상 함수(보통은 람다)에 모든 줄을 전달한다.

```kotlin
import atomictest.eq
import checkinstructions.DataFile

fun main() {
  DataFile("Results.txt").useLines {
    it.filter { "#" in it }.first() // [1]
  } eq "# ok"
  DataFile("Results.txt").useLines { lines ->
    lines.filter { line ->          // [2]
      "#" in line
    }.first()
  } eq "# ok"
}
```

- [1] 왼쪽의 it은 파일에서 읽은 줄을 모아둔 컬렉션을 가리킨다. 오른쪽의 it은 개별적인 줄을 뜻한다. 혼동을 피하려면 근처에 서로 다른 it이 들어가는 코드를 작성하지 말라.
- [2] 람다 인자에 이름을 붙이면 it이 너무 많아서 생기는 혼동을 줄일 수 있다.

모든 작업은 useLines()에 전달된 람다 내부에서 이뤄진다. 명시적으로 파일 내용을 반환하지 않는 한, 람다 밖에서는 파일 내용을 사용할 수 없다. useLines()는 파일을 닫고 람다가 반환하는 결과를 반환한다.

forEachLine()을 사용하면 파일의 각 줄에 대해 작업을 쉽게 적용할 수 있다.

```
import checkinstructions.DataFile
import atomictest.*

fun main() {
  DataFile("Results.txt").forEachLine {
    if (it.startsWith("#"))
      trace("$it")
  }
  trace eq "# ok"
}
```

forEachLine()에 전달된 람다는 Unit을 반환한다. 이 말은 이 람다 안에서는 원하는 일을 부수 효과를 통해 달성해야 한다는 뜻이다. 함수형 프로그래밍에서는 부수 효과보다는 결과를 반환하는 쪽을 더 선호한다. 따라서 useLines()가 forEachLine()보다 더 함수형인 접근 방법이다. 하지만 간단한 처리를 해야 하는 경우 forEachLine()이 더 빠른 해법이 될 수 있다.

AutoCloseable 인터페이스를 구현하면 use()에 사용할 수 있는 여러분 자신만의 클래스를 만들 수 있다. AutoCloseable 인터페이스 안에는 close() 함수만 들어 있다.

```
package resourcecleanup
import atomictest.*

class Usable() : AutoCloseable {
  fun func() = trace("func()")
  override fun close() = trace("close()")
}

fun main() {
  Usable().use { it.func() }
  trace eq "func() close()"
}
```

use()를 사용하면 자원을 생성하는 시점에 자원 해제를 확실히 보장할 수 있다. 게다가 자원 사용을 끝낸 시점에 직접 자원 해제 코드를 작성할 필요도 없다.

로깅

로깅(logging)은 실행 중인 프로그램에서 정보를 얻는 행위다.

예를 들어 설치된 프로그램이 다음과 같은 로그를 남길 수 있다.

- 설치 시 진행한 절차
- 파일 저장소에 만든 디렉터리들
- 프로그램을 시작할 때 지정된 값들

웹 서버는 각 요청의 발신자 주소와 처리 상태를 로그에 남길 것이다.

로깅은 디버깅을 할 때도 유용하다. 로깅이 없으면 println( ) 문을 사용해 프로그램의 동작을 해독해야 한다. (인텔리J IDEA에 있는 것 같은) 디버거가 없는 경우에 println( )도 유용할 수 있다. 하지만 프로그램이 제대로 작동한다고 판단한 후에는 println( ) 문을 모두 제거해야 한다. 나중에 다시 버그가 생기면 없었던 println( )을 되돌려야 한다. 반면에 로깅을 사용하면 필요할 때 동적으로 기능을 켜고, 필요 없을 때 기능을 끌 수 있다.

실패에 따라서는 문제를 보고하는 것으로 충분한 경우도 있다. 어떤 유형의 오류를 복구할 수 있는('아톰 73, 예외 처리') 프로그램은 나중에 오류를 분석할 수 있도록 자세한 정보를 로그에 남기고 문제를 복구한다. 예를 들어 웹 애플리케이션에서는 무언가 잘못되어도 프로그램을 종료시키지 않는다. 로깅은 이런 이벤트를 잡아내서 프로그래머와 관리자에게 문제를 발견할 수 있는 방법을 제공한다. 그리고 그동안 프로그램은 계속 실행된다.

우리는 **코틀린 로깅**(Kotlin-logging)[3]이라는 오픈 소스 로깅 패키지를 사용한다. 코틀린 로깅은 단

---

3   https://github.com/MicroUtils/kotlin-logging

순하며 코틀린과 느낌이 비슷하다. 선택할 수 있는 로깅 패키지가 여러 가지 있다는 점도 알아두길 바란다.

로깅을 하려면 사용할 로거(logger)를 만들어야 한다. 거의 대부분의 경우, 로거를 파일 영역에 정의해서 같은 파일에 있는 모든 컴포넌트가 로거를 사용할 수 있게 한다.

```
Logging/BasicLogging.kt
```

```kotlin
package logging
import mu.KLogging

private val log = KLogging().logger

fun main() {
  val msg = "Hello, Kotlin Logging!"
  log.trace(msg)
  log.debug(msg)
  log.info(msg)
  log.warn(msg)
  log.error(msg)
}
```

main()은 다양한 **로깅 수준**을 보여준다. trace(), debug(), info()는 동작에 대한 정보를 기록하고 warn()과 error()는 문제가 발생했다는 사실을 표시한다.

시작 설정에서는 실제로 보고에 사용할 로깅 수준을 결정한다. 실행 중에도 로깅 수준을 변경할 수 있다. 오랫동안 실행되는 애플리케이션의 관리자는 프로그램을 재시작(보통 재시작이 바람직하지 않은 경우가 많다)하지 않고도 로그 수준을 변경할 수 있다.

로깅 라이브러리에는 조금 이상한 역사가 있다. 사람들은 자바와 함께 배포된 기본 로깅 라이브러리에 만족하지 못하고 다른 라이브러리를 만들었다. 다양한 로깅을 통합하기 위해 설계자들은 공통 로깅 인터페이스를 개발하기 시작했다. 여러 조직이 기존 로깅 라이브러리에 투자했음을 인정하고, 이런 공통 인터페이스들은 여러 가지 로깅 라이브러리를 지원하는 **퍼사드**(facade)로 개발됐다. 나중에 다른 프로그래머들이 이런 퍼사드 위에 다른 (아마도 더 개선된) 퍼사드를 만들었다. 어떤 로깅 시스템을 활용한다는 말은 종종 퍼사드와 이 퍼사드를 뒷받침할 구현을 선택하는 것을 의미한다.

코틀린-로깅 라이브러리는 SLF4J(Simple Logging Facade for Java)[4](자바 단순 로깅 퍼사드) 위에 만든 퍼사드다. SLF4J 자체는 여러 가지 로깅 프레임워크 위에 만들어진 추상화다. 필요에 따라

---

4   https://www.slf4j.org/

적당한 프레임워크를 선택할 수 있지만, 대부분의 경우 여러분이 속한 회사의 운영 그룹에서 어떤 프레임워크를 사용할지 결정할 가능성이 높다. 보통 로깅을 통해 나오는 로그 파일을 분석하고 로 깅을 관리할 사람들은 운영 그룹이기 때문이다.

이 예제에서는 slf4-simple을 구현으로 택했다. slf4-simple은 SLF4J에 포함되어 있기 때문에 별도로 라이브러리를 설치하고 설정할 필요가 없다(몇몇 라이브러리는 설정 과정이 지나치게 복 잡하다). slf4-simple은 출력을 콘솔 오류 스트림으로 보낸다. 프로그램을 실행하면 다음과 비슷 한 로그 메시지를 볼 수 있다.

```
[main] INFO mu.KLogging - Hello, Kotlin Logging!
[main] WARN mu.KLogging - Hello, Kotlin Logging!
[main] ERROR mu.KLogging - Hello, Kotlin Logging!
```

디폴트 설정이 트레이스와 디버그 수준을 표시하지 않도록 되어 있으므로 trace()와 debug()는 아무것도 출력하지 않는다. 보고 수준을 변경하려면 로깅 설정을 바꿔야 한다. 로깅 설정은 여러 분이 사용하는 로깅 패키지에 따라 다르므로, 여기서는 다루지 않을 것이다.

파일에 로그를 저장하는 로깅 구현은 로그 파일이 커지면 자동으로 오래된 내용을 삭제하는 방식 으로 로그 파일을 관리한다. 로그 파일을 읽고 분석하기 위한 다른 도구도 있다. 로깅 실무도 꽤 깊게 공부할, 복잡한 내용이 많은 분야다.

로깅 시스템을 설치하고 설정하고 사용하는 데 꽤 많은 노력이 들어가므로 다시 println() 문을 사용하고 싶은 유혹을 느끼기 쉽다. 다행히 더 쉬운 전략이 있다.

빠르지만 지저분한 접근 방법이 있다. 바로 전역 함수를 정의하는 것이며, 필요하지 않을 때는 전 역 함수를 쉽게 비활성화할 수 있다.

Logging/SimpleLoggingStrategy.kt

```kotlin
package logging
import checkinstructions.DataFile

val logFile = // reset()은 파일이 비어 있게 만든다
  DataFile("simpleLogFile.txt").reset()

fun debug(msg: String) =
  System.err.println("Debug: $msg")
// 비활성화하고 싶으면 다음과 같이 바꿔라
// fun debug(msg: String) = Unit

fun trace(msg: String) =
```

```
      logFile.appendText("Trace: $msg\n")

fun main() {
  debug("Simple Logging Strategy")
  trace("Line 1")
  trace("Line 2")
  println(logFile.readText())
}
```

샘플 출력

```
Debug: Simple Logging Strategy
Trace: Line 1
Trace: Line 2
```

debug()는 출력을 콘솔 오류 스트림으로 보낸다. trace()는 출력을 로그 파일로 보낸다.

여러분이 직접 간단한 로깅 클래스를 만들 수도 있다.

Logging/AtomicLog.kt

```
package atomiclog
import checkinstructions.DataFile

class Logger(fileName: String) {
  val logFile = DataFile(fileName).reset()
  private fun log(type: String, msg: String) =
    logFile.appendText("$type: $msg\n")
  fun trace(msg: String) = log("Trace", msg)
  fun debug(msg: String) = log("Debug", msg)
  fun info(msg: String) = log("Info", msg)
  fun warn(msg: String) = log("Warn", msg)
  fun error(msg: String) = log("Error", msg)
  // 기본 테스트를 위한 함수다
  fun report(msg: String) {
    trace(msg)
    debug(msg)
    info(msg)
    warn(msg)
    error(msg)
  }
}
```

위 코드에 로깅 수준이나 타임스탬프 같은 다른 기능을 추가할 수 있다.

이 라이브러리를 사용하는 방법은 간단하다.

```kotlin
package useatomiclog
import atomiclog.Logger
import atomictest.eq

private val logger = Logger("AtomicLog.txt")

fun main() {
  logger.report("Hello, Atomic Log!")
  logger.logFile.readText() eq """
    Trace: Hello, Atomic Log!
    Debug: Hello, Atomic Log!
    Info: Hello, Atomic Log!
    Warn: Hello, Atomic Log!
    Error: Hello, Atomic Log!
  """
}
```

또 다른 로깅 라이브러리를 만들고 싶은 유혹을 받겠지만, 시간을 잘 활용하는 방법은 아닐 것이다.

로깅은 라이브러리 함수를 호출하는 것만큼 단순하지 않으며, 실행 시점에 로깅을 지원하기 위한 구성 요소가 상당히 많이 필요하다. 로깅은 보통 사용자에게 배포되는 제품에 포함되며, 운영자들은 로깅을 켜거나 끄고, 동적으로 로깅 수준을 조절하고, 로그 파일을 제어할 수 있어야 한다. 서버처럼 장기간 실행되어야 하는 프로그램의 경우 특히 로그 파일 관리가 중요하다. 로그 파일이 저장 장치를 가득 채우지 않도록 해주는 전략이 포함되어야 하기 때문이다.

ATOMIC KOTLIN
아톰

78

단위 테스트

단위(unit) 테스트는 함수의 여러 측면에 대해 올바른지 검증하는 테스트를 작성하는 방법이다. 단위 테스트를 사용하면 망가진 코드가 빠르게 드러나고 개발 속도가 향상된다.

테스트와 관련해서는 이 책에서 다룬 내용보다 훨씬 다양한 내용이 존재한다. 따라서 이번 아톰은 단지 기본적인 소개일 뿐이다.

'단위 테스트'에서 '단위'는 코드에서 독립적으로 분리되어 테스트 가능한 작은 조각을 의미하며, 보통은 함수다. 따라서 이와 무관한 코틀린 Unit 타입과 혼동해서는 안 된다.

단위 테스트는 보통 프로그래머가 작성하며 프로젝트를 빌드할 때마다 실행된다. 단위 테스트는 이렇게 자주 실행되기 때문에 실행 속도가 아주 빨라야 한다.

이 책을 읽으면서 여러분은 이미 단위 테스트에 대해 배웠다. 바로 이 책의 코드를 검증할 때 사용한 AtomicTest 라이브러리를 통해서다. AtomicTest는 가장 흔한 단위 테스트 패턴인 예상값과 실제 생성된 값을 비교하는 경우에 eq를 사용한다.

수많은 단위 테스트 프레임워크 중 자바에서는 JUnit(제이유닛)이 가장 유명하다. 코틀린 전용 단위 테스트 프레임워크도 있다. 코틀린 표준 라이브러리에는 여러 테스트 라이브러리에 대한 퍼사드를 제공하는 kotlin.test가 들어 있다. 이로 인해 어느 한 라이브러리에 구속될 필요가 없다. kotlin.test는 기본 단언 함수를 감싸는 래퍼도 제공한다.

kotlin.test를 사용하려면 프로젝트 build.gradle.kt의 dependencies 부분에 다음을 추가하면 코틀린 플러그인이 자동으로 코틀린 테스트 관련 의존관계를 처리해준다.

```
implementation(kotlin("test"))
```

6부 실패 방지하기   463

단위 테스트 안에서 프로그래머는 테스트 대상 함수의 여러 예상 동작을 검증하기 위해 여러 단언문 함수를 실행한다. 단언문 함수로는 실제 값과 예상값을 비교하는 assertEquals(), 첫 번째 파라미터로 들어온 Boolean 식이 참인지 검증하는 assertTrue()가 있다. 다음 예제에서 단위 테스트는 이름이 test라는 단어로 시작하는 함수들이다.

```kotlin
package unittesting
import kotlin.test.assertEquals
import kotlin.test.assertTrue
import atomictest.*

fun fortyTwo() = 42

fun testFortyTwo(n: Int = 42) {
  assertEquals(
    expected = n,
    actual = fortyTwo(),
    message = "Incorrect,")
}

fun allGood(b: Boolean = true) = b

fun testAllGood(b: Boolean = true) {
  assertTrue(allGood(b), "Not good")
}

fun main() {
  testFortyTwo()
  testAllGood()
  capture {
    testFortyTwo(43)
  } contains
    listOf("expected:", "<43>",
      "but was", "<42>")
  capture {
    testAllGood(false)
  } contains listOf("Error", "Not good")
}
```

main()에서 실패한 단언문이 AssertionError를 내는 모습을 볼 수 있다. 이 예외는 단위 테스트가 실패했다는 사실과 테스트에서 발견한 문제점을 프로그래머에게 알려준다.

kotlin.test는 assert로 시작하는 여러 가지 함수를 제공한다.

- assertEquals(), assertNotEquals()

- assertTrue(), assertFalse()

- assertNull(), assertNotNull()

- assertFails(), assertFailsWith()

보통 모든 단위 테스트 프레임워크에 비슷한 함수가 포함되어 있지만, 이름이나 파라미터 순서는 다를 수 있다. 예를 들어 assertEquals()의 message 파라미터가 첫 번째일 수도 있지만, 마지막일 수도 있다. 그리고 expected, actual 순서가 라이브러리마다 달라서 혼동할 수도 있다. 하지만 이런 문제는 이름 붙은 인자를 통해 피할 수 있다.

kotlin.test에 있는 expect() 함수는 코드 블록을 실행하고 그 결과를 예상값과 비교한다.

```kotlin
fun <T> expect(
  expected: T,
  message: String?,
  block: () -> T
) {
  assertEquals(expected, block(), message)
}
```

다음은 expect()를 사용해 testFortyTwo()를 다시 쓴 코드다.

UnitTesting/UsingExpect.kt

```kotlin
package unittesting
import atomictest.*
import kotlin.test.*

fun testFortyTwo2(n: Int = 42) {
  expect(n, "Incorrect,") { fortyTwo() }
}

fun main() {
  testFortyTwo2()
  capture {
    testFortyTwo2(43)
  } contains
    listOf("expected:",
      "<43> but was:", "<42>")
  assertFails { testFortyTwo2(43) }
  capture {
    assertFails { testFortyTwo2() }
  } contains
```

```
    listOf("Expected an exception",
      "to be thrown",
      "but was completed successfully.")
  assertFailsWith<AssertionError> {
    testFortyTwo2(43)
  }
  capture {
    assertFailsWith<AssertionError> {
      testFortyTwo2()
    }
  } contains
    listOf("Expected an exception",
      "to be thrown",
      "but was completed successfully.")
}
```

중요한 건 일반적이지 않은 경우에 대한 테스트를 추가하는 것이다. 어떤 조건에서 함수가 오류를 발생시킨다면 (AtomicTest의 caputre()에서 그랬던 것처럼) 단위 테스트에서 이를 검증해야 한다. assertFails()와 assertFailsWith()는 예외가 던져졌음을 확인한다. 둘 중 assertFailsWith()는 던져진 예외의 타입까지 검사한다.

테스트 프레임워크

전형적인 테스트 프레임워크는 단언문 함수와 테스트를 실행하고 결과를 표시하기 위한 메커니즘으로 이뤄진다. 대부분의 테스트 실행기('테스트 러너(test runner)'라고도 함)는 성공한 테스트를 녹색으로, 실패한 테스트를 빨간색으로 표시한다.

이번 아톰은 kotlin.test의 하부 라이브러리로 JUnit5를 쓴다. 프로젝트에 JUnit5를 추가하려면 build.gradle.kt의 dependencies에 다음을 추가해야 한다.[5]

```
testImplementation(kotlin("test-junit5"))
testImplementation("org.junit.platform:junit-platform-launcher")
testImplementation("org.junit.platform:junit-platform-engine")
```

다른 라이브러리를 사용한다면 해당 라이브러리의 설명서에서 설정 방법을 찾을 수 있다.

---

5 여기서는 따로 표시하지 않았지만, build.gradle.kt의 앞부분에서 원하는 코틀린 플러그인 플랫폼과 버전을 설정하고, Test 태스크에 대해 useJUnitPlatform()을 추가해 코틀린 테스트가 JUnit5를 활용하게 지정해야 한다. 예제 소스코드의 build.gradle.kts 파일을 참조하라.

kotlin.test는 가장 일반적으로 쓰이는 함수에 대한 퍼사드를 제공한다. 단언문은 기반 테스트 프레임워크의 적절한 함수에 처리를 위임한다. 예를 들어 kotlin.test의 assertEquals() 함수는 org.junit.jupiter.api.Assertions 클래스의 assertEquals()를 사용한다.

코틀린은 정의와 식에 **애너테이션**(annotation)을 허용한다. 애너테이션은 @ 뒤에 애너테이션 이름을 붙인 것으로, 애너테이션이 붙은 요소를 특별히 처리할 수도 있다[6]는 뜻이다. @Test 애너테이션은 일반 함수를 테스트 함수로 바꿔준다. fortyTwo()와 allGood()은 @Test 애너테이션을 써서 테스트할 수 있다.

```
Tests/unittesting/SampleTest.kt
```

```
package unittesting
import kotlin.test.*

class SampleTest {
  @Test
  fun testFortyTwo() {
    expect(42, "Incorrect,") { fortyTwo() }
  }
  @Test
  fun testAllGood() {
    assertTrue(allGood(), "Not good")
  }
}
```

kotlin.test는 @Test 애너테이션을 위한 퍼사드를 생성하기 위해 typealias(타입 별명)를 사용한다.

```
typealias Test = org.junit.jupiter.api.Test
```

이 코드는 @Test를 @org.junit.jupiter.api로 치환해 컴파일하라고 컴파일러에 명령한다.

테스트 클래스는 보통 여러 단위 테스트를 포함한다. 이상적인 경우 각 단위 테스트는 한 가지 동작만을 검증해야 한다. 한 가지 동작만 검증해야 새 기능을 추가하고 단위 테스트가 실패했을 때 빠르게 문제 원인을 찾을 수 있다.

---

6   옮긴이 애너테이션 자체는 프로그램의 본래 의미에 아무 영향도 끼치지 않고 꼬리표 역할만 하는 부가 정보일 뿐이며, 애너테이션을 활용하는 처리기에 따라 애너테이션이 붙은 요소의 역할이 달라진다. 예를 들어 테스트 실행기를 실행하면 러너가 모든 클래스를 뒤지면서 @Test 애너테이션이 붙은 함수를 찾아 실행하기 때문에 @Test가 일반 함수를 테스트 함수로 지정해주는 효과가 생긴다. 하지만 @Test 애너테이션이 붙은 함수를 main()에서 호출하면 그냥 일반 함수처럼 실행이 된다.

@Test 함수를 다음 방법으로 실행할 수 있다.

- 독립적으로 실행
- 클래스의 일부분으로 실행
- 애플리케이션에 정의된 모든 테스트와 함께 실행

인텔리J IDEA는 실패한 테스트만 따로 실행할 수 있게 해준다.

On, Off, Paused라는 세 가지 상태가 있는 간단한 상태 기계를 생각해보자. start(), pause(), resume(), finish()라는 함수들이 상태 기계를 제어한다. resume()이 가치가 큰 이유는 상태 기계를 새로 시작하는 것보다 실행이 중단된 기계를 다시 이어서 실행하는 게 더 싸고 빠르기 때문이다.

UnitTesting/StateMachine.kt

```kotlin
package unittesting
import unittesting.State.*

enum class State { On, Off, Paused }

class StateMachine {
  var state: State = Off
    private set
  private fun transition(
    new: State, current: State = On
  ) {
    if(new == Off && state != Off)
      state = Off
    else if(state == current)
      state = new
  }
  fun start() = transition(On, Off)
  fun pause() = transition(Paused, On)
  fun resume() = transition(On, Paused)
  fun finish() = transition(Off)
}
```

다음 상황은 무시하고 코딩하지 않았다.

- 꺼진 기계에 대해 resume()이나 finish()를 호출하는 경우
- 이미 일시 중단되어 Paused 상태인 기계에 대해 pause()나 start()를 호출하는 경우

StateMachine을 테스트하기 위해 테스트 클래스 안에 sm이라는 프로퍼티를 만든다. 테스트 실행기는 다른 테스트가 실행될 때마다 새로운 StateMachineTest 객체를 생성해준다.

```kotlin
package unittesting
import kotlin.test.*

class StateMachineTest {
  val sm = StateMachine()
  @Test
  fun start() {
    sm.start()
    assertEquals(State.On, sm.state)
  }
  @Test
  fun `pause and resume`() {
    sm.start()
    sm.pause()
    assertEquals(State.Paused, sm.state)
    sm.resume()
    assertEquals(State.On, sm.state)
    sm.pause()
    assertEquals(State.Paused, sm.state)
  }
  // ...
}
```

일반적으로 코틀린은 함수 이름에 글자와 숫자만 허용한다. 하지만 함수 이름을 역작은따옴표(`)로 감싸면 이름에 아무 문자(공백 포함)나 사용할 수 있다. 이 기능을 통해 `pause and resume`처럼 테스트를 기술하는 문장을 함수 이름으로 쓸 수 있다. 이런 이름을 쓰면 더 유용한 오류 정보를 볼 수 있다.

단위 테스트의 본질적인 목표는 복잡한 소프트웨어의 점진적인 개발 과정을 단순화하는 것이다. 새로운 기능을 도입한 다음, 개발자는 작성한 기능이 올바르고 정확하게 작동하는지 검증하는 새 테스트를 추가할 뿐 아니라, 이전에 개발한 모든 기능이 여전히 작동하는지 확인하기 위해 기존 테스트를 모두 실행해야 한다. 이러한 테스트가 있으면 새로운 변경 사항을 도입할 때 더 안전한 느낌을 받을 수 있고, 시스템도 더 예측 가능하면서 안정적이 된다.

새로 찾은 버그를 수정하는 과정에서는 버그를 찾기 위한 단위 테스트를 만들 수 있다. 이를 통해 미래에 같은 실수를 하는 것을 방지할 수 있다.

팀시티(Teamcity)[7] 같은 지속적 통합(Continuous Integration, CI) 서버를 사용한다면, 자동으로 모든 테스트가 실행되고 무언가 잘못된 경우에는 알림을 받을 수 있다.

---

[7] https://www.jetbrains.com/teamcity/

여러 가지 프로퍼티가 있는 클래스를 생각해보자.

```
package unittesting

enum class Language {
  Kotlin, Java, Go, Python, Rust, Scala
}

data class Learner(
  val id: Int,
  val name: String,
  val surname: String,
  val language: Language
)
```

테스트 데이터를 생성하기 위한 유틸리티 함수를 추가하면 도움이 되는 경우가 많다. 특히 테스트를 진행하는 과정에서 디폴트 값이 똑같은 객체를 많이 생성해야 하는 경우가 특히 그렇다. 다음 코드에서 makeLearner()는 디폴트 값을 지정한 객체를 여럿 생성한다.

```
package unittesting
import unittesting.Language.*
import kotlin.test.*

fun makeLearner(
  id: Int,
  language: Language = Kotlin,             // [1]
  name: String = "Test Name $id",
  surname: String = "Test Surname $id"
) = Learner(id, name, surname, language)

class LearnerTest {
  @Test
  fun `single Learner`() {
    val learner = makeLearner(10, Java)
    assertEquals("Test Name 10", learner.name)
  }
  @Test
  fun `multiple Learners`() {
    val learners = (1..9).map(::makeLearner)
    assertTrue(
      learners.all { it.language == Kotlin })
  }
}
```

테스트에만 사용하려고 디폴트 인자를 Learner에 추가하면 복잡도가 불필요하게 높아지고 혼동을 야기할 가능성도 있다. makeLearner()를 사용하면 테스트 인스턴스를 더 깔끔하고 편하게 생성할 수 있고, 코드 중복도 막을 수 있다.

makeLearner()의 파라미터 순서로 인해 makeLearner()를 사용하는 게 쉬워진다. 여기서는 name이나 surname보다 language 값을 디폴트가 아닌 값으로 더 자주 지정할 것으로 예상하기 때문에 language 파라미터를 두 번째로 배치했다([1]).

모킹과 통합 테스트

다른 요소에 의존하는 시스템으로 인해 격리된 테스트를 만들기가 어려워진다. 이런 경우 프로그래머들은 실제 구성 요소를 의존 관계에 추가하는 대신 **모킹**(mocking)에 의존하곤 한다.

목(mock)은 테스트를 실행하는 동안 실물을 대신하는 가짜이며, 저장된 데이터의 무결성을 유지하기 위해 데이터베이스를 모킹하는 경우가 많다. 실제와 똑같은 인터페이스를 구현한 목을 만들 수도 있고, MockK[8] 같은 모킹 라이브러리를 사용해 목을 만들 수도 있다.

기능의 각 부분을 독립적으로 테스트하는 것이 중요하며, 바로 단위 테스트가 그런 일을 해준다. 그리고 시스템의 여러 부분을 하나로 합쳤을 때 잘 작동하는지 검증하는 것도 필수적이다. 바로 **통합 테스트**가 그런 일을 한다. 단위 테스트는 '내부로 향하는' 테스트인 반면, 통합 테스트는 '밖으로 향하는' 테스트다.

인텔리J IDEA에서 테스트하기

인텔리J IDEA와 안드로이드 스튜디오는 단위 테스트의 생성과 실행을 지원한다.

테스트를 만들고 싶으면 테스트하고 싶은 클래스나 함수를 오른쪽 클릭(맥에서는 ⌘ 키를 누르고 클릭)하고, 팝업 메뉴에서 Generate...를 선택한 후 Generate... 메뉴에서 Test...를 선택한다. 두 번째 방법은 intention actions[9] 목록에서 Create Test[10]를 선택하는 것이다.

Testing library(테스팅 라이브러리)에서 JUnit5를 선택하라. 'JUnit5 library not found in the module(모듈에서 JUnit5 라이브러리를 찾을 수 없음)'이라는 메시지가 보이면 메시지 다음에 있는 Fix(문제 해결) 버튼을 누른다. Destination package(대상 패키지)는 unittesting이어야만 한다. 만들어지는 테스트는 다른 디렉터리에 생긴다(테스트를 항상 메인 코드와 분리하라). 그레

---

8 https://github.com/mockk/mockk

9 https://www.jetbrains.com/help/idea/intention-actions.html

10 https://www.jetbrains.com/help/idea/create-tests.html

이들에서는 디폴트로 src/test/kotlin 폴더에 테스트가 생성되지만, 원한다면 다른 폴더를 선택할 수도 있다.

테스트하고 싶은 함수 옆에 있는 박스를 클릭해보라. 자동으로 함수 소스 코드와 테스트 소스 코드를 오갈 수 있다. 자세한 내용은 문서[11]를 참조하라.

테스트 프레임워크 코드가 만들어지면 필요에 맞게 내용을 바꿀 수 있다. 예를 들어 이번 아톰에서 다룬 예제와 연습 문제를 위해서는 다음 코드를

```
import org.junit.Test
import org.junit.Assert.*
```

다음과 같이 수정해야 한다.

```
import kotlin.test.*
```

인텔리J IDEA에서 테스트를 실행할 때 'test events were not received' 같은 메시지를 받을 수도 있다('테스트 이벤트를 받지 못했음'이라는 뜻). 이런 메시지가 나오는 이유는 IDEA의 디폴트 설정은 테스트를 그레이들을 통해 외부에서 실행하는 것이기 때문이다. 테스트를 IDEA 안에서 실행하게 해서 이 문제를 해결하려면 파일 메뉴에서 다음과 같이 세부 메뉴를 선택해야 한다.

```
File | Settings | Build, Execution, Deployment | Build Tools | Gradle
```

창이 뜨면 Run test using:이라는 이름의 드롭다운을 볼 수 있다. 디폴트 값은 Gradle (Default)이다. 이 값을 IntelliJ IDEA로 변경하면 테스트가 제대로 실행될 것이다.

---

11 https://www.jetbrains.com/help/idea/create-tests.html#test-code-navigation

7부

파워 툴

컴퓨터가 이해할 수 있는 코드를 작성하는 건 바보도 할 수 있다. 좋은 프로그래머는 사람이 이해할 수 있는 코드를 작성한다.

__ 마틴 파울러(Martin Fowler)

확장 람다

확장 람다는 확장 함수와 비슷하다. 차이가 있다면 함수가 아니라 람다라는 점이다.

다음 코드에서 va와 vb는 같은 결과를 내놓는다.

ExtensionLambdas/Vanbo.kt
```
package extensionlambdas
import atomictest.eq

val va: (String, Int) -> String = { str, n ->
  str.repeat(n) + str.repeat(n)
}

val vb: String.(Int) -> String = {
  this.repeat(it) + repeat(it)
}

fun main() {
  va("Vanbo", 2) eq "VanboVanboVanboVanbo"
  "Vanbo".vb(2) eq "VanboVanboVanboVanbo"
  vb("Vanbo", 2) eq "VanboVanboVanboVanbo"
// "Vanbo".va(2) // 컴파일되지 않음
}
```

va는 이 책에서 계속 봐왔던 일반 람다다. 두 파라미터로 String과 Int를 받고, String을 반환한다. 람다 본문에도 str, n ->처럼 화살표 앞에 파라미터가 두 개 있다.

vb는 String 파라미터를 괄호 밖으로 옮겨서 String.(Int)처럼 확장 함수 구문을 사용한다. 확장 함수(아톰 30)와 마찬가지로 확장 대상 객체(여기서는 String)가 **수신 객체**가 되고, this를 통해 수신 객체에 접근할 수 있다.

vb에서 첫 번째 멤버 호출은 this.repeat(it)이라는 명시적인 형태를 사용한다. 두 번째 호출은 this를 생략한 repeat(it) 형태로 되어 있다. 다른 람다와 마찬가지로 파라미터가 하나(여기서는 Int)뿐이면, 확장 함수에서도 it으로 그 유일한 파라미터를 가리킬 수 있다.

main()에서 va() 호출은, 람다 타입 선언 (String, Int) -> String을 보고 예상할 수 있는 호출 형태다. 전통적인 함수 호출 방식을 따라 인자를 두 개 지정한다. vb()는 확장이기 때문에 "Vanbo".vb(2)처럼 확장을 호출하는 형태로 호출해야 한다. vb()를 vb("Vanbo", 2)와 같이 전통적인 함수 형태로 호출할 **수도 있다**. 반면 va()를 확장 형태로 호출할 수는 없다.

확장 람다는 얼핏 String.(Int)라는 부분에 집중해야 할 것처럼 보이지만, 그렇지 않다. 여기서 String을 확장하는 건 파라미터 목록인 (Int)가 아니라, 전체 람다 (Int) -> String이다. 따라서 확장 람다는 String.(Int) -> String으로 생각해야 한다.

코틀린 문서에서는 확장 람다를 **수신 객체가 지정된 함수 리터럴**이라고 말한다. **함수 리터럴**이라는 말은 람다와 익명 함수를 모두 포함한다. 그래서 수신 객체가 암시적 파라미터로 추가 지정된 람다라는 사실을 강조하고 싶을 때는 **수신 객체가 지정된 람다**를 확장 람다의 동의어로 더 자주 사용한다.

확장 함수와 마찬가지로 확장 람다도 여러 파라미터를 받을 수 있다.

ExtensionLambdas/Parameters.kt

```kotlin
package extensionlambdas
import atomictest.eq

val zero: Int.() -> Boolean = {
  this == 0
}

val one: Int.(Int) -> Boolean = {
  this % it == 0
}

val two: Int.(Int, Int) -> Boolean = {
  arg1, arg2 ->
  this % (arg1 + arg2) == 0
}

val three: Int.(Int, Int, Int) -> Boolean = {
  arg1, arg2, arg3 ->
  this % (arg1 + arg2 + arg3) == 0
}
```

```
fun main() {
  0.zero() eq true
  10.one(10) eq true
  20.two(10, 10) eq true
  30.three(10, 10, 10) eq true
}
```

one()에서는 파라미터에 이름을 붙이는 대신 it을 사용했다. it을 사용했는데 가리키는 대상이 명확하지 않다면, 명시적으로 파라미터 이름을 지정하는 편이 더 낫다.

지금까지는 val을 선언해서 확장 람다를 소개했다. 하지만 f2()처럼 함수의 파라미터로 확장 람다가 사용되는 경우가 더 일반적이다.

ExtensionLambdas/FunctionParameters.kt

```
package extensionlambdas

class A {
  fun af() = 1
}

class B {
  fun bf() = 2
}

fun f1(lambda: (A, B) -> Int) =
  lambda(A(), B())

fun f2(lambda: A.(B) -> Int) =
  A().lambda(B())

fun main() {
  f1 { aa, bb -> aa.af() + bb.bf() }
  f2 { af() + it.bf() }
}
```

main()에서 f2()를 사용할 때 람다가 더 간결해진다.

확장 람다의 반환 타입이 Unit이면, 람다 본문이 만들어낸 결과는 무시된다.[1]

---

1 **옮긴이** 람다 본문의 마지막 식의 값을 무시한다는 뜻이다. return으로 Unit이 아닌 값을 반환하면 타입 오류가 발생한다.

```kotlin
package extensionlambdas

fun unitReturn(lambda: A.() -> Unit) =
  A().lambda()

fun nonUnitReturn(lambda: A.() -> String) =
  A().lambda()

fun main() {
  unitReturn {
    "Unit ignores the return value" +
      "So it can be anything ..."
  }
  unitReturn { 1 } // ... 임의의 타입 ...
  unitReturn { }   // ... 아무 값도 만들어내지 않는 경우
  nonUnitReturn {
    "Must return the proper type"
  }
  // nonUnitReturn { } // 이렇게 쓸 수 없음
}
```

일반 람다를 파라미터로 받는 위치에 확장 람다를 전달할 수도 있다. 이때 두 람다의 파라미터 목록이 서로 호환되어야 한다.

```kotlin
package extensionlambdas
import atomictest.eq

fun String.transform1(
  n: Int, lambda: (String, Int) -> String
) = lambda(this, n)

fun String.transform2(
  n: Int, lambda: String.(Int) -> String
) = lambda(this, n)

val duplicate: String.(Int) -> String = {
  repeat(it)
}

val alternate: String.(Int) -> String = {
  toCharArray()
```

```
      .filterIndexed { i, _ -> i % it == 0 }
      .joinToString("")
}

fun main() {
  "hello".transform1(5, duplicate)
    .transform2(3, alternate) eq "hleolhleo"
  "hello".transform2(5, duplicate)
    .transform1(3, alternate) eq "hleolhleo"
}
```

transform1()은 일반 람다를 인자로 받지만, transform2()는 확장 람다를 인자로 받는다.
main()에서 확장 람다 duplicate와 alternate를 transform1()과 transform2()에 전달한다.
확장 람다 duplicate와 alternate를 transform1()에 넘긴 경우, 두 람다의 내부에서 수신 객체
this는 모두 첫 번째 인자로 받은 String 객체가 된다.

::을 사용하면 확장 람다가 필요한 곳에 함수 참조를 넘길 수 있다.

```
package extensionlambdas
import atomictest.eq

fun Int.d1(f: (Int) -> Int) = f(this) * 10

fun Int.d2(f: Int.() -> Int) = f() * 10

fun f1(n: Int) = n + 3

fun Int.f2() = this + 3

fun main() {
  74.d1(::f1) eq 770
  74.d2(::f1) eq 770
  74.d1(Int::f2) eq 770
  74.d2(Int::f2) eq 770
}
```

확장 함수에 대한 참조는 확장 람다와 타입이 같다. 예제에서 Int::f2는 Int.() -> Int다.

74.d1(Int::f2) 호출에서는 일반 람다 파라미터를 요구하는 d1()에 확장 함수를 넘긴다.

다음 예제를 보면 일반 확장 함수(Base.g())와 확장 람다(Base.h()) 모두에서 (수신 객체의 f를
호출할 때) 다형성이 동작함을 알 수 있다.

```
package extensionlambdas
import atomictest.eq

open class Base {
  open fun f() = 1
}

class Derived : Base() {
  override fun f() = 99
}

fun Base.g() = f()

fun Base.h(xl: Base.() -> Int) = xl()

fun main() {
  val b: Base = Derived() // 업캐스트
  b.g() eq 99
  b.h { f() } eq 99
}
```

이 경우 다형성이 작동하지 않는다고 예상하는 사람은 없겠지만, 언제나 예제를 만들어서 가정이 맞는지 테스트해볼 만한 가치는 있다.

확장 람다 대신 익명 함수 구문(아톰 52에 설명)을 사용할 수 있다. 다음 예제에서 익명 확장 함수를 사용했다.

```
package extensionlambdas
import atomictest.eq

fun exec(
  arg1: Int, arg2: Int,
  f: Int.(Int) -> Boolean
) = arg1.f(arg2)

fun main() {
  exec(10, 2, fun Int.(d: Int): Boolean {
    return this % d == 0
  }) eq true
}
```

main()에서 exec() 호출은 익명 확장 함수를 익명 람다 위치에 써도 받아들여진다는 사실을 보여준다.

코틀린 표준 라이브러리에는 확장 람다와 함께 사용하는 함수가 많이 들어 있다. 예를 들어 StringBuilder는 toString()을 적용해 불변 String을 만들어낼 수 있는 가변 객체다. 반대로 더 현대적인 buildString()은 확장 람다를 인자로 받는다. buildString()은 자체적으로 StringBuilder 객체를 생성하고, 확장 람다를 생성한 StringBuilder 객체에 적용한 다음, toString()을 호출해 문자열을 얻는다.

```kotlin
package extensionlambdas
import atomictest.eq

private fun messy(): String {
  val built = StringBuilder()       // [1]
  built.append("ABCs: ")
  ('a'..'x').forEach { built.append(it) }
  return built.toString()       // [2]
}

private fun clean() = buildString {
  append("ABCs: ")
  ('a'..'x').forEach { append(it) }
}

private fun cleaner() =
  ('a'..'x').joinToString("", "ABCs: ")

fun main() {
  messy() eq "ABCs: abcdefghijklmnopqrstuvwx"
  messy() eq clean()
  clean() eq cleaner()
}
```

messy()에서는 built라는 이름을 여러 번 반복해야 한다. messy() 안에서는 StringBuilder를 생성하고([1]), 결과를 얻어내야([2]) 한다. clean()에서 buildString()을 사용할 때는 append() 호출의 수신 객체를 직접 만들고 관리할 필요가 없다. 따라서 모든 코드가 더 간결해진다.

cleaner()는 때로는 문자열 빌더를 사용하는 코드를 배제하고 더 직접적인 해법을 찾아낼 수 있다는 사실을 보여준다.

buildString()처럼 확장 람다를 사용해 읽기 전용 List와 Map을 만들어내는 표준 라이브러리 함수가 있다.

```
@file:OptIn(ExperimentalStdlibApi::class)
package extensionlambdas
import atomictest.eq

val characters: List<String> = buildList {
  add("Chars:")
  ('a'..'d').forEach { add("$it") }
}

val charmap: Map<Char, Int> = buildMap {
  ('A'..'F').forEachIndexed { n, ch ->
    put(ch, n)
  }
}

fun main() {
  characters eq "[Chars:, a, b, c, d]"
  charmap eq "{A=0, B=1, C=2, D=3, E=4, F=5}"
}
```

확장 람다 안에서 List와 Map은 가변이지만, buildList와 buildMap의 결과는 읽기 전용 List와 Map이다.

확장 람다를 사용해 빌더 작성하기

이론적으로는 필요한 모든 설정의 객체를 생성하는 생성자들을 선언할 수 있다. 때로 경우의 수가 너무 많아서 생성자만으로는 코드가 매우 지저분해지거나, 적절한 생성자 조합을 만드는 게 불가능할 수도 있다. **빌더** 패턴에는 몇 가지 장점이 있다.

- 여러 단계를 거쳐 객체를 생성한다. 객체 생성을 여러 단계로 나누면 객체 생성이 복잡할 때 유용할 수 있다.
- 동일한 기본 생성 코드를 사용해 다양한 조합의 객체를 생성할 수 있다.
- 공통 생성 코드와 특화한 코드를 분리할 수 있다. 이를 통해 객체들의 변종 유형에 따른 코드를 더 쉽게 작성할 수 있고, 작성한 코드를 더 쉽게 읽을 수 있다.

확장 람다를 사용해 빌더를 구현하면 **도메인 특화 언어**(Domain Specific Language, DSL)를 만들 수 있다는 장점도 있다. DSL의 목표는 전문 프로그래머가 아닌 도메인 전문가에게 더 편하고 이해하기 쉬운 문법을 제공하는 것이다. 이를 통해 DSL을 둘러싼 주변 (프로그래밍) 언어의 아주 일부분만 알아도 (동시에 주변 언어가 제공하는 구조와 안전성이라는 이점을 살리면서) 도메인 전문가가 직접 잘 작동하는 해법을 만들어낼 수 있다.

예를 들어 여러 종류의 샌드위치를 조리하기 위한 재료와 절차를 담는 시스템이 있다고 하자. 조리법은 Recipe 클래스로 표현할 수 있다.

```
ExtensionLambdas/Sandwich.kt
```

```kotlin
package sandwich
import atomictest.eq

open class Recipe : ArrayList<RecipeUnit>()

open class RecipeUnit {
  override fun toString() =
    "${this::class.simpleName}"
}

open class Operation : RecipeUnit()
class Toast : Operation()
class Grill : Operation()
class Cut : Operation()

open class Ingredient : RecipeUnit()
class Bread : Ingredient()
class PeanutButter : Ingredient()
class GrapeJelly : Ingredient()
class Ham : Ingredient()
class Swiss : Ingredient()
class Mustard : Ingredient()

open class Sandwich : Recipe() {
  fun action(op: Operation): Sandwich {
    add(op)
    return this
  }
  fun grill() = action(Grill())
  fun toast() = action(Toast())
  fun cut() = action(Cut())
}
```

```
fun sandwich(
  fillings: Sandwich.() -> Unit
): Sandwich {
  val sandwich = Sandwich()
  sandwich.add(Bread())
  sandwich.toast()
  sandwich.fillings()
  sandwich.cut()
  return sandwich
}

fun main() {
  val pbj = sandwich {
    add(PeanutButter())
    add(GrapeJelly())
  }
  val hamAndSwiss = sandwich {
    add(Ham())
    add(Swiss())
    add(Mustard())
    grill()
  }
  pbj eq "[Bread, Toast, PeanutButter, " +
    "GrapeJelly, Cut]"
  hamAndSwiss eq "[Bread, Toast, Ham, " +
    "Swiss, Mustard, Grill, Cut]"
}
```

sandwich는 특정 Sandwich를 만들기 위해 필요한 재료와 절차를 잡아낸다(여기서는 모든 샌드위치를 굽는다고 가정했지만, 연습 문제에서는 이 절차도 선택 사항이 되도록 만들어본다). fillings 확장 람다는 호출자가 Sandwich를 여러 가지 설정으로 준비할 수 있게 해준다. 하지만 각각의 설정을 만들어내는 생성자에 대해 사용자가 알 필요는 없다.

main()에 쓰인 구문을 보면 이 시스템이 어떻게 DSL로 쓰일 수 있는지 알 수 있다. 사용자는 sandwich()를 사용해 Sandwich를 만드는 문법만 이해함으로써, 중괄호 속에서 재료를 준비하고 필요한 절차를 기술하기만 하면 된다.

영역 함수

영역 함수는 객체의 이름을 사용하지 않아도 그 객체에 접근할 수 있는 임시 영역을 만들어주는 함수다.

영역 함수는 오로지 코드를 더 간결하고 읽기 좋게 만들기 위해 존재한다. 다른 추가 기능은 제공하지 않는다.

let(), run(), with(), apply(), also()라는 다섯 가지 영역 함수가 있다. 각각은 람다와 함께 쓰이며, 따로 임포트할 필요가 없다. 각 영역 함수는 여러분이 **문맥 객체**를 it으로 다루는지 혹은 this로 다루는지와 각 함수가 어떤 값을 반환하는지에 따라 달라진다. with만 나머지 네 함수와 다른 호출 문법을 사용한다. 다음 예제를 보면 각각의 차이를 알 수 있다.

ScopeFunctions/Differences.kt

```kotlin
package scopefunctions
import atomictest.eq

data class Tag(var n: Int = 0) {
  var s: String = ""
  fun increment() = ++n
}

fun main() {
  // let(): 객체를 'it'으로 접근하고
  // 람다의 마지막 식의 값을 반환한다
  Tag(1).let {
    it.s = "let: ${it.n}"
    it.increment()
  } eq 2
  // let()을 사용하면서 람다 인자에 이름을 붙인 경우다
```

```
    Tag(2).let { tag ->
      tag.s = "let: ${tag.n}"
      tag.increment()
    } eq 3
    // run(): 객체를 'this'로 접근하고
    // 람다의 마지막 식의 값을 반환한다
    Tag(3).run {
      s = "run: $n"  // 암시적 'this'
      increment()    // 암시적 'this'
    } eq 4
    // with(): 객체를 'this'로 접근하고
    // 람다의 마지막 식을 반환한다
    with(Tag(4)) {
      s = "with: $n"
      increment()
    } eq 5
    // apply(): 객체를 'this'로 접근하고
    // 변경된 객체를 다시 반환한다
    Tag(5).apply {
      s = "apply: $n"
      increment()
    } eq "Tag(n=6)"
    // also(): 객체를 'it'으로 접근하고
    // 변경된 객체를 다시 반환한다
    Tag(6).also {
      it.s = "also: ${it.n}"
      it.increment()
    } eq "Tag(n=7)"
    // also()에서도 람다의 인자에 이름을 붙일 수 있다
    Tag(7).also { tag ->
      tag.s = "also: ${tag.n}"
      tag.increment()
    } eq "Tag(n=8)"
}
```

필요한 기능의 여러 조합을 만족시켜야 하므로 여러 가지 영역 함수가 존재한다.

- 문맥 객체를 this로 접근할 수 있는 영역 함수(run(), with(), apply())를 쓰면 영역 블록 안에서 가장 깔끔한 구문을 쓸 수 있다.

- 문맥 객체를 it으로 접근할 수 있는 영역 함수(let(), also())에서는 람다 인자에 이름을 붙일 수 있다.

- 결과를 만들어야 하는 경우, 람다의 마지막 식의 값을 돌려주는 영역 함수(let(), run(), with())를 쓸 수 있다.

- (객체에 대한 호출) 식을 연쇄적으로 사용해야 하는 경우, 변경한 객체를 돌려주는 영역 함수 (apply()와 also())를 쓴다.

run()은 확장 함수, with()는 일반 함수다. 이 특징을 제외하면 두 함수는 같은 일을 한다. 수신 객체가 널이 될 수 있거나 연쇄 호출이 필요한 경우에는 run()을 사용하라.

다음은 영역 함수의 특성을 정리한 표다.

	this 문맥 객체	it 문맥 객체
마지막 식의 값을 돌려줌	with, run	let
수신 객체를 돌려줌	apply	also

안전한 접근 연산자 ?.을 사용하면(아톰 38) 영역 함수를 널이 될 수 있는 수신 객체에도 적용할 수 있다. 안전한 접근 연산자를 사용하면 수신 객체가 null이 아닌 경우에만 영역 함수가 호출된다.

ScopeFunctions/AndNullability.kt

```kotlin
package scopefunctions
import atomictest.eq
import kotlin.random.Random

fun gets(): String? =
  if (Random.nextBoolean()) "str!" else null

fun main() {
  gets()?.let {
    it.removeSuffix("!") + it.length
  }?.eq("str4")
}
```

main()에서 gets()가 null이 아닌 값을 반환하면 let이 호출된다. let에서 널이 될 수 없는 수신 객체는 람다 내부에서 널이 될 수 없는 it이 된다.

문맥 객체에 대해 안전한 접근 연산을 적용하면, 다음 코드의 [1]~[4]와 같이 영역에 들어가기에 앞서 null 검사를 수행한다. 안전한 접근을 사용하지 않는다면 영역 함수 안에서 개별적으로 null 검사를 해야 한다.

ScopeFunctions/Gnome.kt

```kotlin
package scopefunctions

class Gnome(val name: String) {
  fun who() = "Gnome: $name"
```

```
  }

fun whatGnome(gnome: Gnome?) {
  gnome?.let { it.who() }   // [1]
  gnome.let { it?.who() }
  gnome?.run { who() }      // [2]
  gnome.run { this?.who() }
  gnome?.apply { who() }    // [3]
  gnome.apply { this?.who() }
  gnome?.also { it.who() }  // [4]
  gnome.also { it?.who() }
  // gnome이 널인지 검사할 방법이 없다
  with(gnome) { this?.who() }
}
```

let(), run(), apply(), also()에 대해 안전한 접근 연산자를 쓰면, 수신 객체가 null인 경우 전체 영역이 무시된다.

ScopeFunctions/NullGnome.kt

```
package scopefunctions
import atomictest.*

fun whichGnome(gnome: Gnome?) {
  trace(gnome?.name)
  gnome?.let { trace(it.who()) }
  gnome?.run { trace(who()) }
  gnome?.apply { trace(who()) }
  gnome?.also { trace(it.who()) }
}

fun main() {
  whichGnome(Gnome("Bob"))
  whichGnome(null)
  trace eq """
    Bob
    Gnome: Bob
    Gnome: Bob
    Gnome: Bob
    Gnome: Bob
    null
  """
}
```

trace는 whichGnome()이 null 인자를 받고, 그래서 아무 영역 함수도 호출되지 않는다는 사실을 보여준다.

Map에서 객체를 읽어오려고 시도하는 함수의 반환값도 널이 될 수 있는 타입이다. 키에 해당하는 원소를 찾을 수 있다는 보장이 없기 때문이다. 다음은 Map을 검색한 결과에 대해 다양한 영역 함수를 적용한 것이다.

```kotlin
// ScopeFunctions/MapLookup.kt
package scopefunctions
import atomictest.*

data class Plumbus(var id: Int)

fun display(map: Map<String, Plumbus>) {
  trace("displaying $map")
  val pb1: Plumbus = map["main"]?.let {
    it.id += 10
    it
  } ?: return
  trace(pb1)

  val pb2: Plumbus? = map["main"]?.run {
    id += 9
    this
  }
  trace(pb2)

  val pb3: Plumbus? = map["main"]?.apply {
    id += 8
  }
  trace(pb3)

  val pb4: Plumbus? = map["main"]?.also {
    it.id += 7
  }
  trace(pb4)
}

fun main() {
  display(mapOf("main" to Plumbus(1)))
  display(mapOf("none" to Plumbus(2)))
  trace eq """
    displaying {main=Plumbus(id=1)}
    Plumbus(id=11)
    Plumbus(id=20)
```

```
    Plumbus(id=28)
    Plumbus(id=35)
    displaying {none=Plumbus(id=2)}
  """
}
```

with()도 억지로 이 예제에 넣으려면 넣을 수 있지만 코드가 보기에 너무 좋지 않다.

trace를 보면, main()에서 display()를 처음 호출할 때 각 Plumbus 객체가 생성됐음을 알 수 있다. 하지만 두 번째로 display()를 호출할 때는 아무것도 생성되지 않는다. pb1 정의를 보고 엘비스 연산자(아톰 38)에 대해 다시 기억해보라. ?:의 왼쪽 식이 null이 아니면 그 값이 결괏값이 되어 pb1에 대입된다. 하지만 ?:의 왼쪽 식이 null이면 ?:의 오른쪽 식의 값이 결괏값이 된다. 여기서는 오른쪽 식이 return이므로 display()가 pb1 초기화를 끝내기 전에 반환되며, pb1~pb4 중 어느 것도 생성되지 않는다.

영역 함수는 연쇄 호출에서 널이 될 수 있는 타입과 함께 쓸 수 있다.

ScopeFunctions/NameTag.kt

```
package scopefunctions
import atomictest.trace

val functions = listOf(
  fun(name: String?) {
    name
      ?.takeUnless { it.isBlank() }
      ?.let { trace("$it in let") }
  },
  fun(name: String?) {
    name
      ?.takeUnless { it.isBlank() }
      ?.run { trace("$this in run") }
  },
  fun(name: String?) {
    name
      ?.takeUnless { it.isBlank() }
      ?.apply { trace("$this in apply") }
  },
  fun(name: String?) {
    name
      ?.takeUnless { it.isBlank() }
      ?.also { trace("$it in also") }
  },
)
```

```
fun main() {
  functions.forEach { it(null) }
  functions.forEach { it(" ") }
  functions.forEach { it("Yumyulack") }
  trace eq """
    Yumyulack in let
    Yumyulack in run
    Yumyulack in apply
    Yumyulack in also
  """
}
```

functions는 main()에 있는 forEach() 호출에서 it과 함수 호출 구문을 써서 사용될 함수 참조의 List다. functions의 각 함수는 다른 영역 함수를 사용한다. forEach()에서 it(null)이나 it(" ")는 결국 무시되므로, null도 아니고 공백들도 아닌 입력만 출력된다.

영역 함수를 내포시키는 경우 어떤 문맥에서 여러 가지 this나 it 객체가 있을 수 있다. 때로는 어떤 객체가 쓰일지 알아보기 힘들 수도 있다.

ScopeFunctions/Nesting.kt

```
package scopefunctions
import atomictest.eq

fun nesting(s: String, i: Int): String =
  with(s) {
    with(i) {
      toString()
    }
  } +
  s.let {
    i.let {
      it.toString()
    }
  } +
  s.run {
    i.run {
      toString()
    }
  } +
  s.apply {
    i.apply {
      toString()
    }
  } +
```

490

```
  s.also {
    i.also {
      it.toString()
    }
  }

fun main() {
  nesting("X", 7) eq "777XX"
}
```

모든 경우에, 가장 '가까운' this나 it은 암시적 수신 객체인 Int이므로 Int 객체에 대해 toString() 호출이 적용된다. apply()나 also()는 계산 결과 대신 변경된 객체 s를 반환한다. 영역 함수가 가독성을 높이려는 목적에서 만들어진 것이므로, 영역 함수를 내포시키는 것은 의문의 여지가 있는 코딩 방식이다.

어떤 영역 함수도 '아톰 76, 자원 해제'에서 살펴본 use()와 비슷한 자원 해제를 제공하지는 못한다.

ScopeFunctions/Blob.kt

```
package scopefunctions
import atomictest.*

data class Blob(val id: Int) : AutoCloseable {
  override fun toString() = "Blob($id)"
  fun show() { trace("$this")}
  override fun close() = trace("Close $this")
}

fun main() {
  Blob(1).let { it.show() }
  Blob(2).run { show() }
  with(Blob(3)) { show() }
  Blob(4).apply { show() }
  Blob(5).also { it.show() }
  Blob(6).use { it.show() }
  Blob(7).use { it.run { show() } }
  Blob(8).apply { show() }.also { it.close() }
  Blob(9).also { it.show() }.apply { close() }
  Blob(10).apply { show() }.use { }
  trace eq """
    Blob(1)
    Blob(2)
    Blob(3)
    Blob(4)
    Blob(5)
```

```
    Blob(6)
    Close Blob(6)
    Blob(7)
    Close Blob(7)
    Blob(8)
    Close Blob(8)
    Blob(9)
    Close Blob(9)
    Blob(10)
    Close Blob(10)
    """
}
```

use()는 let(), also()와 비슷하다. 하지만 let(), also()와 달리 use()는 람다에서 반환을 허
용하지 않는다. 영역 함수를 사용하면서 자원 해제를 보장하고 싶다면 Blob(7)의 경우처럼 영역
함수를 use() 람다 안에서 써라. Blob(8)과 Blob(9)는 명시적으로 close()를 호출하는 방법과
apply()와 also()를 바꿔 쓰는 방법을 보여준다.

Blob(10)은 apply()를 사용하고 결과를 use()에 전달한다. 결과를 전달받은 use()는 람다가 끝
날 때 close()를 호출해준다.

영역 함수는 인라인된다

일반적으로 람다를 인자로 전달하면, 람다 코드를 외부 객체에 넣기 때문에 일반 함수 호출에 비
해 실행 시점의 부가 비용이 좀 더 발생한다. 람다가 주는 이점(신뢰성과 코드 구조 개선)에 비하
면 이런 부가 비용은 큰 문제가 되지 않는다. 게다가 JVM에는 부가 비용을 상쇄해줄 만한 여러
가지 최적화 기능이 들어 있다.

하지만 어떤 특성을 사용할 때 실행 비용이 들면, 그 비용이 아무리 작더라도 '특성을 사용할 때
주의하시오'라는 권장 사항이 덧붙기 마련이다. 영역 함수를 inline으로 만들면 모든 실행 시점
부가 비용을 없앨 수 있다. 이를 통해 영역 함수를 주저하지 않고 원하는 대로 쓸 수 있다.

컴파일러는 inline 함수 호출을 보면 함수 호출 식을 함수의 본문으로 치환하며, 이때 함수의 모
든 파라미터를 실제 제공된 인자로 바꿔준다.

함수 호출 비용이 함수 전체 비용에서 큰 비중을 차지하는 작은 함수의 경우 인라인이 잘 작동한
다. 함수가 커질수록 전체 호출을 실행하는 데 걸리는 시간에서 함수 호출이 차지하는 비중이 줄
어들기 때문에 인라인의 가치도 하락한다. 게다가 함수가 크면 모든 함수 호출 지점에 함수 본문
이 삽입되므로 컴파일된 전체 바이트코드의 크기도 늘어난다.

인라인 함수가 람다를 인자로 받으면, 컴파일러는 인라인 함수의 본문과 함께 람다 본문을 인라인해준다. 따라서 인라인 함수에 람다를 전달하는 경우 클래스나 객체가 추가로 생기지 않는다(이런 동작은 인라인 함수에 람다 리터럴을 바로 전달하는 경우에만 성립한다. 람다를 변수에 담아서 전달하거나 다른 함수가 반환하는 람다를 전달하면 람다를 저장하기 위한 객체가 생긴다).

원하는 함수에는 언제나 inline을 적용할 수 있지만, 일반적으로 inline의 목적은 함수 인자로 전달되는 람다를 인라이닝하거나(예: 영역 함수) 실체화한 제네릭스(reified generics)를 정의하는 것이다(바로 다음에 나오는 '아톰 81. 제네릭스 만들기' 참조). 인라인 함수에 대한 정보는 코틀린 문서[2]를 참고하라.

---

2 https://kotlinlang.org/docs/reference/inline-functions.html

제네릭스 만들기

제네릭스는 '나중에 지정할' 타입에 대해 작동하는 코드를 말한다.

일반 클래스와 함수는 구체적인 타입에 대해 작동한다. 여러 타입에 걸쳐 작동하는 코드를 작성하고 싶을 때는 이런 견고함이 지나친 제약이 될 수 있다.

다형성은 객체 지향의 일반화 도구다. 여러분은 기반 클래스 객체를 파라미터로 받는 함수를 작성하고, 기반 클래스로부터 파생된 클래스(이런 클래스 중에는 아직 정의되지 않은 클래스도 포함된다)의 객체를 사용해 이 함수를 호출한다. 이제 여러분의 함수는 좀 더 일반적인 함수가 됐고, 더 다양한 경우에 유용하게 쓸 수 있다.

다형적인 함수의 파라미터에 맞는 객체를 만들기 위해서는 클래스 **계층을 상속**해야 하므로, 다형성을 활용하는 경우 단일 계층만 가능하다는 점은 너무 심한 제약일 수 있다. 함수 파라미터가 클래스가 아닌 인터페이스면, 인터페이스를 구현하는 모든 타입을 포함하도록 제약이 약간 완화된다. 이제 클라이언트는 기존 클래스와 조합해 인터페이스를 구현할 수도 있다. 이 말은 기존 클래스를 다형적인 함수에 들어맞게 **적응시킬**(adapt) 수 있다는 뜻이다. 이런 방식을 사용하면 여러 클래스 계층을 가로지르며 인터페이스를 구현해 사용할 수 있다.

인터페이스는 그 인터페이스만 사용하도록 강제하는데, 때로는 이런 성질이 너무 제약이 심하다고 느껴질 때도 있다. 코드가 '미리 정하지 않은 어떤 타입'에 대해 작동할 수 있다면, 더욱더 일반적인 코드가 될 수 있을 것이다. 이런 '정해지지 않은 타입'이 바로 **제네릭 타입 파라미터**(generic type parameter)다.

제네릭 타입과 함수 정의는 상당히 복잡한 주제로, 대부분이 이 책의 범위를 벗어난다. 이번 아톰에서는 여러분이 나중에 제네릭 관련 개념이나 키워드를 마주쳤을 때 놀라지 않을 정도의 배경지

식만 제공하려고 한다. 제네릭 타입과 함수를 작성하는 방법을 더 자세히 공부하고 싶다면, 좀 더 심화 내용을 다루는 자료를 찾아보길 바란다.

Any

Any는 코틀린 클래스 계층의 루트(root)(뿌리)다. 모든 코틀린 클래스는 Any를 상위 클래스로 가진다. 미리 정해지지 않은 타입을 다루는 방법 중 하나로 Any 타입의 인자를 전달하는 방법이 있고, 때로 이를 제네릭스를 사용해야 하는 경우와 혼동하기도 한다. Any가 잘 작동하면 더 간단한 해법이 될 수 있고, 일반적으로는 더 간단한 해법이 더 나은 해법이다.

Any를 사용하는 방법은 두 가지다. 가장 간단한 첫 번째 접근 방법은 Any에 대해서만 연산을 수행하고, 다른 어느 타입도 요구하지 않는 경우다. 이런 경우는 극히 제한적이다. Any에는 멤버 함수가 equals(), hashCode(), toString() 세 가지뿐이다. 그리고 확장 함수도 있지만, 이런 확장 함수는 Any 타입 객체에 대해 직접 연산을 적용할 수는 없다. 예를 들어 Any.apply()는 함수 인자를 Any에 적용할 뿐이고, Any 타입 객체의 내부 연산을 직접 호출할 수는 없다.

어떤 Any 타입 객체의 실제 타입을 안다면 타입을 변환해서 구체적인 타입에 따른 연산을 수행할 수 있다. 이 과정에서 실행 시간 타입 정보가 필요하므로('아톰 66, 다운캐스트'), 여러분이 타입을 변환할 때 잘못된 타입을 지정하면 런타임 오류가 발생할 가능성이 있다(그리고 성능도 약간 나빠진다). 때로는 코드 중복을 피할 수 있다는 이유로 Any를 받아 다운캐스트를 사용하는 방식이 정당화되기도 한다.

예를 들어 의사소통 기능을 제공하는 세 가지 타입이 있다고 가정해보자. 이들은 서로 다른 라이브러리에 속해 있으므로 같은 클래스 계층 구조 안에 그냥 넣을 수 없다. 게다가 의사소통에 사용하는 함수 이름도 다 다르다.

CreatingGenerics/Speakers.kt

```kotlin
package creatinggenerics
import atomictest.eq

class Person {
  fun speak() = "Hi!"
}

class Dog {
  fun bark() = "Ruff!"
}

class Robot {
```

```kotlin
  fun communicate() = "Beep!"
}

fun talk(speaker: Any) = when (speaker) {
  is Person -> speaker.speak()
  is Dog -> speaker.bark()
  is Robot -> speaker.communicate()
  else -> "Not a talker" // 또는 예외 발생
}

fun main() {
  talk(Person()) eq "Hi!"
  talk(Dog()) eq "Ruff!"
  talk(Robot()) eq "Beep!"
  talk(11) eq "Not a talker"
}
```

when 식은 speaker의 타입을 찾고 적절한 함수를 호출한다. 앞으로 talk()가 다른 타입의 값을 처리할 일이 전혀 없다고 예상한다면 이런 해법도 참을 만하다. 그렇지 않다면 새로운 타입을 추가할 때마다 talk() 함수를 변경해야 하고, 추가한 타입에 맞춰 talk()를 변경하는 것을 놓치면 실행 시점의 정보에 의존해야 문제를 찾을 수 있다.

제네릭스 정의하기

중복된 코드는 제네릭 함수나 타입으로 변환하는 것을 고려해볼 만하다. 두 홑화살괄호(<>) 안에 제네릭 플레이스홀더를 하나 이상 넣으면 제네릭 함수나 타입을 정의할 수 있다. 다음 코드에서 제네릭 파라미터 T는 정해지지 않은 타입을 표현한다.

CreatingGenerics/DefiningGenerics.kt

```kotlin
package creatinggenerics

fun <T> gFunction(arg: T): T = arg

class GClass<T>(val x: T) {
  fun f(): T = x
}

class GMemberFunction {
  fun <T> f(arg: T): T = arg
}

interface GInterface<T> {
```

```
    val x: T
    fun f(): T
}

class GImplementation<T>(
  override val x: T
) : GInterface<T> {
  override fun f(): T = x
}

class ConcreteImplementation
  : GInterface<String> {
  override val x: String
    get() = "x"
  override fun f() = "f()"
}

fun basicGenerics() {
  gFunction("Yellow")
  gFunction(1)
  gFunction(Dog()).bark()           // [1]
  gFunction<Dog>(Dog()).bark()
  GClass("Cyan").f()
  GClass(11).f()
  GClass(Dog()).f().bark()          // [2]
  GClass<Dog>(Dog()).f().bark()
  GMemberFunction().f("Amber")
  GMemberFunction().f(111)
  GMemberFunction().f(Dog()).bark() // [3]
  GMemberFunction().f<Dog>(Dog()).bark()
  GImplementation("Cyan").f()
  GImplementation(11).f()
  GImplementation(Dog()).f().bark()
  ConcreteImplementation().f()
  ConcreteImplementation().x
}
```

basicGenerics()는 각 제네릭 클래스나 함수가 여러 타입을 처리하는 모습을 보여준다.

- gFunction()은 타입 파라미터로 T를 받고, 결과로 T를 돌려준다.

- GClass는 T를 저장한다. GClass의 멤버 함수인 f()는 T를 반환한다.

- GMemberFunction은 클래스 안에서 멤버 함수를 파라미터화한다. 단, 전체 클래스를 파라미터화하지는 않는다.

- GInterface처럼 interface가 제네릭 파라미터를 받게 할 수도 있다. GInterface를 구현한

클래스는 GImplementation처럼 타입 파라미터를 재정의하거나, ConcreteImplementation 처럼 타입 파라미터에 구체적인 타입 인자를 제공해야 한다.

[1], [2], [3]에서 결과에 대해 bark()를 호출할 수 있다. 결과 타입이 Dog이라는 타입으로 결정되기 때문이다.

[1], [2], [3]과 각각의 바로 다음 줄을 살펴보라. [1], [2], [3]의 경우 타입 추론에 의해 타입 파라미터의 구체적 타입이 결정된다. 하지만 제네릭이나 제네릭을 호출하는 코드가 너무 복잡해서 컴파일러가 타입을 추론하지 못할 수도 있다. 이런 경우에는 [1], [2], [3]의 바로 다음 줄에서 한 것처럼 직접 구체적인 타입을 지정해야 한다.

타입 정보 보존하기

이번 아톰 뒷부분에서 보겠지만, 제네릭 클래스나 제네릭 함수의 **내부** 코드는 T 타입에 대해 알 수 없다. 이를 **타입 소거**(type erasure)라고 한다. 제네릭스는 반환값의 타입 정보를 유지하는 방법이라고 생각할 수 있다. 이런 방식을 사용하면 반환값이 원하는 타입인지 명시적으로 검사하고 변환할 필요가 없어진다.

제네릭 코드를 사용하는 일반적인 예로 다른 객체를 담는 컨테이너를 들 수 있다. Car 타입의 객체를 하나 담을 수 있는 CarCrate라는 단순한 컬렉션을 살펴보자.

```
CreatingGenerics/CarCrate.kt
package creatinggenerics
import atomictest.eq
class Car {
  override fun toString() = "Car"
}
class CarCrate(private var c: Car) {
  fun put(car: Car) { c = car }
  fun get(): Car = c
}
fun main() {
  val cc = CarCrate(Car())
  val car: Car = cc.get()
  car eq "Car"
}
```

cc.get()을 호출하면 Car 타입 결괏값이 나온다. 이 도구를 Car뿐 아니라 다른 타입에 대해서도 활용하고 싶다. 그렇게 하기 위해 이 클래스를 Crate<T>로 일반화한다.

```
package creatinggenerics
import atomictest.eq

open class Crate<T>(private var contents: T) {
  fun put(item: T) { contents = item }
  fun get(): T = contents
}

fun main() {
  val cc = Crate(Car())
  val car: Car = cc.get()
  car eq "Car"
}
```

Crate<T>는 여러분이 T 타입의 값만 Crate에 put()으로 넣을 수 있도록 보장한다. 그리고 Crate에 대해 get()을 호출하면 T 타입의 값이 결과로 나오도록 보장한다.

이제 제네릭 확장 함수로 Crate에 사용할 수 있는 map()을 정의할 수 있다.

```
package creatinggenerics
import atomictest.eq

fun <T, R> Crate<T>.map(f:(T) -> R): List<R> =
  listOf(f(get()))

fun main() {
  Crate(Car()).map { it.toString() + "x" } eq
    "[Carx]"
}
```

map()은 f()를 입력 시퀀스의 모든 원소에 적용해 얻은 값으로 이뤄진 List를 반환한다. Crate에는 원소가 하나뿐이므로 이 연산의 결과는 항상 원소가 하나인 List다. 이 map()에는 제네릭 파라미터가 두 가지(입력값의 타입인 T와 결괏값의 타입인 R) 있다. 이로 인해 f()가 입력 타입과 다른 출력 타입 값을 만들어낼 수 있다.

타입 파라미터 제약

타입 파라미터 제약은 제네릭 타입 인자가 다른 클래스를 상속해야 한다고 지정한다. <T: Base>는 T가 Base 타입이나 Base에서 파생된 타입이어야 한다는 뜻이다. 이번 절에서는 타입 파라미터 제약으로 Base를 지정하는 경우와 Base를 상속하는 제네릭하지 않은 타입(일반 타입)의 차이에 대해 알아본다.

여러 가지 물건과 각각을 처리하는 방법을 모델링하는 타입 계층을 생각해보자.

```
CreatingGenerics/Disposable.kt
```
```kotlin
package creatinggenerics
import atomictest.eq

interface Disposable {
  val name: String
  fun action(): String
}

class Compost(override val name: String) :
  Disposable {
  override fun action() = "Add to composter"
}

interface Transport : Disposable

class Donation(override val name: String) :
  Transport {
  override fun action() = "Call for pickup"
}

class Recyclable(override val name: String) :
  Transport {
  override fun action() = "Put in bin"
}

class Landfill(override val name: String) :
  Transport {
  override fun action() = "Put in dumpster"
}

val items = listOf(
  Compost("Orange Peel"),
  Compost("Apple Core"),
  Donation("Couch"),
  Donation("Clothing"),
  Recyclable("Plastic"),
  Recyclable("Metal"),
  Recyclable("Cardboard"),
  Landfill("Trash"),
```

```
)
val recyclables =
  items.filterIsInstance<Recyclable>()
```

제약을 사용하면 제네릭 함수 안에서 제약이 이뤄진 타입의 프로퍼티와 함수에 접근할 수 있다.

CreatingGenerics/Constrained.kt

CreatingGenerics/Constrained.kt

```
package creatinggenerics
import atomictest.eq

fun <T: Disposable> nameOf(disposable: T) =
  disposable.name

// 확장 함수
fun <T: Disposable> T.name() = name

fun main() {
  recyclables.map { nameOf(it) } eq
    "[Plastic, Metal, Cardboard]"
  recyclables.map { it.name() } eq
    "[Plastic, Metal, Cardboard]"
}
```

제약을 사용하지 않으면 name을 사용할 수 없다.

다음과 같이 하면 제네릭스를 쓰지 않고 같은 결과를 낼 수 있다.

CreatingGenerics/NonGenericConstraint.kt

```
package creatinggenerics
import atomictest.eq

fun nameOf2(disposable: Disposable) =
  disposable.name

fun Disposable.name2() = name

fun main() {
  recyclables.map { nameOf2(it) } eq
    "[Plastic, Metal, Cardboard]"
  recyclables.map { it.name2() } eq
    "[Plastic, Metal, Cardboard]"
}
```

(두 프로그램이 거의 같아 보이는데) 왜 일반 다형성 대신 제약을 써야 할까? 이에 대한 답은 반환 타입에 있다. 다형성을 쓰는 경우 반환 타입을 기반 타입으로 업캐스트해 반환해야 하지만, 제네릭스를 쓰면 정확한 타입을 지정할 수 있다.

CreatingGenerics/SameReturnType.kt

```kotlin
package creatinggenerics
import kotlin.random.Random

private val rnd = Random(47)

fun List<Disposable>.aRandom(): Disposable =
  this[rnd.nextInt(size)]

fun <T: Disposable> List<T>.bRandom(): T =
  this[rnd.nextInt(size)]

fun <T> List<T>.cRandom(): T =
  this[rnd.nextInt(size)]

fun sameReturnType() {
  val a: Disposable = recyclables.aRandom()
  val b: Recyclable = recyclables.bRandom()
  val c: Recyclable = recyclables.cRandom()
}
```

제네릭스를 쓰지 않은 aRandom()은 기반 클래스인 Disposable만 만들어낼 수 있다. 반면 main()에서 bRandom과 cRandom은 Recyclable을 만들어낸다. bRandom()은 Disposable의 멤버를 전혀 사용하지 않아서 T에 걸린 :Disposable 제약은 의미가 없고, 그렇기 때문에 제약을 걸지 않은 cRandom()과 같아진다.

타입 파라미터 제약이 필요한 경우는 다음 두 가지가 **모두** 필요할 때뿐이다.

① 타입 파라미터 안에 선언된 함수나 프로퍼티에 접근해야 한다.
② 결과를 반환할 때 타입을 유지해야 한다.

CreatingGenerics/Constraints.kt

```kotlin
package creatinggenerics
import kotlin.random.Random

private val rnd = Random(47)

// action()에 접근할 수 있지만 정확한 타입을 반환할 수 없다
```

```kotlin
fun List<Disposable>.inexact(): Disposable {
  val d: Disposable = this[rnd.nextInt(size)]
  d.action()
  return d
}

// 제약이 없어서 action()에 접근할 수 없다
fun <T> List<T>.noAccess(): T {
  val d: T = this[rnd.nextInt(size)]
  // d.action()
  return d
}

// action()에 접근하고 정확한 타입을 반환한다
fun <T: Disposable> List<T>.both(): T {
  val d: T = this[rnd.nextInt(size)]
  d.action()
  return d
}

fun main() {
  val i: Disposable = recyclables.inexact()
  val n: Recyclable = recyclables.noAccess()
  val b: Recyclable = recyclables.both()
}
```

inexact()는 List<Disposable>의 확장이므로 함수 내부에서 action()에 접근할 수 있다. 하지만 제네릭 함수가 아니므로 기반 타입인 Disposable로만 값을 반환할 수 있다. 제네릭 함수인 noAccess()는 정확히 T 타입을 반환할 수 있지만, 제약이 없으므로 Disposable에 정의된 action()에 접근할 수 없다. T에 제약을 가한 both()에서만 action()에 접근하면서 정확한 타입을 반환할 수 있다.

타입 소거

자바와의 호환성은 코틀린에서 필수적인 부분이다. 최초의 자바에는 제네릭이 포함되어 있지 않았다. 몇 년 후 제네릭스가 추가됐는데, 이미 엄청나게 많은 코드가 제네릭스 없이 작성된 상태였다. 제네릭스를 도입하면서 기존 코드를 깨지 않는 절충점이 아주 중요했다. 그래서 제네릭 타입은 컴파일 시점에만 사용할 수 있고 런타임 바이트코드에서는 제네릭 타입 정보가 보존되지 않는다(제네릭 타입의 파라미터 타입이 **지워져버린다**). 이런 **타입 소거**는 코틀린에도 영향을 끼친다.

타입 소거가 일어나지 않는다고 가정해보자.

```kotlin
package creatinggenerics

fun main() {
  val strings = listOf("a", "b", "c")
  val all: List<Any> = listOf(1, 2, "x")
  useList(strings)
  useList(all)
}

fun useList(list: List<Any>) {
  // if (list is List<String>) {} // [1]
}
```

- [1] 주석을 해제하면 'Cannot check for instance of erased type: List⟨String⟩'이라는 오류가 발생한다('소거된 타입 List⟨String⟩의 인스턴스를 검사할 수 없다'라는 뜻). 타입 소거 때문에 실행 시점에 제네릭 타입의 타입 파라미터 타입을 검사할 수 없다.

타입 소거가 일어나지 **않는다면**, 리스트가 다음과 비슷하게 생겼을 것이다. 리스트 맨 뒤에 원소의 타입 정보가 추가된다고 가정해보자(실제로는 이런 식으로 작동하지 않는다!).

▼ 그림 81-1 실체화된 제네릭스

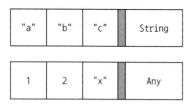

제네릭 타입이 지워지기 때문에 타입 정보는 리스트 안에 저장되지 **않는다**. 그 대신에 strings나 all 모두가 그냥 아무 타입 정보도 없는 List일 뿐이다.

▼ 그림 81-2 타입 소거된 제네릭스

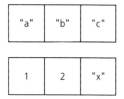

실행 시점에는 리스트의 모든 원소를 검사하기 전에 List의 원소 타입을 예상할 수 없다. 두 번째 리스트에서 첫 번째 원소만 검사하면 이 리스트의 타입이 List⟨Int⟩라는 잘못된 결론을 내리게 된다.

코틀린 설계자들은 자바의 결정을 따라 타입 소거를 사용하기로 했다. 이유는 다음 두 가지다.

① 자바 호환성을 유지한다.

② 타입 정보를 유지하려면 부가 비용이 든다. 제네릭 타입 정보를 저장하면 제네릭 List나 Map이 차지하는 메모리가 상당히 늘어난다. 예를 들어 표준 Map은 Map.Entry 객체로 이뤄져 있는데, Map.Entry는 제네릭 객체다. 따라서 제네릭 객체가 모든 곳에서 타입 파라미터를 실체화해 저장한다면, Map.Entry의 모든 키와 값은 부가 타입 정보를 저장해야 하므로 메모리 사용량이 크게 늘어난다.

함수의 타입 인자에 대한 실체화

제네릭 함수를 호출할 때도 타입 정보가 소거된다. 따라서 함수 안에서는 제네릭 타입 파라미터를 사용해 할 수 있는 일이 별로 없다.

함수 인자의 타입 정보를 보존하려면 reified 키워드를 추가해야 한다. 함수 a()가 작업을 수행하기 위해서는 클래스 정보가 필요하다고 가정하자.

CreatingGenerics/ReificationA.kt

```
package creatinggenerics
import kotlin.reflect.KClass  // 코틀린 클래스를 표현하는 클래스

fun <T: Any> a(kClass: KClass<T>) {
    // KClass<T>를 사용한다
}
```

a()를 두 번째 제네릭 함수인 b()에서 호출한다면 제네릭 인자의 타입 정보를 전달하고 싶을 것이다.

CreatingGenerics/ReificationB.kt

```
package creatinggenerics

// 타입 소거로 인해 컴파일되지 않음
// fun <T: Any> b() = a(T::class)
```

이 코드를 실행할 때는 타입 정보 T가 지워지기 때문에 b()가 컴파일되지 않는다. 함수 본문에서 함수의 제네릭 타입 파라미터의 클래스를 사용할 수는 없다.

자바에서는 수작업으로(자바 타입 토큰과 자바 슈퍼 타입 토큰을 검색해보라) 타입 정보를 전달하는 것으로 해결한다.

```
CreatingGenerics/ReificationC.kt
package creatinggenerics
import kotlin.reflect.KClass

fun <T: Any> c(kClass: KClass<T>) = a(kClass)

class K

val kc = c(K::class)
```

컴파일러가 이미 T의 타입을 알고 조용히 타입을 넘겨줄 수 있는데, 이런 식으로 명시적으로 타입 정보를 전달하는 것은 불필요한 중복임에 **틀림없다**. 실제 reified 키워드가 해주는 일이 바로 이런 일이다.

reified를 사용하기 위해서는 제네릭 함수를 inline으로 선언해야 한다.

```
CreatingGenerics/ReificationD.kt
package creatinggenerics

inline fun <reified T: Any> d() = a(T::class)

val kd = d<K>()
```

d()는 c()와 같은 효과를 내지만, 클래스 참조를 인자로 요구할 필요가 없다.

reified는 reified가 붙은 타입 인자의 타입 정보를 유지시키라고 컴파일러에 명령한다. 이제 실행 시점에도 타입 정보를 사용할 수 있기 때문에 함수 본문 안에서 이를 쓸 수 있다.

실체화를 사용하면 is를 제네릭 파라미터 타입에 적용할 수 있다.

```
CreatingGenerics/CheckType.kt
package creatinggenerics
import atomictest.eq

inline fun <reified T> check(t: Any) = t is T
```

```
// fun <T> check1(t: Any) = t is T // [1]

fun main() {
  check<String>("1") eq true
  check<Int>("1") eq false
}
```

- [1] reified가 없으면 타입 정보가 지워지므로 실행 시점에 어떤 객체가 T의 인스턴스인지 검사할 수 없다.

다음 코드에서 select()는 특정 하위 타입 Disposable 원소의 name을 돌려준다. 이 함수는 reified와 제약을 함께 사용한다.

CreatingGenerics/Select.kt

```
package creatinggenerics
import atomictest.eq

inline fun <reified T : Disposable> select() =
  items.filterIsInstance<T>().map { it.name }

fun main() {
  select<Compost>() eq
    "[Orange Peel, Apple Core]"
  select<Donation>() eq "[Couch, Clothing]"
  select<Recyclable>() eq
    "[Plastic, Metal, Cardboard]"
  select<Landfill>() eq "[Trash]"
}
```

라이브러리 함수인 filterIsInstance()도 reified 키워드를 사용해 정의되어 있다.

타입 변성

제네릭스와 상속을 조합하면 변화가 2차원이 된다. T와 U 사이에 상속 관계가 있을 때 Container<T>라는 제네릭 타입 객체를 Container<U>라는 제네릭 타입 컨테이너 객체에 대입하고 싶다고 하자. 이런 경우 Container 타입을 어떤 식으로 쓸지에 따라 Container의 타입 파라미터에 in이나 out **변성 애너테이션**(variance annotation)을 붙여서 타입 파라미터를 적용한 Container 타입의 상하위 타입 관계를 제한해야 한다.

다음 코드는 세 가지 버전의 Box 컨테이너다. 각각은 기본적인 Box<T>, in T를 사용한 버전과 out T를 사용한 버전이다.

CreatingGenerics/InAndOutBoxes.kt

```kotlin
package variance

class Box<T>(private var contents: T) {
  fun put(item: T) { contents = item }
  fun get(): T = contents
}

class InBox<in T>(private var contents: T) {
  fun put(item: T) { contents = item }
}

class OutBox<out T>(private var contents: T) {
  fun get(): T = contents
}
```

in T는 이 클래스의 멤버 함수가 T 타입 값을 인자로만 받고, T 타입 값을 반환하지는 않는다는 뜻이다. 즉, T 객체를 InBox **안으로**(into) 집어넣을 수는 있어도, InBox에서 T 객체가 나올 수는 없다.

out T는 이 클래스의 멤버 함수가 T 타입 값을 반환하기만 하고 T 타입 값을 인자로 받지는 않는다는 뜻이다. 즉, T 객체가 OutBox **밖으로**(out) 나올 수는 있어도 OutBox 안으로 T 객체를 넣을 수는 없다.

왜 이런 제약이 필요할까? 다음 타입 계층을 살펴보자.

CreatingGenerics/Pets.kt

```kotlin
package variance

open class Pet
class Cat : Pet()
class Dog : Pet()
```

Cat과 Dog은 모두 Pet의 하위 타입이다. Box<Cat>과 Box<Pet> 사이에는 어떤 하위 타입 관계가 있을까? Box<Pet> 타입의 변수에 Box<Cat> 객체를 대입할 수 있어야 할 것 같다. 예를 들어 Cat의 Box를 Pet의 Box에 대입하거나 Any의 Box에 대입하는 것이 가능해야 한다(Any는 모든 타입의 상위 타입이다).

```
package variance

val catBox = Box<Cat>(Cat())
// val petBox: Box<Pet> = catBox
// val anyBox: Box<Any> = catBox
```

코틀린이 이를 허용한다면 petBox에는 put(item: Pet)이라는 함수가 있을 것이다. Dog도 Pet 이므로 이를 허용하면 Dog을 catBox에 넣을 수 있게 되는데, 이는 catBox가 '고양이스러운' 박스 라는 점을 위반한다.

더 나아가 anyBox에도 put(item: Any)가 있을 수 있다. 따라서 catBox에 Any 타입 객체를 넣을 수 있다. 따라서 이 컨테이너(catBox)는 아무런 타입 안전성(type safety)도 제공하지 못한다.

하지만 out을 사용한 OutBox에서처럼 put() 사용을 막으면, 아무도 Dog을 OutBox<Cat>에 넣을 수 없으므로 catBox를 petBox나 anyBox에 대입하는 대입문이 안전해진다. OutBox<out T>에 붙은 out 애너테이션이 put() 함수 사용을 허용하지 않으므로 컴파일러는 OutBox<Cat>을 OutBox<Pet>이나 OutBox<Any>에 대입하도록 허용한다.

```
package variance

val outCatBox: OutBox<Cat> = OutBox(Cat())
val outPetBox: OutBox<Pet> = outCatBox
val outAnyBox: OutBox<Any> = outCatBox

fun getting() {
  val cat: Cat = outCatBox.get()
  val pet: Pet = outPetBox.get()
  val any: Any = outAnyBox.get()
}
```

put()이 없으면 Dog을 OutBox<Cat>에 넣을 수 없다. 따라서 '고양이스러움'이 유지된다.

get()이 없기 때문에 InBox<Any>를 InBox<Pet>이나 InBox<Cat> 혹은 InBox<Dog>에 대입할 수 있다.

```kotlin
package variance

val inBoxAny: InBox<Any> = InBox(Any())
val inBoxPet: InBox<Pet> = inBoxAny
val inBoxCat: InBox<Cat> = inBoxAny
val inBoxDog: InBox<Dog> = inBoxAny

fun main() {
  inBoxAny.put(Any())
  inBoxAny.put(Pet())
  inBoxAny.put(Cat())
  inBoxAny.put(Dog())

  inBoxPet.put(Pet())
  inBoxPet.put(Cat())
  inBoxPet.put(Dog())

  inBoxCat.put(Cat())
  inBoxDog.put(Dog())
}
```

InBox<Any>에는 Any, Pet, Cat, Dog을 put()해도 안전하다. 한편 InBox<Pet>에는 Pet, Cat, Dog을 put()해도 안전하다. inBoxCat과 inBoxDog은 각각 Cat과 Dog만을 받을 수 있다. 이는 우리가 지정한 타입 파라미터의 박스에 대해 원하는 동작이며, 컴파일러가 이런 동작을 강화시켜준다.

다음은 Box, OutBox, InBox의 하위 타입 관계다.

▼ 그림 81-3 변성

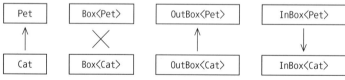

- Box<T>는 **무공변**(invariant)이다. 즉, Box<Cat>과 Box<Pet> 사이에 아무런 하위 타입 관계가 없다. 따라서 둘 중 어느 쪽도 반대쪽에 대입될 수 없다.
- OutBox<out T>는 **공변**(covariant)이다. OutBox<Cat>을 OutBox<Pet>으로 업캐스트하는 방향이 Cat을 Pet으로 업캐스트하는 방향과 같은 방향으로 변한다.
- InBox<in T>는 **반공변**(contravariant)이다. 즉, InBox<Pet>이 InBox<Cat>의 하위 타입이다. InBox<Pet>을 InBox<Cat>으로 업캐스트하는 방향이 Cat을 Pet으로 업캐스트하는 방향과 반대 방향으로 변한다.

코틀린 표준 라이브러리의 읽기 전용 List는 공변이다. 따라서 List<Cat>을 List<Pet>에 대입할 수 있다. 반면 MutableList는 읽기 전용 리스트의 기능에 add( )를 추가하기 때문에 무공변이다.

CreatingGenerics/CovariantList.kt

```
package variance

fun main() {
  val catList: List<Cat> = listOf(Cat())
  val petList: List<Pet> = catList
  var mutablePetList: MutableList<Pet> =
    mutableListOf(Cat())
  mutablePetList.add(Dog())
  // 타입 불일치(type mismatch)
  // mutablePetList =
  //   mutableListOf<Cat>(Cat()) // [1]
}
```

- [1] 이 대입이 동작한다면 mutableListOf<Cat>에 Dog을 추가할 수 있으므로 mutable ListOf<Cat>의 '고양이스러움'에 위배된다.

함수는 **공변적인 반환 타입**을 가진다.[3] 이 말은 오버라이드하는 함수가 오버라이드 대상 함수보다 더 구체적인 반환 타입을 돌려줘도 된다는 뜻이다.

CreatingGenerics/CovariantReturnTypes.kt

```
package variance

interface Parent
interface Child : Parent

interface X {
  fun f(): Parent
}

interface Y : X {
  override fun f(): Child
}
```

---

3 옮긴이 이 문장에서 파라미터 타입에 대해서는 아무런 이야기도 하지 않았다는 점에 유의하라(파라미터 타입은 그대로 유지되어야 한다). 따라서 이 말은 (A)->B 타입 함수와 (A)->B' 타입 함수가 있을 때 B가 B'의 상위 타입이면 (A)->B도 (A)->B'의 상위 타입이라는 사실을 알려줄 뿐이며, A가 A'의 상위 타입이고 B가 B'의 상위 타입일 때 (A)->B 타입과 (A')->B' 타입 사이나 (A)->B 타입과 (A')->B 타입 사이의 공변성에 대해서는 설명하지 않는다. 실제로 함수 타입은 파라미터 타입에 대해 반공변이고, 반환 타입에 대해 공변이다. 이 부분에 대해서는 다른 코틀린 서적이나 인터넷 문서를 참조하라.

Y에서 오버라이드하는 f()가 Child를 반환하지만 X의 f()는 Parent를 반환한다. 이번 아톰은 **변성**(variance)이라는 주제를 아주 가볍게 소개한 것에 불과하다.

반복적인 코드는 제네릭 타입이나 함수를 만들 만한 좋은 후보다. 이번 아톰은 제네릭스라는 아이디어에 대해 기초적인 이해만 제공할 뿐이다. 따라서 더 깊이 이해하고 싶다면 심화 자료를 찾아보길 바란다.

연산자 오버로딩

컴퓨터 프로그래밍에서 오버로딩(overloading)은 '이미 존재하는 어떤 대상에 추가로 의미를 더하는 것'을 뜻한다.

연산자 오버로딩(operator overloading)을 사용하면, 새로 만든 타입에 대해 + 같은 연산자에 의미를 부여하거나 기존 타입에 대해 작용하는 연산자에 추가로 의미를 부여할 수 있다.

연산자 오버로딩의 과거는 좀 복잡하다. 연산자 오버로딩은 C++에서 유명해졌지만, C++에는 가비지 컬렉션(garbage collection)이 없었기 때문에 오버로딩한 연산자를 작성하는 게 어려웠다.[4] 그래서 초기 자바 설계자들은 연산자 오버로딩이 '나쁘다'라는 결론을 내리고, 자바에서는 (가비지 컬렉션을 제공하기 때문에) 연산자 오버로딩 구현이 상대적으로 쉬운데도 이를 허용하지 않았다. 가비지 컬렉션이 지원될 때 연산자 오버로딩 구현이 얼마나 쉬운지는 파이썬(Python) 언어에서 입증됐다. 파이썬은 C++와 마찬가지로 제한된(우리에게 익숙한) 연산자에 대한 오버로딩만 허용한다. 그 후 스칼라는 프로그래머가 새로운 연산자를 발명할 수 있도록 허용하는 실험을 감행했고, 몇몇 프로그래머가 이 기능을 남용해서 이해하기 어려운 코드를 작성하는 결과를 낳았다. 코틀린은 이런 언어들로부터 배운 내용을 바탕으로 연산자 오버로딩의 과정을 단순화함과 동시에, 우리에게 익숙하거나 오버로딩하는 것이 타당한 몇몇 연산자만 선택해서 오버로딩할 수 있도록 선택지를 제한했다. 게다가 코틀린에서는 연산자의 우선순위도 바꿀 수 없다.

---

4   옮긴이 가비지 컬렉션과 연산자 오버로딩에는 어떤 관계가 있을까? C++에서는 객체가 힙에 할당될 수도 있고 스택에 할당될 수도 있으므로 식에서 이런 객체들을 섞어 사용하면 메모리를 낭비하게 되는 경우가 생기기 쉽다. 따라서 가비지 컬렉션이 있으면 연산자 오버로딩 구현이 더 쉬워진다는 말은 사실이라고 할 수 있다. 하지만 다른 일반적인 함수 구현도 가비지 컬렉션이 있으면 더 쉬워지기 때문에 가비지 컬렉션이 있다고 해서 연산자 오버로딩과 함수 호출의 상대적인 코딩 편의성이 달라지지는 않는다. 자바 문헌을 뒤져보면, 자바가 연산자 오버로딩을 채택하지 않은 이유는 연산자 오버로딩이 실제로 필요한 경우가 아주 많지는 않고(예를 들어 BigInteger와 BigDecimal, 행렬 등 수학적인 경우 연산자 오버로딩이 쓸모가 많은데, 자바가 만들어진 1990년대 초를 생각해보면 일상적인 프로그램에서 이런 수학 연산은 그다지 필요하지 않았다고 볼 수 있다) C++에서 연산자 오버로딩을 남용(특히 연산자의 일반적인 의미와 동떨어진 기능을 제공하는 문제)하는 경우가 많았기 때문이다.

작은 Num 클래스를 만들고 +를 확장 함수로 추가해보자. 연산자를 오버로딩하려면 fun 앞에 operator 키워드를 붙여야 한다. 그리고 함수 이름으로는 연산자에 따라 미리 정해진 특별한 이름만 쓸 수 있다. 예를 들어 + 연산자에 대한 특별 함수는 plus()이다.

```
package operatoroverloading
import atomictest.eq

data class Num(val n: Int)

operator fun Num.plus(rval: Num) =
  Num(n + rval.n)

fun main() {
  Num(4) + Num(5) eq Num(9)
  Num(4).plus(Num(5)) eq Num(9)
}
```

두 피연산자 사이에 사용하기 위해 일반(연산자가 아닌) 함수를 정의하고 싶다면 infix 키워드를 사용하면 된다. 하지만 연산자들은 (대부분) 이미 infix이므로 infix를 붙이지 않아도 된다.[5] plus()는 일반 함수이기 때문에 일반적인 방식으로 plus()를 호출할 수도 있다.

어떤 연산자를 확장 함수로 정의하면 클래스의 private 멤버를 볼 수 없지만, 멤버 함수로 정의하면 private 멤버에 접근할 수 있다.

```
package operatoroverloading
import atomictest.eq

data class Num2(private val n: Int) {
  operator fun plus(rval: Num2) =
    Num2(n + rval.n)
}

// Cannot access 'n': it is private in 'Num2'라는 오류가 발생한다
// 이 오류는 ''n'에 접근할 수 없음: 'n'은 'Num2'에서 비공개(private)임'이라는 뜻이다
// operator fun Num2.minus(rval: Num2) =
```

---

5 옮긴이 operator plus()와 infix operator plus()의 차이는 무엇일까? operator plus()는 이 함수가 + 연산자를 정의한다는 사실을 나타내고, infix는 +가 아니라 plus를 중위(infix) 표기법으로 호출할 수 있음을 나타낸다. 예제의 Num.plus의 경우 infix가 없으므로 Num(4).plus(Num(5))라고는 호출할 수 있어도 Num(4) plus Num(5)라고는 쓸 수 없다. 하지만 infix를 operator 앞에 붙이면 Num(4) plus Num(5)라고 써도 컴파일과 실행이 잘된다.

```
//    Num2(n - rval.n)

fun main() {
  Num2(4) + Num2(5) eq Num2(9)
}
```

상황에 따라 연산자에 특별한 의미를 부여하면 좋은 경우가 있다. 다음 예제에서는 Molecule(화학 용어로, '분자'라는 뜻)에 + 연산을 적용해서 다른 Molecule을 덧붙인 것을 모델링한다. attached 프로퍼티는 Molecule 사이의 연결을 의미한다.

OperatorOverloading/Molecule.kt

```
package operatoroverloading
import atomictest.eq

data class Molecule(
  val id: Int = idCount++,
  var attached: Molecule? = null
) {
  companion object {
    private var idCount = 0
  }
  operator fun plus(other: Molecule) {
    attached = other
  }
}

fun main() {
  val m1 = Molecule()
  val m2 = Molecule()
  m1 + m2 // [1]
  m1 eq "Molecule(id=0, attached=" +
    "Molecule(id=1, attached=null))"
}
```

- [1] 친숙한 수학식처럼 읽힌다. 하지만 이 모델을 사용하는 사람에게는 특별한 의미가 있는 구문일 수 있다.

이 예제는 완전하지 않다. m2 + m1을 마지막에 추가하고, 그다음에 m2를 출력하려고 시도하면 스택 넘침(stack overflow)이 발생한다(이 문제를 해결할 수 있겠는가?).

동등성

==(동등성)과 !=(비동등성)은 equals( ) 멤버 함수를 호출한다. data 클래스는 자동으로 저장된 모든 필드를 서로 비교하는 equals( )를 오버라이드해준다. 하지만 data 클래스가 아닌 클래스에서 equals( )를 오버라이드하지 않으면 클래스 내용이 아니라 참조를 비교하는 디폴트 버전이 실행된다.

```
package operatoroverloading
import atomictest.eq

class A(val i: Int)

data class D(val i: Int)

fun main() {
  // 일반 클래스
  val a = A(1)
  val b = A(1)
  val c = a
  (a == b) eq false
  (a == c) eq true
  // 데이터 클래스
  val d = D(1)
  val e = D(1)
  (d == e) eq true
}
```

a, b는 메모리에서 다른 객체를 가리키므로 두 참조는 서로 다르다. 따라서 두 객체의 내용이 서로 같음에도 불구하고 a == b도 false이다. a와 c는 메모리에서 같은 객체를 가리키므로 이 둘을 비교하면 true가 나온다. data class D는 자동으로 D의 내용을 비교해주는 equals( )를 오버라이드하기 때문에 d == e는 ture다.

equals( )는 확장 함수로 정의할 수 없는 유일한 연산자다. 이 연산자는 반드시 멤버 함수로 오버라이드되어야 한다. 클래스 안에서 equals( )를 정의할 때는 디폴트 equals(other: Any?)를 오버라이드한다. 여기서 other의 타입이 여러분이 정의한 클래스의 구체적인 타입이 아니라 Any?라는 사실을 기억하라. 이를 통해 여러분의 타입과 다른 타입을 비교할 수 있다. 따라서 이 연산자를 오버라이드할 때는 반드시 비교 대상 타입을 선택해야 한다.

```kotlin
package operatoroverloading
import atomictest.eq

class E(var v: Int) {
  override fun equals(other: Any?) = when {
    this === other -> true // [1]
    other !is E -> false    // [2]
    else -> v == other.v    // [3]
  }
  override fun hashCode(): Int = v
  override fun toString() = "E($v)"
}

fun main() {
  val a = E(1)
  val b = E(2)
  (a == b) eq false // a.equals(b)
  (a != b) eq true  // !a.equals(b)
  // 참조 동등성
  (E(1) === E(1)) eq false
}
```

- [1] 이 부분은 최적화다. other가 메모리에서 this와 같은 객체를 가리킨다면 결과는 자동으로 true다. ===(삼중 등호) 기호는 참조 동등성을 검사한다.

- [2] other의 타입이 현재 타입(현재 클래스)과 같은지 결정하는 코드다. E를 other의 타입과 비교해 타입이 일치한 경우에만 다음에 오는 검사를 수행한다.

- [3] 저장된 데이터를 비교하는 코드다. 이 시점에서 컴파일러는 other의 타입이 E라는 사실을 알기 때문에 별도의 타입 변환 없이 other.v를 사용할 수 있다.

equals()를 오버라이드할 때 항상 hashCode()도 오버라이드해야 한다. 복잡한 주제이지만, 기본적인 규칙은 두 객체가 같다면 그 두 객체의 hashCode()도 같은 값을 내놓아야 한다는 것이다. 이 규칙을 지키지 않으면 Map이나 Set 같은 표준 데이터 구조가 제대로 작동하지 않는다. open 클래스의 경우 모든 하위 클래스를 감안해야 하기 때문에 equals()나 hashCode() 오버라이드가 더 복잡해진다. 해시(hash)에 대해서는 위키피디아[6]를 참조하라.

equals()와 hashCode()를 제대로 정의하는 방법은 이 책의 범위를 벗어나므로, 개념을 설명하고 간단한 예제를 작성해보되 더 복잡한 경우를 다루지는 않을 것이다. data 클래스가 자체적으

---

6 https://en.wikipedia.org/wiki/Hash_function

로 equals()와 hashCode()를 만들어주는 이유도 바로 이런 복잡도 때문이다. 직접 equals()와 hashCode()를 구현해야 한다면, 인텔리J IDEA나 안드로이드 스튜디오에서 Generate -> equals() and hashCode()를 선택해 자동으로 두 함수를 생성[7]하길 권한다.

널이 될 수 있는 객체를 ==로 비교하면 코틀린은 널 검사를 강제한다. 이 경우 if나 엘비스 연산자를 통해 널을 검사할 수 있다.

```
package operatoroverloading
import atomictest.eq

fun equalsWithIf(a: E?, b: E?) =
  if (a === null)
    b === null
  else
    a == b

fun equalsWithElvis(a: E?, b: E?) =
  a?.equals(b) ?: (b === null)

fun main() {
  val x: E? = null
  val y = E(0)
  val z: E? = null
  (x == y) eq false
  (x == z) eq true
  equalsWithIf(x, y) eq false
  equalsWithIf(x, z) eq true
  equalsWithElvis(x, y) eq false
  equalsWithElvis(x, z) eq true
}
```

equalsWithIf()는 먼저 참조 a가 null인지 검사한다. a가 null인 경우 a와 b가 같을 수 있는 유일한 경우는 b도 null일 때뿐이다. a가 null 참조가 아니라면 equals()를 호출해 두 값을 비교한다. equalsWithElvis()도 같은 효과를 얻을 수 있지만 ?.과 ?:을 쓰기 때문에 더 간결하다.

산술 연산자

class E에 대해 기본 산술 연산자를 확장으로 정의할 수 있다.

---

7   https://www.jetbrains.com/help/idea/generating-code.html#generate-equals-hashcode

```
package operatoroverloading
import atomictest.eq

// 단항 연산자
operator fun E.unaryPlus() = E(v)
operator fun E.unaryMinus() = E(-v)
operator fun E.not() = this

// 증가/감소 연산자
operator fun E.inc() = E(v + 1)
operator fun E.dec() = E(v - 1)

fun unary(a: E) {
  +a            // unaryPlus()
  -a            // unaryMinus()
  !a            // not()

  var b = a
  b++           // inc() (var에서만 가능)
  b--           // dec() (var에서만 가능)
}

// 2항 연산자
operator fun E.plus(e: E) = E(v + e.v)
operator fun E.minus(e: E) = E(v - e.v)
operator fun E.times(e: E) = E(v * e.v)
operator fun E.div(e: E) = E(v % e.v)
operator fun E.rem(e: E) = E(v / e.v)

fun binary(a: E, b: E) {
  a + b             // a.plus(b)
  a - b             // a.minus(b)
  a * b             // a.times(b)
  a / b             // a.div(b)
  a % b             // a.rem(b)
}

// 복합 대입 연산자
operator fun E.plusAssign(e: E) { v += e.v }
operator fun E.minusAssign(e: E) { v - e.v }
operator fun E.timesAssign(e: E) { v *= e.v }
operator fun E.divAssign(e: E) { v /= e.v }
operator fun E.remAssign(e: E) { v %= e.v }

fun assignment(a: E, b: E) {
```

```
  a += b           // a.plusAssign(b)
  a -= b           // a.minusAssign(b)
  a *= b           // a.timesAssign(b)
  a /= b           // a.divAssign(b)
  a %= b           // a.remAssign(b)
}

fun main() {
  val two = E(2)
  val three = E(3)
  two + three eq E(5)
  two * three eq E(6)
  val thirteen = E(13)
  thirteen / three eq E(4)
  thirteen % three eq E(1)
  val one = E(1)
  one += three * three
  one eq E(10)
}
```

확장 함수를 작성할 때는 확장 타입의 프로퍼티와 함수를 암시적으로 사용할 수 있다는 사실을 기억하라. 예를 들어 unaryPlus() 정의에서 E(v)의 v는 확장 대상인 E의 v 프로퍼티를 뜻한다.

x += e는 x가 var인 경우 x = x.plus(e)로 해석할 수 있고, x가 val이고 plusAssign() 멤버가 정의되어 있다면 x.plusAssign(e)로 해석할 수도 있다는 사실을 알아두자. 두 경우를 모두 적용할 수 있다면, 컴파일러는 두 연산자 중 어느 쪽을 선택할지 모르겠다는 오류를 발생시킨다.

파라미터 타입이 연산자가 확장하는 타입과 다른 타입일 수도 있다. 다음 코드에서 E의 확장 함수인 + 연산자는 Int를 파라미터로 받는다.

OperatorOverloading/DifferentTypes.kt

```
package operatoroverloading
import atomictest.eq

operator fun E.plus(i: Int) = E(v + i)

fun main() {
  E(1) + 10 eq E(11)
}
```

연산자 우선순위는 고정되어 있고 내장 타입이나 커스텀 타입에서 모두 동일하다. 예를 들어 곱셈은 덧셈보다 우선순위가 더 높고, 곱셈과 덧셈은 동등성 연산자보다 더 우선순위가 높다. 따라서

1 + 2 * 3 == 7은 true다. 연산자 우선순위 표는 코틀린 문법 문서[8]에서 찾을 수 있다.

때로 산술 연산자와 프로그래밍 연산자를 섞어 쓰면 결과가 분명하지 않아 보이는 경우도 있다. 다음 코드는 +와 엘비스 연산자를 섞어서 쓴 것이다.

```
OperatorOverloading/ConfusingPrecedence.kt
```

```kotlin
package operatoroverloading
import atomictest.eq

fun main() {
  val x: Int? = 1
  val y: Int = 2
  val sum = x ?: 0 + y
  sum eq 1
  (x ?: 0) + y eq 3 // [1]
  x ?: (0 + y) eq 1 // [2]
}
```

sum 초기화 식에서 +가 엘비스 연산자 ?:보다 우선순위가 높기 때문에 결과는 1 ?: (0+2)의 결과인 1이다. 하지만 이 결과가 프로그래머의 의도와 다를 수도 있다. 우선순위를 분명히 알 수 없는[9] 여러 연산자를 섞어 쓸 때는 [1]이나 [2]처럼 괄호를 사용하는 것이 좋다.

비교 연산자

compareTo()를 정의하면 모든 비교 연산자(<, >, <=, >=)를 쓸 수 있다.

```
OperatorOverloading/Comparison.kt
```

```kotlin
package operatoroverloading
import atomictest.eq

operator fun E.compareTo(e: E): Int =
  v.compareTo(e.v)

fun main() {
  val a = E(2)
  val b = E(3)
```

---

8   https://kotlinlang.org/docs/reference/grammar.html#expressions

9   옮긴이 물론 컴파일러는 우선순위를 분명히 알고 제대로 연산 순서를 구성해준다. 우선순위를 분명히 알지 못하는 것은 작성자 본인이나 코드를 읽을 다른 프로그래머다.

```
  (a < b) eq true   // a.compareTo(b) < 0
  (a > b) eq false  // a.compareTo(b) > 0
  (a <= b) eq true  // a.compareTo(b) <= 0
  (a >= b) eq false // a.compareTo(b) >= 0
}
```

compareTo()는 다음을 알려주는 Int를 반환해야 한다.

- 두 피연산자가 동등한 경우 0을 반환한다.

- 첫 번째 피연산자(수신 객체)가 두 번째 피연산자(함수의 인자)보다 크면 양수를 반환한다.

- 첫 번째 피연산자가 두 번째 피연산자보다 작으면 음수를 반환한다.

범위와 컨테이너

rangeTo()는 범위를 생성하는 .. 연산자를 오버로드하고, contains()는 값이 범위 안에 들어가는지 여부를 알려주는 in 연산을 오버로드한다.

OperatorOverloading/Ranges.kt

```
package operatoroverloading
import atomictest.eq

data class R(val r: IntRange) { // Range
  override fun toString() = "R($r)"
}

operator fun E.rangeTo(e: E) = R(v..e.v)

operator fun R.contains(e: E): Boolean =
  e.v in r

fun main() {
  val a = E(2)
  val b = E(3)
  val r = a..b        // a.rangeTo(b)
  (a in r) eq true    // r.contains(a)
  (a !in r) eq false  // !r.contains(a)
  r eq R(2..3)
}
```

컨테이너 원소 접근

get( )과 set( )은 각괄호([ ])를 사용해 컨테이너의 원소를 읽고 쓰는 연산을 정의한다.

OperatorOverloading/ContainerAccess.kt

```kotlin
package operatoroverloading
import atomictest.eq

data class C(val c: MutableList<Int>) {
  override fun toString() = "C($c)"
}

operator fun C.contains(e: E) = e.v in c

operator fun C.get(i: Int): E = E(c[i])

operator fun C.set(i: Int, e: E) {
  c[i] = e.v
}

fun main() {
  val c = C(mutableListOf(2, 3))
  (E(2) in c) eq true      // c.contains(E(2))
  (E(4) in c) eq false     // c.contains(E(4))
  c[1] eq E(3)             // c.get(1)
  c[1] = E(4)              // c.set(2, E(4))
  c eq C(mutableListOf(2, 4))
}
```

인텔리J IDEA나 안드로이드 스튜디오에서 함수나 클래스를 사용(호출)한 부분에서 함수 정의로 바로 이동[10]할 수 있다. 이 기능은 연산자에도 적용할 수 있다. 예를 들어 커서를 ..에 놓고 정의로 이동하면 이 연산자에 의해 어떤 rangeTo( ) 함수가 실행될지 그 정의를 볼 수 있다.

호출 연산자

객체 참조 뒤에 괄호를 넣으면 invoke( )를 호출한다. 따라서 invoke( ) 연산자는 객체가 함수처럼 작동하게 만든다. invoke( )가 받을 수 있는 파라미터 개수는 원하는 대로 정할 수 있다.

---

10 https://www.jetbrains.com/help/idea/navigating-through-the-source-code.html#go_to_declaration

```kotlin
package operatoroverloading
import atomictest.eq

class Func {
  operator fun invoke() = "invoke()"
  operator fun invoke(i: Int) = "invoke($i)"
  operator fun invoke(i: Int, j: String) =
    "invoke($i, $j)"
  operator fun invoke(
    i: Int, j: String, k: Double
  ) = "invoke($i, $j, $k)"
}

fun main() {
  val f = Func()
  f() eq "invoke()"
  f(22) eq "invoke(22)"
  f(22, "Hi") eq "invoke(22, Hi)"
  f(22, "Three", 3.1416) eq
    "invoke(22, Three, 3.1416)"
}
```

invoke()가 vararg를 파라미터로 받으면, 같은 타입에 속한 파라미터를 임의의 개수만큼 받을 수도 있다('아톰 25, 가변 인자 목록' 참조).

invoke()를 확장 함수로 정의할 수도 있다. 다음 코드는 함수를 파라미터로 받아서 그 함수에 현재 String을 넘기는 String의 확장 함수를 정의한다.

```kotlin
package operatoroverloading
import atomictest.eq

operator fun String.invoke(
  f: (s: String) -> String
) = f(this)

fun main() {
  "mumbling" { it.toUpperCase() } eq
    "MUMBLING"
}
```

이 람다는 invoke()의 마지막 인자이므로 괄호를 사용하지 않고 호출할 수 있다.

함수 참조가 있는 경우 이 함수 참조를 invoke()를 사용해 호출할 수도 있고, 괄호를 사용해 호출할 수도 있다.

```kotlin
package operatoroverloading
import atomictest.eq

fun main() {
  val func: (String) -> Int = { it.length }
  func("abc") eq 3
  func.invoke("abc") eq 3
  val nullableFunc: ((String) -> Int)? = null
  if (nullableFunc != null) {
    nullableFunc("abc")
  }
  nullableFunc?.invoke("abc") // [1]
}
```

- [1] 함수 참조가 널이 될 수 있는 참조라면 invoke()와 안전한 접근을 함께 사용해야 한다.

invoke()를 직접 정의하는 가장 흔한 경우로는 DSL을 만드는 경우를 들 수 있다.

역작은따옴표로 감싼 함수 이름

코틀린은 함수 이름을 역작은따옴표로 감싸는 경우, 함수 이름에 공백, 몇몇 비표준 글자, 예약어 등을 사용하는 것을 허용한다.

```kotlin
package operatoroverloading

fun `A long name with spaces`() = Unit

fun `*how* is this working?`() = Unit

fun `'when' is a keyword`() = Unit

// fun `Illegal characters :<>`() = Unit

fun main() {
  `A long name with spaces`()
  `*how* is this working?`()
  `'when' is a keyword`()
}
```

단위 테스트(아톰 78)에서는 테스트에 대해 자세히 설명하는 읽기 쉬운 이름의 테스트 함수를 정의할 수 있으므로 이런 기능이 특히 유용하다. 그리고 역작은따옴표로 정의한 이름은 자바 코드와의 상호 작용을 더 쉽게 해준다.

하지만 이 기능을 활용해 이해할 수 없는 코드를 쉽게 만들어낼 수도 있다.

OperatorOverloading/Swearing.kt

```
package operatoroverloading
import atomictest.eq

infix fun String.`#!%`(s: String) =
  "$this Rowzafrazaca $s"

fun main() {
  "howdy" `#!%` "Ma'am!" eq
    "howdy Rowzafrazaca Ma'am!"
}
```

코틀린은 이 코드를 허용하지만, 코드를 읽는 사람에게는 어떤 의미로 다가올까? 코드는 작성하는 횟수보다 읽히는 횟수가 더 많기 때문에 프로그램을 최대한 이해하기 쉽게 만들어야 한다.

연산자 오버로딩은 필수 기능은 아니지만 프로그래밍 언어가 단순히 하부 컴퓨터를 조작하는 방법 이상임을 보여주는 훌륭한 예다. 목표는 여러분이 원하는 추상화를 표현하기에 더 좋은 방법을 제공함으로써 사람들이 세부 사항을 쓸데없이 파고드느라 많은 노력을 기울이지 않고도 코드를 쉽게 이해할 수 있는 언어를 만드는 것이다. 하지만 프로그램의 의미를 이해하기 어렵도록 연산자를 정의할 수도 있으므로 조심해서 취급해야 한다.

> 모든 것은 문법 설탕이다. 화장지도 문법 설탕이지만 난 여전히 화장지를 원한다. - 배리 호킨스(Barry Hawkins)[11]

---

11 [옮긴이] https://barryhawkins.com/blog/posts/java-posse-roundup-2007-day-4/에 나온 문구로, 문법 설탕의 필요성에 대한 논의에서 문법 설탕의 중요성을 옹호하는 근거로 이야기한 예다. 우리가 화장실에서 볼일을 보고 뒤처리할 때 '손'이라는 이미 잘 작동하는 함수가 있기 때문에 '화장지'는 일종의 문법 설탕으로 볼 수 있다고 이야기하면서, 문법 설탕이 코드에 아무런 가치도 더하지 않는 것은 아니라고 주장한다.

연산자 사용하기

하지만 여러분은 종종 주기적으로, 심지어 사용 중인지 눈치채지도 못한 채 오버로드한 연산자를
사용한다. 예를 들어 코틀린 표준 라이브러리에는 컬렉션 처리를 손쉽게 해주는 수많은 연산자 정
의가 들어 있다. 다음은 우리에게 익숙한 코드를 새로운 각도에서 바라본 예제다.

UsingOperators/NewAngle.kt

```
import atomictest.eq

fun main() {
  val list = MutableList(10) { 'a' + it }
  list[7] eq 'h'     // operator get()
  list.get(8) eq 'i' // 명시적 호출
  list[9] = 'x'      // operator set()
  list.set(9, 'x')   // 명시적 호출
  list[9] eq 'x'
  ('d' in list) eq true     // operator contains()
  list.contains('e') eq true // 명시적 호출
}
```

리스트 원소에 각괄호로 접근하는 연산은 오버로드한 연산자인 get()과 set()을 호출하며, in은
contains()를 호출한다.

가변 컬렉션에 +=을 호출하면 컬렉션 내용을 변경하지만, +를 호출하면 예전 원소에 새 원소가 추
가된 새로운 컬렉션을 반환한다.

```
import atomictest.eq
fun main() {
  val mutableList = mutableListOf(1, 2, 3)
  mutableList += 4          // operator plusAssign()
  mutableList.plusAssign(5) // 명시적 호출
  mutableList eq "[1, 2, 3, 4, 5]"
  mutableList + 99 eq "[1, 2, 3, 4, 5, 99]"
  mutableList eq "[1, 2, 3, 4, 5]"
  val list = listOf(1)      // 읽기 전용 컬렉션
  val newList = list + 2    // operator plus()
  list eq "[1]"
  newList eq "[1, 2]"
  val another = list.plus(3) // 명시적 호출
  another eq "[1, 3]"
}
```

읽기 전용 컬렉션에 대해 +=을 호출하면 예상하는 결과를 얻을 수 없을지도 모른다.

```
import atomictest.eq

fun main() {
  var list = listOf(1, 2)
  list += 3 // 어쩌면 예상과 다를 수 있음
  list eq "[1, 2, 3]"
}
```

가변 컬렉션에서 a += b는 a를 변경하는 plusAssign()을 호출한다. 하지만 읽기 전용 컬렉션에는 plusAssign()이 들어 있지 않다. 따라서 코틀린은 a += b를 a = a + b로 해석한다. 이 식은 plus()를 호출하는데, 이 함수는 컬렉션 내용을 변경하지 않고 새로운 컬렉션을 생성한 후 리스트에 대한 var 참조에 대입한다. 최소한 Int처럼 간단한 타입의 경우 a += b의 순 효과(모든 연산이 다 끝난 후 얻게 되는 최종 결과)는 우리가 예상한 대로다.

```
import atomictest.eq
fun main() {
  var list = listOf(1, 2)
  val initial = list
  list += 3
  list eq "[1, 2, 3]"
```

```
  list = list.plus(4)
  list eq "[1, 2, 3, 4]"
  initial eq "[1, 2]"
}
```

마지막 줄은 initial 컬렉션이 변경되지 않고 그대로 있는 모습을 보여준다. 원소를 추가할 때마다 새 컬렉션을 만드는 걸 원하지는 않았을 것이다. var list를 val list로 바꾸면 (읽기 전용 리스트에 대해) 이런 문제가 발생하지 않는다. += 호출이 컴파일되지 못하기 때문이다. 이 또한 우리가 디폴트로 val을 사용해야 하는 이유다. var는 꼭 필요할 때만 사용하라.

'아톰 82, 연산자 오버로딩'에서 compareTo()를 확장 함수로 소개했다. 하지만 클래스가 Comparable 인터페이스를 구현하고 compareTo()를 오버라이드하면 더 좋다.

UsingOperators/CompareTo.kt

```kotlin
package usingoperators
import atomictest.eq

data class Contact(
  val name: String,
  val mobile: String
): Comparable<Contact> {
  override fun compareTo(
    other: Contact
  ): Int = name.compareTo(other.name)
}

fun main() {
  val alice = Contact("Alice", "0123456789")
  val bob = Contact("Bob", "9876543210")
  val carl = Contact("Carl", "5678901234")
  (alice < bob) eq true
  (alice <= bob) eq true
  (alice > bob) eq false
  (alice >= bob) eq false
  val contacts = listOf(bob, carl, alice)
  contacts.sorted() eq
    listOf(alice, bob, carl)
  contacts.sortedDescending() eq
    listOf(carl, bob, alice)
}
```

두 Comparable 객체 사이에는 항상 <, <=, >, >=을 사용할 수 있다(==과 !=은 포함되지 않으므로 주의하자). Comparable 인터페이스 안에서 이미 compareTo()가 operator로 정의되어 있기 때문에 여기서 compareTo()를 오버라이드할 때는 operator를 쓰지 않아도 된다.

Comparable 인터페이스를 구현하면 정렬이 가능해지며, 별도로 .. 연산자를 오버로드하지 않아도 범위 연산을 자동으로 사용할 수 있다. 그리고 값이 범위 안에 속해 있는지 in으로 검사할 수 있다.

UsingOperators/ComparableRange.kt

```
package usingoperators
import atomictest.eq

class F(val i: Int): Comparable<F> {
  override fun compareTo(other: F) =
    i.compareTo(other.i)
}

fun main() {
  val range = F(1)..F(7)
  (F(3) in range) eq true
  (F(9) in range) eq false
}
```

Comparable을 구현하는 쪽을 우선적으로 택하라. 제어할 수 없는 클래스를 써야 하는 경우에만 compareTo()를 확장 함수로 정의한다.

구조 분해 연산자

보통 직접 정의할 일이 거의 없는 또 다른 연산자로, 구조 분해(아톰 36)에 사용되는 componentN() 함수를 말한다(component1(), component2() 등). 다음 예제의 main()에서는 구조 분해 대입을 위해 코틀린이 조용히 component1()과 component2() 함수를 호출해준다.

UsingOperators/DestructuringDuo.kt

```
package usingoperators
import atomictest.*

class Duo(val x: Int, val y: Int) {
  operator fun component1(): Int {
    trace("component1()")
    return x
```

```
  }
  operator fun component2(): Int {
    trace("component2()")
    return y
  }
}

fun main() {
  val (a, b) = Duo(1, 2)
  a eq 1
  b eq 2
  trace eq "component1() component2()"
}
```

같은 접근 방법을 Map에도 적용할 수 있다. Map의 Entry 타입에는 component1()과 component2()
멤버 함수가 정의되어 있다.

```
import atomictest.eq

fun main() {
  val map = mapOf("a" to 1)
  for ((key, value) in map) {
    key eq "a"
    value eq 1
  }

  // 앞의 구조 분해 대입은 다음과 같다
  for (entry in map) {
    val key = entry.component1()
    val value = entry.component2()
    key eq "a"
    value eq 1
  }
}
```

data 클래스는 자동으로 componentN()을 만들어주기 때문에 모든 data 클래스에 대해 구조 분
해 선언을 사용할 수 있다.

```
package usingoperators
import atomictest.eq

data class Person(
  val name: String,
  val age: Int
) {
  // 컴파일러가 다음 두 함수를 생성해준다
  // fun component1() = name
  // fun component2() = age
}

fun main() {
  val person = Person("Alice", 29)
  val (name, age) = person
  // 앞의 구조 분해 대입은 다음과 같은 방식으로 처리된다
  val name_ = person.component1()
  val age_ = person.component2()
  name eq "Alice"
  age eq 29
  name_ eq "Alice"
  age_ eq 29
}
```

코틀린은 data 클래스의 각 프로퍼티에 대해(data 클래스 생성자에 프로퍼티가 나타난 순서대로) componentN()을 생성해준다.

프로퍼티 위임

by 키워드를 사용하면 프로퍼티를 위임과 연결할 수 있다.

val(또는 var) 프로퍼티이름 by 위임객체이름

프로퍼티가 val(읽기 전용)인 경우 위임 객체의 클래스에는 getValue() 함수 정의가 있어야 하며, 프로퍼티가 var(읽고 쓸 수 있음)인 경우 위임 객체의 클래스에는 getValue()와 setValue() 함수 정의가 있어야 한다. 우선 읽기 전용인 경우를 살펴보자.

PropertyDelegation/BasicRead.kt

```
package propertydelegation
import atomictest.eq
import kotlin.reflect.KProperty

class Readable(val i: Int) {
  val value: String by BasicRead()
}

class BasicRead {
  operator fun getValue(
    r: Readable,
    property: KProperty<*>
  ) = "getValue: ${r.i}"
}
```

```
fun main() {
  val x = Readable(11)
  val y = Readable(17)
  x.value eq "getValue: 11"
  y.value eq "getValue: 17"
}
```

Readable의 value는 BasicRead 객체에 의해 위임된다. getValue()는 Readable에 대한 접근을 가능하게 하는 Readable 파라미터를 얻는다. 프로퍼티 뒤에 by라고 지정하면 BasicRead 객체를 by 앞의 프로퍼티와 연결한다. 이때 BasicRead의 getValue()는 Readable의 i에 접근할 수 있다.

getValue()가 String을 반환하기 때문에 value 프로퍼티의 타입도 String이어야 한다.

getValue()의 두 번째 파라미터는 KProperty라는 특별한 타입이다. 이 타입의 객체는 위임 프로퍼티에 대한 리플렉션(reflection)(실행 시점에 코틀린 언어의 다양한 요소에 대한 정보를 얻을 수 있게 해주는 기능) 정보를 제공한다.

위임 프로퍼티가 var이면 위임 객체가 읽기와 쓰기를 모두 처리해야 하므로, 위임 클래스에는 getValue()와 setValue()가 모두 있어야 한다.

PropertyDelegation/BasicReadWrite.kt

```
package propertydelegation
import atomictest.eq
import kotlin.reflect.KProperty

class ReadWriteable(var i: Int) {
  var msg = ""
  var value: String by BasicReadWrite()
}

class BasicReadWrite {
  operator fun getValue(
    rw: ReadWriteable,
    property: KProperty<*>
  ) = "getValue: ${rw.i}"
  operator fun setValue(
    rw: ReadWriteable,
    property: KProperty<*>,
    s: String
  ) {
    rw.i = s.toIntOrNull() ?: 0
    rw.msg = "setValue to ${rw.i}"
  }
```

```
}
fun main() {
  val x = ReadWriteable(11)
  x.value eq "getValue: 11"
  x.value = "99"
  x.msg eq "setValue to 99"
  x.value eq "getValue: 99"
}
```

setValue() 함수 맨 앞의 두 가지 파라미터는 getValue()와 똑같다. 그리고 세 번째 값은 프로퍼티 초기화 식에서 = 오른쪽에 있던 식의 결괏값으로, 프로퍼티에 설정하려는 값이다. getValue()의 반환 타입과 setValue()의 세 번째 파라미터 값의 타입은 해당 위임 객체가 적용된 프로퍼티의 타입과 일치해야 한다. 따라서 이 예제에서는 이 타입이 ReadWriteable의 value 프로퍼티 타입인 String이어야 한다.

여기서 setValue()도 ReadWriteable의 i와 msg 모두에 접근할 수 있다는 점에 유의하라.

이때 BasicRead.kt나 BasicReadWrite.kt 모두 어떤 인터페이스도 구현할 필요가 없다. 클래스는 단순히 필요한 함수 이름과 시그니처만 만족하면 위임 역할을 수행할 수 있다. 하지만 원한다면 다음 BasicRead2에서 볼 수 있는 것처럼 ReadOnlyProperty 인터페이스를 상속할 수도 있다.

PropertyDelegation/BasicRead2.kt

```
package propertydelegation
import atomictest.eq
import kotlin.properties.ReadOnlyProperty
import kotlin.reflect.KProperty

class Readable2(val i: Int) {
  val : String by BasicRead2()
  // SAM 변환
  val value2: String by
  ReadOnlyProperty { _, _ -> "getValue: $i" }
}

class BasicRead2 :
  ReadOnlyProperty<Readable2, String> {
  override operator fun getValue(
    thisRef: Readable2,
    property: KProperty<*>
  ) = "getValue: ${thisRef.i}"
}
```

```
fun main() {
  val x = Readable2(11)
  x.value eq "getValue: 11"
  x.value2 eq "getValue: 11"
  y.value eq "getValue: 17"
  y.value2 eq "getValue: 17"
}
```

ReadOnlyProperty를 구현하면 코드를 읽는 사람에게 BasicRead2를 위임으로 사용할 수 있다는 사실을 알리고 getValue() 정의가 제대로 들어 있도록 보장할 수 있다.

ReadOnlyProperty는 멤버 함수가 하나뿐이기 때문에(그리고 이 인터페이스가 fun interface로 선언되어 있기 때문에) SAM 변환(아톰 55)을 사용해서 value2를 훨씬 간결하게 작성했다.

ReadWriteProperty를 사용해 BasicReadWrite.kt를 변경할 수도 있다. ReadWriteProperty 인터페이스는 적절한 getValue()와 setValue() 정의를 보장해준다.

PropertyDelegation/BasicReadWrite2.kt

```
package propertydelegation
import atomictest.eq
import kotlin.properties.ReadWriteProperty
import kotlin.reflect.KProperty
class ReadWriteable2(var i: Int) {
  var msg = ""
  var value: String by BasicReadWrite2()
}
class BasicReadWrite2 :
  ReadWriteProperty<ReadWriteable2, String> {
  override operator fun getValue(
    rw: ReadWriteable2,
    property: KProperty<*>
  ) = "getValue: ${rw.i}"
  override operator fun setValue(
    rw: ReadWriteable2,
    property: KProperty<*>,
    s: String
  ) {
    rw.i = s.toIntOrNull() ?: 0
    rw.msg = "setValue to ${rw.i}"
  }
}
fun main() {
  val x = ReadWriteable2(11)
  x.value eq "getValue: 11"
```

```
  x.value = "99"
  x.msg eq "setValue to 99"
  x.value eq "getValue: 99"
}
```

정리하면, 위임 클래스는 다음 두 함수를 모두 포함하거나 어느 하나를 포함할 수 있다. 위임 프로퍼티에 접근하면 읽기와 쓰기에 따라 다음에 열거한 두 함수가 호출된다.

- 읽기의 경우: operator fun getValue(thisRef: T, property: KProperty<*>): V
- 쓰기의 경우: operator fun setValue(thisRef: T, property: KProperty<*>, value: V)

위임 프로퍼티가 val이면 첫 번째 함수만 필요하며, ReadOnlyProperty 인터페이스와 SAM 변환을 통해 이를 구현할 수도 있다.

두 함수의 파라미터는 다음과 같다.

- thisRef: T는 위임자(다른 객체에 처리를 맡기는) 개체를 가리킨다. 여기서 T는 위임자 개체의 클래스다. 이 함수에서 thisRef를 쓰지 않고 싶다면 Any?를 사용해 위임자 객체의 내부를 보기 어렵게 만들 수도 있다.
- property: KProperty<*>는 위임 프로퍼티에 대한 정보를 제공한다. 가장 일반적으로 사용하는 정보는 name이다. name은 위임 프로퍼티의 필드 이름을 돌려준다.
- value는 setValue()로 위임 프로퍼티에 저장할 값이다. V는 위임 프로퍼티의 타입이다.

getValue()와 setValue()를 구현할 때는 ReadOnlyProperty나 ReadWriteProperty를 명시적으로 구현해 작성할 수도 있고 operator fun을 사용하는 관습을 통해 구현할 수도 있다.

위임자 객체의 private 멤버에 대한 접근을 가능하게 하려면 위임 클래스를 내포시켜야 한다.

PropertyDelegation/Accessibility.kt

```
package propertydelegation
import atomictest.eq
import kotlin.properties.ReadOnlyProperty
import kotlin.reflect.KProperty

class Person(
  private val first: String,
  private val last: String
) {
  val name by // SAM 변환
  ReadOnlyProperty<Person, String> { _, _ ->
    "$first $last"
```

```
  }
}

fun main() {
  val alien = Person("Floopy", "Noopers")
  alien.name eq "Floopy Noopers"
}
```

위임자 객체의 멤버에 대한 접근이 충분하다면 getValue()와 setValue()를 확장 함수로 만들 수도 있다.

```
package propertydelegation2
import atomictest.eq
import kotlin.reflect.KProperty

class Add(val a: Int, val b: Int) {
  val sum by Sum()
}

class Sum

operator fun Sum.getValue(
  thisRef: Add,
  property: KProperty<*>
) = thisRef.a + thisRef.b

fun main() {
  val addition = Add(144, 12)
  addition.sum eq 156
}
```

이 방식을 사용하면 변경하거나 상속할 수 없는 기존 클래스에 getValue()와 setValue()를 추가할 수 있어서 이 클래스의 인스턴스를 위임 객체로 사용할 수 있게 된다.

다음 코드에서는 프로퍼티의 값을 설정한다. 이때 실제로 저장되는 값은 대입된 값에 해당하는 피보나치 수이며, '아톰 54. 재귀'에서 만든 fibonacci() 함수를 사용한다.

```
package propertydelegation
import kotlin.properties.ReadWriteProperty
import kotlin.reflect.KProperty
```

```
import recursion.fibonacci
import atomictest.eq

class Fibonacci :
  ReadWriteProperty<Any?, Long> {
  private var current: Long = 0
  override operator fun getValue(
    thisRef: Any?,
    property: KProperty<*>
  ) = current
  override operator fun setValue(
    thisRef: Any?,
    property: KProperty<*>,
    value: Long
  ) {
    current = fibonacci(value.toInt())
  }
}

fun main() {
  var fib by Fibonacci()
  fib eq 0L
  fib = 22L
  fib eq 17711L
  fib = 90L
  fib eq 2880067194370816120L
}
```

main()의 fib는 **지역 위임 프로퍼티**다. 이 프로퍼티는 클래스가 아니라 함수 안에서 선언된다. 파일 영역에서 위임 프로퍼티를 선언할 수도 있다.

이 예에서는 Fibonacci 내부의 값을 setValue() 안에서 전혀 사용하지 않으므로, setValue()의 첫 번째 인자의 내부를 알 필요가 없고, 그에 따라 이 파라미터의 타입을 Any?로 지정할 수도 있다. 그래서 ReadWriteProperty의 첫 번째 제네릭 인자를 Any?로 해도 된다. 이 위임 객체는 Fibonacci의 내부를 변경하는 대신 자신의 멤버인 current 프로퍼티를 변경한다.

지금까지 살펴본 대부분의 예에서 getValue()와 setValue()의 첫 번째 파라미터의 타입은 구체적인 타입이었다. 이런 식으로 정의한 위임은 그 구체적인 타입에 얽매이게 된다. 때로는 첫 번째 타입을 Any?로 지정해 무시함으로써 더 일반적인 목적의 위임을 만들 수도 있다. 예를 들어 String 타입의 위임 프로퍼티가 있는데, 이 프로퍼티의 내용이 해당 프로퍼티 이름에 대응하는 텍스트 파일이라고 하자.

```kotlin
package propertydelegation
import kotlin.properties.ReadWriteProperty
import kotlin.reflect.KProperty
import checkinstructions.DataFile

class FileDelegate :
  ReadWriteProperty<Any?, String> {
  override fun getValue(
    thisRef: Any?,
    property: KProperty<*>
  ): String {
    val file =
      DataFile(property.name + ".txt")
    return if (file.exists())
      file.readText()
    else ""
  }
  override fun setValue(
    thisRef: Any?,
    property: KProperty<*>,
    value: String
  ) {
    DataFile(property.name + ".txt")
      .writeText(value)
  }
}
```

이 위임은 파일과 상호 작용할 수만 있으면 되고, thisRef의 내부 정보는 필요하지 않다. 이런 경우, thisRef의 타입을 Any?로 지정해서 무시한다. Any?에는 특별한 연산이나 프로퍼티가 없기 때문이다. 우리는 property.name에 대해서만 관심이 있고, 이 값은 위임 필드(위임 프로퍼티)의 이름이다.

이제 자동으로 각 프로퍼티와 연결된 파일을 만들고 프로퍼티에 쓴 데이터를 파일에 저장할 수 있다.

```kotlin
package propertydelegation
import checkinstructions.DataFile
import atomictest.eq

class Configuration {
  var user by FileDelegate()
```

```
  var id by FileDelegate()
  var project by FileDelegate()
}

fun main() {
  val config = Configuration()
  config.user = "Luciano"
  config.id = "Ramalho47"
  config.project = "MyLittlePython"
  DataFile("user.txt").readText() eq "Luciano"
  DataFile("id.txt").readText() eq "Ramalho47"
  DataFile("project.txt").readText() eq
    "MyLittlePython"
}
```

위임 프로퍼티를 둘러싼 위임자의 타입을 무시할 수 있으므로 이 프로퍼티는 재사용이 가능하다.

프로퍼티 위임 도구

표준 라이브러리에는 특별한 프로퍼티 위임 연산이 들어 있다.

Map은 위임 프로퍼티의 위임 객체로 쓰일 수 있도록 미리 설정된 코틀린 표준 라이브러리 타입 중 하나다. 어떤 클래스의 모든 프로퍼티를 저장하기 위해 Map을 하나만 써도 된다. 이 맵에서 각 프로퍼티는 String 타입의 키가 되고, 저장한 값은 맵에서 키와 연관된 값이 된다.

DelegationTools/CarService.kt

```
package propertydelegation
import atomictest.eq

class Driver(
  map: MutableMap<String, Any?>
) {
  var name: String by map
  var age: Int by map
  var id: String by map
  var available: Boolean by map
  var coord: Pair<Double, Double> by map
}

fun main() {
  val info = mutableMapOf<String, Any?>(
    "name" to "Bruno Fiat",
    "age" to 22,
    "id" to "X97C111",
    "available" to false,
    "coord" to Pair(111.93, 1231.12)
  )
```

```
  val driver = Driver(info)
  driver.available eq false
  driver.available = true
  info eq "{name=Bruno Fiat, age=22, " +
    "id=X97C111, available=true, " +
    "coord=(111.93, 1231.12)}"
}
```

주의할 점은 driver.available = true라고 설정할 때 원본 맵 info가 변경된다는 사실이다. 이런 동작이 작동하는 이유는 코틀린 표준 라이브러리에서 Map의 확장 함수로 프로퍼티 위임을 가능하게 해주는 getValue()와 setValue()를 제공하기 때문이다. 다음 코드는 이 두 함수가 어떻게 동작하는지를 보여주기 위해 구현을 단순화한 것이다.

DelegationTools/MapAccessors.kt

```
package delegationtools
import kotlin.reflect.KProperty

operator fun MutableMap<String, Any>.getValue(
  thisRef: Any?, property: KProperty<*>
): Any? {
  return this[property.name]
}

operator fun MutableMap<String, Any>.setValue(
  thisRef: Any?, property: KProperty<*>,
  value: Any
) {
  this[property.name] = value
}
```

실제 라이브러리에서 두 함수의 정의를 보고 싶다면, 인텔리J IDEA나 안드로이드 스튜디오에서 by 키워드에 커서를 위치시키고 **Go To Declaration**(선언 찾기)[12]을 선택하라.

Delegates.observable()은 가변 프로퍼티의 값이 변경되는지 관찰한다. 다음 코드는 이전 값과 새 값을 추적하는 모습이다.

---

12 https://www.jetbrains.com/help/idea/navigating-through-the-source-code.html#go_to_declaration

```
package delegationtools
import kotlin.properties.Delegates.observable
import atomictest.eq

class Team {
  var msg = ""
  var captain: String by observable("<0>") {
    prop, old, new ->
    msg += "${prop.name} $old to $new "
  }
}

fun main() {
  val team = Team()
  team.captain = "Adam"
  team.captain = "Amanda"
  team.msg eq "captain <0> to Adam " +
    "captain Adam to Amanda"
}
```

observable()은 인자를 두 개 받는다.

- 프로퍼티의 최초 값: 여기서는 "<0>"이다.

- 프로퍼티가 변경될 때 실행할 동작을 지정하는 함수: 여기서는 람다를 사용한다. 함수의 인자는 변경 중인 프로퍼티, 그 프로퍼티의 현재 값, 그 프로퍼티에 저장될 새로운 값이다.

Delegates.vetoable()을 사용하면 새 프로퍼티 값이 어떤 술어를 만족하지 않을 때 프로퍼티가 변경되는 것을 방지할 수 있다. 다음 코드에서 aName()은 팀 주장(captain)의 이름이 'A'로 시작하도록 강제한다.

```
package delegationtools
import atomictest.*
import kotlin.properties.Delegates
import kotlin.reflect.KProperty

fun aName(
  property: KProperty<*>,
  old: String,
  new: String
) = if (new.startsWith("A")) {
  trace("$old -> $new")
```

```kotlin
      true
    } else {
      trace("Name must start with 'A'")
      false
    }

interface Captain {
  var captain: String
}

class TeamWithTraditions : Captain {
  override var captain: String
    by Delegates.vetoable("Adam", ::aName)
}

class TeamWithTraditions2 : Captain {
  override var captain: String
    by Delegates.vetoable("Adam") {
      _, old, new ->
      if (new.startsWith("A")) {
        trace("$old -> $new")
        true
      } else {
        trace("Name must start with 'A'")
        false
      }
    }
}

fun main() {
  listOf(
    TeamWithTraditions(),
    TeamWithTraditions2()
  ).forEach {
    it.captain = "Amanda"
    it.captain = "Bill"
    it.captain eq "Amanda"
  }
  trace eq """
    Adam -> Amanda
    Name must start with 'A'
    Adam -> Amanda
    Name must start with 'A'
  """
}
```

Delegates.vetoable()은 인자를 두 개 받는다. 첫 번째 파라미터는 프로퍼티의 초깃값이고, 두 번째 파라미터는 onChange() 함수다. 방금 본 예제에서는 ::aName 함수였다. onChange()는 첫 번째 파라미터로 property: KProperty<*> 타입의 위임 프로퍼티에 대한 정보를, 두 번째 파라미터로 위임 프로퍼티의 현재 값을 나타내는 old 값, 세 번째 파라미터로 위임 프로퍼티에 저장하려고 하는 새 값을 나타내는 new 값을 받는다. 이 함수는 변경해도 되면 true를, 변경을 막아야 하면 false를 반환한다.

TeamWithTraditions2는 Delegates.vetoable()을 aName() 함수 대신 람다를 사용해 정의한다.

properties.Delegates에 있는 나머지 도구는 notNull()이다. 이 함수는 읽기 전에 꼭 초기화해야 하는 프로퍼티를 정의한다.

DelegationTools/NeverNull.kt

```kotlin
package delegationtools
import atomictest.*
import kotlin.properties.Delegates
class NeverNull {
  var nn: Int by Delegates.notNull()
}
fun main() {
  val non = NeverNull()
  capture {
    non.nn
  } eq "IllegalStateException: Property " +
    "nn should be initialized before get."
  non.nn = 11
  non.nn eq 11
}
```

non.nn에 값을 저장하기 전에 nn을 읽으려고 시도하면 예외가 발생한다. nn에 값을 저장한 다음에는 nn에서 정상적으로 값을 읽을 수 있다.

ATOMIC KOTLIN
아톰

86

지연 계산 초기화

지금까지 프로퍼티를 초기화하는 두 가지 방법을 배웠다.

• 프로퍼티를 정의하는 시점이나 생성자 안에서 초깃값을 저장한다.
• 프로퍼티에 접근할 때마다 값을 계산하는 커스텀 게터를 정의한다.

이번 아톰은 세 번째 경우를 설명한다. 초깃값을 계산하는 비용이 많이 들지만 프로퍼티를 선언하는 시점에 즉시 필요하지 않거나 아예 전혀 필요하지 않을 수도 있는 경우다. 예를 들면 다음과 같다.

• 복잡하고 시간이 오래 걸리는 계산
• 네트워크 요청
• 데이터베이스 접근

이런 프로퍼티를 생성 시점에 즉시 초기화하는 경우, 다음 두 가지 문제를 야기한다.

• 애플리케이션 초기 시작 시간이 길어질 수 있다.
• 전혀 사용하지 않거나 나중에 계산해도 될 프로퍼티 값을 계산하기 위해 불필요한 작업을 수행할 수 있다.

이런 일이 자주 일어나기 때문에 코틀린은 이에 대한 해법을 내장하고 있다. 지연 계산(lazy)[13] 프로퍼티는 생성 시점이 아니라 처음 사용할 때 초기화된다. 지연 계산 프로퍼티를 사용하면 (그 프로퍼티 값을 읽기 전까지는) 결코 비싼 초기화 계산을 수행하지 않는다.

---

13 [옮긴이] lazy property를 '지연 프로퍼티'라고 해도 되겠지만 아톰 87에서 다루는 늦은 초기화 프로퍼티(lateinit property)와의 혼동을 피하기 위해 '지연 계산 프로퍼티'라는 용어를 쓰고, 이에 맞춰 lazy도 '지연 계산'이라고 번역한다.

지연 계산 프로퍼티가 코틀린에만 있는 개념은 아니다. 언어에서 직접 지원하는지 여부를 떠나 지연 계산을 구현한 많은 언어가 있다. 코틀린은 프로퍼티 위임(아톰 84)을 사용해 일관성 있고 알아보기 쉬운 지연 계산 프로퍼티 구문을 제공한다. 지연 계산 프로퍼티의 경우 by 다음에 lazy()를 붙인다.

```
val lazyProperty by lazy { 초기화코드 }
```

lazy()는 초기화 로직이 들어 있는 람다다. 언제나처럼 람다의 마지막 식이 결괏값이 되고 프로퍼티에 저장된다.

LazyInitialization/LazySyntax.kt

```kotlin
package lazyinitialization
import atomictest.*

val idle: String by lazy {
  trace("Initializing 'idle'")
  "I'm never used"
}

val helpful: String by lazy {
  trace("Initializing 'helpful'")
  "I'm helping!"
}

fun main() {
  trace(helpful)
  trace eq """
    Initializing 'helpful'
    I'm helping!
  """
}
```

idle 프로퍼티를 전혀 읽지 않으므로 이 프로퍼티는 결코 초기화되지 않는다.

여기서 helpful과 idle이 모두 val이라는 점에 유의하라. lazy 초기화가 없다면 이들을 var로 선언해야 하기 때문에 신뢰성이 덜한 코드가 생긴다.

지연 계산 프로퍼티의 초기화가 어떻게 작동하는지 다음 예제에서 살펴볼 수 있다. 이 예제에서는 Int 타입인 지연 계산 프로퍼티의 동작을 lazy() 위임 없이 구현한다.

```
package lazyinitialization
import atomictest.*
class LazyInt(val init: () -> Int) {
  private var helper: Int? = null
  val value: Int
    get() {
      if (helper == null)
        helper = init()
      return helper!!
    }
}

fun main() {
  val later = LazyInt {
    trace("Initializing 'later'")
    5
  }
  trace("First 'value' access:")
  trace(later.value)
  trace("Second 'value' access:")
  trace(later.value)
  trace eq """
    First 'value' access:
    Initializing 'later'
    5
    Second 'value' access:
    5
  """
}
```

value 프로퍼티는 값을 저장하지 않지만, helper 프로퍼티에 저장된 값을 읽는 게터가 있다. 이
코드는 코틀린이 by lazy()에 대해 생성하는 코드와 비슷하다.

이제 프로퍼티를 초기화하는 세 가지 방법(정의 시점, 게터, 지연 계산)을 비교해보자.

```
package lazyinitialization
import atomictest.trace

fun compute(i: Int): Int {
  trace("Compute $i")
  return i
}

object Properties {
```

```kotlin
  val atDefinition = compute(1)
  val getter
    get() = compute(2)
  val lazyInit by lazy { compute(3) }
  val never by lazy { compute(4) }
}

fun main() {
  listOf(
    Properties::atDefinition,
    Properties::getter,
    Properties::lazyInit
  ).forEach {
    trace("${it.name}:")
    trace("${it.get()}")
    trace("${it.get()}")
  }
  trace eq """
    Compute 1
    atDefinition:
    1
    1
    getter:
    Compute 2
    2
    Compute 2
    2
    lazyInit:
    Compute 3
    3
    3
  """
}
```

- atDefinition은 Properties의 인스턴스를 생성할 때 초기화된다.

- 'Compute 1'은 'atDefinition'보다 앞에 나타난다. 이는 초기화가 프로퍼티 접근 이전에 발생한다는 사실을 보여준다.

- getter 프로퍼티에 접근할 때마다 getter가 계산된다. 그래서 'Compute 2'가 프로퍼티에 접근할 때마다 한 번씩, 모두 두 번 나타난다.

- lazyInit의 초기화 값은 never 프로퍼티에 처음 접근할 때 한 번만 계산된다. 프로퍼티에 접근하지 않으면 초기화가 일어나지 않는다. 'Compute 4'가 트레이스에 전혀 나오지 않는다는 사실을 확인하라.

늦은 초기화

때로는 by lazy( )를 사용하지 않고 별도의 멤버 함수에서 클래스의 인스턴스가 생성된 다음에 프로퍼티를 초기화하고 싶은 경우가 있다.

예를 들어 프레임워크나 라이브러리가 특별한 함수 안에서 초기화를 해야 한다고 요구할 수 있다. 이런 라이브러리의 클래스를 확장하는 경우, 여러분이 특별한 함수의 자체 구현을 제공할 수 있다.

인스턴스를 초기화하는 setUp( ) 메서드가 정의된 Bag 인터페이스를 생각해보자.

LateInitialization/Bag.kt

```
package lateinitialization

interface Bag {
  fun setUp()
}
```

Bag을 초기화하고 조작하면서 setUp( ) 호출을 보장해주는 라이브러리가 있고, 이 라이브러리를 재사용하길 원한다고 가정해보자. 이 라이브러리는 Bag의 생성자에서 프로퍼티를 초기화하지 않기 때문에 하위 클래스가 반드시 setUp( ) 안에서 초기화를 해야 한다고 요구한다.

LateInitialization/Suitcase.kt

```
package lateinitialization
import atomictest.eq

class Suitcase : Bag {
  private var items: String? = null
  override fun setUp() {
```

```
    items = "socks, jacket, laptop"
  }
  fun checkSocks(): Boolean =
    items?.contains("socks") ?: false
}

fun main() {
  val suitcase = Suitcase()
  suitcase.setUp()
  suitcase.checkSocks() eq true
}
```

Suitcase는 setUp()을 오버라이드해서 items를 초기화한다. 하지만 items를 그냥 String으로 정의할 수는 없다. items를 String 타입으로 정의한다면 생성자에서 널이 아닌 초깃값으로 items를 초기화해야 한다. 빈 문자열 같은 특별한 값을 사용하는 것은 나쁜 방식이다. 진짜 초기화됐는지 여부를 알 수 없기 때문이다. null은 items가 초기화되지 않았음을 표시한다.

items를 널이 될 수 있는 String?로 선언하면 checkSocks()에서 한 것처럼 모든 멤버 함수에서 널 검사를 해야 한다는 뜻이다. 하지만 우리가 재사용 중인 라이브러리는 setUp()을 호출해서 items를 초기화해준다. 따라서 매번 널 검사를 하는 건 불필요하다.

lateinit 프로퍼티는 이 문제를 해결해준다. 다음 코드는 BetterSuitcase의 인스턴스를 생성한 다음에 items를 초기화한다.

LateInitialization/BetterSuitcase.kt

```
package lateinitialization
import atomictest.eq

class BetterSuitcase : Bag {
  lateinit var items: String
  override fun setUp() {
    items = "socks, jacket, laptop"
  }
  fun checkSocks() = "socks" in items
}

fun main() {
  val suitcase = BetterSuitcase()
  suitcase.setUp()
  suitcase.checkSocks() eq true
}
```

이 버전의 checkSocks()와 Suitcase.kt의 checkSocks()를 비교해보라. lateinit을 쓴다는 말은 items를 안전하게 널이 아닌 프로퍼티로 선언해도 된다는 말이다.

클래스 본문과 최상위 영역이나 지역에 정의된 var에 대해 lateinit을 적용할 수 있다.

lateinit의 제약 사항은 다음과 같다.

- lateinit은 var 프로퍼티에만 적용할 수 있고 val에는 적용할 수 없다.
- 프로퍼티의 타입은 널이 아닌 타입이어야 한다.
- 프로퍼티가 원시 타입의 값이 아니어야 한다.
- 추상 클래스의 추상 프로퍼티나 인스턴스의 프로퍼티에 lateinit을 적용할 수 없다.
- 커스텀 게터 및 세터를 지원하는 프로퍼티에 lateinit을 적용할 수 없다.

이런 프로퍼티를 깜빡하고 초기화하지 않으면 어떤 일이 벌어질까? 초기화 로직이 복잡할 수도 있고 코틀린이 검사할 수 없는 다른 프로퍼티에 의존할 수도 있으므로 컴파일 시점에는 오류나 경고 메시지를 볼 수 없다.

LateInitialization/FaultySuitcase.kt

```
package lateinitialization
import atomictest.*

class FaultySuitcase : Bag {
  lateinit var items: String
  override fun setUp() {}
  fun checkSocks() = "socks" in items
}

fun main() {
  val suitcase = FaultySuitcase()
  suitcase.setUp()
  capture {
    suitcase.checkSocks()
  } eq
    "UninitializedPropertyAccessException" +
    ": lateinit property items " +
    "has not been initialized"
}
```

실행 시점에 발생하는 예외 안에는 이 문제를 쉽게 해결할 수 있는 충분히 자세한 정보가 들어 있다. 비슷한 문제를 null 포인터를 추적해 찾아내려면 더 힘든 경우가 많다.

.isInitialized를 사용하면 lateinit 프로퍼티가 초기화됐는지 판단할 수 있다. 프로퍼티가 현

재 영역 안에 있어야 하며, :: 연산자를 사용해 프로퍼티에 접근할 수 있어야만 .isInitialized
에 접근할 수 있다.

LateInitialization/IsInitialized.kt

```kotlin
package lateinitialization
import atomictest.*

class WithLate {
  lateinit var x: String
  fun status() = "${::x.isInitialized}"
}

lateinit var y: String

fun main() {
  trace("${::y.isInitialized}")
  y = "Ready"
  trace("${::y.isInitialized}")
  val withlate = WithLate()
  trace(withlate.status())
  withlate.x = "Set"
  trace(withlate.status())
  trace eq "false true false true"
}
```

지역 lateinit var를 정의할 수도 있지만, 지역 var나 val에 대한 참조를 허용하지 않기 때문에
.isInitialized를 호출할 수 없다.

ATOMIC KOTLIN

Appendix

부록

아토믹 테스트

이 책의 예제를 검증하기 위해 최소한의 테스트 프레임워크인 AtomicTest를 사용했다. AtomicTest는 학습 과정 초반에 단위 테스트를 소개하고 사용하도록 장려하기 위한 것이기도 하다.

이 프레임워크는 다음 아톰에서 설명했다.

- '아톰 22, 테스트'에서 이 프레임워크를 소개하고 eq 및 neq 함수와 trace 객체에 대해 설명했다.
- '아톰 23, 예외'에서 capture() 함수를 소개했다.
- '아톰 73, 예외 처리'에서 capture() 함수 구현에 대해 설명했다.
- '아톰 78, 단위 테스트'에서 AtomicTest를 사용해 단위 테스트 개념을 소개했다.

AtomicTest/AtomicTest.kt

```
package atomictest
import kotlin.math.abs
import kotlin.reflect.KClass

const val ERROR_TAG = "[Error]: "

private fun <L, R> test(
  actual: L,
  expected: R,
  checkEquals: Boolean = true,
  predicate: () -> Boolean
) {
  println(actual)
  if (!predicate()) {
    print(ERROR_TAG)
```

```
    println("$actual " +
      (if (checkEquals) "!=" else "==") +
      " $expected")
  }
}


/**
 * this 객체의 문자열 표현을
 * rval 문자열과 비교한다
 */
infix fun Any.eq(rval: String) {
  test(this, rval) {
    toString().trim() == rval.trimIndent()
  }
}


/**
 * this가 rval과 같은지 검증한다
 */
infix fun <T> T.eq(rval: T) {
  test(this, rval) {
    this == rval
  }
}


/**
 * this != 'rval'인지 검증한다
 */
infix fun <T> T.neq(rval: T) {
  test(this, rval, checkEquals = false) {
    this != rval
  }
}


/**
 * 어떤 Double 값이 rval에 지정된 Double 값과 같은지 비교한다
 * 두 값의 차이가 작은 양숫값(0.0000001)보다 작으면 두 Double을 같다고 판정한다
 */
infix fun Double.eq(rval: Double) {
  test(this, rval) {
    abs(this - rval) < 0.0000001
  }
}


/**
 * 포획한 예외 정보를 저장하는 클래스
 */
```

```kotlin
class CapturedException(
  private val exceptionClass: KClass<*>?,
  private val actualMessage: String
) {
  private val fullMessage: String
    get() {
      val className =
        exceptionClass?.simpleName ?: ""
      return className + actualMessage
    }
  infix fun eq(message: String) {
    fullMessage eq message
  }
  infix fun contains(parts: List<String>) {
    if (parts.any { it !in fullMessage }) {
      print(ERROR_TAG)
      println("Actual message: $fullMessage")
      println("Expected parts: $parts")
    }
  }
  override fun toString() = fullMessage
}

/**
 * 예외를 포획해 CapturedException에 저장한 후 돌려준다
 * 사용법
 * capture {
 *   // 실패가 예상되는 코드
 * } eq "예외클래스이름: 메시지"
 */
fun capture(f:() -> Unit): CapturedException =
  try {
    f()
    CapturedException(null,
      "$ERROR_TAG Expected an exception")
  } catch (e: Throwable) {
    CapturedException(e::class,
      (e.message?.let { ": $it" } ?: ""))
  }

/**
 * 다음과 같이 여러 trace() 호출의 출력을 누적시켜준다
 *   trace("info")
 *   trace(object)
 * 나중에 누적된 출력을 예상값과 비교할 수 있다
 *   trace eq "expected output"
 */
```

```kotlin
object trace {
  private val trc = mutableListOf<String>()
  operator fun invoke(obj: Any?) {
    trc += obj.toString()
  }
  /**
   * trc의 내용을 여러 줄 String과 비교한다
   * 비교할 때 공백은 무시한다
   */
  infix fun eq(multiline: String) {
    val trace = trc.joinToString("\n")
    val expected = multiline.trimIndent()
      .replace("\n", " ")
    test(trace, multiline) {
      trace.replace("\n", " ") == expected
    }
    trc.clear()
  }
}
```

자바 상호 운용성

부록 B는 코틀린과 자바를 서로 연결하는 기법과 두 언어를 동시에 사용할 때 생길 수 있는 문제를 다룬다.

코틀린 설계의 핵심 목표는 자바 프로그래머에게 원활한 개발 경험을 제공하는 것이다. 코틀린으로 천천히 옮겨가고 싶다면, 기존 자바 프로젝트에 코틀린을 여기저기 조금씩 끼워 넣는 방식으로 시작할 수 있다. 이런 방법으로 새 코틀린 코드를 기존 자바 코드 기반 위에 작성할 수 있고 코틀린 언어의 장점을 살릴 수 있지만, 굳이 코틀린으로 변환할 필요가 없는 자바 코드를 억지로 코틀린으로 바꿔 쓸 필요는 없다.

자바 코드를 코틀린 쪽에서 호출하는 것도 쉽지만, 코틀린 코드를 자바 프로그램에서 호출해 사용하는 것도 간단하다.

코틀린에서 자바 호출하기

코틀린에서 자바 클래스를 사용하려면 그냥 자바에서 하는 것처럼 클래스를 임포트하고 인스턴스를 만들고 함수를 호출하면 된다. 다음은 java.util.Random()을 호출하는 예제다.

interoperability/Random.kt

```kotlin
import atomictest.eq
import java.util.Random

fun main() {
  val rand = Random(47)
  rand.nextInt(100) eq 58
}
```

코틀린으로 작성한 클래스의 인스턴스를 만들 때처럼 자바의 new 연산자를 사용하지 않아도 된다. 자바 라이브러리에서 가져온 클래스는 마치 코틀린으로 작성한 클래스처럼 작동한다.

자바 클래스에 정의된 자바빈(JavaBean) 스타일의 게터와 세터는 코틀린에서는 프로퍼티가 된다.

interoperability/Chameleon.java

```java
package interoperability;
import java.io.Serializable;

public
class Chameleon implements Serializable {
  private int size;
  private String color;
  public int getSize() {
    return size;
  }
  public void setSize(int newSize) {
    size = newSize;
  }
  public String getColor() {
    return color;
  }
  public void setColor(String newColor) {
    color = newColor;
  }
}
```

자바와 함께 사용하려면 패키지 이름이 (대소문자까지 포함해) 디렉터리 이름과 똑같아야 한다. 자바 패키지 이름은 보통 소문자로만 이뤄진다. 이런 관습에 맞추기 위해 이번 부록에서는 interoperability를 예제 하위 디렉터리 이름으로 사용한다.

임포트한 Chameleon 클래스는 프로퍼티가 있는 코틀린 클래스처럼 작동한다.

interoperability/UseBeanClass.kt

```kotlin
import interoperability.Chameleon
import atomictest.eq

fun main() {
  val chameleon = Chameleon()
  chameleon.size = 1
  chameleon.size eq 1
  chameleon.color = "green"
  chameleon.color eq "green"
```

```
  chameleon.color = "turquoise"
  chameleon.color eq "turquoise"
}
```

자바 라이브러리에 속한 클래스에 필요한 멤버 함수가 없을 때 확장 함수가 특히 유용하다. 예를
들어 Chameleon에 adjustToTemperature()라는 연산을 추가할 수 있다.

interoperability/ExtensionsToJavaClass.kt

```
package interop
import interoperability.Chameleon
import atomictest.eq

fun Chameleon.adjustToTemperature(
  isHot: Boolean
) {
  color = if (isHot) "grey" else "black"
}

fun main() {
  val chameleon = Chameleon()
  chameleon.size = 2
  chameleon.size eq 2
  chameleon.adjustToTemperature(isHot = true)
  chameleon.color eq "grey"
}
```

코틀린 표준 라이브러리에는 List나 String 같은 자바 표준 라이브러리 클래스에 대한 확장 함수
가 많이 들어 있다.

자바에서 코틀린 호출하기

코틀린은 자바에서 사용할 수 있는 라이브러리를 만들어낸다. 자바 프로그래머에게 코틀린 라이
브러리는 자바 라이브러리처럼 보인다.

자바에서는 모든 것이 클래스이므로, 먼저 프로퍼티와 함수가 들어 있는 코틀린 클래스부터 시작
해보자.

```
package interop
class Basic {
  var property1 = 1
  fun value() = property1 * 10
}
```

이 클래스를 자바에서 임포트하면 일반적인 자바 클래스처럼 보인다.

```
package interoperability;
import interop.Basic;
import static atomictest.AtomicTestKt.eq;

public class UsingKotlinClass {
  public static void main(String[] args) {
    Basic b = new Basic();
    eq(b.getProperty1(), 1);
    b.setProperty1(12);
    eq(b.value(), 120);
  }
}
```

property1은 자바빈 스타일의 게터와 세터가 있는 private 필드가 된다. value() 멤버 함수는 같은 이름의 자바 메서드가 된다.

위 예제 코드에서는 AtomicTest도 임포트했다. 이 경우 추가적인 '의식'이 약간 더 필요하다. 패키지 이름 앞에 static 키워드를 붙여서 AtomicTest를 임포트할 수 있으며, 자바가 함수를 중위 연산자 구문으로 호출하도록 허용하지 않기 때문에 eq()를 항상 일반 함수를 호출하듯이 호출해야 한다.

코틀린 클래스와 자바 클래스가 같은 패키지에 있다면 임포트할 필요가 없다.

```
package interoperability

data class Staff(
  var name: String,
  var role: String
)
```

data class는 equals(), hashCode(), toString() 같은 추가 멤버 함수를 생성한다. 이들은 모두 자바 내에서 매끄럽게 작동할 수 있다. main()의 맨 끝에서 데이터 클래스로 객체를 HashMap에 넣어 equals()와 hashCode() 구현을 테스트한다.

interoperability/UseDataClass.java

```java
package interoperability;

import java.util.HashMap;
import static atomictest.AtomicTestKt.eq;

public class UseDataClass {
  public static void main(String[] args) {
    Staff e = new Staff(
      "Fluffy", "Office Manager");
    eq(e.getRole(), "Office Manager");
    e.setName("Uranus");
    e.setRole("Assistant");
    eq(e,
      "Staff(name=Uranus, role=Assistant)");
    // 데이터 클래스의 copy()를 호출한다
    Staff cf = e.copy("Cornfed", "Sidekick");
    eq(cf,
      "Staff(name=Cornfed, role=Sidekick)");
    HashMap<Staff, String> hm =
    new HashMap<>();
    // Staff 객체를 해시 키로 사용한다
    hm.put(e, "Cheerful");
    eq(hm.get(e), "Cheerful");
  }
}
```

명령줄을 사용해 코틀린 코드와 함께 동작하는 자바 코드를 실행한다면 kotlin-runtime.jar를 의존 관계로 추가해야 한다. 그렇지 않으면 라이브러리의 유틸리티 클래스들을 찾을 수 없다는 실행 시점 오류가 발생한다. 인텔리J IDEA는 kotlin-runtime.jar를 (IDE 안에서 코틀린과 함께 동작하는 자바 코드를 실행할 때) 자동으로 포함시켜준다.

코틀린 최상위 함수는 코틀린 파일로부터 이름을 딴 자바 클래스의 static 메서드로 컴파일된다.

interoperability/TopLevelFunction.kt

```kotlin
package interop

fun hi() = "Hello!"
```

이 함수를 임포트하려면 코틀린이 생성한 클래스 이름[1]을 써야 한다. 그리고 static 메서드를 호출할 때도 이 클래스 이름을 붙여야 한다.

interoperability/CallTopLevelFunction.java

```java
package interoperability;
import interop.TopLevelFunctionKt;
import static atomictest.AtomicTestKt.eq;

public class CallTopLevelFunction {
    public static void main(String[] args) {
        eq(TopLevelFunctionKt.hi(), "Hello!");
    }
}
```

hi()를 패키지 이름으로 한정하고 싶지 않을 때는 AtomicTest의 경우와 마찬가지로 import static을 사용한다.

interoperability/CallTopLevelFunction2.java

```java
package interoperability;
import static interop.TopLevelFunctionKt.hi;
import static atomictest.AtomicTestKt.eq;

public class CallTopLevelFunction2 {
    public static void main(String[] args) {
        eq(hi(), "Hello!");
    }
}
```

코틀린이 생성한 클래스 이름이 마음에 들지 않으면 @JvmName 애너테이션을 써서 클래스 이름을 지정할 수도 있다.

interoperability/ChangeName.kt

```kotlin
@file:JvmName("Utils")
package interop

fun salad() = "Lettuce!"
```

이렇게 하고 나면 ChangeNameKt 대신 Utils를 클래스 이름으로 쓸 수 있다.

---

1   옮긴이 예제를 보면 알 수 있듯이, 파일이 fileName.kt면 코틀린이 생성한 클래스는 FileNameKt가 된다.

```
package interoperability;
import interop.Utils;
import static atomictest.AtomicTestKt.eq;

public class MakeSalad {
    public static void main(String[] args) {
        eq(Utils.salad(), "Lettuce!");
    }
}
```

코틀린 공식 문서[2]에서 더 자세한 내용을 볼 수 있다.

자바를 코틀린에 도입하기

코틀린 설계 목표 중 하나는 필요한 기존 자바 타입을 가져와서 적용하는 것이다. 이런 기능은 라이브러리 설계자에게만 필요한 기능이 아니다. 어떤 외부 코드 기반에 대해서도 마찬가지 논리를 적용할 수 있다.

'아톰 54, 재귀'에서는 효율적으로 피보나치 수를 계산하는 Fibonacci.kt를 만들었다. 이 구현은 반환값인 Long의 크기에 의해 제약을 받는다. 더 큰 수를 반환하고 싶다면, 자바 표준 라이브러리에 있는 BigInteger 클래스를 사용한다. 코드를 몇 줄만 추가하면 BigInteger를 네이티브 코틀린 코드처럼 느껴지게 변형할 수 있다.

```
package biginteger
import java.math.BigInteger

fun Int.toBigInteger(): BigInteger =
  BigInteger.valueOf(toLong())

fun String.toBigInteger(): BigInteger =
  BigInteger(this)

operator fun BigInteger.plus(
  other: BigInteger
): BigInteger = add(other)
```

---

2 https://kotlinlang.org/docs/reference/java-to-kotlin-interop.html

toBigInteger() 확장 함수는 BigInteger의 생성자에 수신 객체 문자열을 넘기거나 해서 Int나 String을 BigInteger로 변환해준다.

오버로딩한 연산자 BigInteger.plus()를 정의하면 number + other 같은 식을 BigInteger에 대해서도 쓸 수 있다. 이렇게 하면, 자바에서처럼 지저분하게 number.plus(other)라고 쓰지 않고 BigInteger를 더 즐겁게 사용할 수 있다.

BigInteger를 사용해 Recursion/Fibonacci.kt를 변환하면 훨씬 더 큰 값을 손쉽게 계산할 수 있다.

interoperability/BigFibonacci.kt

```
package interop
import atomictest.eq
import java.math.BigInteger
import java.math.BigInteger.ONE
import java.math.BigInteger.ZERO

fun fibonacci(n: Int): BigInteger {
  tailrec fun fibonacci(
    n: Int,
    current: BigInteger,
    next: BigInteger
  ): BigInteger {
    if (n == 0) return current
    return fibonacci(
      n - 1, next, current + next) // [1]
  }
  return fibonacci(n, ZERO, ONE)
}

fun main() {
  (0..7).map { fibonacci(it) } eq
    "[0, 1, 1, 2, 3, 5, 8, 13]"
  fibonacci(22) eq 17711.toBigInteger()
  fibonacci(150) eq
    "9969216677189303386214405760200"
      .toBigInteger()
}
```

모든 Long을 BigInteger로 치환했다. main()에서는 Int와 String을 BigInteger의 두 가지 확장 프로퍼티를 사용해 BigInteger로 변환한다.

- [1] plus() 연산자를 사용해 current + next를 계산했다. 이 식은 Long을 사용하는 원래 버전과 똑같다.

Recursion/Fibonacci.kt에서는 fibonacci(150)에서 넘침이 발생했지만, BigInteger로 변환한 버전에서는 문제없이 잘 작동한다.

자바의 검사 예외와 코틀린

자바는 C++ 언어의 패턴을 상당 부분 따라 했는데, C++에서는 함수가 던질 수 있는 예외를 지정할 수 있다. 자바 설계자들은 한 단계 더 나아가서, 예외를 던질 수 있다고 지정된 함수를 호출하는 함수에서는 발생 가능한 모든 예외를 꼭 잡아내야 한다고 강제했다. 이런 결정은 당시에는 좋은 생각인 것 같았고, 그래서 **검사 예외**(checked exception)라는 개념이 생겨났다. 검사 예외는 자바 이후 다른 언어에서는 시도된 적이 없는 실험이다(적어도 저자들이 아는 한 그렇다).

다음 예제는 파일을 읽고, 쓰고, 닫을 때 검사 예외를 꼭 잡아내야 하는 자바 코드다. 여기서는 검사 예외에 대해 기본적인 내용만 보여주지만, 실제 자바로 이 문제를 제대로 해결하려면 훨씬 더 복잡한 코드를 작성해야 한다.

interoperability/JavaChecked.java

```java
package interoperability;
import java.io.*;
import java.nio.file.*;
import static atomictest.AtomicTestKt.eq;

public class JavaChecked {
    // 그레이들이 호출된 현재 디렉터리를 기준으로
    // 대상 파일에 대한 경로를 만든다
    static Path thisFile = Paths.get(
            "DataFiles", "file_wubba.txt");
    public static void main(String[] args) {
        BufferedReader source = null;
        try {
            source = new BufferedReader(
                    new FileReader(thisFile.toFile()));
        } catch(FileNotFoundException e) {
            // 파일을 열 때 발생한 오류를 복구한다
        }
        try {
            String first = source.readLine();
            eq(first, "wubba lubba dub dub");
        } catch(IOException e) {
            // read()에서 발생한 오류를 복구한다
        }
        try {
            source.close();
```

```
    } catch(IOException e) {
        // close()에서 발생한 오류를 복구한다
    }
  }
}
```

세 가지 연산은 모두 연관된 검사 예외가 있으므로 try 블록 안에 있어야 한다. 그렇지 않으면 자바 컴파일러가 예외를 잡아내지 않는다는 컴파일 오류를 발생시킨다.

어떤 예외를 잡아내는 유일한 이유는 그 문제를 어떻게든 해결할 수 있는 경우뿐이다. 해결할 수 없는 문제라면, 그 예외에 대해 catch 절을 작성할 이유가 없다. 그냥 예외가 보고되게 놔둬야 한다. 위 예제를 보면 각 예외를 복구할 수 있을지 의문스럽지만, 자바에서는 여전히 try-catch 블록을 꼭 작성해야 한다.

위 예제를 코틀린으로 다시 작성해보자.

interoperability/KotlinChecked.kt

```
import atomictest.eq
import java.io.File

fun main() {
  File("DataFiles/file_wubba.txt")
    .readLines()[0] eq
    "wubba lubba dub dub"
}
```

코틀린은 자바 File 클래스에 확장 함수를 제공하기 때문에 앞의 예제를 한 줄로 줄일 수 있다. 동시에 코틀린에서는 검사 예외를 없애버렸다. 원한다면 try-catch 블록으로 중간 연산을 감쌀 수도 있지만, 코틀린에서는 검사 예외를 꼭 잡아내도록 강제하지 않는다. 따라서 잡음이 많은 오류 처리 코드를 굳이 작성하지 않고도 예외를 통한 오류 보고를 추가할 수 있다.

자바 라이브러리에서는 프로그래머가 제어할 수 없어서 일반적으로 복구가 불가능한 상황에서도 검사 예외를 자주 사용한다. 이런 경우에는 최상위에서 예외를 잡아내고, 가능하다면 전체 과정을 다시 시작하는 게 최선이다. 모든 중간 단계가 예외를 그냥 넘기게 놔두면 코드를 이해할 때 더해지는 인지적인 부담이 줄어든다.

자바에서 호출해야 하는 코틀린 코드를 작성해야 하고 검사 예외를 지정해야 한다면, 코틀린이 제공하는 @Throws라는 애너테이션을 사용해 자바 쪽 호출자에 검사 예외 정보를 전달할 수 있다.

```kotlin
package interop
import java.io.IOException

@Throws(IOException::class)
fun hasCheckedException() {
  throw IOException()
}
```

hasCheckedException()을 자바 코드에서 호출하는 방법은 다음과 같다.

```java
package interoperability;
import interop.AnnotateThrowsKt;
import java.io.IOException;
import static atomictest.AtomicTestKt.eq;

public class CatchChecked {
    public static void main(String[] args) {
        try {
            AnnotateThrowsKt.hasCheckedException();
        } catch(IOException e) {
            eq(e, "java.io.IOException");
        }
    }
}
```

이 예외를 처리하지 않으면 자바 컴파일러가 오류를 발생시킨다.

코틀린이 예외 처리를 위한 언어 지원을 제공하긴 하지만, 일반적으로 오류 보고를 강조하며 예외 처리는 실제 문제를 해결할 수 있는 경우(거의 대부분은 I/O 연산에 해당한다)에만 사용하는 것을 권장한다.

널이 될 수 있는 타입과 자바

코틀린은 순수한 코틀린 코드에 null 오류가 없음을 보장하지만, 자바를 호출하는 경우 이를 보장받을 수 없다. 다음 자바 코드에서 get()은 null을 반환할 수도 있다.

```java
package interoperability;

public class JTool {
    public static JTool get(String s) {
        if(s == null) return null;
        return new JTool();
    }
    public String method() {
        return "Success";
    }
}
```

코틀린 안에서 JTool을 사용하려면 get()의 동작을 알고 있어야 한다. 이 경우 세 가지 선택이 가능하다. 다음 예제 코드에서 a, b, c가 바로 그 세 가지 경우다.

```kotlin
package interop
import interoperability.JTool
import atomictest.eq

object KotlinCode {
  val a: JTool? = JTool.get("") // [1]
  val b: JTool = JTool.get("")  // [2]
  val c = JTool.get("")         // [3]
}
fun main() {
  with(KotlinCode) {
    a?.method() eq "Success"    // [4]
    b.method() eq "Success"
    c.method() eq "Success"     // [5]
    ::a.returnType eq
      "interoperability.JTool?"
    ::b.returnType eq
      "interoperability.JTool"
    ::c.returnType eq
      "interoperability.JTool!" // [6]
  }
}
```

- [1] 타입을 널이 될 수 있는 타입으로 지정한다.

- [2] 타입을 널이 될 수 없는 타입으로 지정한다.

- [3] 타입 추론을 사용한다.

main()의 with()에서 KotlinCode로 한정하지 않고 a, b, c를 사용할 수 있다. 각 식별자가 object 안에 있기 때문에 멤버 참조 구문을 사용하고 returnType 프로퍼티를 사용해 각각의 타입을 결정할 수 있다.

a, b, c를 초기화하기 위해 get()에 null이 아닌 String을 넘겼다. 따라서 a, b, c는 모두 null이 아닌 참조가 되고, 각각의 method() 호출이 성공한다.

- [4] a가 널이 될 수 있는 타입이기 때문에 멤버 함수 호출을 위해서는 ?.을 사용해야 한다.
- [5] c는 널이 될 수 없는 타입처럼 동작하기 때문에 아무 검사를 하지 않아도 멤버 함수를 호출할 수 있다.
- [6] c가 널이 될 수 있는 타입도, 널이 될 수 없는 타입도 아닌 JTool!라는 전혀 다른 무언가라는 점에 유의하라.

타입!는 코틀린의 **플랫폼 타입**(platform type)이며, 코틀린 소스 코드에서 이를 표현할 수 있는 방법은 없다. 플랫폼 타입은 코틀린이 코틀린 타입을 벗어나는 타입을 추론했을 때 사용한다.

어떤 타입의 값을 자바에서 가져온 경우 그 값이 null 포인터 예외(NPE)를 발생시킬 수 있다. 다음 예제에서 JTool.get()이 null 참조를 반환할 때 어떤 일이 생기는지 살펴보자.

interoperability/NPEOnPlatformType.kt

```
import interoperability.JTool
import atomictest.*

fun main() {
  val xn: JTool? = JTool.get(null)  // [1]
  xn?.method() eq null
  val yn = JTool.get(null)          // [2]
  yn?.method() eq null              // [3]
  capture {
    yn.method()                     // [4]
  } contains listOf("NullPointerException")
  capture {
    val zn: JTool = JTool.get(null) // [5]
  } eq "NullPointerException: " +
    "get(null) must not be null"
}
```

JTool.get() 같은 자바 메서드를 코틀린에서 호출하면 반환값은 플랫폼 타입이 된다(다음 절에서 설명하는 대로 애너테이션이 붙은 경우는 제외). 여기서 반환값은 JTool! 타입이다.

- [1] xn이 JTool?라는 널이 될 수 있는 타입이기 때문에 성공적으로 null을 받는다. 코틀린에

서는 ?.을 사용해 method()를 호출해야 하기 때문에 null을 널이 될 수 있는 타입에 대입하면 안전하다.

- [2] 정의 시점에서 yn은 JTool!라는 플랫폼 타입이기 때문에 null을 아무 오류 메시지 없이 받을 수 있다.

- [3] yn을 역참조할 때는 안전한 호출 연산자 ?.을 써야 한다. 여기서 ?.은 null을 반환한다.

- [4] 하지만 플랫폼 타입에 대해서는 ?.을 꼭 사용하도록 강제하지는 않는다. 여기서 NullPointerException이 발생하는데, 이 예외에는 도움이 되는 메시지가 전혀 들어 있지 않다.

- [5] 널이 될 수 없는 타입에 대입해도 NPE가 발생한다. 코틀린은 대입 시점에 널 가능성을 검사한다. zn에 지정된 JTool이라는 타입은 zn이 널이 아님을 보장하는데, 실제로는 null이 대입되므로 NullPointerException이 발생한다. 이 경우에는 도움이 될 수 있는 메시지가 들어 있다는 점이 다르다.

'null: NullPointerException: get(null) must not be null'이라는 예외 메시지에는 NPE를 발생시킨 식이 무엇인지에 대한 상세 정보가 들어 있다. 이 예외가 실행 시점 예외이긴 하지만, 오류 메시지를 이해할 수 있으므로 일반적인 NPE를 해결할 때보다 훨씬 쉽게 문제를 해결할 수 있다.

플랫폼 타입에는 해당 타입에 대한 **최소한**의 정보만 들어 있다. 여기서는 해당 타입이 JTool클래스라는 사실만 알려준다. 이 타입은 널일 수도 있고 널이 아닐 수도 있다. 추론된 플랫폼 타입을 사용할 때는 그냥 널 가능성을 알 수 없다.

코틀린과 자바를 혼용하는 프로젝트를 수행한다면 자바 코드 기반에 대한 제어권을 여러분이 갖고 있을 수도 있고 그렇지 않을 수도 있다. 외부 자바 라이브러리를 사용한다면 소스 코드를 변경할 수 없고, 이에 따라 플랫폼 타입을 처리해야만 한다.

플랫폼 타입은 매끄러운 자바 상호 운용성을 제공하는 동시에 타입 추론의 일관성을 유지한다. 하지만 플랫폼 타입에 의존하지 말라. 널 가능성에 대한 애너테이션이 붙지 않은 자바 코드를 제대로 처리하는 전략은 타입 추론을 피하고 여러분이 호출하는 코드가 null을 만들어낼 수 있는지 이해하는 것이다.

널 가능성 애너테이션

자바 코드 기반에 대한 제어권이 있다면 자바 코드에 널 가능성 애너테이션을 붙여서 심각한 NPE 오류를 피할 수 있다. @Nullable이나 @NotNullable 애너테이션을 사용하면 코틀린이 자바 타입을 널이 될 수 있는 타입이나 널이 될 수 없는 타입으로 처리하라고 요구할 수 있다. 다음 코드는 JTool.java에 널 가능성 애너테이션을 추가한 버전이다.

```java
package interoperability;
import org.jetbrains.annotations.NotNull;
import org.jetbrains.annotations.Nullable;

public class AnnotatedJTool {
    @Nullable
    public static JTool
    getUnsafe(@Nullable String s) {
        if(s == null) return null;
        return getSafe(s);
    }
    @NotNull
    public static JTool
    getSafe(@NotNull String s) {
        return new JTool();
    }
    public String method() {
        return "Success";
    }
}
```

자바 파라미터에 애너테이션을 적용하면 해당 파라미터에만 영향을 미친다. 자바 메서드 앞에 애너테이션을 붙이면 메서드의 반환 타입의 널 가능성을 지정한다.

코틀린에서 getUnsafe()와 getSafe()를 호출할 때, 코틀린은 AnnotatedJTool의 멤버 함수들을 네이티브 코틀린으로 작성한 널이 될 수 있거나 없는 값을 반환하는 함수처럼 취급한다.

```kotlin
package interop
import interoperability.AnnotatedJTool
import atomictest.eq

object KotlinCode2 {
  val a = AnnotatedJTool.getSafe("")
  // 다음 코드는 컴파일되지 않는다
  // val b = AnnotatedJTool.getSafe(null)
  val c = AnnotatedJTool.getUnsafe("")
  val d = AnnotatedJTool.getUnsafe(null)
}

fun main() {
  with(KotlinCode2) {
    ::a.returnType eq
```

```
      "interoperability.JTool"
    ::c.returnType eq
      "interoperability.JTool?"
    ::d.returnType eq
      "interoperability.JTool?"
  }
}
```

@NotNull이 붙은 JTool은 코틀린에서 널이 될 수 없는 JTool로 변환되며, @Nullable이 붙은 JTool은 코틀린에서 널이 될 수 있는 JTool?로 변환된다. main()에서 a, c, d에 대해 표시한 타입 정보를 보면 이 사실을 알 수 있다.

자바 타입일지라도 @NotNull 애너테이션이 붙어서 널이 될 수 없는 타입으로 지정된 곳에 널이 될 수 있는 인자를 넘길 수는 없다. 그래서 코틀린에서는 AnnotatedJTool.getSafe(null) 호출이 컴파일되지 않는다.

코틀린은 여러 가지 널 가능성 애너테이션을 지원한다.

- JSR-305 표준에 지정된 @Nullable과 @CheckForNull
- 안드로이드 @Nullable과 @NotNull
- 젯브레인즈 도구가 지원하는 @Nullable과 @NotNull
- 다른 널 가능성 애너테이션도 지원한다. 전체 목록을 원하면 코틀린 문서[3]를 보라.

코틀린은 JSR-305 표준에 지정된 대로 자바 패키지나 클래스의 디폴트 널 가능성 애너테이션을 감지한다. 디폴트가 @NotNull로 지정된 경우에는 @Nullable 애너테이션만 명시해야 한다. 또한, 디폴트가 @Nullable로 지정된 경우에는 @NotNull 애너테이션만 명시해야 한다. 코틀린 문서[4]에는 디폴트 애너테이션 선택에 대한 기술적인 세부 정보가 들어 있다.

코틀린과 자바를 혼용하는 프로젝트를 개발 중인 경우, 자바 코드에 널 가능성 애너테이션을 사용하면 애플리케이션을 더 안전하게 만들 수 있다.

컬렉션과 자바

이 책은 자바 관련 지식을 요구하지 않지만, 코틀린으로 JVM을 위한 코드를 개발할 때는 자바 컬렉션 라이브러리를 알아두면 도움이 된다. 코틀린이 자바 표준 컬렉션 라이브러리를 사용해 코틀린 컬렉션을 만들기 때문이다.

---

3 https://kotlinlang.org/docs/java-interop.html#nullability-annotations
4 https://kotlinlang.org/docs/java-interop.html#jsr-305-support

자바 컬렉션 라이브러리는 리스트, 집합, 맵 등의 컬렉션 데이터 구조를 구현하는 클래스와 인터페이스를 모아둔 것이다. 이런 데이터 구조는 보통 간결하고 단순한 인터페이스를 제공하지만, 속도를 위해 여러 가지 복잡한 구현이 있을 수 있다.

새로운 언어는 보통 밑바닥부터 자신만의 컬렉션 라이브러리를 구축하기 마련이다. 예를 들어 스칼라 언어는 여러 측면에서 자바 컬렉션 라이브러리보다 뛰어난 자체 컬렉션 라이브러리를 제공한다. 하지만 이로 인해 스칼라와 자바를 혼용하기가 더 어렵다.

코틀린은 컬렉션 라이브러리를 의도적으로 밑바닥부터 구축하지 않았다. 그 대신에 자바 컬렉션 라이브러리를 사용해 더 개선한 컬렉션을 제공한다. 예를 들어 여러분이 가변 List를 생성하면 실제로는 자바 ArrayList가 사용된다.

interoperability/HiddenArrayList.kt

```
import atomictest.eq

fun main() {
  val list = mutableListOf(1, 2, 3)
  list.javaClass.name eq
    "java.util.ArrayList"
}
```

자바 코드와 매끄럽게 통합하기 위해 코틀린은 자바 표준 라이브러리의 인터페이스를 사용하며, 자바와 똑같은 구현을 자주 사용한다. 이로 인한 세 가지 이점이 있다.

- 코틀린 코드가 자바 코드와 쉽게 혼합될 수 있다. 코틀린 컬렉션을 자바 코드에 넘길 때 별도로 변환할 필요가 없다.
- 코틀린 프로그래머들이 자바 표준 라이브러리에서 오랫동안 성능 튜닝을 거친 코드를 자동으로 활용할 수 있다.
- 코틀린 자체 컬렉션 라이브러리를 정의하지 않고 자바 컬렉션을 사용하므로 코틀린 애플리케이션에 포함된 표준 라이브러리 크기가 작다. 코틀린 표준 라이브러리는 주로 자바 컬렉션을 향상시켜주는 확장 함수로 구성된다.

코틀린은 설계상의 문제점도 해결한다. 자바에서는 모든 컬렉션이 변경 가능한 컬렉션이다. 예를 들어 java.util.List는 리스트를 변경할 수 있는 add()와 remove() 메서드를 제공한다. 이 책에서 계속 보여준 것처럼, 가변성은 상당히 많은 프로그래밍 문제의 근원이다. 따라서 코틀린에서 디폴트 Collection은 읽기 전용이다.

```
package interop

data class Animal(val name: String)

interface Zoo {
  fun viewAnimals(): Collection<Animal>
}

fun visitZoo(zoo: Zoo) {
  val animals = zoo.viewAnimals()
  // 컴파일 시점 오류
  // animals.add(Animal("Grumpy Cat"))
}
```

읽기 전용 컬렉션을 사용하면 의도치 않게 내용을 변경하는 일이 없으므로 더 안전하고 버그도 적다.

자바는 컬렉션의 불변성에 대해 부분적인 해결책을 제공한다. 이 해결책은 컬렉션을 반환하면서 내부 컬렉션을 변경하려고 시도할 때 예외를 던지는 특별한 래퍼로 감싸서 반환하는 것이다. 이런 해결 방법은 정적인 타입 검사를 가능하게 해주지는 못하지만, 여전히 미묘한 버그를 예방할 수는 있다. 반면 코틀린에서 가변 컬렉션을 사용하고 싶을 때는 이를 반드시 명시해야 한다.

코틀린은 가변 컬렉션과 읽기 전용 컬렉션에 대한 인터페이스를 분리해 제공한다.

- Collection/MutableCollection
- List/MutableList
- Set/MutableSet
- Map/MutableMap

이들은 다음 자바 표준 라이브러리 인터페이스를 중복해 정의한 것이다.

- java.util.Collection
- java.util.List
- java.util.Set
- java.util.Map

자바와 마찬가지로 코틀린에서도 Collection이 List와 Set의 상위 타입이다. MutableCollection은 Collection을 확장하고 MutableList와 MutableSet의 상위 타입이다. 이들의 기본 구조는 다음과 같다.

```
package collectionstructure

interface Collection<E>
interface List<E>: Collection<E>
interface Set<E>: Collection<E>
interface Map<K, V>
interface MutableCollection<E>
interface MutableList<E>:
  List<E>, MutableCollection<E>
interface MutableSet<E>:
  Set<E>, MutableCollection<E>
interface MutableMap<K, V>: Map<K, V>
```

간략하게 표시하기 위해 코틀린 표준 라이브러리에서 이름만 가져오고 세부 구현은 생략했다.

코틀린 가변 컬렉션은 그에 해당하는 자바 컬렉션과 일치한다. kotlin.collection의 Mutable Collection을 java.util.List와 비교해보면 같은 멤버 함수(자바 용어로는 메서드) 정의를 볼 수 있다. 코틀린 Collection, List, Set, Map도 자바 인터페이스를 그대로 반복하지만, 내부 상태를 변경하는 자바 메서드는 빠져 있다.

kotlin.collections.List와 kotlin.collections.MutableList를 자바에서 보면 모두 java. util.List다. 이런 인터페이스들은 특별하다. 이들은 코틀린에서만 존재하며 바이트코드 수준에서는 자바 List로 대치된다.

코틀린 List는 자바 List로 타입 변환할 수 있다.

```
import atomictest.eq

fun main() {
  val list = listOf(1, 2, 3)
  (list is java.util.List<*>) eq true
}
```

이 코드를 컴파일하면 경고가 발생한다.

- 'This class shouldn't be used in Kotlin.'('이 클래스를 코틀린에서 사용하면 안 됨'이라는 의미)

- 'Use kotlin.collections.List or kotlin.collections.MutableList instead.'('대신 kotlin. collections.List나 kotlin.collections.MutableList를 쓰시오'라는 의미)

코틀린에서 프로그래밍을 할 때는 자바 인터페이스 대신 코틀린 인터페이스를 사용해야 한다는 경고다.

읽기 전용은 불변성과 같지 않다는 점을 기억하라. 읽기 전용 참조가 가리키는 컬렉션 객체는 읽기 전용 참조를 통해 원소를 변경할 수 없지만, 컬렉션 내부는 여전히 변경할 수 있는 컬렉션이다.

```
interoperability/ReadOnlyCollections.kt
```
```kotlin
import atomictest.eq

fun main() {
  val mutable = mutableListOf(1, 2, 3)
  // 가변 리스트에 대한 읽기 전용 참조
  val list: List<Int> = mutable
  mutable += 4
  // list 내부가 달라졌다
  list eq "[1, 2, 3, 4]"
}
```

여기서 읽기 전용 list 참조는 MutableList를 가리킨다. 하지만 mutable을 변경해서 list 참조가 가리키는 컬렉션 내부를 변경할 수 있다. 자바 컬렉션은 가변 컬렉션이므로 자바 코드에서는 코틀린의 읽기 전용 컬렉션을 변경할 수 있다. 코틀린 컬렉션을 읽기 전용 참조를 통해 자바에 전달한다고 해도 여전히 이와 같이 변경할 수 있다.

코틀린 컬렉션은 완전한 안전성을 제공하지는 못하지만, 자바와의 호환성을 유지하면서 더 나은 라이브러리를 제공한다는 점에서 좋은 절충안을 제공한다.

자바 원시 타입

코틀린에서는 객체를 생성하기 위해 생성자를 호출하지만, 자바에서는 new를 사용해야 한다. new는 생성된 객체를 힙에 배치한다. 이런 타입을 **참조 타입**이라고 한다.

숫자 등의 기본적인 타입에 대해 힙에 객체를 생성하면 비효율적이다. 기본 타입에 대해 자바는 C나 C++에서 취했던 전략을 택한다. 즉, 새 값을 담는 객체를 new로 만드는 대신에 참조 타입이 아니고 값을 직접 담고 있는 '자동적인' 변수가 만들어진다. 자동 변수는 스택에 위치하며 더 효율적이다. 이런 타입은 JVM에서 특별히 다뤄지며 원시 타입이라 부른다.

원시 타입은 boolean, int, long, char, byte, short, float, double로 정해져 있다. 원시 타입은 항상 null이 아닌 값이며, 제네릭 타입 인자로 쓰일 수 없다. 원시 타입의 변수에 null을 대입하거나 원시 타입을 제네릭 인자로 사용해야 한다면, java.lang.Boolean이나 java.lang.Integer와 같이 각 원시 타입에 대응하는 자바 표준 라이브러리의 참조 타입을 사용해야 한다.

원시 타입 값을 단순히 감싸기만 해서 힙에 저장하므로 이런 타입을 종종 **래퍼 타입**이나 **박스 타입** (boxed type)이라고도 한다.

---

interoperability/JavaWrapper.java

```java
package interoperability;
import java.util.*;

public class JavaWrapper {
    public static void main(String[] args) {
        // 원시 타입
        int i = 10;
        // 래퍼 타입
        Integer iOrNull = null;
        List<Integer> list = new ArrayList<>();
    }
}
```

자바는 참조 타입과 원시 타입을 구분하지만 코틀린은 구분하지 않는다. 코틀린에서는 정수 val/var나 제네릭 타입 인자를 표현할 때 똑같이 Int 타입을 사용한다. JVM 수준에서는 코틀린이 자바와 똑같은 원시 타입 지원을 채택한다. 코틀린은 바이트코드에서 가능한 한 Int를 int로 치환해 사용하려고 노력한다. 널이 될 수 있는 Int?나 제네릭 타입 인자로 쓰인 Int는 래퍼 타입으로만 표현될 수 있다.

---

interoperability/KotlinWrapper.kt

```kotlin
package interop

fun main() {
    // 원시 타입 int가 만들어진다
    val i = 10
    // 래퍼 타입이 만들어진다
    val iOrNull: Int? = null
    val list: List<Int> = listOf(1, 2, 3)
}
```

일반적으로 코틀린 컴파일러가 원시 타입을 사용하는지 래퍼 타입을 사용하는지에 대해 생각할 필요는 없다. 하지만 JVM에서 이들이 어떻게 구현되는지를 알아두면 도움이 된다.

코틀린/자바 상호 운용성은 코틀린 문서[5]에서 더 자세히 살펴볼 수 있다.

---

5 https://kotlinlang.org/docs/java-interop.html

인텔리J에서 코틀린 코드를
실행하는 법

옮긴이의 번역을 거친 예제 파일은 길벗출판사 웹 사이트에서 도서 이름으로 검색해 내려받거나 길벗출판사 깃허브에서 내려받을 수 있다.

- 길벗출판사 웹 사이트: https://www.gilbut.co.kr
- 길벗출판사 깃허브: https://github.com/gilbutITbook/080301

지은이의 원본 예제 파일은 브루스 에켈의 깃허브에서 내려받을 수 있다.

- 지은이 깃허브: https://github.com/BruceEckel/AtomicKotlinExamples

> **NOTE** ≡ 부록 C는 본문에서 다룬 예제의 소스 코드를 실행하는 방법을 설명한다.
> 만약 각 아톰과 관련된 연습 문제까지 풀고 싶다면, 이 소스 코드만 별도로 내려받을 필요 없이 부록 D를 참고
> 해 인텔리J에서 'Atomic Kotlin' 교육 과정을 설치하면 연습 문제와 부록 C의 예제를 함께 볼 수 있다.

> **NOTE** ≡ 부록 C의 내용은 번역서 독자를 위해 저자 브루스 에켈의 깃허브에 있는 README.md 파일을 참
> 고해 국내에서 작성한 것이다. 브루스 에켈의 깃허브에서 해당 원문을 볼 수 있다.

이 책의 예제를 실행하는 가장 쉬운 방법은 깃허브 저장소의 코드를 내려받아 인텔리J로 여는 것이다. 이번 부록에서는 인텔리J IDEA를 사용해 예제를 빌드하고 테스트하는 방법을 소개한다.

인텔리J IDEA 설치하기[6]

인텔리J IDEA는 젯브레인즈사에서 만든 자바 통합 개발 환경이다. 이 책에서는 젯브레인즈 제품을 설치하는 데 권장되는 젯브레인즈 Toolbox App을 통해 설치한다.

> **NOTE** ≡ Toolbox App을 사용하지 않고 수동으로 인텔리J를 설치한 후 관리하려 한다면 다음 페이지를 참고하자.
> - https://www.jetbrains.com/help/idea/installation-guide.html#standalone

1. Toolbox App 웹 페이지[7]에서 설치프로그램.exe를 내려받는다.

▼ 그림 C-1 설치프로그램.exe 다운로드

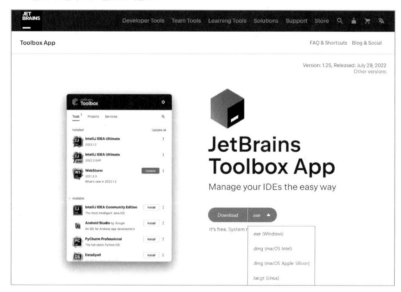

2. 내려받은 파일을 실행하면 젯브레인즈 Toolbox 설치를 시작한다.

---

6   https://www.jetbrains.com/help/idea/installation-guide.html
7   https://www.jetbrains.com/toolbox-app

▼ 그림 C-2 젯브레인즈 Toolbox 설치

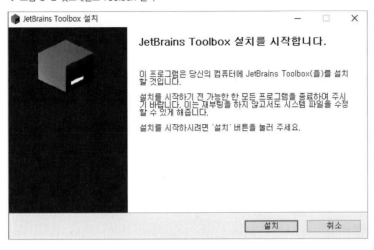

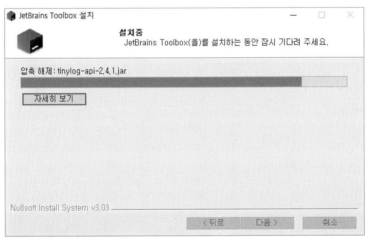

3. Toolbox를 실행한다. 이 책에서는 무료 버전(일부 기능만 제공함)인 Community 버전을 설치한다. 인텔리J IDEA Community 버전을 찾아 점 세 개 아이콘(⋮)을 클릭한 뒤, 사용 가능한 버전을 선택하고 **설치** 버튼을 눌러 설치한다.

▼ 그림 C-3 인텔리J IDEA Community 버전 설치

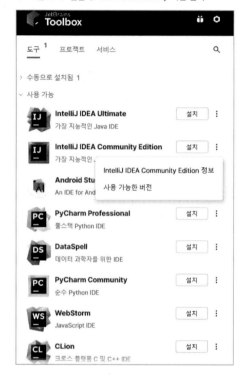

깃허브에서 예제 내려받기

1. 저자 깃허브 페이지를 연다.[8] 오른쪽 상단의 **Code** 버튼을 클릭해 **Download ZIP**을 선택한다.
   그러면 AtomicKotlinExamples−master.zip 파일을 내려받을 수 있다.

▼ 그림 C−4 깃허브 > Code > Download ZIP

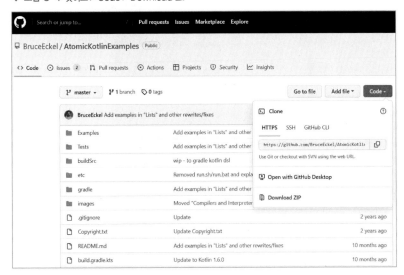

2. 원하는 곳에 내려받은 AtomicKotlinExamples−master.zip 파일의 압축을 푼다.

▼ 그림 C−5 압축 풀기

---

8 https://github.com/BruceEckel/AtomicKotlinExamples

인텔리J에서 예제 실행하기

1. 인텔리J를 실행한 뒤 Open 메뉴를 선택해 압축을 푼 AtomicKotlinExamples−master 폴더를
   선택한다. (혹은 File > Open 메뉴로 Open File or Project를 열고 AtomicKotlinExamples−
   master 폴더를 선택한다.)

▼ 그림 C−6 AtomicKotlinExamples−master 폴더 선택

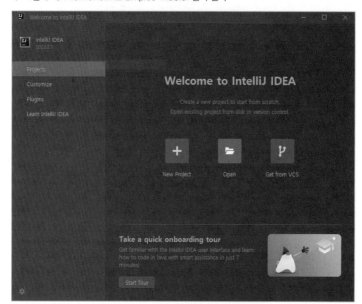

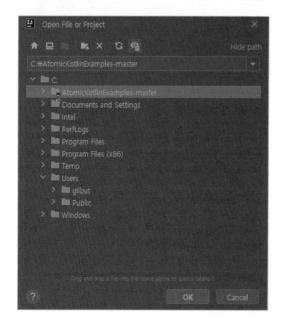

2. AtomicKotlinExamples—master 폴더가 열리고 Examples 폴더가 보인다. (참고로, 지면 가독성을 위해 File>Settings... 메뉴 중 Appearance>Theme을 Intellij Light로 변경했다.)

▼ 그림 C-7 AtomicKotlinExamples—master > Examples 폴더

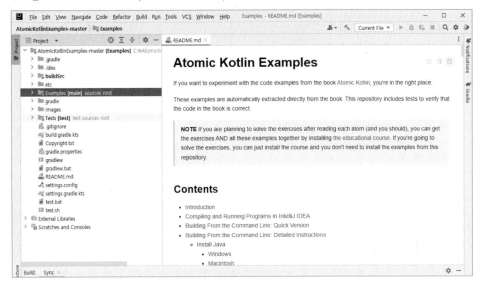

3. 폴더를 펼치고 HelloWorld 폴더로 이동한 후 HelloWorld.kt 파일을 더블 클릭해 연다. (참고로, 이 책의 예제는 아톰의 이름으로 된 폴더에 정리되어 있다. HelloWorld 폴더의 HelloWorld.kt 파일은 '아톰 3, Hello, World!'의 예제 파일이다.)

▼ 그림 C-8 HelloWorld 폴더 > HelloWorld.kt 파일

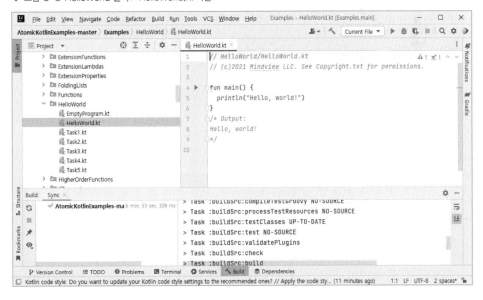

4. HelloWorld.kt 파일의 내용이 우측에 표시된다. 코드 4행의 fun main( ) { 왼쪽 거터 영역에 있는 녹색 삼각형을 클릭한다.

▼ 그림 C-9 녹색 삼각형 클릭

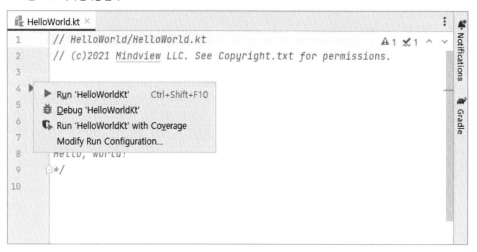

5. 맨 위에 있는 Run 'HelloWorldKt' 옵션을 선택한다. 그러면 인텔리J가 프로그램을 실행하고 결과를 출력한다. (참고로, 프로그램을 처음 실행할 때는 인텔리J가 전체 프로젝트를 빌드하기 때문에 시간이 좀 걸릴 것이다. 이후에는 그렇게 오래 걸리지 않는다.)

출력된 결과는 아래 창에 표시된다.

▼ 그림 C-10 Run 'HelloWorldKt' 선택

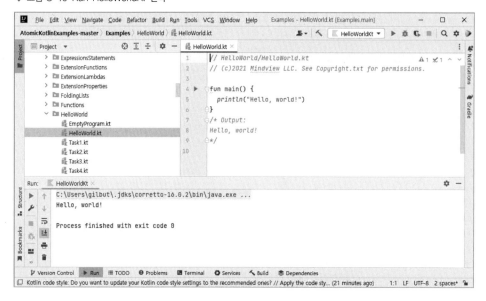

예제 코드를 갖고 이런저런 실험을 하다가 컴파일이 안되는 상태로 일부 소스 코드를 남겨둔 경우에는 정상적인 다른 예제 코드도 실행되지 않는다. 이때 화면 하단의 **Build** 창을 보면 오류가 난 파일과 위치를 알 수 있다. 컴파일 오류 메시지를 클릭해 컴파일 오류가 발생한 위치로 이동하고 나서 오류를 수정해 정상적으로 컴파일되도록 한 후, 원하는 파일의 main() 함수를 실행하라.

D

인텔리J에서 이 책의
연습 문제를 푸는 법

이 책은 본문에서 다루는 내용을 더 명확히 이해할 수 있도록 각 아톰에 연습 문제를 제공한다. 아톰을 읽고 본문의 예제를 살펴봤다면 바로 연습 문제를 푸는 것을 추천한다. 연습 문제는 인텔리J에서 바로 풀 수 있으며, 연습 문제를 풀면서 진행 상황을 확인할 수 있다.

부록 D에서는 인텔리J에서 연습 문제를 확인하고 활용하는 방법을 소개한다.

> **NOTE** ≡ 부록 D의 내용은 번역서 독자를 위해 〈아토믹 코틀린〉 원서 홈페이지를 참고해 국내에서 작성한 것이다. 해당 원문은 아래 URL에서 볼 수 있다.
> - https://www.atomickotlin.com/exercises

EduTools 플러그인 설치하기

젯브레인즈가 제공하는 EduTools 플러그인을 사용할 것이므로, 우선 인텔리J에 EduTools 플러그인을 설치한다. (인텔리J가 설치되어 있지 않다면 부록 C를 참고해 설치하거나, IntelliJ IDEA Edu를 설치한다.)

1. 인텔리J에서 File > Settings... 메뉴를 선택해 Settings 창을 연다. 왼쪽에서 Plugins를 클릭하고 EduTools를 검색한다. Install을 클릭한다. 설치가 끝나면 OK를 클릭해 변경 사항을 적용하고 인텔리J를 다시 시작한다.

▼ 그림 D-1 EduTools Install

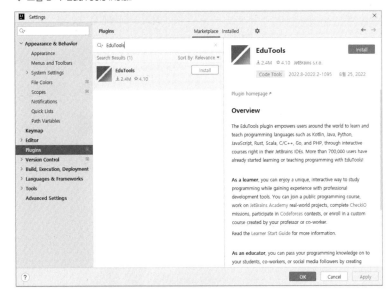

> **NOTE** ≡ EduTools 플러그인의 설치, 업데이트, 삭제는 다음 URL을 참고한다.
> • https://plugins.jetbrains.com/plugin/10081-edutools/docs/install-edutools-plugin.html

2. File > Settings... 메뉴를 선택해 edu를 검색한다. Tools > Education으로 들어가면 JetBrains Academy에 로그인하는 부분이 있다.

▼ 그림 D-2 JetBrains Academy에 로그인

3. JetBrains Academy에 회원 가입을 하고 인텔리J에 로그인한다. (파란색 글씨 Log in to JetBrains Academy 부분을 클릭하면 자동으로 아래 홈페이지로 이동해 로그인할 수 있는 화면이 뜬다.)

- https://www.jetbrains.com/ko-kr/academy

▼ 그림 D-3 인텔리J에 로그인

원하는 방법으로 회원 가입을 할 수 있다.

▼ 그림 D-4 회원 가입 방법

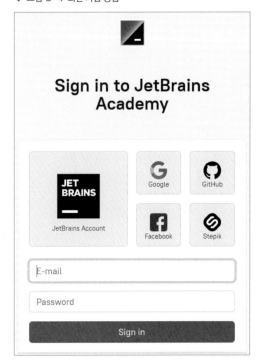

학습 코스 선택하기

1. 인텔리J에서 File > Learn and Teach > Browse Courses를 선택한다.

▼ 그림 D-5 Browse Courses 선택

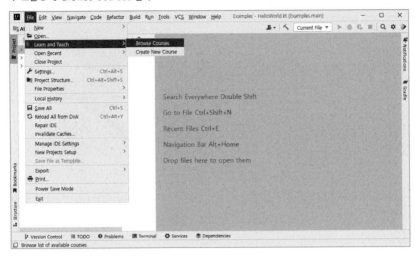

2. 여러 가지 코스를 선택할 수 있는 **Select Course** 창이 열린다. AtomicKotlin 코스를 선택하고 Start 버튼을 누른다.

▼ 그림 D-6 AtomicKotlin 코스 > Start

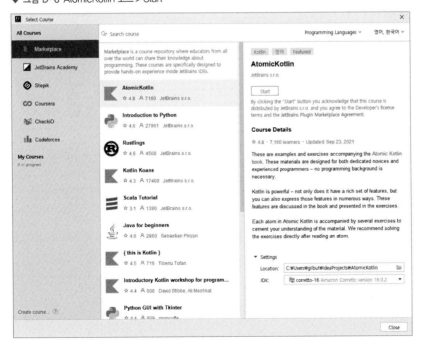

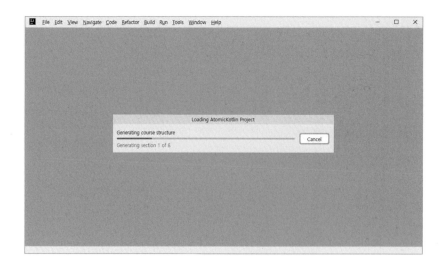

3. AtomicKotlin 코스가 열린다. (참고로, 처음 실행할 때는 시간이 조금 걸릴 수 있다.) 이 코스의 구조는 〈아토믹 코틀린〉의 구성과 똑같다. 총 일곱 개의 부에 각각의 아톰이 제목으로 정리되어 있고, 해당 폴더에는 예제와 연습 문제가 들어 있다.

▼ 그림 D-7 AtomicKotlin 코스

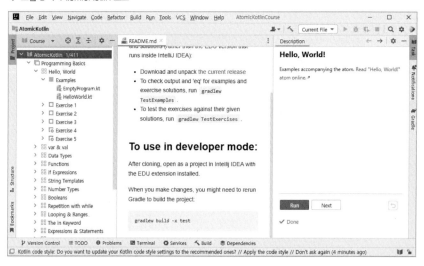

예제와 연습 문제 실행하기

코스 중에서 '아톰 3, Hello, World!'의 예제와 연습 문제가 들어 있는 Hello, World 부분을 예로 들어보겠다.

1. 본문의 예제를 확인하고 실행해보자. 예제 파일 HelloWorld.kt를 더블 클릭해 실행하고 왼쪽

거터 영역에 있는 녹색 삼각형을 클릭한다. 그리고 Run 'HelloWorldKt'를 클릭한다.

▼ 그림 D-8 HelloWorld.kt > Run 'HelloWorldKt'

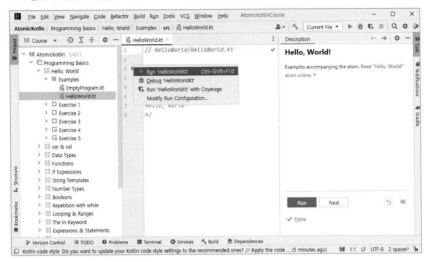

결과는 다음 창에 출력된다.

▼ 그림 D-9 결과 출력

2. 다음으로 연습 문제를 실행해보자. 본문 예제(Examples) 아래로 연습 문제(Exercise)가 준비되어 있다. 모든 연습 문제에는 연습 문제 코드인 Task.kt가 들어 있다.

Exercise1의 Task.kt 파일을 열어보자. 맨 오른쪽에 있는 Description 창에서 문제 내용을 볼 수 있다. 그리고 Task.kt 파일에 표시된 부분이 코드를 넣어야 할 자리다.

▼ 그림 D-10 Task.kt 파일

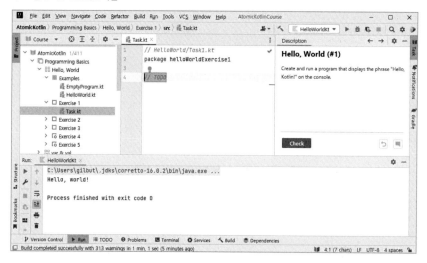

코드를 넣어야 할 자리에 코드를 작성한 뒤 Description 창 아래에 있는 Check 버튼을 클릭한다. 연습 문제를 잘 풀었다면 축하 메시지가 뜰 것이다. (Exercise 앞의 네모 칸에 초록색이 표시된다.)

▼ 그림 D-11 Check 버튼 > 정답

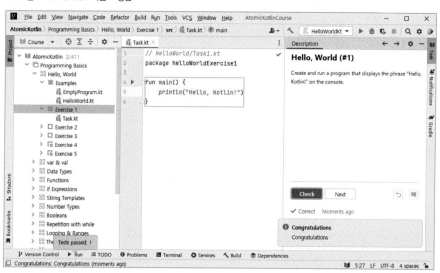

NOTE ≡ 혹시라도 틀렸을 경우에는 힌트를 주기도 한다. (Exercise 앞의 네모 칸에 빨간 X가 표시된다.)

▼ 그림 D-12 Check 버튼 > 오답

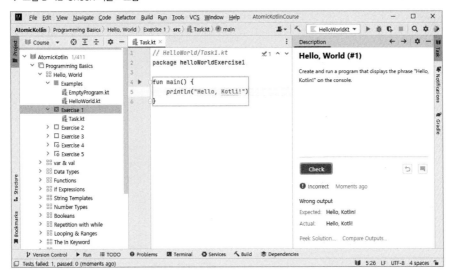

NOTE ≡ AtomicKotlin 코스 사용에 대한 가이드가 필요하다면 아래 URL을 참고하길 바란다.

• https://plugins.jetbrains.com/plugin/10081-edutools/docs/learner-start-guide.
html?section=Atomic%20Kotlin (단축 URL: https://bit.ly/3RPb1De)